国家自然科学基金面上项目　　　　　（No.71774079；No.5
国家科技部重点研发项目子课题
江苏省重点研发计划（社会发展）项目
江苏省高等学校基础科学（自然科学）研究重大项目　　（No.19KJA460011；No.23KJA620002）

集聚性人群
安全疏散与风险管理

王静虹　王　妍 ◎ 著

南京大学出版社

前　言

党的二十大的召开，标志着统筹安全与发展成为党和国家战略部署的重要内容，以高水平安全促进高质量发展、以高质量发展保障高水平安全已成为国家治理的基本目标。当前健全公共安全体系，全面提升公共安全保障能力，构建安全保障型社会已成为我国面临的重大而紧迫的历史任务。

当前公共安全正面临越来越多的挑战，各种类型的公共安全事件的发生威胁并迟滞经济社会高质量发展，其中十分典型的一类公共安全事件，就是突发情况下的集聚性人群疏散事故。无论是韩国梨泰院人群踩踏，还是智利、日本等国家海啸引发的人员伤亡都曾带来灾难性后果，造成巨大的生命财产损失，产生严重的社会影响。

近年来，国内外学者针对人群疏散的理论模型（如人群自组织理论、人群从众行为、恐慌传播理论等）、仿真建模（如基于智能体的多主体模型）以及疏散管控（如路径优化策略、领导力量分布）等开展了系列研究，不断有新的研究成果公布。本书是作者们以所承担的国家自然科学基金面上项目（No.71774079；No.52374208；No.51874182）、国家科技部重点研发项目子课题（No.2016YFC0800106-01）、江苏省高等学校基础科学（自然科学）研究重大项目（No.19KJA460011；No.23KJA620002）、江苏省重点研发计划（社会发展）项目（No.BE2023809）等国家级和省部级项目的研究成果为基础，结合国内外学者多年来在人群疏散行为及疏散风险管控等方面的研究成果撰写而成。

本书遵循风险管理全过程理论和事前预防型治理模式，立足于风险的监测预警与主动防控，除了沿用该领域惯用的人群现场观测、可控实验、理论分析与仿真模拟等多种研究方法探求人群失稳状态的物理表征与失稳风险度量方法之外，还创造性运用社会心理学，探索突发事件影响下的个体和群体心理和行为交互影响而产生的行为选择，这对于评估疏散风险具有更强的科学性；实践层面上，这一研究对于政府部门组织重大集聚性人群活动，对疏散风险进行准确研判以及做好科学完备的应急预案实施合理有效的管控措施等意义重大。这是本书的一大特色。

  本书的架构和主体内容由两位作者共同讨论构思形成，全书共分 7 章。第 1、2、3、7 章由王静虹教授撰写，第 4、5、6 章由王妍教授撰写，本书在撰写过程中，参阅了大量期刊文献及学术著作，吸纳了国内外本领域相关学者专家的优秀研究成果，陈漫漫、刘娟、冯娇娇、徐冬跃、邵晓雯、叶然、李嘉晨、李佳、卢宏成、金博伟、颜雯钰等参加了部分章节的撰写和修改工作，在此一并向他们表示衷心感谢。本书是我们诸多科研项目研究成果的结晶，也是南京工业大学应急治理与政策研究院年度课题阶段性成果，在此衷心感谢国家自然科学基金委员会、科技部、江苏省教育厅、南京工业大学城市公共安全风险治理研究院等部门及机构在研究经费上给予的大力资助。

  虽然我们在撰写过程中尽了自己最大的努力，但是，由于水平有限以及时间上的仓促，不足和疏漏之处在所难免，敬请读者批评指正。

2025 年 3 月

目 录

第1章　绪论 001
  1.1　大规模集聚性人群疏散概述 001
    1.1.1　事故追忆 001
    1.1.2　研究意义 004
  1.2　人群疏散研究现状 004
    1.2.1　人群疏散理论研究 005
    1.2.2　疏散建模研究 010
    1.2.3　疏散决策研究 015
    1.2.4　疏散风险评估研究 018
    1.2.5　国内人群疏散研究 019
  1.3　大规模集聚性人群安全疏散研究概况 020
    1.3.1　集聚性人群疏散研究方法 020
    1.3.2　集聚性人群疏散心理与行为研究 021
    1.3.3　集聚性人群疏散管控 025
  1.4　本书特点与主要内容 028
  参考文献 028

第2章　集聚性人群疏散冲突与调节性行为 041
  2.1　社会力模型及其仿真方法介绍 041
    2.1.1　Helbing 社会力模型 041
    2.1.2　基于社会力模型的 Anylogic 仿真软件 042

2.1.3　基于社会力模型的 Massmotion 仿真软件 043
　2.2　基于社会力模型的交叉行为仿真 044
　　2.2.1　人流交叉现象 044
　　2.2.2　人流交叉影响因素 044
　　2.2.3　人流交叉模型 045
　　2.2.4　结果讨论与分析 047
　　2.2.5　针对人群交叉流动的管控建议 053
　2.3　基于社会力模型的交汇行为仿真 054
　　2.3.1　人流交汇现象 054
　　2.3.2　人流交汇模型 054
　　2.3.3　结果讨论与分析 056
　　2.3.4　针对人群交汇流动的管控建议 061
　2.4　基于社会力模型的帮助行为仿真 062
　　2.4.1　帮助行为工况设置 062
　　2.4.2　帮助行为作用结果分析 066
　　2.4.3　模型应用 071
　　2.4.4　模拟验证结果对比 075
　参考文献 078

第3章　特殊灾害效应影响下的人群疏散行为研究 081
　3.1　火灾热辐射影响下的个体与团体疏散行为 081
　　3.1.1　火灾中热辐射对人群行为的影响 081
　　3.1.2　热辐射影响下的个体与团体行为实验 081
　　3.1.3　实验结果分析与讨论 084
　3.2　地震灾害下的不同社会关系群组疏散调节行为 090
　　3.2.1　实验设置 091
　　3.2.2　结果与讨论 095
　　3.2.3　实验结果小结 105
　3.3　洪水内涝影响下的人群疏散行为 106

  3.3.1　考虑洪水影响的改进社会力模型 ……………………………… 106
  3.3.2　洪水影响下地铁站行人疏散仿真 …………………………… 108
  3.3.3　仿真模拟结果分析与讨论 …………………………………… 110
 3.4　火灾、毒物泄漏等事故下多尺度人群疏散行为仿真案例 ………… 115
  3.4.1　火灾影响下单体建筑中的小团体行人疏散仿真 …………… 115
  3.4.2　毒物泄漏影响下化工厂内行人群组疏散仿真 ……………… 125
  3.4.3　毒物泄漏影响下区域人群疏散仿真与疏散策略优化 ……… 133
 参考文献 …………………………………………………………………… 143

第 4 章　集聚性人群疏散非适应性心理行为规律 …………………… 145
 4.1　引言 ………………………………………………………………… 145
 4.2　疏散群体的典型非适应性行为模式 ……………………………… 145
  4.2.1　个体行为模式 ………………………………………………… 145
  4.2.2　个体—个体相互作用行为模式 ……………………………… 146
  4.2.3　群体行为模式 ………………………………………………… 146
 4.3　基于复杂网络理论的从众恐慌行为研究 ………………………… 147
  4.3.1　疏散中的从众心理 …………………………………………… 147
  4.3.2　人群从众恐慌建模 …………………………………………… 148
  4.3.3　仿真结果与分析 ……………………………………………… 155
 4.4　基于系统动力学建模的疏散恐慌扩散规律 ……………………… 159
  4.4.1　毒气泄漏事故分析 …………………………………………… 159
  4.4.2　毒气泄漏下的人群疏散心理行为调查方法 ………………… 159
  4.4.3　调查结果与分析 ……………………………………………… 162
  4.4.4　基于系统动力学模型的恐慌蔓延分析 ……………………… 174
  4.4.5　恐慌引起的疏散竞争行为分析 ……………………………… 187
 4.5　考虑恐慌权重的区域人群疏散仿真与风险评估 ………………… 197
  4.5.1　用于毒性气体泄漏模拟的 ALOHA 软件 …………………… 197
  4.5.2　液氨泄漏数值模拟 …………………………………………… 199
  4.5.3　人员恐慌疏散模拟 …………………………………………… 203

  4.5.4 人员安全疏散标准 ... 209
参考文献 ... 210
本章附录 ... 217
  附录A 关于疏散心理行为的问题 ... 217
  附录B 人员特征和疏散恐慌的对照表 ... 218

第5章 人群集聚场所安全疏散通道设计优化 ... 221

5.1 疏散通道出口设计要求 ... 221
  5.1.1 出口的设置位置要求 ... 221
  5.1.2 出口的个数设置要求 ... 222
  5.1.3 出口的尺寸设置要求 ... 224
  5.1.4 出口的其他设置要求 ... 224

5.2 疏散通道出口的研究现状 ... 224
  5.2.1 出口尺寸 ... 225
  5.2.2 出口位置 ... 226
  5.2.3 多出口情况 ... 226

5.3 出口疏散能力的对比研究 ... 227
  5.3.1 不同出口的人员疏散实验 ... 227
  5.3.2 出口的疏散能力改进 ... 230
  5.3.3 小结 ... 241

5.4 角落出口障碍物的布置优化 ... 241
  5.4.1 仿真场景 ... 243
  5.4.2 结果对比 ... 243
  5.4.3 最优尺寸比 ... 254
  5.4.4 小结 ... 256

5.5 凸面出口的优化设计 ... 257
  5.5.1 平面出口与凸面出口 ... 258
  5.5.2 凸面出口情况下的疏散效率研究 ... 260
  5.5.3 凸面出口的设计优化 ... 267

5.5.4　小结 ………………………………………………………… 277
　参考文献 ……………………………………………………………… 278

第6章　突发事故下人群拥堵踩踏风险防控 …………………………… 283
6.1　人群拥堵踩踏事故机制及其防控策略 ………………………… 283
　　6.1.1　拥堵情况下的人群震荡失稳 …………………………… 283
　　6.1.2　震荡失稳机制研究 ……………………………………… 283
　　6.1.3　失稳防控策略 …………………………………………… 295
6.2　疏散瓶颈拥堵机理及其影响分析 ……………………………… 296
　　6.2.1　引言 ……………………………………………………… 296
　　6.2.2　场景建模 ………………………………………………… 296
　　6.2.3　出口处行人流局部区域拥堵分析 ……………………… 298
　　6.2.4　基于拱结构的拥堵量化分析 …………………………… 303
　　6.2.5　大规模人群疏散时的行人分批疏散管控策略 ………… 310
　　6.2.6　小结 ……………………………………………………… 311
6.3　疏散瓶颈的缓冲区作用机制 …………………………………… 312
　　6.3.1　缓冲区模型的设计 ……………………………………… 312
　　6.3.2　不同缓冲区设置下的疏散效率分析 …………………… 316
　　6.3.3　缓冲区在某大规模人群地铁疏散场景的应用实例 …… 322
6.4　大规模集聚性人群疏散风险管控实例 ………………………… 328
　　6.4.1　多灾种耦合导致节点失效情况分析 …………………… 328
　　6.4.2　不同策略下疏散瓶颈演变规律 ………………………… 331
　参考文献 ……………………………………………………………… 340

第7章　集聚性人群安全疏散风险评估量化模型 …………………… 343
7.1　基于排队论的聚集人群疏散风险研判 ………………………… 343
　　7.1.1　排队论简介 ……………………………………………… 343
　　7.1.2　聚集人群的特征密度 …………………………………… 344
　　7.1.3　聚集人群疏散效率与风险分析 ………………………… 346

7.2 疏散瓶颈处的人群拥堵风险量化 ·· 351
    7.2.1 数据驱动方法介绍 ·· 352
    7.2.2 瓶颈处人群拥堵风险预测模型 ································ 354
    7.2.3 实例分析 ··· 355
7.3 疏散风险评估的贝叶斯模型：以地铁为例 ································ 358
    7.3.1 贝叶斯方法介绍 ·· 359
    7.3.2 安全疏散概率分析 ·· 360
7.4 本章小结 ·· 370
参考文献 ·· 371
本章附录 ·· 374
    地铁乘客疏散心理行为问卷调查 ·· 374

第 1 章 绪论

1.1 大规模集聚性人群疏散概述

随着经济的快速发展，城市内出现越来越多的商业综合体、大型交通枢纽、大型体育场馆和文娱场所等，成为公众聚集形成高密度人群的载体。尽管在大多数正常运营情况下，人群能够得到有效的行动指引和管理，但当这些场所内的人群过于密集，甚至遭遇突发危险情况需要紧急疏散时，如果没有科学有效的人群管控，往往极易导致人群拥挤、踩踏等恶性事故，造成巨大经济损失和严重社会影响。

1.1.1 事故追忆

事故一：10·29 韩国梨泰院踩踏事故。2022 年 10 月 29 日晚，韩国首尔龙山区梨泰院发生大规模踩踏事故，造成 159 人死亡，196 人受伤。梨泰院 1 出口西侧为宽约 3.2 米，长约 45 米左右的斜坡，巷道两侧墙体高耸。事故则发生在梨泰院 1 出口西侧斜坡约长 5.7 米的一段。据韩国媒体报道，事发当晚，约有 10 万名群众聚集在梨泰院庆祝万圣节。事发时，大量人群在 20 分钟内先后涌入此处狭窄下行街道，两侧人群蜂拥堆叠在此路段，约 18 平方米的空间聚集了 300 余人，前方有人跌倒后，后方人流跟进，导致严重踩踏[1]。

梨泰院是韩国首尔龙山区著名商圈，居住人口数约 2.2 万，其街道依山而建，老旧而狭窄，路面陡峭，多复杂封闭的小巷。作为首尔著名观光特区与网红打卡地，梨泰院周边分布着众多酒吧、夜店、餐厅等娱乐场所，是韩国年轻人和游客休闲娱乐的首选。据统计，2019—2021 年，梨泰院车站每天平均下车人数在 2.5 万至

4万，周末更是增至3万至5.4万；即便是2021年后的万圣节，下车人数也有5.7万，白天观光与夜间娱乐的人群络绎不绝[2]。

事发当晚22时，聚集的人数达近10万，大部分人开始出现呼吸困难、胸闷等症状，甚至有人尝试通过爬墙逃离。22时10分，有人在拐角处跌倒而不知情的人流跟进，踩踏堆叠发生。不同方向的人流聚集成拱，堆叠多至六层，拥堵压迫加剧。在应急响应端口，29日22时15分左右消防部门首次接到报警，消防厅于22时13分发布了应对第一阶段命令，23时43分发布了应对第二阶段命令，23时50分发布应对第三阶段命令。在踩踏事故的救援现场，因人群围观聚集和道路车辆拥堵等原因救护车无法及时抵达，专业救援受到一定阻碍。

事后韩国相关部门负责人称发生踩踏是治安人员不足以及制度缺失所致，未能及时研判到人群骤增的情况，且未设置处理类似活动的针对性方案，而在事发两天前，即10月27日，梨泰院所属龙山区举行了"万圣节应对紧急对策会议"，发布相关安全措施，主要包括防疫、街道消毒、餐馆安全检查和打击吸毒等，但未包含针对大规模人群聚集的安全管理对策[3]。

事故二：德国音乐节踩踏事件。2010年7月24日，德国西部鲁尔区杜伊斯堡市在举行"爱的大游行"电子音乐狂欢节时发生踩踏事件。根据官方公布的数据，踩踏事件造成19人死亡、342人受伤，其中1名遇难者是中国公民。

"爱的大游行"起源于1989年柏林的一场和平游行活动，以绚烂的服饰和劲爆的乐舞著称，是欧洲最大的电子音乐节之一，它是数以百万计世界各地电子音乐爱好者的狂欢日。2010年，作为德国鲁尔区"欧洲文化首都"活动的一项重要组成部分，"爱的大游行"来到杜伊斯堡市举办，吸引了来自全世界大约140万人参加。

事故发生在通向音乐节活动现场的一个地下通道里。据曾在现场维持秩序的保安介绍，主会场出入口直接连到一条地下通道的中部，想进入会场的人都得从这条宽约16米、高约4米的地下通道东西两端向中间走，并通过一段向北的坡道进入活动现场。当地时间17时左右，在活动接近尾声时，大量观众匆匆赶往活动现场，而另一批观众则折返回家，人群在这个地下通道里发生拥堵，造成恐慌性踩踏事件[4]。

事后据德国媒体报道，主办方对于到活动主会场参加狂欢者人数存在严重误判。杜伊斯堡市只批准举行 25 万人参加活动，而实际涌到现场的人数估计在 100 万到 140 万之间。另一个颇受诟病的安排则是，这是"爱的大游行"首次在一个封闭的场所内进行，而且只有一个入口，到达入口前还必须通过地下通道。因人群拥堵而引发的踩踏事件正是在这个瓶颈一样的地方发生的，见图 1.1。

图 1.1 德国音乐节踩踏事件 [5]

表 1.1 列举了近年来几起典型的集聚性人群拥挤踩踏事故。这些事故的发生，外界环境因素诱导是一方面，而本质上是人群在情绪、行为等方面的失稳所导致。这种失稳风险在人群处于瓶颈（如狭窄的通道、出口、楼梯口等）时尤为显著，如上文所述的韩国梨泰院、德国杜伊斯堡的踩踏事故都说明了这一问题。由于大多数人缺乏面对危险状况时的应对经验，因而在这种群集性安全隐患下，如何合理疏导人群情绪、管控人群行为，就成为降低拥挤踩踏事故风险的关键所在。此外，假如人群密集场所发生火灾、爆炸、恐怖毒气释放事件，所造成的后果往往更加严峻，人群的安全疏散就更依赖于管控措施的到位。如 1987 年 11 月 18 日发生在英国伦敦国王十字地铁站的一起重大火灾，在紧急撤离过程中一些乘客盲目奔跑，导致站内出现严重的拥堵、碰撞、踩踏等冲突现象，再加上有些乘客已经被严重烧伤且遭遇疏散通道上折叠门锁死，最终这起事故夺去 31 条生命，致伤 100 多人。

表 1.1 近年典型踩踏事故汇总

时间	地点	事故原因	伤亡人数
2015年9月25日	沙特阿拉伯	朝觐活动中,部分朝圣者没有按照官方要求行事,导致人群发生拥挤,最终发生踩踏事故[8]。	伤亡2177人
2021年4月30日	以色列北部	约10万人参加音乐会,看台倒塌导致踩踏事件发生[9]。	45人死亡,150余人受伤
2021年11月5日	美国得州休斯敦	音乐节现场有5万名观众,人群向舞台疯狂挤压,观众摔倒、失去知觉,造成踩踏事故[10]。	8人死亡,300余人受伤,

1.1.2 研究意义

当面对突发事故紧急情况甚至遭受生命威胁时,集聚性人群整体的情绪状态很容易变得恐慌、焦虑,部分人群还会遭受身体运动机能的损伤,给整体人群的安全疏散造成很大影响。虽然前人针对人群疏散理论模型、仿真建模以及疏散管控等已经开展了大量的研究,但是,集聚性人群在突发事件影响下其行为调节和情绪感染模式是怎样的?当人群在高密度情况下演变到失稳状态时有怎样的物理表征?如何度量人群在疏散瓶颈处的失稳风险?如何采取科学合理的方法对集聚性人群实施有效的管控从而预防和控制失稳事故?这些都是人群疏散风险管控与应急管理亟待解决的问题。这些问题的解决,有助于形成疏散风险整体优化和局部拥堵调控相结合的集聚性人群管控策略,从而不仅能够补充和深化现阶段在应急疏散领域的研究,而且能够从人群管控的角度,为疏散应急管理提供有益参考。

1.2 人群疏散研究现状

关于人群应急疏散方面的研究,一直是国内外许多学者关注的热点。通过对大量文献的调研,对国内外人员疏散问题的研究将主要从以下四个方面进行概述:一是人群疏散理论研究;二是疏散建模研究;三是疏散决策研究;四是疏散风险评估研究。另外,近年来国内学者针对应急疏散方面的研究取得了一系列重要进展,通过梳理相关研究热点,也可以管中窥豹,获得一些关于人群应急疏散研究发展趋势方面的思考。

1.2.1 人群疏散理论研究

人群疏散理论研究早在二十世纪七八十年代就已大量开展，直到今天都是人群疏散领域的重要内容之一。对人群疏散理论的研究主要包括疏散过程各参数的相关性研究以及人的疏散行为规律研究。而人群的疏散行为规律，目前比较有代表性的成果，一是对人群运动中的各种自组织现象的发现及解释，二是对人群疏散时出现的一些非适应性行为的分析研究。对人在疏散中的行为规律研究，主要采用的方法是实验观测或仿真模拟。

1.2.1.1 疏散参数的相关性研究

对疏散过程中与人的运动相关联的各参数进行的研究，一般都与建筑环境相结合，研究方法多为观察和试验，或通过观察人群在真实突发事件下的运动情况，或通过设置特定的模拟场景来观测人群的疏散行为，获得疏散过程中各参数对人群运动的影响。

早期比较经典的研究中，Fruin 等人[11]对不同人群在不同场景下的运动行为开展了较为全面的分析，探究了建筑设计中必需的楼梯、走廊、人行道等的服务水平（level of service）；Daamen W 等人[12]通过对有组织、有计划的人群运动进行观测，获取人群密度、运动速度、运动方向等观测数据，并运用图像处理技术，对视频提取有效信息；Pauls 等人[13]基于人群在建筑内的疏散运动行为观测，分析了楼梯宽度、出口设置等方面的参数对人群运动的影响。此外，由于对人群的疏散模拟试验很难获得与实际突发情况下一致的效果，并且真实事件下的数据非常稀少，难以获得。因此，不少研究者尝试将自然界中动物的行为规律应用到人群的疏散仿真上来，如 Caesar[14] 和 Couzin[15] 等人的研究。迄今为止，关于人群疏散参数相关性研究中的很多成果，已经发展成为许多国家建筑设计领域中设施设计标准内容，如 Fruin 撰写的著作 *Pedestrian Planning and Design*[16] 为疏散建模工作提供了必需的理论基础；Thompson 提出了人群密度与速度之间的经验关系，见图 1.2。

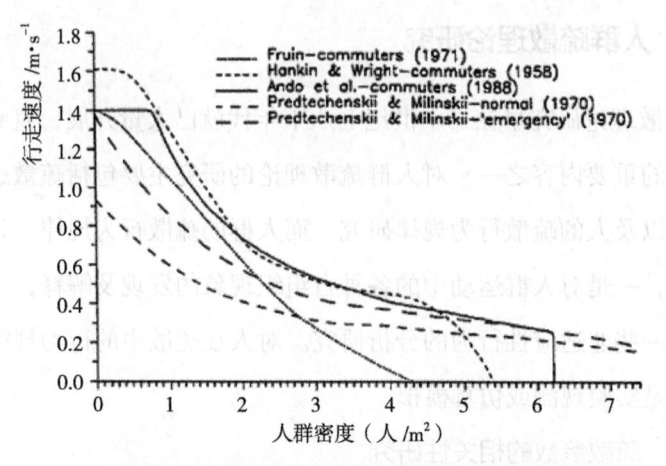

图 1.2 人群密度与速度之间的经验关系[17]

1.2.1.2 人群运动中的自组织现象

所谓人群运动的自组织特性,是指从整体的角度看,人在自由运动过程中具备一种持续形成有规则斑图的特性[18]。很多学者通过实验或模拟对人群运动中的自组织现象进行了研究[19,20]。在房志明[21]的博士论文中,归纳并描述了以下四类典型的自组织现象:瓶颈处行人的拱形分布现象;相向行人流中的"分层"现象;交叉行人流中的"分带"现象;高密度人群中的"震荡波"现象。

瓶颈处行人的拱形分布现象:当行人由高人流率区域走向低人流率区域时,低人流率区域无法消化如此众多的行人从而产生堵塞,被堵住的人群在该区域呈一个半圆形的拱状,因此称为拱形分布。安旭[22]分析了障碍物与出口间距、障碍物形状对疏散性能的影响,研究发现障碍物可调节拱形的位置变化,从而采取措施解决出口处的瓶颈效应。出口附近的拱形效应示意图见图 1.3。

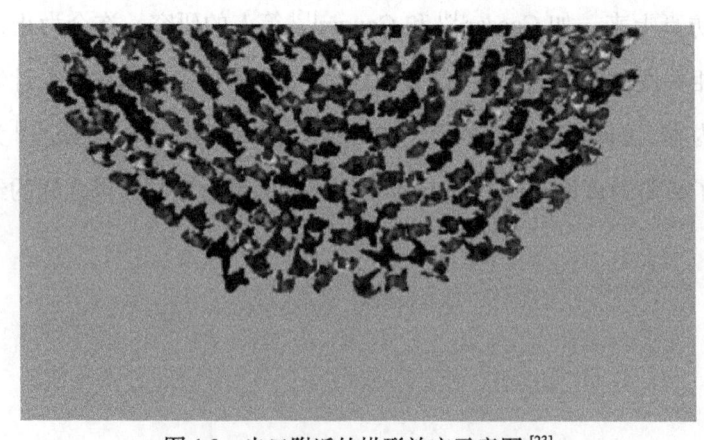

图 1.3 出口附近的拱形效应示意图[23]

相向行人流中的"分层"现象：对于相向行人流，同一方向的行人为了减少来自对向行人的碰撞摩擦会自觉呈队列行走，因此相向行人流会出现明显的层状分布。Chen[23]使用元胞自动机模型研究双向行人流运动时发现直线走廊中出现了"分层"现象，如图1.4所示。

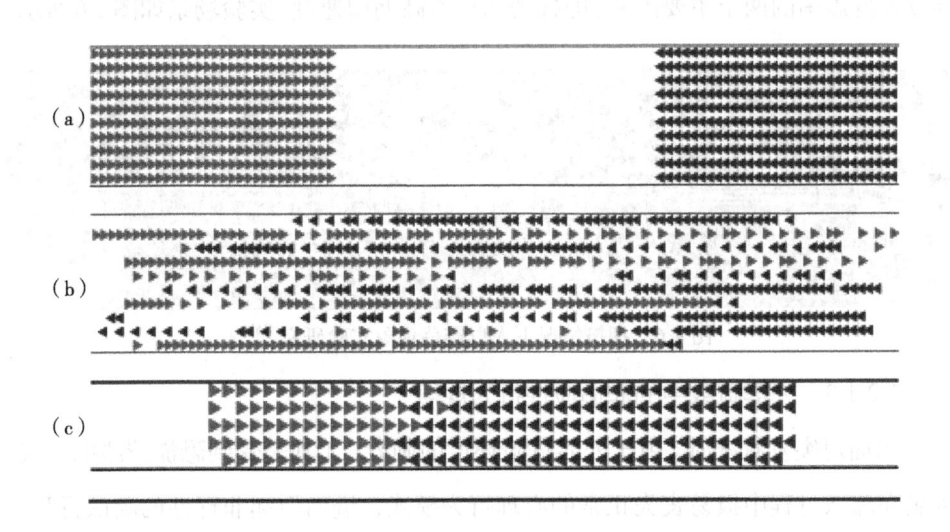

图1.4 双向行人流分层现象示意图[23]

交叉行人流中的"分带"现象：当不同方向的行人在十字路口交汇，行人的移动路径会被其他方向的行人占据，为了减少与来自其他方向行人的摩擦，同一方向的行人会在避让过程中自发形成小团体，这些小团体呈带状分布。如Sayed Mohammed[24]开展的不同交叉口角度（30°、90°和150°）下的疏散实验可以明显地看到这一现象，见图1.5。

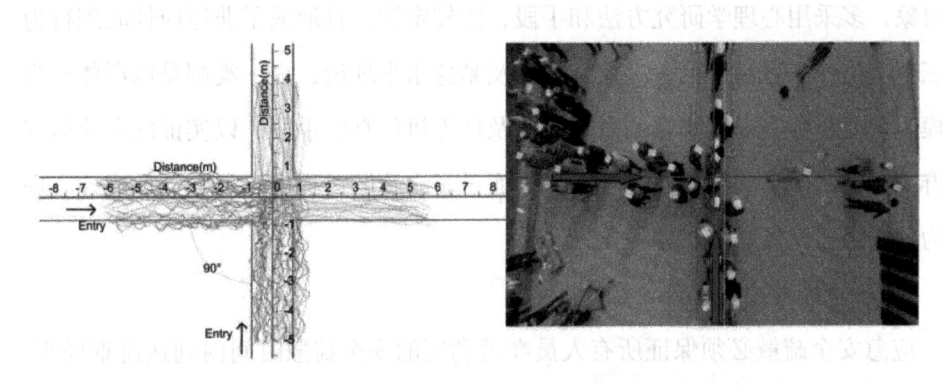

图1.5 交叉行人流中的"分带"现象示意图[24]

高密度人群中的"震荡波"现象：当人群密度较高时，如果前方的行人由于障碍物或堵塞被迫停止运动时，后方的行人也会被迫停止运动，这种停止波向行人运动的反方向传播的现象就被称为"震荡波"现象。笔者[25]结合人群疏散实验和仿真模拟研究拥挤情况下人群震荡现象，提出对人群震荡的新定义并探寻了导致人群震荡的两个主要因素，即扰动和行人高期望速度。实验场景如图1.6所示。

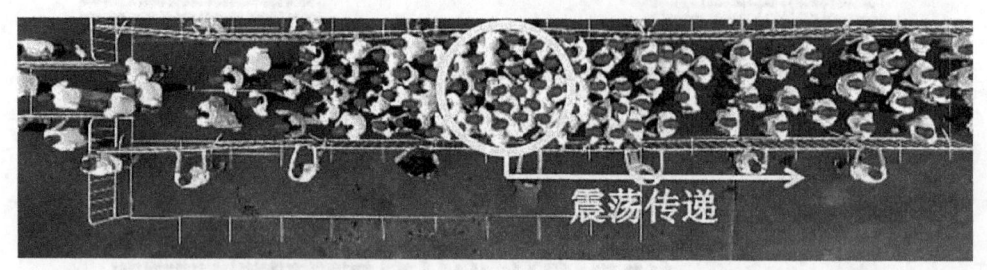

图1.6　拥挤情况下人群震荡现象实验研究[25]

1.2.1.3　人群疏散中的非适应性行为规律

当面对突发状况时，由于外界危险环境的刺激，尤其是受到恐慌情绪的干扰，人员在疏散过程中极易丧失正常的心理行为模式，进而引起非理性的疏散行为，如互相推挤、奔逃中将别人撞倒、互相踩踏等，即所谓的"非适应性行为"。很多突发事件下的人员伤亡，都与人群的非适应性行为密切相关。在王彦雲[26]的研究中，对人群疏散非适应性行为进行了如下描述：在应急疏散时，疏散个体为达到自身目的所产生的危害他人、阻碍群体疏散的行为，统称为非适应性应急疏散行为。尽管对于群体行为的研究可以追溯到十九世纪，但大多数关于群体行为模型的研究是在计算机被普遍用于仿真工具的二十世纪中叶。总体上看，目前关于紧急事件下人群非适应性行为的研究主要分为两大类，一类是以行为心理为研究对象，多采用心理学研究方法和手段，比较定性，且形成了非适应性心理行为的三个理论——恐慌理论、决策理论以及紧急水平理论；另一类则是以群体行为建模为主要目标，通过问卷调查、试验及计算机仿真的手段，以实证的方式研究人群在突发状况下的行为心理规律。下面对紧急疏散过程中人群的非适应性心理行为理论进行简要介绍。

（1）恐慌理论

应急安全疏散必须保证所有人员在可利用的安全疏散时间内到达避难场所，且疏散过程不会由于长时间的高密度人员滞留和通道堵塞引起群集拥挤、踩踏、伤亡等事故。因此，恐慌行人疏散问题是公共安全与应急管理领域极具实际意义的研究课题。恐慌理论处理的主要是一些在紧急情况下可能导致人群中出现恐慌的因素。其基本假设是，当人们感知到危险时，他们正常的、有意识的人格经常会被无意识人格所取代，进而导致他们表现出不合理行为，除非有一种强有力的社会影响（如领导者）进行干预。

（2）决策理论

决策理论的基本假设是：一个人即使处于危险情况下，仍然能够进行合理的决策（尽管是受限的），并试图在这种危险情况下获得好的结果和目标[27]。以建筑火灾逃生为例，与他人进行合作以及按序排队最有可能对整个群体的逃生有利，进而增大个体逃出危险环境的概率；相反，如果有人推挤，那么个体可能感觉到如果自己不跟着推挤，则自己逃生的机会就会受到威胁，于是个体所决策的最佳行动步骤就会变成：加入竞争，推挤别人，使自己逃生的机会最大化。

（3）紧急水平理论

Kelley[28]的研究指出，疏散出口空间中拥堵的出现，取决于逃生紧急水平。造成拥堵情况的三个关键因素是：未迅速疏散的严重后果、可用疏散时间以及人群规模。当紧急水平到达一个相当高的焦虑程度时，就会出现一个问题——大量的人员试图在同一时间从出口逃生。因此，采取适当措施减少焦急逃生的人群数目，将能够缓和拥堵和滞留情况。

上述这些理论对于人群在紧急情况下的疏散行为和心理反应提供了多种视角，但是目前仍然没有一个理论可以对所有的心理行为运行模式和规律进行连贯的、综合性的描述。现有的理论所考虑到的因素并不全面，并且不同理论还存在彼此矛盾的问题，例如，恐慌理论和决策理论是基于两种截然相反的假设前提。Proulx[29]指出，造成现阶段难以发展综合性紧急情况下人群行为理论的主要原因，一是真实数据的缺乏，二是人员行为的复杂性。

尽管现有的人群疏散非适应性行为理论仍存在诸多不足，但是随着资料获取手段的日益丰富以及计算机技术的快速发展，越来越多的学者将目光投向人群行为规律的实证研究，通过实验或模拟的实证研究结果，对相关理论进行补充和深化。例如，钟光淳等人[30]开展问卷调查，建立考虑人群特征、安全意识等指标的校园人群疏散行为及心理影响评价模型，认为参加疏散演练的次数、安全意识、风险认知对灾害发生时的人群疏散行为有显著影响。Helbing 等人[31]对疏散恐慌行为的动态特征进行了研究,并获得了人群在出口处形成拱形拥堵的仿真结果,其提出的社会力模型成为后续大量学者的研究基础;Sun 等人[32]分析了人群中恐慌情绪的动态变化和行人受情绪影响的行为规律,总结了情绪传染、情绪衰减模式,并获得了情绪对行人移动决策的影响。此外,还有大量研究针对实际疏散场景,如商场、地铁等,结合人群避难心理及行为方式,通过实验和模拟对人群疏散心理行为演化机理进行探讨[33-35]。

1.2.2 疏散建模研究

从应用领域来看,人群疏散模型主要有两大类应用,一是应用于建筑物内的疏散,如居民楼、商场、地铁等,二是以受灾建筑或场所(如发生泄漏的化工厂)为中心,对可能遭受灾害威胁的几公里区域内的人口进行疏散。虽然这两类疏散问题的规模不同,但本质上都属于人群的移动问题。因此,各类研究方法和建模技术在这两类问题中都有各自的适应性。迄今为止,对疏散建模的研究,大致可分为数学模型研究和仿真模型研究两大类。

1.2.2.1 数学模型

数学模型研究的主要目标是对紧急情况下的人群疏散规律进行定量化描述,实现对群集人群运动状态的预测以及对疏散措施(如建筑消防设施设计)的评估和改进,从而为人群疏散的仿真模型研究奠定理论基础。早期的数学模型研究主要是对人流运动的统计特性进行分析,并将一些灾害(如火、烟等)对人群行为的影响进行定量化研究,这方面做出代表性工作的有 Henderson 等[36,37]。经过许多学者的不断探索,目前为止,疏散研究领域已经发展出了很多人群应急疏散的数学模型,这些模型被广泛应用于不同研究范畴下的人群疏散动力学特性分析中。典型的数学模型有:磁力模型、社会力模型、排队模型、优化模型、连续人群流动模型等。

(1)磁力模型

Okazaki 等[38]提出的磁力模型,也被称作磁场力模型。在磁力模型中,人群中的每个个体被看作磁场中的一个磁体,磁场的正极是人群和障碍物,磁场的负极是出口和目的地。这样人群的运动就会受到负极的吸引而向出口或目的地移动，而人和人之间，或是人与障碍物之间，则会由于同为正极而相互排斥。行人的受力类似于库仑定律。磁力模型可以对紧急情况下人群疏散的行为特征进行刻画，曾在火灾疏散模拟以及诸如客运站候车大厅内的行人运动模拟中得到了应用。然而，该模型必须通过经验来确定人群中每个个体的磁力负荷参数，在验证方面存在一定问题。因此，其应用范围受到了很大局限。

（2）社会力模型

社会力模型是由Helbing等人[39]提出的一种基于多粒子自驱动系统框架的模型，以经典牛顿力学为基础，假设个体在疏散过程中受到三种力的作用：驱动力、人和人之间的作用力以及人和障碍物之间的作用力，力的示意图见图1.7。所谓社会力，就是个体在疏散中受到的来自其他人及周围环境的这些物理、心理、社会上的相互作用的统称。迄今为止，社会力模型已被公认为是对疏散时的个体动力学特征进行仿真模拟的最为成功的数学模型，主要原因就是它能够很好地模拟出人群运动中诸如"快即是慢"、拱形拥堵等复杂现象。国内外学者在Helbing的研究基础上，对社会力模型进行了诸多改善和发展[40,41]。但社会力模型也有其局限，它是一种从微观角度、针对个体进行建模的模型，需要设定复杂的建模规则，并且计算的时间复杂度为$O(N^2)$，即随着疏散人数N的增大，计算时间将急剧增长。因此，当涉及区域性的大规模人群疏散时，计算效率会很低。

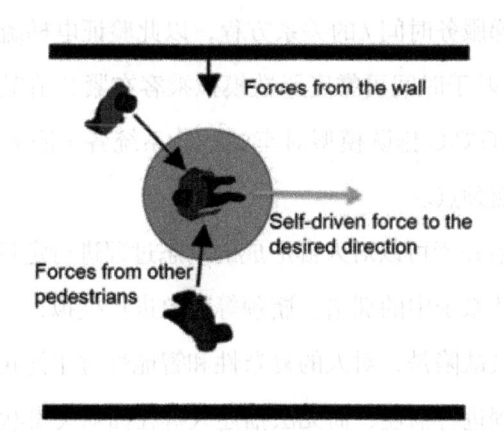

图1.7 社会力模型中力的示意[39]

（3）排队模型

作为一种经典的数学理论，排队论在人群疏散领域的应用也十分广泛，尤其是针对轨道交通、客运站等场景下的人员疏散，可以对人的排队运动特性进行较好的分析。

排队论基于这样的假设：人群形成的过程，是一个行人按照某种概率分布到达服务台、按照某种排队规则接受服务并离开的过程。通常采用负指数分布、Possion 分布等概率分布形式来描述行人的到来，采用先来先服务（FCFS）、先来后服务（FCLS）等排队规则进行模拟。在排队论基础上发展出来的排队网络模型，是一种典型的宏观疏散模型。排队网络模型对建筑的详细布局和尺寸并不关注，其核心思想是：将建筑平面图转换成网络图，按照房间、走廊等将建筑划分为网络中的多个结点，连接房间与房间之间的通道，则对应于网络图中的边。结点的容量代表对应房间中可以容纳的人数，边的通行能力代表对应通道的通过能力。在结点内将使用各条边所需的疏散时间进行保存。模拟时，行人以加权随机选择模式在所有可用的边中选择一条路径，如果该路径无效或不可用，则进行等待或继续寻找下一条边。根据这一思想所建立的排队模型称为 M/G/C/C 模型。该模型目前的应用较为广泛，如 Khalid 等[42,43]基于 M/G/C/C 网络排队模型，探究了行人疏散速率对出入口阻塞概率、预期疏散时间和预期行人数量的影响，并对行人到达不同出入口的分配问题进行了分析；郑霞忠等[44]运用排队论原理，计算楼层平台人流输出率，以探究汇流过程对楼梯疏散的影响程度；郑波涛等[45]基于排队论相关理论建立电梯、楼梯疏散模型中乘客平均到达率 λ 与电梯服务时间 t 的关系方程，以此验证电梯疏散时间计算公式的有效性；汪晖等[46]基于时间可靠度函数模拟乘客在紧急情况下路径选择行为，在此基础上引入 M/G/C/C 排队模型对车站排队系统各个服务台进行排队性能指标计算，找出潜在瓶颈点。

排队模型的优点在于可以对人群形成的动态过程进行定量化描述，视觉化效果良好，可以对排队系统中的拥堵、瓶颈等现象进行模拟，并且可以对疏散时间进行快速计算。但其缺陷是，对人的复杂性和智能性过于简化，仅能对人群在正常状况下的形成过程进行描述，而无法描述人群在面对突发状况时的变化特征。

（4）优化模型

优化模型，是从疏散整体考虑疏散效果最优化的一种模型，通常较多地应用于区域性疏散计划的研究中。它将疏散人群视为由人流或车流组成的整体，而对个体的主观行为特征则直接忽略。优化模型通过将疏散区域进行网络化处理，然后基于运筹学领域的相关算法，以网络流优化为基础，对疏散时间、疏散人数等指标进行分析，进而评价疏散效果。优化模型中的疏散网络有静态和动态之分。静态网络的网络结构及相关参数不随时间发生变化，因而往往不能符合实际疏散情况，而动态网络考虑了参数随时间的动态变化，是静态网络在时间维的扩展。

目前，基于网络流的优化模型在人群疏散领域获得了非常广泛的研究，尤其是对于区域性的大规模人群疏散，优化模型无论是在计算效率或是在疏散过程分析方面，都体现出了相当优越的性能。优化模型所关注的优化问题主要有：路径优化问题、选址问题、指派问题、最快流问题、最小费用流问题、最大流问题等。对于大规模疏散来说，优化模型的关键在于对疏散路径的规划。通常有三个方面的规划目标，一是最小化疏散时间（TET），总疏散时间的意思是"暴露于危险中的人群全部抵达安全地点所花费的时间"；二是最小化清空时间（CT），清空时间的意思是"最后一个人或车辆离开危险地点的时刻"；三是最大化疏散人口数，即在给定时间区间内，使离开危险区域的人口数最大。因此，针对不同的规划目标，运用不同的优化方法，国内外学者在疏散的优化建模方面进行了大量的研究[47-50]。

建立优化模型的另一个重要方面，是模型求解算法的实现。大规模疏散优化模型，本质上是对疏散路径规划的优化，路径规划问题通常被抽象为带时间过程的离散网络流问题，求解该问题的可行方法之一是利用时间扩展图，将动态网络转化为一种在时间尺度上扩展了的静态网络，进而通过经典的多项式时间算法来对优化模型进行求解[51]。然而，这种方法由于在计算过程中对时间扩展图需要巨大的存储量，因而通常情况下并不适用于大规模疏散网络问题（例如大范围城市区域内的疏散）。真正使得优化模型在大规模疏散中获得成功应用的算法，是一种启发式算法。启发式算法并不追求方程的最优解，而是退而求其次，只需要求解次优解即可满足优化目标，这样便可有效降低计算量和存储要求。比较典型的研究有 Lu 等人[52,53]提出的 SRCCP、MRCCP 以及 CCRP 等用于求解疏散规划优化问题的启发式算法，以及 Kim 等人[54]针对 CCRP 算法进行的改进。

（5）流体动力学模型

流体动力学模型是一种人群疏散的宏观模型，最早是由 Henderson[55]提出的。他将人群运动行为类比于气体或流体的流动，视人群为一种连续流动的介质，对整个人群的疏散过程建立起动力学方程。其中，人群的运动特征通过人群密度、局部运动速度等参数来描述，而不对人群中的个体差异进行区分，仅考虑人群的运动目的以及人与人之间的影响。在 Henderson 的人群流动模型基础上，Hughes[56, 57]进一步采用交通流模型中的连续介质理论对人群行为进行了研究，利用数学方程推导出了人群的运动方程式，提出了一种连续人群流动理论。基于 Hughes 的研究，一些学者将连续人群流动理论用于研究突发事件下大规模人群进行路径选择的策略模拟，并对该模型进行了深化[58]。

（6）其他数学模型

除了以上列举的几种模型之外，还有其他一些数学模型，如 Domencich 等人[59]建立了一种效益最大化模型，来对行人最终的疏散行为进行确定；Coleman 等人[60]建立了一种传播模型，通过数学表达式对行人之间的信息（如思想、行为方式等）传播进行描述。

1.2.2.2 疏散仿真模型

不管是大规模还是中小规模人群疏散问题，本质上都是人员的移动问题，因此，疏散仿真模型的本质就是基于人群疏散的数学模型，运用计算机仿真手段，来模拟人员的移动，而人员的移动，既可以是单个个体的移动，也可以是整个人群的移动，因此，从总体上看，根据仿真模拟的侧重点在于个体还是整体，可以将疏散仿真模型分为宏观和微观两大类。

（1）宏观仿真模型

宏观仿真模型将人群视作整体，忽略个体的行为特征，而重点关注疏散规划策略的优化（如获得疏散通道的最大疏散量、避免疏散通道的瓶颈等），典型的代表有：

EVACNET[61]，一个被广泛使用的人员疏散网络仿真软件，以网络的形式描述建筑结构，模拟人员在这一网络内的流动，直至所有人员到达安全目的地；

NETVAC[62]，基于宏观车辆群的网络流方法，对交通队列的构成进行评估，并为车辆提供动态选择线路和基于交叉路口的路网控制功能；

MASSVAC[63]，一种已广泛应用于台风疏散测试的基于宏观交通流的仿真模型；

DYNEV[64]，一种应用于原子能工厂紧急事件的仿真模型，基于宏观连续流和动态流原理，可根据输入参数（包括网络容量、交通控制、疏散需求等）的变化，估算网络中每个结点的交通流参数；

OREMS[65]，由Oak Ridge国家实验室的运输分析中心基于CORSIM（Corridor Simulation）平台开发，可用于模拟疏散交通特性及人群对路径的选择策略。

（2）微观仿真模型

与宏观模型不同，微观模型关注人群中个体的运动特征，通过对个体建立运动规则，来研究整体的疏散运动过程。这类模型的典型代表有：

Building EXODUS[66]，一种考虑了人与人之间、人与环境之间以及人与结构之间交互作用，可跟踪每一个人在建筑物中移动轨迹的微观仿真模型；

EXITT[67]，一种允许用户自定义影响疏散人员响应方式的若干因素、以网络描述建筑结构环境、专门用于计算建筑火灾时人员疏散时间的微观仿真模型；

SGEM[68,69]，香港城市大学和武汉大学合作建立的一种基于局部细网格的网络疏散模型，可进行个体行为特征描述；

CAFE[70]，一种从多粒子自驱动人员疏散模型、元胞自动机模型和格子气模型理论出发建立的微观模型，可结合环境、人员心理和群体行为等因素研究特定场所下的人员安全问题；

SIMULEX[71,72]，通过精确描绘每一个人穿过建筑物空间时的移动特性，实现对大量人员在多层建筑物中疏散的模拟。

此外，基于智能体（agent）的疏散仿真模型已然成为研究热点[73]，其重点在于对个体的建模，通过个体的行为自组织性来展示整个人群的疏散行为规律，而并非通过数学模型和预设行为规律进行建模。例如，Lim[74]建立基于智能体的模拟方法，评估在火灾紧急情况下，养老院内工作人员的疏散行为对老年人疏散效率的影响。

1.2.3 疏散决策研究

疏散是一个复杂的系统性问题，不仅涉及疏散人群行为、疏散路径选择等问题，还包括了从是否决定进行疏散，到疏散开始后如何有效协调各种资源以确保人群的安全疏散等诸多方面的问题，这些问题就是疏散决策所需要探讨的问题。作为大规模人群疏散研究中的重要内容之一，疏散决策是否有效合理，直接关系到能否减轻灾害损失，保护人民的生命财产安全。

从整个疏散的时间轴角度来看，应急疏散决策可以划归为疏散前的决策、疏散时的决策以及疏散后的决策。疏散前的决策主要解决的问题是，是否有必要开展大规模疏散；疏散后的决策主要解决的问题是，如何对遭受灾害及经历大规模疏散的人群开展社会心理方面的灾后调控。由于这两方面的内容超出了本文的研究范畴，因而在这里不做讨论。本文所关注的疏散决策，只是疏散时的决策，具体地说，就是受灾人群从危险地点转移至安全地点这个过程中所需要进行的决策，一般包含三个方面的问题，一是疏散路径选择，二是疏散人数分配，三是疏散资源配置。

1.2.3.1 疏散路径选择

疏散路径选择，通常是指对最优疏散路径的选择，因此优化模型在疏散路径选择中获得了非常广泛的应用。最优疏散路径通常有三种：一是空间距离最短，二是疏散花费的时间最短，三是可以疏散的人数最多。现有的疏散路径选择研究中，绝大多数都是将完成疏散所需的时间最短作为最主要的优化目标，基于数学模型或者仿真模拟，来对疏散路径选择进行分析。如 Gao 等[75] 提出了一种与多个时空尺度相结合的时空认知框架，用于个体路线选择，提出时空 A* 算法，用于复杂户外疏散场景下的个体最优路线规划；Syarlianti 等[76] 探讨了事件发生前的空间经验如何影响行人疏散路径的选择，通过实验得出"习惯性的路径偏好、过去的经验、进入建筑物的路径和其他关联事件"是影响行人疏散路径选择的重要因素；Zhu 等[77] 采用 Lasso 回归法在行人疏散过程中考虑道路因素，基于改进的三维 Dijkstra 算法，提出不同洪涝灾害风险等级下的最优疏散路径方法。

然而，大多数研究虽然是将疏散时间最短作为路径决策的核心考虑，但基本都是基于这样的假定：疏散路网中各路段上的通行速度是恒定的或分时段恒定的。很少有文献考虑到突发灾害对于疏散网络中的路径通行能力的实时影响。虽然有一些研究考虑到灾害对疏散网络的影响，比如灾害影响疏散源节点的优先顺序[78]，或预测灾害的影响范围然后预先计算一套新的网络参数并根据这个新的网络制定疏散计划[79]。但是，相关研究和实践都表明，很多灾害（如毒气的扩散、火灾中热烟的扩散、飓风、洪水等）都是随时间逐渐蔓延的，不同地理位置的受灾程度不同，并且由于灾害而导致的路径通行能力也是随时间连续变化的[80,81]。

因此，在路径选择决策研究中，考虑灾害扩散对路网参数的动态影响，进而对基于数学或仿真模型的路径优化策略进行修正，是十分必要的。在这方面，Li[82]、Yang[83]等学者的研究值得借鉴，在其研究中，初步提出了在路径选择中考虑灾害因素的优化算法。

1.2.3.2 疏散人数分配

疏散人数分配问题需要解决的是，在确定疏散路线之后，各条疏散路线上应该分配多少人，以保证在有限的时间条件下将尽可能多的受灾人群疏散至安全避难点，同时确保避难点人数在最大设计容量之内。这个问题实际上是从交通分配问题沿用而来，本质上是一种起讫点（Origin-Destination，OD）问题。起讫点问题的实质是，首先通过预测获得起讫点之间的交通出行总量，然后按照一定的规则以一种与实际情形符合的方式将交通出行总量分配到各路段上，最后求得各路段的流量[84]。传统的交通分配问题包括交通生成、交通分布、方式划分和交通路径分配四个阶段。目前为止，根据最优化函数的区别，交通分配模型分为系统最优模型和用户最优模型，因此，引申到疏散人数分配问题，同样可以运用这两种模型进行相关研究。如汪雅馨[85]针对灾民行动能力差异性特征，创建多模式协同疏散调度策略，并验证避难选址及人员分配方案的公平性。

但是，需要注意的是，根据交通分配方法进行疏散人数的分配，忽视了人在疏散中的主观能动性，没有考虑到人是否会按照既定的合理疏散路径进行疏散，进而在路径上的人数分配就容易变得过于乐观。

1.2.3.3 疏散资源配置

突发灾害下大规模人群应急疏散的顺利进行，在很大程度上需要一个强有力的资源保障。如何合理配置相关应急资源（如救助工作人员、应急疏散车辆等），并对有限的资源进行高效利用，充分发挥资源的最大效益，是大规模疏散决策研究中的一个重要内容。目前，国内外学者在疏散资源配置方面做了大量的研究，并且主要关注的方面是资源调运。如 Zhong 等[86]针避难区资源公平性、避难需求和疏散人员分配等问题，提出了避难区多目标布局优化模型，以实现资源分配的公平性；Huang 等[87]使用 Pareto 算法及计算机模拟，建立一个全面的多救援站点、多灾难站点和多目标规划模型，以测量运输物资所需的总时间以及响应、恢复中遭受的经济损失；He 等[88]构建了综合考虑决策水平、利用率、容量等因素双层多目标灾后避难选址模型，以实现疏散资源的合理配置。

1.2.4 疏散风险评估研究

目前对于大规模人群疏散风险的研究，主要有两方面内容，一是通常意义上所指的聚集人群的风险，二是大规模交通疏散风险。

大规模人群聚集时，当人群密度很高，同时周围环境又发出强烈的不安全信号时，人群极易发生拥挤、踩踏等导致伤亡的事故，对于人群的安全疏散来说，具有很高的破坏风险。因此,对于人群聚集风险的研究,主要是从风险的角度出发，通过对人群移动行为、心理特征的分析，从中寻找到人群中发生伤害事故的规律，并从机理的角度来研究事故发生、发展和演变的深层次原因。迄今为止，比较典型的人群疏散风险评估模型有以下几种。CRISP，由 Fraser-Mitchell 提出[89]，是一种在仿真方法中延伸出来的危险评估方法，通过在仿真模型中加入概率的因素，运用重复仿真手段获得疏散时间的随机分布，再结合统计分析方法来评估危险。该方法主要在针对火灾事件的疏散中获得较为广泛的应用[90]。此外，卢春霞[91]基于波动理论，建立了拥挤人群中的扰动波传播模型，通过特征值求解，对人群拥挤产生的边界条件进行了研究；该模型认为人群的整体运动类似于波动，若波发生扰动，形成非线性畸变，就会产生所谓的拥挤；通过该模型可以预测人群中拥挤的产生，并通过改善可能产生拥挤的各个边界条件，来避免扰动的激化。还有一些研究通过对聚集人群进行系统估算，来规划、预测和控制人群运动，预防人群中伤害事故的发生，降低人群疏散的风险[92,93]。

关于大规模交通疏散风险，一般是在疏散模型的基础上，考虑多种风险因素对疏散结果的影响。这方面研究目前开展并不多，比较典型的是 Cova 等人[94]提出的临界簇模型（critical cluster model, CCM）。该模型主要关注疏散区域内的人口数目与道路容量需求两个要素，对路网中每一个结点的最大风险集合进行计算，将所得的最大风险作为该结点最困难的疏散条件，通过遍历每个结点，进行疏散区域的疏散风险评价。在 CCM 模型的基础上，又有一些学者对其进行了修正[95]，提出更为符合实际情况的疏散交通风险评估模型。

1.2.5 国内人群疏散研究

对知网数据库及 Web of Science 核心数据库中中国学者所发表的人群疏散领域相关文献进行汇总。研究发现，在国内安全疏散领域的研究中，"模型、模拟"是被提及最多的关键词，说明通过模拟开展人群疏散研究是该领域的研究热点。众多学者通过改进经典模型（如社会力模型、元胞自动机模型等），实现人群疏散的研究。Zhang 等[96]建立了基于改进社会力模型（ISFM）的 VR 人群疏散模拟方法，分析了"环境作用"和"主观能动性"因素对人群疏散的影响。Liu 等[97]提出了一种改进的元胞自动机来模拟客船火灾疏散。Yuan 等[98]提出了一种具有更精细空间离散化的元胞自动机（CA）模型模拟有障碍物房间中的疏散过程，并发现三角形"规避区域"现象。王勇等[99]引入环境作用和感知影响因子改进社会力模型，改进社会力模型的人群疏散时间考虑客观环境和行人主观因素影响，支持实时人群疏散 VR 模拟。毛清华等[100]基于改进蝴蝶算法和社会力模型提出多出口疏散模型，引入速度调节因子，描述行人在疏散中的期望速度变化。

近年来，大规模人群"避难"也逐渐成为安全疏散领域的研究热点。国内众多学者选择以事故灾害（如洪水）或针对具体场所展开应急避难评估研究。Du 等[101]提出了综合的社会水文建模框架，用于评估避难区位置安排和人类行为对洪水的影响疏散过程。Liang 等[102]提出了一种改进的 Ga2SFCA 方法来评估中国昆明主城区的紧急避难所可行性，引入避难区的适用性和人口聚集程度参数，以提高昆明主城区应急避难所空间分布的平衡性。Tang 等[103]以松原市中心区应急避难区为例，从疏散人员需求、有效性、可达性、安全性和救援响应等 54 个方面构建了应急避难场所服务功能的评价指标体系。Zou 等[104]以湖南边城为例，提出不同地形、人口和人群时空分布差异等情境下山区应急避难所的定量评价，构建了避难所有效性和安全性评价框架。钟光淳等[105]以南京新街口为例，基于传统避难场所布局优化研究在避难需求预测、疏散分配方面的不足，提出了基于循环疏散分配的两阶段避难场所布局优化方法。

1.3 大规模集聚性人群安全疏散研究概况

1.3.1 集聚性人群疏散研究方法

集聚人群疏散的研究方法可以分为两大类：实验法和计算机仿真法。实验法又可以分为动物实验和真人控制实验。动物实验一般选择蚂蚁、羊或小白鼠作为实验对象。动物实验最大的优势在于对极端场景的复现。在进行真人实验时，虽然实验员在实验的设计阶段就将实验参与人员可能遇到的危险都排除了，但这种安全也仅仅是理论上的安全。在实地实验的过程中，一些突发情况是难以预料的，因此实验人员为了规避潜在的风险会放弃一些临界情况下数据的测量；此外，为了使实验达到一定的紧急程度而强迫志愿者表现出过度的竞争行为也是不道德的。这就导致了真人实验在研究高密度或高压状态下行人心理和行为方面存在一定的局限性。Cao[106]等在研究混合人群运动特性的过程中仅得到了低密度情况下的数据，其原因在于参与实验的人中有 47 名年长的人。如果进一步提高实验场地的人群密度，老年人无论在机动性还是自身适应能力方面都要远低于年轻人。一旦与年轻人发生碰撞摔倒，有可能引发踩踏事故，事故的后果将是灾难性的。而动物实验则可以很好地解决这一问题，像老鼠或蚂蚁等群居动物无论在心理还是行为上都与具有社会性的人类存在一定的相似性，这也在一定程度上保证了实验结果的可靠性。国外学者也通过动物实验验证了"快即是慢"效应和自组织效应。肖含仪[107]等通过小鼠实验发现小鼠竞争通过瓶颈时，相邻小鼠通过出口的时间间隔呈现幂律形态的尾部且簇的大小服从指数分布，这一点与现有的行人实验结果相符。

与动物实验不同，真人实验主要关注微观状态下的行人心理的变化和行人行为及其运动规律。Fu[108]等通过一个楼梯实验来研究楼梯上的群组行为。为了提高实验的可靠性，研究人员也采取了各种各样的措施。如在志愿者的选择阶段，将同领域或参加过类似实验的人员排除在外，以避免他们推测出实验目的而使实验结果受影响；在进行路径选择实验时，要求志愿者在实验开始前进行转圈；在进行与能见度有关的实验时，将面具加长加厚或设置监察者来避免志愿者作弊。同时，为了使实验更接近实际（即达到一定的紧急程度），实验人员通常会要求志愿者以尽可能快的速度撤离,但实际操作过程中仍会因为安全问题而受限。Ding[109]等用人造烟雾和报警器来制造较为紧急的情况,但是该实验的志愿者都是久经训练的人民警察,对于烟雾或警报早已习以为常,实验的结果也反映出烟雾对路径选择没有影响。然而,这个实验中的人民警察可以替换成普通群众吗?答案是否定的。Xue[110]等则通过金钱奖励的方法来提高实验的紧张程度和志愿者的积极性。这又引入了一个新的问题:额外的奖励该设置成多少才可以在保证安全的前提下尽可能提高紧急程度。随着科技的发展,VR实验开始进入研究者的视线。VR实验克服了传统控制实验的不足,在复杂场景构建以及不同紧急程度的模拟方面有了本质的提升。利用VR实验,Mossberg[111]等研究了火灾情况下深层地铁站行人的路径选择问题,Lin[112]等研究了高压状态下行人的从众行为,均取得了一系列具有参考价值的结果。

得益于计算机技术的快速发展,计算机仿真模拟已经成为聚集性人群疏散研究的主要方法。与传统的控制实验不同,计算机仿真没有场景的限制,研究人员也不需要出于安全或道德角度考虑对行人的密度或是竞争行为进行控制。这就使得计算机仿真在极端场景下人群运动研究方面有很大优势。Andrés-Thió[113]就利用计算机仿真的方法对Shahhoseini未在真人控制实验中观测到"快即是慢"效应的原因进行了解释。Andrés-Thió认为,实验中的志愿者在出口瓶颈处并没有表现出挤压碰撞等竞争行为,而这就是"快即是慢"效应出现的必要条件。但是,在实验中要求志愿者主动去碰撞他人显然是不道德的。目前,应用于集聚性人群疏散研究中比较成熟的人群仿真模型有元胞自动机模型、社会力模型、格子气模型等。Yi[114]等利用元胞自动机模型研究了踩踏事故发生的密集行人疏散动力学问题。Li[115]等在初始社会力模型的基础上增加了地面对行人的阻力,通过模拟发现同等坡度下楼梯比斜坡更容易导致拥挤人群踩踏事故发生。

1.3.2 集聚性人群疏散心理与行为研究

疏散过程中,行人的主要心理可以分为恐慌心理、从众心理、竞争心理等。恐慌行为的产生既有外界环境的因素也有行人自己的因素。从众心理多发生在复杂场景下,对环境不熟悉的人往往会选择大多数人移动的方向作为疏散方向。此外,当行人处于极度恐慌状态时也可能产生从众心理。竞争心理多发生在疏散的瓶颈处，如楼梯口或地铁闸机处，部分行人为了快速通过会尽可能提高自己的速度并且降低与他人碰撞挤压的抵触感。Knez[116]发现，首次经历灾害疏散的人比未经历疏散的人有更强烈的情绪反应，在灾难发生后的最初几个小时和一年后都存在明显的焦虑、愤怒等情绪。

1.3.2.1 小团体行为

社会性是人的本质属性，这就决定了个人不会独立于社会而存在。个人所特有的社会关系会对其在疏散过程中的心理及行为造成影响。当突发事件发生时，具有特定关系的个人会组成特定的小群体进行疏散。这些小群体按组成个体的亲密程度关系可以分为由熟人组成的小群体（如家人、同事和朋友）和由利益趋同的陌生人组成的小群体。这两种小群体在疏散心理和行为上有很大的不同。

由熟人组成的小群体成员之间的联系较为紧密，抵抗人流冲击的能力较强。即使被冲散也会选择重新靠拢。在行动和决策方面保持高度的统一性，如果某个成员行动不便，其他人也会放慢速度来适应行动不便的个体；如果某个成员走失，即使情况危急，其他成员也可能选择等待或折返寻找等行为。如 Fu[117]通过控制实验研究了由同学组成的群体在楼梯上的步行行为，发现同一群体的行人总是出现相似的速度下降，并且在速度下降过程中调整自己的动作，以达到舒适的群体行走状态和一致性。Xie[118]在初始社会力模型的基础上增加了一个吸引力来模拟群组成员之间的凝聚力。而陌生人组成的小团体多由路径相同的行人临时组成，这种群体成员之间的联系较为薄弱，很容易被人群冲散，在决策上也很容易产生分歧导致群体破裂。韩雁喆[119]比较了高亲密程度的结伴和相对灵活的结伴两种结伴模式对西直门站疏散的影响，发现高亲密程度的结伴所用的疏散时间更长。

小团体中的成员可以分为领导者和追随者。Xie[120]通过观察录像发现有领导者的群体通常以垂直结构移动，与移动方向平行。相比之下，没有领导者的团队保持着垂直于移动方向的水平结构。此外，领导者总是走在团队的最前面。Haghani[121]对群体的决策机制进行了研究，发现群体决策由领导主导，并向群体其他成员暗示移动方向。

1.3.2.2 合作与竞争行为

早在 1951 年，美国心理学家 Alexander 就对紧急疏散过程中人群的非适应性竞争行为的产生进行了解释。Alexander[27]指出人群成功疏散的过程中合作行为是必不可少的，这种合作行为也会使群体中的每个个体获益。但是，一旦合作行为受到破坏，个体无法从群体中获益时，行人间的竞争行为就出现了。我们以剧场火灾为例，当剧场中的所有人都相互合作，大家都可以很快跑出剧场；但当一些不互相合作的人堵在出口时，剩下的人如果不采取挤压推搡等竞争行为就会被烧死。事故就是这样发生的。Shiwakoti[122]指出男性乘客会比女性乘客表现出更积极的合作行为，在疏散过程中协助妇女、儿童和老人撤离。而这就是Alexander所期望看到的对疏散最有利的情况。疏散过程中对他人进行碰撞推搡的竞争行为无疑会对整体疏散起阻碍作用，特别是在瓶颈处。

1.3.2.3 从众行为

从众行为也是疏散过程中的典型行为。当行人处在一个陌生的环境中时，心理压力会显著增加，这种情况会随着突发事件的发生进一步恶化，使得行人寻找与处理出口信息的能力下降。此时，移动的人群成了疏散信息的主要来源，跟随大多数人移动成了很多人的选择。Lin[123]对参加VR试验的人员进行了正性负性情绪量表分析，结果显示，若被试人员的负面情绪保持稳定，则害怕和紧张的情绪在试验期间会显著增加。在确保被试人员处于高压状态下试验时，发现行人会跟随大多数人移动。在另一项研究中，Lin[124]发现对环境不熟悉的人更容易产生从众心理。

1.3.2.4 障碍物对疏散行为的影响

当突发事件发生时，出口处的密度往往很高，因此出口处人群的非适应心理及行为较其他低密度区域更为严重。对于极度恐慌的人群，有学者提出在出口处设置障碍物的方法来缓解出口处人群的非适应行为，从而达到提高疏散效率的目的。在出口处设置障碍物从直觉上看显然会阻碍疏散，但实际上通过合理设置障碍物反而促进了疏散这一现象在后续的实验和模拟中得到了验证，见图1.8。Shiwakoti[125]对此进行了解释：在未设置障碍物的情况下，行人由于人群密度高、逃生时间短而缺乏耐心，从而导致通过出口时的预期速度、竞争和推搡行为增加的情况；障碍

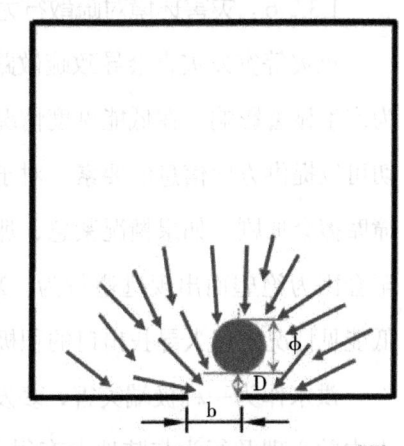

图1.8 出口障碍物设置示意图[125]

物的设置可以吸收来自密集行人人群的物理压力，并有助于打破出口附近短暂的"冻结"人群，这有助于减缓出口处人群的竞争强度，减少踩踏事故发生的可能性。

但是，并不是所有的情况下在出口处设置障碍物都可以起到缓解人群非适应行为的作用。障碍物的设置要根据实际场景的情况，且障碍物的形状、大小距离出口的距离和角度等因素都会对疏散效果产生显著的影响。如 Li[126] 通过模拟发现在行人不知道障碍物后是出口的情况下，设置障碍物对疏散起阻碍作用。即在人群不熟悉环境的情况下贸然设置障碍物反而会加剧出口处人群的非适应行为，增大疏散压力。

1.3.2.5 携带行为对疏散行为的影响

携带行李会对行人的行为和心理产生影响。以往的研究[127,128]表明：携带行李的行人需要更大的空间，为了减少与他人的摩擦而与其他行人保持更大的间距。在行人密度较高的区域，携带行李的行人显然无法维持自己在一个舒适的状态而迫使自己迅速离开；但是，携带行李带来的身体灵活性的下降又使得行人不得不忍受这一状态。因此，相比于未携带行李的行人，携带行李的行人更容易因为非适应心理而产生非理性的行为。这一情况在人群密集区域会更加严重。面对突发事件如火灾或恐怖袭击，携带行李的行人无论选择携带或遗弃行李疏散都是一个痛苦的决定。Shiwakoti[129] 等利用调查问卷的方法对机场乘客遗弃行李的行为进行了研究，结果发现墨尔本机场乘客的行李遗弃概率为 48.1%，青岛机场乘客的行李遗弃概率为 58.6%。携带行李行人的非适应行为所产生的后果往往会更严重，而本身就处在更高恐慌程度状态下的行人所产生的竞争行为危害性也更大。

1.3.2.6 灾害环境对疏散行为的影响

火灾等突发灾害会导致疏散路径的能见度下降。能见度会对人群的心理及行为产生显著影响。在低能见度情况下，行人会本能地选择贴墙移动，积极寻找一切可以提供方向信息的要素。对于高密度人群，由于能见度较低，人群之间的碰撞摩擦会加剧。如果情况紧急，那些能提供方向的信息可能会被忽略。有的人甚至会因为绝望而出现逃避行为。Xue[110] 通过实验发现适当的金钱刺激可以提高低能见情况下行人寻找出口的积极性。

洪水作为一种极端灾害，多发生在海拔较低和降水不均匀的地区。人群在洪水中的心理及行为与陆地上有很大不同。Fothergill[130] 对生活在持续受洪水威胁地方的 40 个人进行了采访，被洪水淹没的参与者描述了他们如何感到绝望和失去对形势的控制，在他们的报告中，提到洪水从地板上冲上来，流过防洪设施，带来的负面情绪有各种各样的描述，包括恐慌、震惊、愤怒、恐惧和焦虑等。Hamilton[131] 对司机在洪水中的驾驶行为进行了研究，发现在洪水中驾驶是经过深思熟虑的决定，他们对这种情况的风险和收益进行了评估并认为有利因素超过了不利因素。此外，如果驾驶者有亲人或朋友曾经因为在洪水中驾驶而溺死或车上有其他乘客时，他们会选择避开洪水。Higo[132] 对被困在洪水中行人的行为进行了定义，见图 1.9，如挂在单杠上、抱着柱子或站在平台上。行人维持这些动作的时间长短与耐力有关，而耐力会随着时间衰减。

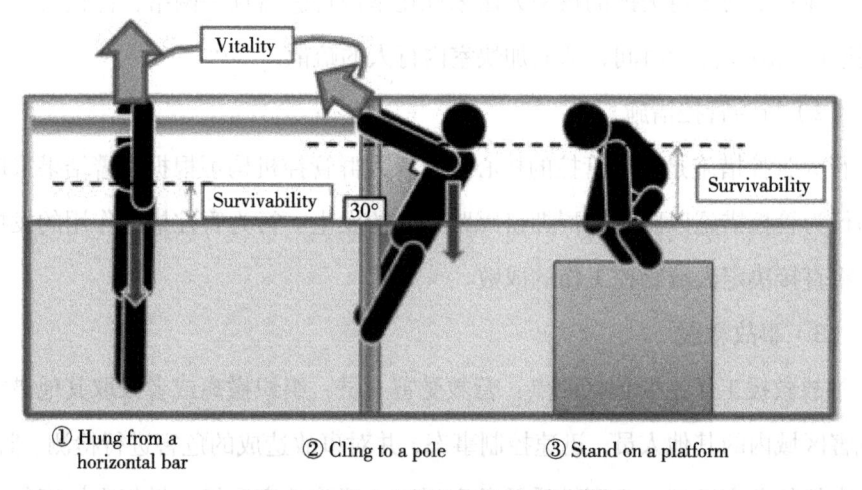

图 1.9　洪水中行人行为示意图 [132]

1.3.3　集聚性人群疏散管控

1.3.3.1　疏散管控的主要内容

人群管控是对各类人群拥挤踩踏事故实施预防和控制的工作。根据研究内容可以分为宏观管控和微观管控。

诸如疏散决策体系以及疏散道路规划等宏观方面的疏散研究，前人已开展了大量工作，建立了相对比较完整的疏散决策体系。例如 Xu[133] 等指出复杂轨道交通站的疏散能力与扶梯及楼梯的长度、宽度和数量直接相关，疏散标识、语音播报等有效的疏散指导都可以减少疏散时间。Jin[134] 等研究了火灾背景下节点失效对不同疏散策略的影响，结果发现节点失效会导致在最短路径疏散策略下的疏散时间大幅度增加。Balboa[135]等针对复杂建筑提出了一个智能疏散引导系统，该系统由一个实时路径决策软件、烟雾探测器和疏散标识三部分组成，经过测试发现该系统可以降低28.41%到59.79%的疏散时间。

而微观管控则着眼于更为具体的典型区域人群行为管控或风险管控，包括早期预警、行为管控措施以及事故救援等工作。

（1）早期预警

早期预警可实现对各类人群拥挤踩踏事故的早期预防和报警，并能够根据相关预警信息提供人群管控的建议。针对预警工作，前人大都通过数学模型进行定量或者定性的分析，预测人群堵塞乃至发生事故的可能性。例如，Zeng[136]等提出了一种基于马尔可夫链的概率方法来优化室内传感器预警网络，优化后的传感器网络可以减少探测时间，从而加快室内行人的疏散。

（2）行为管控措施

行为管控措施是人群管控的核心环节，人群管控机构可根据预警结果采取相应的行为管控措施以防止人群拥挤踩踏事故的发生。行为管控措施作用的发挥与否，将直接决定人群管控工作的成败。

（3）事故救援

事故救援工作主要包括四点：营救受害人员，组织撤离或者采取其他措施保护危害区域内的其他人员；迅速控制事态，并对事故造成的危害进行检测、监测，测定事故的危害区域、危害性质及危害程度；消除危害后果，做好现场恢复，将事故现场恢复至相对稳定的状态；查清事故原因，评估危害程度。事故发生后应及时调查事故的发生原因和事故性质，评估出事故的危害范围和危险程度，查明人员伤亡情况，做好事故原因调查，并总结经验和教训。

1.3.3.2 路径引导与出口管控

路径引导和疏散出口管控是密集人群疏散管控的主要措施。人群聚集的密集区域结构复杂，不同的疏散路径及出口的疏散效果也大不相同，这种情况下路径引导就显得尤为重要。路径引导一般由疏散示意图、疏散标识和广播三部分组成。有效的疏散引导可以减弱恐慌等非适应性心理情绪在人群中的传播，减少被疏散者在寻找出口上所花费的时间。如Gao[137]提出了一个针对多出口建筑的疏散引导系统，见图1.10，这个疏散引导系统首先将疏散者的位置以及建筑的设计布局

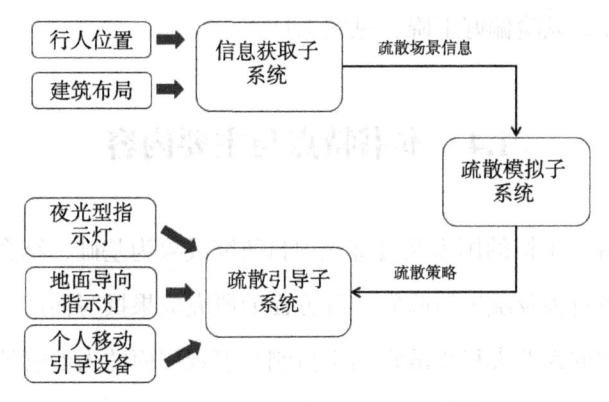

图 1.10　疏散引导系统示意图[137]

作为输入数据，然后通过疏散模拟系统实现出口人数动态分配，最后将疏散策略通过地面指示灯或移动电话传输给撤离者。模拟结果显示该引导系统可以有效避免大量行人选择同一出口导致拥堵的情况。

出口是密集人群疏散的瓶颈，在紧急疏散时，大量涌向出口的行人远远超过了出口的通行能力从而发生堵塞。当行人恐慌或担心自己的生命安全时，即使出口已被堵塞，往往也会强行离开。如果出口处没有有效的管控措施，一旦发生踩踏事故将会产生非常严重的后果。Feng[138]通过实验发现对于多出口的场景，各个出口的使用率并不均匀，增加出口的可见度可以使出口的使用率更加均匀。

对出口的选择取决于个体的风险决策，而风险决策又受个体的风险偏好和环境的影响。高风险耐受的个体会比低风险耐受的个体更容易做出风险决策。此外，个体对不同环境的认知和态度不同，因此在风险耐受程度上也会有所变化。在一个环境中是高风险耐受者的行人在另一环境下可能会变为低风险耐受者。当火灾发生时，朝浓烟弥漫的捷径移动显然是一种风险决策。对此，Fu[139]通过 VR 实验的方法发现具有高风险耐受性的参与者更有可能走危险的捷径。Edelson[140]对儿童、青少年和成年人进行的风险决策综合分析显示，

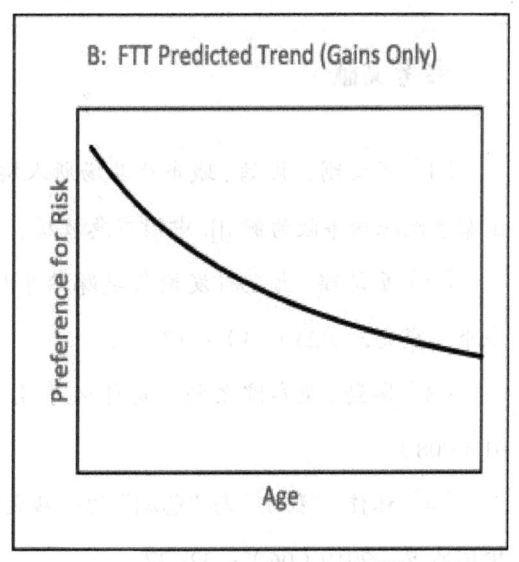

图 1.11　风险偏好示意图[140]

随着年龄的增加，风险偏好下降，见图 1.11。

1.4 本书特点与主要内容

本书以著者所承担的国家及省部级项目研究成果为基础，结合国内外同行多年来在人群疏散行为及疏散风险管控等方面的研究成果撰写而成。本书的特点之一是将微观层面的人群失稳事故动力学机制与宏观层面的人群管控相结合，力争将集聚性人群疏散行为规律的微观分析与人群管控的宏观策略之间构成一个有机整体。本书的另一个特点是将人群的现场观测、可控实验、理论分析与仿真模拟等多种研究手段相结合，并通过实际案例来全面分析和阐述集聚性人群疏散中典型心理行为规律及风险管控技术。

本书的内容主要包括：集聚性人群疏散的事故案例、疏散过程中行人的心理和行为以及人群疏散管控研究现状；集聚性人群疏散过程中的冲突与调节性行为；火灾、地震、洪水、毒物泄漏等特殊灾害效应影响下的人群疏散行为特征；恐慌这一典型的疏散非适应性心理行为规律；人群集聚场所的出口瓶颈处疏散规律以及安全疏散通道的设计优化；突发事故下集聚性人群的拥挤机制及踩踏事故风险防控策略；集聚性人群疏散风险的评估量化模型和方法。

参考文献

[1] 卢文刚，谭喆. 城市公共场所人群拥挤踩踏事故防范处置研究——以韩国梨泰院踩踏事故为例 [J]. 中国应急救援，2023（01）：4-10.

[2] 岳诗瑶. 大型自发聚集类踩踏事故探析——从梨泰院踩踏事故谈起 [J]. 城市与减灾，2023（03）：17-21.

[3] 廖勤. 梨泰院之殇：是什么导致了这场悲剧 [N]. 解放日报，2022-11-01（008）.

[4] 林佳."狂欢"与"悲剧"的一线之隔——国外人员密集场所事故盘点 [J]. 中国减灾，2019（06）：32-37.

［5］卢侨生. 德国音乐节发生踩踏事件 造成19人死亡342人受伤. http://www.fjsen.com/i/2010-07/26/content_3551560_2.htm.

［6］戚恒. 密云灯会酿成惨剧. http://news.sohu.com/2004/02/07/69/news218966965.shtml.

［7］黄曦. 基于计算机视觉的行人拥挤踩踏事件智能预警及实现[D]. 中南财经政法大学, 2022.

［8］周昂. 考虑结伴效应的人群应急疏散社会力模及仿真研究[D]. 广西师范大学, 2022.

［9］孙振昊. 面向多尺度的人群计数算法研究与应用[D]. 郑州大学, 2022.

［10］张政. 基于深度强化学习的人群运动行为建模方法研究[D]. 山东师范大学, 2022.

［11］Fruin J J. *Designing for pedestrians: A level of service concept*. Washington: Transportation Research Board Business Office, 1971, 355: 1-15.

［12］Daamen W, Bovy P H L, Hoogendoorn S P. "Passenger route choice concerning level changes in railway stations," in *Transportation Research Board Annual Meeting*, Washington: National Academy Press, 2005:1-18.

［13］Pauls J. The movement of people in buildings and design solutions for means of egress. *Fire Technology*, 1984, 20: 27-47.

［14］Saloma C, Perez G J, Tapang G, et al. Self-organized queuing and scale-free behavior in real escape panic. *PNAS*, 2003, 100 (21): 11947-11952.

［15］Couzin I D, Franks N R. Self-organized lane formation and optimized traffic flow in army ants. *Proceedings of the Royal Society of London. Series B: Biological Sciences*, 2003, 270（1511）:139-146.

［16］Fruin J J. *Pedestrian planning and design*. New York: Metropolitan Association of Urban Designers and Environmental Planners, 1971: 63-64.

［17］Thompson P A, Marchant E W. Computer and fluid modelling of evacuation. *Safety Science*, 1995, 18:277-289.

［18］Johansson A F. Data-driven modeling of pedestrian crowds. Technische Universität Dresden, 2009.

[19] Yi W F, Wu W H, Wang X L, et al. Modeling the mutual anticipation in human crowds with attention distractions. *IEEE Transactions on Intelligent Transportation Systems*, 2023,24（9）:10108-10117.

[20] Yi W F, Wu W H, Li J H, et al. An extended queueing model based on vision and morality for crowd evacuation. *Physica A: Statistical Mechanics and its Applications*, 2022, 604: 127658.

[21] 房志明. 考虑火灾影响的人员疏散过程模型与实验研究 [D]. 中国科学技术大学，2012.

[22] 安旭，袁宝明，陈国芳. 对称障碍物对瓶颈处行人拱形的影响研究 [J]. 消防科学与技术，2022，41（09）：1217-1222.

[23] Chen Z H, Wu Z X, Guan J Y. Pedestrian counterflow in a floor field cellular automaton model coupled with an evolutionary game. *Journal of Statistical Mechanics: Theory and Experiment*, 2022(8): 083402.

[24] SayedMohammed S, Verma A, Dias C, et al. Crowd evacuation through crossing configurations: effect of crossing angles and walking speeds on speed variation and evacuation time. *Sustainability*, 2022, 14(22): 15366.

[25] Wang J H, Chen M M, Jin B W, et al. Propagation characteristics of the pedestrian shockwave in dense crowd: experiment and simulation. *International Journal of Disaster Risk Reduction*, 2019, 40: 101287.

[26] 王彦雲，李树刚，成连华. 基于地铁乘客个体特征的非适应性行为研究 [J]. 火灾科学，2019，28(02)：79-84.

[27] Mintz A. Non-adaptive group behavior. *Journal of Abnormal and Social Psychology*,1951,46(2): 150-159.

[28] Kelley H H, Condry J C, Dahlke A E, et al. Collective behavior in a simulated panic situation. *Journal of Experimental Social Psychology*, 1965,1(1):20-54.

[29] Proulx G. As of year 2000, what do we know about occupant behavior in fire?. The Technical Basis for Performance Based Fire Regulations, United Engineering Foundation Conference, San Diego, January 7-11, 2001, pp. 127-129.

[30] 钟光淳，翟国方，毕雪梅，葛懿夫. 校园人群应急疏散行为及其影响

因素研究 [J]. 地震研究, 2022, 45（01）: 150-159.

[31] Helbing D, Farkas I, Vicsek T. Simulating dynamical features of escape panic. *Nature*, 2000,407:487-490.

[32] Sun H K, Chen C K. Model considering panic emotion and personality traits for crowd evacuation. *Chinese Physics B*, 2023, 32(5): 050401.

[33] Kim J Y, Kim Y O. Analysis of pedestrian behaviors in subway station using agent-based model: Case of Gangnam Station, Seoul, Korea. *Buildings*, 2023, 13(2): 537.

[34] Shang H Y, Feng P P, Zhang J, et al. Calm or panic? A game-based method of emotion contagion for crowd evacuation. *Transportmetrica A: Transport Science*, 2022,19(1).

[35] 郭燕, 石砚斌, 张静. 震后大型商场人群疏散演化博弈分析 [J]. 数学的实践与认识, 2019, 49（05）: 69-77.

[36] Henderson L F. The statistics of crowd fluids. *Nature*, 1971,229:381-383.

[37] Henderson L F. On the fluid mechanics of human crowd motion. *Transportation Research*, 1974,8(6):509-515.

[38] Okazaki S, Matsushita S. A study of simulation model for pedestrian movement with evacuation and queuing. Engineering For Crowd Safety, RA Smith, JF Dickie, Editors Elsevier, 1993:271-280.

[39] Helbing D, Molnár P. Social force model for pedestrian dynamics. *Physical Review E*, 1995,51(5):4282.

[40] Zhang J B, Zhu J, Dang P, et al. An improved social force model (ISFM)-based crowd evacuation simulation method in virtual reality with a subway fire as a case study. *International Journal of Digital Earth*, 2023, 16(1): 1186-1204.

[41] Cai Z Y, Zhou R, Cui Y K, et al. Simulation based on a modified social force model for sensitivity to emergency signs in subway station. *Chinese Physics B*, 2022, 32(2):020507.

[42] Khalid R, Nawawi M K M, Kawsar L A, et al. Optimal routing of pedestrian flow in a complex topological network with multiple entrances and exits. *International*

Journal of Systems Science, 2020, 51(8): 1325-1352.

[43] Khalid R, Nawawi M K M, Kawsar L A, et al. The evaluation of pedestrians' behavior using *M/G/C/C* analytical, weighted distance and real distance simulation models. *Discrete Event Dynamic Systems*, 2016, 26: 439-476.

[44] 郑霞忠, 田丹, 陈述. 考虑汇流过程的楼梯疏散模型研究 [J]. 防灾减灾工程学报, 2020, 40（05）: 796-802.

[45] 郑波涛, 毛晓汶, 杨萍茹. 基于排队论的灾害时人员电梯疏散时间计算 [J]. 安全与环境工程, 2019, 26（01）: 83-86+98.

[46] 汪晖, 刘尔辉, 夏荷香. 紧急疏散情况下地铁车站动态瓶颈识别 [J]. 铁道标准设计, 2017, 61（06）: 159-163.

[47] 魏娟, 王丽丽, 周颀. 基于自适应共生生物搜索的人群疏散方法 [J]. 安全与环境学报, 2023, 23（05）: 1642-1649.

[48] 王付宇, 谢昊轩, 林钟高, 王骏. 突发事件下高铁站应急疏散多目标优化模型与自适应量子蚁群算法 [J]. 中国管理科学, 2024（03）: 188-197.

[49] 马运佳, 朱盛楠, 张恺雯. 基于 GIS 的灾害避难所布局优化示范研究: 以海南省海口市为例 [J]. 水利水电技术（中英文）, 2022, 53（10）: 101-109.

[50] 马国普, 徐俊韬. 基于分支定界算法的应急疏散选址方法 [J]. 火力与指挥控制, 2022, 47（07）: 38-42+50.

[51] Hamacher H W, Tjandra S A. Mathematical modeling of evacuation problems: A state of the art. Pedestrian and Evacuation Dynamics, 2002.

[52] Lu Q S, Huang Y, Shekhar S. Evacuation planning: A capacity constrained routing approach. *Intelligence and Security Informatics*, 2003: 111-125.

[53] Lu Q S, George B, Shekhar S. Capacity constrained routing algorithms for evacuation planning: A summary of results. *Advances in Spatial and Temporal Databases*, 2005, 3633: 291-307.

[54] Kim S, George B, Shekhar S. Evacuation route planning: Scalable heuristics. In: Proceedings of the 15th annual ACM international symposium on Advances in geographic information systems, Article No. 20, ACM GIS, 2007:1-8.

[55] Henderson L F. The statistics of crowd fluids. *Nature*, 1971, 229:381-383.

[56] Hughes R L. The flow of large crowds of pedestrians. *Mathematics and Computers in Simulation*, 2000, 53(4-6): 367-370.

[57] Hughes R L. A continuum theory for the flow of pedestrians. *Transportation Research Part B:Methodological*, 2002, 36(6): 507-535.

[58] Lin Z Y, Zhang P, Hang H L. A dynamic continuum route choice model for pedestrian flow with mixed crowds. *Transportmetrica A: Transport Science*, 2022,19(1): 1-26.

[59] Domencich T A, McFadden D. *Urban travel demand: A behavioural analysis*. Amsterdam: North-Holland Publishing Co, 1975:23-25.

[60] Coleman J, Katz E, Menzel H. The diffusion of an innovation among physicians. *Sociometry*, 1957,20(4): 253-270.

[61] Kisko T M, Francis R L. EVACNET+: A computer program to determine optimal building evacuation plans. *Fire Safety Journal*, 1985, 9(2):211-220.

[62] Sheffi Y, Mahmassani H, Powell W. A transportation network evacuation model. *Transportation Research Part A:General*, 1982,16(3):209-218.

[63] Hobeika A G, Jamei B. MASSVAC: A model for calculating evacuation times under natural disaster. Proceedings of the Conference on Emergency Planning, Simulation Series, San Diego, California, 24-25 January, 1998, 15(1):23-28.

[64] Sheffi Y, Mahamassani H, Powell W. A transportation network evacuation model. *Transportation Research Part A:General*, 1982, 16(3): 209-218.

[65] Tufekci S, Kisko T M. Regional Evacuation Modeling System (REMS): A decision support system for emergency area evacuations. *Computers & Industrial Engineering*, 1991, 21(1-4): 89-93.

[66] Owen M, Galea E R, Lawrence P J. Advanced occupant behavioural features of the building-EXODUS evacuation model. Proceedings of the fifth international symposium, 1997, 795-806.

[67] Kostreva M M, Lancaster L C. A comparison of two methodologies in HAZARD I fire egress analysis. *Fire Technology*, 1998, 34: 227-246.

[68] Lo S M, Fang Z. A Spatial-grid evacuation model for buildings. *Journal of*

Fire Sciences, 2000,18(5):376-394.

[69] Lo S M, Fang Z, Lin P, et al. An evacuation model: the SGEM package. *Fire Safety Journal*, 2004,39(3):169-190.

[70] Song W G, Yu Y F, Wang B H, et al. Evacuation behaviors at exit in CA model with force essentials: A comparison with social force model. *Physica A:Statistical Mechanics and its Applications*,2006, 371(2): 658-666.

[71] Thompson P A, Marchant E W. A computer model for the evacuation of large building populations. *Fire Safety Journal*,1995,24(2):131-148.

[72] Thompson P A, Marchant E W. Testing and application of the computer model 'SIMULEX'. *Fire Safety Journal*, 1995,24(2): 149-166.

[73] Pelechano N, Badler N I. Modeling crowd and trained leader behavior during building evacuation. *IEEE Computer Graphics and Applications*, 2006,26(6):80-86.

[74] Lim H, Lee H, Hwang J H. Multi-agent simulation on staff evacuation behavior in elderly nursing home fire emergencies. *Buildings*, 2023, 13(2): 400.

[75] Gao F, Du Z, Fang C, et al. A spatio-temporal cognitive framework for individual route choice in outdoor evacuation scenarios. *ISPRS International Journal of Geo-Information*, 2022, 11(12): 605.

[76] Syarlianti D, Hanan H, Kusuma H E, et al. Experience with the circulation path as a determinant factor in evacuation exit selection. *Journal of Asian Architecture and Building Engineering*, 2022,22(4): 1878-1888.

[77] Zhu Y, Li H, Wang Z, et al. Optimal evacuation route planning of urban personnel at different risk levels of flood disasters based on the improved 3D Dijkstra's Algorithm. *Sustainability*, 2022, 14(16): 10250.

[78] Liu Y, Zou N, Chang G L. An integrated emergency evacuation system for real-time operations—a case study of Ocean City, Maryland under hurricane attacks. *IEEE Intelligent Transportation Systems*, 2005:464-469.

[79] Chiu Y C, Zheng H. Real-time mobilization decisions for multi-priority emergency response resources and evacuation groups: Model formulation and solution.

Transportation Research Part E: Logistics and Transportation Review, 2007, 43(6): 710–736.

[80] Du E, Wu F, Jiang H, et al. Development of an integrated socio-hydrological modeling framework for assessing the impacts of shelter location arrangement and human behaviors on flood evacuation processes. *Hydrology and Earth System Sciences*, 2022, 27(7): 1–49.

[81] Feng K, Lin N. Modeling and analyzing the traffic flow during evacuation in Hurricane Irma (2017). *Transportation Research Part D: Transport and Environment*, 2022, 110: 103412.

[82] Li X J, Chen W B, Chen R X, et al. Evacuation-path-selection model of real-time fire diffusion in urban underground complexes. *Computers & Industrial Engineering*, 2023, 177: 109014.

[83] Yang X, Zhang R, Li Y, et al. Passenger evacuation path planning in subway station under multiple fires based on multiobjective robust optimization. *IEEE Transactions on Intelligent Transportation Systems*, 2022, 23(11): 21915–21931.

[84] 高自友, 宋一凡, 四兵锋. 城市交通连续平衡网络设计理论与方法 [M]. 北京：中国铁道出版社, 2000.

[85] 汪雅馨. 考虑灾民行动能力的多模式协同应急疏散调配研究 [D]. 武汉理工大学, 2021.

[86] Zhong G, Lu Y, Chen W, et al. Multi-objective optimization approach of shelter location with maximum equity: An empirical study in Xin Jiekou district of Nanjing, China. *Geomatics, Natural Hazards and Risk*, 2023, 14(1).

[87] Huang L, Yu Z, Wang W, et al. Multiobjective programming model for a class of flood disaster emergency material allocation. *Journal of Flood Risk Management*, 2025: 18(1).

[88] He L, Xie Z. Optimization of urban shelter locations using bi-level multi-objective location-allocation model. *International Journal of Environmental Research and Public Health*, 2022, 19(7): 4401.

[89] Fraser-Mitchell J N. An object-oriented simulation (CRISP II) for fire risk

asesment. Proceedings of the Fourth International Symposium of Fire Safety Science, 1994:793-804.

［90］Fraser-Mitchell J N. Modelling human behaviour within the fire risk assessment tool CRISP. *Fire and Matetials*, 1999, 23(6): 349-355.

［91］卢春霞．人群流动的波动性分析［J］．中国安全科学学报，2006，16（2）：30-34.

［92］胡志莹，叶明海．大型社会活动人群拥挤事故防范系统研究．灾害学，2003，21（1）：108-112.

［93］胡成，李俊伟，李强，陈晋．考虑人群聚集时空分布的安全容量计算方法：以北京什刹海景区为例［J］．中国安全科学学报，2021，31（06）：136-143.

［94］Church R L, Cova T J. Mapping evacuation risk on transportation networks using a spatial optimization model. *Transportation Research Part C:Emerging Technologies*, 2000,8(1-6): 321-336.

［95］Li Q,Chen X, Tang Q, et al. An evacuation risk assessment model for emergency traffic with consideration of urban hazard installations. *Chinese Science Bulletin*, 2010, 55:1000-1006.

［96］Zhang J B, Zhu J, Dang P, et al. An improved social force model (ISFM)-based crowd evacuation simulation method in virtual reality with a subway fire as a case study. *International Journal of Digital Earth*, 2023, 16(1): 1186-1204.

［97］Liu L, Zhang H, Shi J, et al. Evacuation simulation of a passenger ship fire based on a modified cellular automaton. *Advanced Theory and Simulations*, 2023,6(7): 2300141.

［98］Yuan X T, Tang T Q, Chen L, et al. A fine grid cellular automaton model for pedestrian evacuation considering the effect of an obstacle. *SIMULATION*, 2023,99(9): 957-968.

［99］王勇，张锦彬，朱军，张玉春．基于改进社会力模型的地铁站火灾应急疏散 VR 模拟方法［J］．中国安全生产科学技术，2023，19（05）：194-201.

［100］毛清华，余荣付，毛承成．基于改进蝴蝶算法和社会力模型的多出口疏散模型研究［J］．中国安全生产科学技术，2022，18（07）：12-18.

[101] Du E, Wu F, Jiang H, et al. Development of an integrated socio-hydrological modeling framework for assessing the impacts of shelter location arrangement and human behaviors on flood evacuation processes. *Hydrology and Earth System Sciences*, 2022, 27(7): 1-49.

[102] Liang Y, Xie Z, Chen S, et al. Spatial accessibility of urban emergency shelters based on Ga2SFCA and its improved method: A case study of Kunming, China. *Journal of Urban Planning and Development*, 2023, 149(2): 05023013.

[103] Tang S, Wang J, Xu Y, et al. Evaluation of emergency shelter service functions and optimisation suggestions—Case study in the Songyuan city central area. *Sustainability*, 2023, 15(9): 7283.

[104] Zou F, Jiang H, Che E, et al. Quantitative evaluation of emergency shelters in mountainous areas among multiple scenarios: Evidence from Biancheng, China. *International Journal of Disaster Risk Reduction*, 2023, 90: 103665.

[105] 钟光淳，翟国方，陈伟，葛懿夫. 基于循环疏散分配的避难场所布局优化研究——以南京新街口为例[J]. 灾害学，2022, 37（02）: 204-211.

[106] Cao S H, Zhang J, et al. Pedestrian dynamics in single-file movement of crowd with different age compositions. *Physical Review E*, 2016, 94(1):012312.

[107] 肖含仪，宋卫国. 基于小鼠实验的双出口紧急疏散研究. 合肥：中国科学技术大学硕士学位论文，2019.

[108] Fu L, Cao S, Shi Y, et al. Walking behavior of pedestrian social groups on stairs: A field study. *Safety Science*, 2019, 117:447-457.

[109] Ding N, Sun C. Experimental study of leader-and-follower behaviours during emergency evacuation. *Fire Safety Journal*, 2020, 117:103189.

[110] Xue S, Shi X, Jiang R, et al. Incentive-based experiments to characterize pedestrians' evacuation behaviors under limited visibility. *Safety Science*, 2021, 133: 105013.

[111] Mossberg A, Nilsson D, Wahlqvist J. Evacuation elevators in an underground metro station: A Virtual Reality evacuation experiment. *Fire Safety Journal*, 2021,120:103091.

[112] Lin J, Zhu R, Li N, et al. Do people follow the crowd in building emergency evacuation? A cross-cultural immersive virtual reality-based study. *Advanced Engineering Informatics*, 2020, 43:101040.

[113] Andrés-Thió N, Ras C, Bolger M, et al. A study of the role of forceful behaviour in evacuations via microscopic modelling of evacuation drills. *Safety Science*, 2021, 134: 105018.

[114] Yi J, Pan S, Chen Q. Simulation of pedestrian evacuation in stampedes based on a cellular automaton model. *Simulation Modelling Practice and Theory*, 2020, 104:102147.

[115] Li J, Chen M, Wu W, et al. Height map-based social force model for stairway evacuation. *Safety Science*, 2021, 133:105027.

[116] Knez I, Willander J, Butler A, et al. I can still see, hear and smell the fire: Cognitive, emotional and personal consequences of a natural disaster, and the impact of evacuation. *Journal of Environmental Psychology*, 2021, 74:101554.

[117] Fu L, Cao S, Shi Y, et al. Walking behavior of pedestrian social groups on stairs: A field study. *Safety Science*, 2019, 117:447-457.

[118] Xie W, Lee E, Li T, et al. A study of group effects in pedestrian crowd evacuation: Experiments, modelling and simulation. *Safety Science*, 2021, 133:105029.

[119] 韩雁喆, 张琦. 考虑结伴行为的地铁车站站台行人疏散建模与仿真研究[D]. 北京交通大学, 2020.

[120] Xie W, Lee E, Y Cheng, et al. Evacuation performance of individuals and social groups under different visibility conditions: Experiments and surveys. *International Journal of Disaster Risk Reduction*, 2020, 47:101527.

[121] Haghani M, Sarvi M, Shahhoseini Z, et al. Dynamics of social groups' decision-making in evacuations. *Transportation Research Part C:Emerging Technologies*, 2019, 104:135-157.

[122] Shiwakoti N, Tay R, Stasinopoulos P. In an emergency evacuation situation what would you do?. *Transportation Research Procedia*, 2020, 48:860-869.

[123] Lin J, Zhu R, Li N, et al. Do people follow the crowd in building

emergency evacuation? A cross-cultural immersive virtual reality-based study. *Advanced Engineering Informatics*, 2020, 43:101040.

[124] Lin J, Cao L, Li N. How the completeness of spatial knowledge influences the evacuation behavior of passengers in metro stations: A VR-based experimental study. *Automation in Construction*, 2020, 113:103136.

[125] Shiwakoti N, Shi X, Ye Z. A review on the performance of an obstacle near an exit on pedestrian crowd evacuation. *Safety Science*, 2019, 113: 54-67.

[126] Li Q, Gao Y, Chen L, et al. Emergency evacuation with incomplete information in the presence of obstacles. *Physica A: Statistical Mechanics and its Applications*, 2019, 533:122068.

[127] Shi Z, Zhang J, Ren X, et al. Quantifying the impact of luggage on pedestrian walking and running movements. *Safety Science*, 2020, 130:104856.

[128] Huang S, Wei R, Lo S, et al. Experimental study on one-dimensional movement of luggage-laden pedestrian. *Physica A: Statistical Mechanics and its Applications*, 2019, 516:520-528.

[129] Shiwakoti N, Wang H, Jiang H, et al. A 'role-rule' model to examine passengers' likely behaviour and their perceived ability to evacuate safely from airport in an emergency evacuation. *Safety Science*, 2020,124:104584.

[130] Fothergill L J, Disney A S, Wilson E E. A qualitative exploration of the psychological impacts of living with the uncertainty of persistent flood risk. *Public Health*, 2021, 198:141-145.

[131] Hamilton K, Price S, Keech J J, et al. Drivers' experiences during floods: Investigating the psychological influences underpinning decisions to avoid driving through floodwater. *International Journal of Disaster Risk Reduction*, 2018,28:507-518.

[132] Higo E, Okada N, Hipel K W, et al. Cooperative survival principles for underground flooding: Vitae system based multi-agent simulation. *Expert Systems with Applications*, 2017:379-395.

[133] Xu H, Tian C, Li Y. Emergency evacuation simulation and optimization

for a complex rail transit station: A perspective of promoting transportation safety. *Journal of Advanced Transportation*, 2020:8791503.

[134] Jin B, Wang J, Wang Y, et al. Temporal and spatial distribution of pedestrians in subway evacuation under node failure by multi-hazards. *Safety Science*, 2020, 127: 104695.

[135] Balboa A, González-Villa J, Cuesta A, et al. Testing a real-time intelligent evacuation guiding system for complex buildings. *Safety Science*, 2020, 132:104970.

[136] Zeng L, Gao J, Lv L, et al. Markov-chain-based probabilistic approach to optimize sensor network against deliberately released pollutants in buildings with ventilation systems. *Building and Environment*, 2020, 168:106534.

[137] Gao J, He J, Gong J. A simplified method to provide evacuation guidance in a multi-exit building under emergency. *Physica A: Statistical Mechanics and its Applications*, 2020, 545:123554.

[138] Zhang D Z, Huang G Y, Ji C T, et al. Pedestrian evacuation modeling and simulation in multi-exit scenarios. *Physica A: Statistical Mechanics and its Applications*, 2021, 582:126272.

[139] Fu M, Liu R, Zhang Y. Why do people make risky decisions during a fire evacuation? Study on the effect of smoke level, individual risk preference, and neighbor behavior. *Safety Science*, 2021, 140: 105245.

[140] Edelsona S M, Reyna V F. How fuzzy-trace theory predicts development of risky decision making, with novel extensions to culture and reward sensitivity. *Developmental Review*, 2021, 62:100986.

第 2 章
集聚性人群疏散冲突与调节性行为

2.1 社会力模型及其仿真方法介绍

2.1.1 Helbing 社会力模型

Helbing 等人于 1995 年提出了社会力模型,将行人抽象成满足力学运动规律的质点,同时受到自驱力 $f_i^0(t)$、行人间作用力 f_{ij}、障碍物与行人间作用力 f_{iw} 和扰动力 ε。行人的运动状态取决于自身受到的合力。根据牛顿第二定律,建立社会力模型的基本公式:

$$m_i(\mathrm{d}v_i/\mathrm{d}t) = m_i[v_i^0(t)e_t^0(t) - v_i(t)/\tau_i] + \sum f_{ij} + \sum f_{iw} + \varepsilon \quad (2\text{-}1)$$

式(2-1)中,m_i 表示行人质量,v_i 表示行人的速度矢量,$v_i^0(t)$、$e_t^0(t)$ 和 $v_i(t)$ 分别表示在 t 时刻下行人 i 的期望速度大小、方向矢量和实际速度,τ_i 表示行人反应的响应时间。

f_{ij} 表示行人间作用力,其表达式为:

$$f_{ij} = A_i\exp[(|r_{ij} - d_{ij}|)/B_i]n_{ij} + kg(r_{ij} - d_{ij})n_{ij} + \kappa g(r_{ij} - d_{ij})\Delta v_{ji}^t t_{ij} \quad (2\text{-}2)$$

其中,$A_i\exp[(|r_{ij} - d_{ij}|)/B_i]$ 表示心理排斥力,在疏散过程中,行人 i 和行人 j 会有意识地保持一定距离,当两个人临近接触的瞬间时,心理排斥力达到最大值。当两人相互接触时,即行人 i 和行人 j 之间距离 d_{ij} 小于两个行人的半径和 r_{ij} 时,物理力开始发挥作用,物理力包括两个行人接触时相互之间的挤压力 $kg(r_{ij} - d_{ij})n_{ij}$ 和阻碍切线方向相对运动的滑动摩擦力 $\kappa g(r_{ij} - d_{ij})\Delta v_{ji}^t t_{ij}$ 两部分。A_i、B_i、k 和 κ 都是常数,且是常量。

f_{iw} 表示行人于障碍物之间的相互作用力,形式与 f_{ij} 相似:

$$f_{iw} = A_i\exp[(|r_{ij} - d_{ij}|)/B_i]n_{ij} + kg(r_i - d_{iw})n_{iw} + \kappa g(r_{ij} - d_{iw})(v_i t_{iw})t_{iw} \quad (2-3)$$

ε 表示行人无法预测的随机行为，它的数值服从正态分布，方向垂直于速度方向。相关参数见表 2.1。

表 2.1　社会力模型中各项参数及其含义

参数	含义	取值
v_i	行人速度矢量	—
v_i^0	行人期望速度	—
e_i^0	行人期望速度方向	—
v_i	行人实际速度	—
m	行人质量	80kg
r	行人半径	0.2~0.25m
r_{ij}	两个行人的半径和	—
d_{ij}	两个行人的中心距离	—
A	社会排斥力	2000N
B	社会排斥力特征距离	0.08m
κ	滑动摩擦系数	240000kg/(m·s)
k	人体压缩系数	120000kg/s^2
τ_i	行人反应时间	0.5s

2.1.2　基于社会力模型的 Anylogic 仿真软件

Anylogic 软件，由俄罗斯 XJ Technolegic 公司开发，以抽象实际系统情景并转化为数学表达式或流程图的形式，将数学模型转换为计算机能够处理的仿真模型进行计算运行。其应用领域非常广泛，可对离散事件、系统动力学、行人交通及针对智能体进行建模。主要功能如下：

（1）离散事件建模。基于图论对系统进行描述建模，有实体流图法、关键路线法、活动周期法及图解评审法等典型方法。

（2）系统动力学建模。常用于研究战略模型，通过假定智能体集合的高层为系统动力学模型的方法，对人、产品、事件或其他需要表示的离散事项进行定量表达。

（3）行人交通建模。可协助相关人员在建设、扩大或重新设计机场、购物中心、火车站等建筑设施时，改善设计，了解潜在变化，制定疏散路线决策。

（4）智能体建模。通过创建对象（智能体）并定义其行为进行建模，建立各智能体间的互动关系或放置在有动态特性的特定环境中，运行大量并发涌现的独立行为，从而构成系统的全局行为。

此次模拟所使用的事件库是 Anylogic（8.7.10 版本）中基于社会力模型搭建的行人库，通过搭建物理模型，并将 Java 语言写入逻辑，建立行人间的社会关系连结，其运行界面如图 2.1 所示。

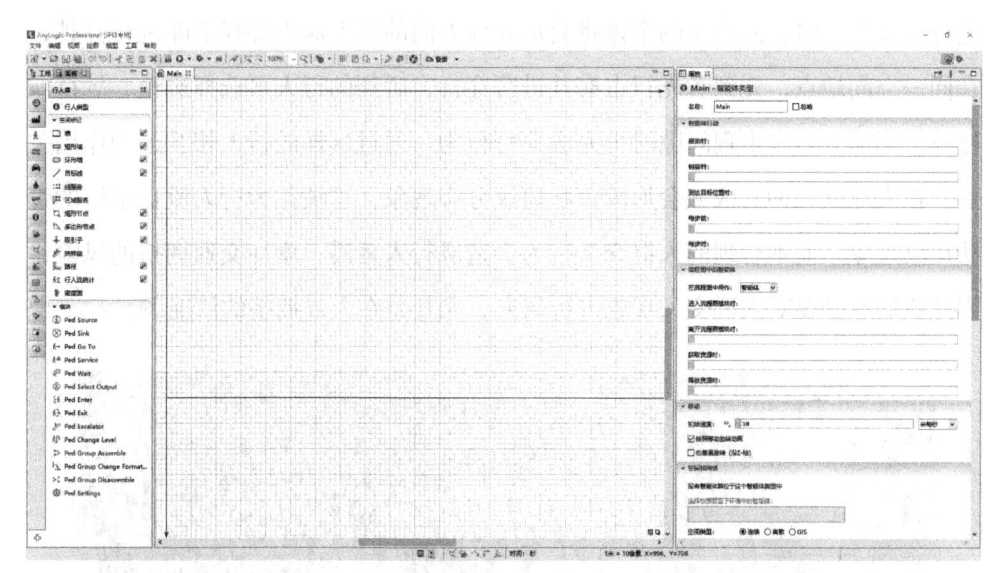

图 2.1　Anylogic 软件（8.7.10 版本）运行界面

2.1.3　基于社会力模型的 Massmotion 仿真软件

Massmotion 是由 Ove Arup System 公司开发的专门用于大规模行人模拟和人群分析的软件，可以预测行人和周围建筑环境的交互情况，提前发现方案中潜在的安全风险，优化空间利用率、调整布局，因其高效的计算速度和优秀的可视化效果，越来越多地在工程设计、评估中得到应用。另外该软件提供统计数据的输出，如人口计数、运动时间、行走速度等，同时可实时呈现可视化效果，有利于进行快速建模和数据提取，便于开展分析和研究。

2.2 基于社会力模型的交叉行为仿真

2.2.1 人流交叉现象

人流交叉现象在日常生活中非常常见，图 2.2 为香港中环皇后大道与德己立街的交叉路口，在图中可以发现大量行人穿行的现象。当人流从不同方向相遇并进行交叉穿行时，人流中的个体将会从其他方向的行人流中寻找空隙进行穿越，在同一空间地点，先到者先行占有并进行穿行，后到的行人可选择避让、等待或碰撞，当前方再次出现间隙时再完成穿行行为。通过这样的行人相互运动作用关系，在人流交叉冲突区域会形成带状斑纹分布现象，这被称为行人流自组织的带状斑纹现象。而不合理的人群交叉行为会造成行人延滞，增加交通拥挤的风险，因此我们有必要对人群交叉现象进行研究，尤其是在人群拥挤的情况下。

图 2.2　皇后大道与德己立街交叉路口繁忙的人行横道 [1]

2.2.2 人流交叉影响因素

通过相关的人群交叉视频分析，我们认为影响集聚性密集人流交叉效率的主要因素有两个：行人之间的相互影响和行人冲突频率。行人由于相互之间的影响会使得各自偏离原来的路线。为了到达他们的目的地，行人会主动调整自身的自驱力和速度。

行人冲突频率是指行人在穿行过程中停顿和减速的频率。图 2.3 是行人以 30°和 90°进行交叉穿行时的示意图，图中显示了行人以不同角度交叉穿行时应当经过的直线距离（以红色虚线表示）。通常冲突频率随着穿行直线距离的增大而增大，因此行人以 30° 交叉穿行时的冲突频率将比 90° 交叉穿行大。同时冲突频率也与交叉穿行成功率相关，冲突频率的下降将带来交叉穿行成功率的上升。

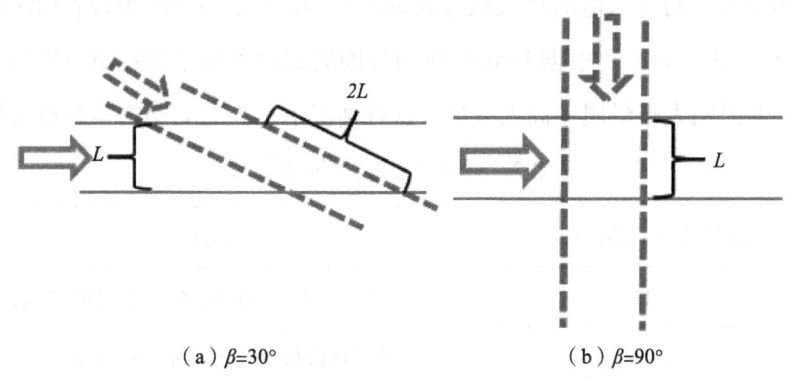

（a）$\beta=30°$

（b）$\beta=90°$

图 2.3　人流交叉示意图

2.2.3　人流交叉模型

我们通过 Anylogic 仿真软件中的行人库建立人群集聚条件下的双向行人流交叉模型。如图 2.4（a）所示，依据南京新街口地铁站环形交叉口的布局进行模拟场景的建模。模拟中的环形交叉口如图 2.4（b）所示，在这里每天都有大量行人进行交叉穿行。此处我们对仿真模型进行了适当的简化。例如，在现实场景中心实际有一些流动商店，行人可能会在这些商店处停顿，但并不影响交叉穿行行为本身，因此我们在模拟中将不考虑这些商店的影响。

（a）现实场景　　　　　　　　　　　　（b）模拟场景

图 2.4　交叉行为仿真场景布局

使用这种模拟场景,我们可以方便地在不同交叉角度下进行行人流仿真。模拟过程中行人流将从图 2.4(b)中的两个通道口的绿线直线处出现,其中每个通道的宽度为 4 米,中心区域圆周半径为 30 米,行人半径取 0.2~0.25 m,服从均匀分布;行人初始速度和期望速度均服从正态分布,平均速度取 1.34 m/s,标准差取 0.26 m/s[2];每条人流的总人数均取 300 人,入口人流量 n=5000 p/(h·m)(相当于 83 p/(min·m)。根据 Fruin[3] 所划分的通道服务水平等级 A—F(如表 2.2 所示),此时的人流量属于高人流量,这种情况下行人之间会产生频繁碰撞。

表 2.2 通道通行能力等级划分

等级	人流量 /p·(min·n)$^{-1}$	描述
A	<23	行人自由行走,通行顺畅,没有冲突现象。
B	(23,33]	冲突现象很少,通行速度轻微受限。
C	(33,49]	拥挤但是人群能够流动,通行受阻,穿行和返回困难。
D	(49,66]	冲突明显,通行受阻,间歇拥堵。
E	(66,82]	拥堵,通行、穿行以及返回行为十分困难,间歇停顿。
F	>82	出现临界密度,流动频繁终止,行人间相互挤压。

为了研究人流交叉角度对密集人群疏散效率的影响,结合前人的相关研究以及本研究的需要,我们选取 30°、45°、60°、75°、90°、105°、120°、135°、150° 和 165° 共 10 个角度作为交叉穿行角度进行模拟,用 β 表示。每个角度重复模拟 5 次。因此,共设置 10 组不同工况开展模拟分析,如表 2.3 所示。

表 2.3 模拟工况设置

	交叉角度 β/(°)	入口行人流量 /p·(h·m)$^{-1}$
工况 a	30	5000
工况 b	45	5000
工况 c	60	5000
工况 d	75	5000
工况 e	90	5000
工况 f	105	5000
工况 g	120	5000
工况 h	135	5000

续表

	交叉角度 $\beta/(°)$	入口行人流量 $/p·(h·m)^{-1}$
工况 i	150	5000
工况 j	165	5000

由于整个疏散时间受最后出现的行人速度和出现时间影响十分明显，经常出现堵塞解除后，最后一名行人由于速度过慢和出现时间过晚还未到达堵塞处。因此我们不以疏散时间作为疏散效率的判断标准，而是通过不同工况下 5 次模拟所得出的整个疏散过程中行人流密度极大值和所有行人速度均值来分析人员疏散效率与交叉角度的关系。

2.2.4 结果讨论与分析

2.2.4.1 不同交叉角度下行人间作用对于疏散效率的影响

当行人流交叉时，行人间的相互作用会使得行人偏离既定的行走路线，行人间的相互作用越剧烈，行人的路径偏移越严重。图 2.5 描述了不同交叉角度下模拟时间 t=55s 时行人由于相互作用而发生的路径偏移现象。尤其在小角度（30°

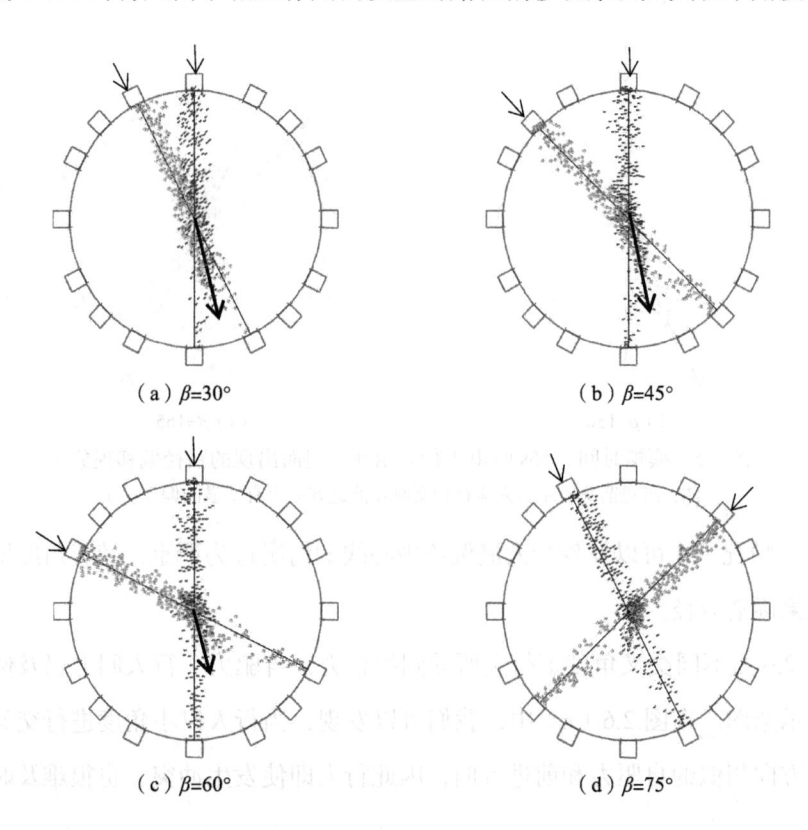

(a) $\beta=30°$

(b) $\beta=45°$

(c) $\beta=60°$

(d) $\beta=75°$

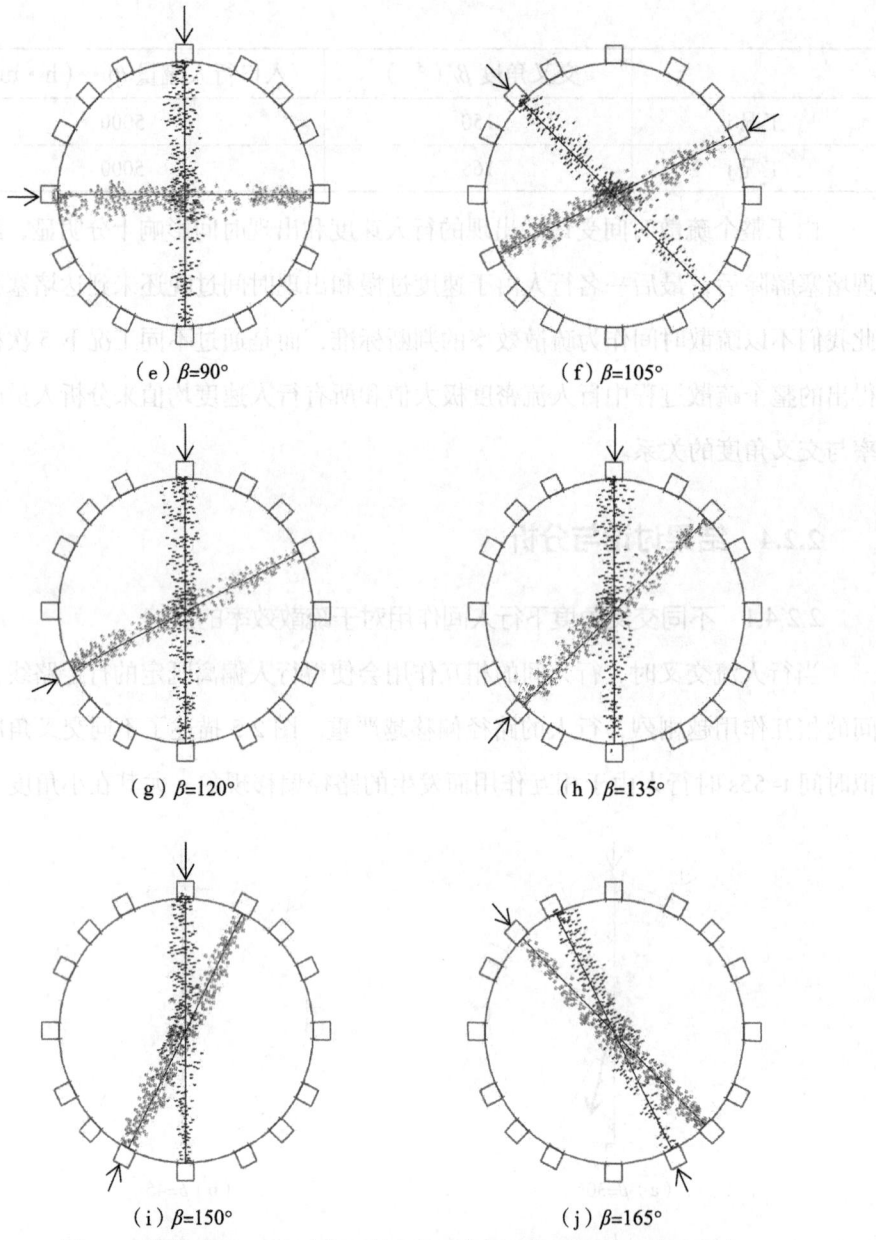

(e) $\beta=90°$　　　　　　　　(f) $\beta=105°$

(g) $\beta=120°$　　　　　　　　(h) $\beta=135°$

(i) $\beta=150°$　　　　　　　　(j) $\beta=165°$

图 2.5　模拟时间 $t=55s$ 时由于行人相互作用而出现的路径偏移现象
（注：红色箭头表示行人流在相交时在前进方向上有明显的偏差。）

和 45°）情况下，可以发现行人流偏离中心线的情况最为严重，随着角度增大，偏移现象逐渐减轻。

图 2.6 为不同交叉角度下行人所受到的合力、自驱力、行人间力以及侧向压力简易示意图。在图 2.6（a）中，我们可以发现，当行人以小角度进行交叉穿行时拥有方向相似的自驱力和前进方向，因此行人即使发生冲突，也很难及时停止

或减速，而是相互依靠频繁碰撞继续前进，逐渐发生明显的路径偏移现象。期间行人会为了能够到达目的地而自发调整自驱力和速度。同时随着交叉角度的增大，自驱力方向的差异性和侧向压力变大，如图 2.6（b）所示。当行人逐渐能够及时完成穿行行为，同时由于停顿和减速能力得到提升时，更有利于行人进行交叉穿行，行人的路径偏移情况将会减轻。

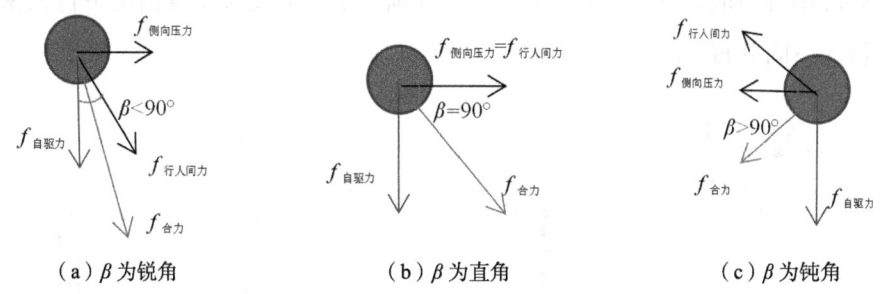

（a）β 为锐角　　　（b）β 为直角　　　（c）β 为钝角

图 2.6　不同相交角度下行人的简易受力图

当交叉角度为钝角时，如图 2.6（c）所示，两股人流自驱力及前进方向差异性较大，因此其所受侧向压力和合力较小，行人间相互作用力较小，行人穿行时能够及时停止或减速前进。这种情况下，行人的路线偏移现象不明显，如图 2.5（g）所示，行人基本不会调整自驱力。

2.2.4.2　不同交叉角度下冲突频率对于疏散效率的影响

行人间的冲突频率对疏散效率也有着十分重要的影响。较高的冲突频率意味着行人频繁减速或者停止，行人的平均速度也较慢。因此行人的平均速度可以反映冲突频率。通过对两股行人流在不同工况下进行模拟，可以得出整个疏散过程中行人平均速度与交叉角度的关系，如图 2.7 所示。从图中可以看出，行人平均

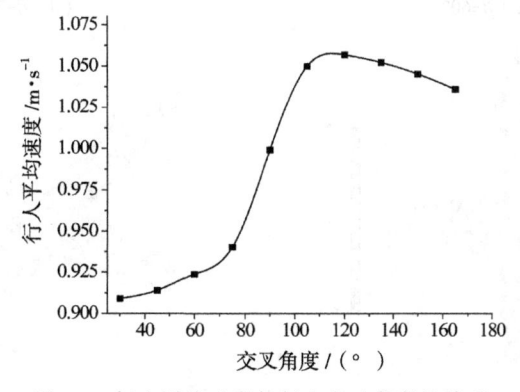

图 2.7　行人平均速度与行人交叉角度的关系

速度的变化趋势大体是随着交叉角度的增大而增大，直到到达 120° 左右时行人平均速度达到最大，随后不断下降。因此，可以得出行人以 120° 交叉穿行时冲突频率最小。

此外，密度极大值也是反映人群拥挤程度以及踩踏风险的一个重要参数。区域密度极大值越大，该区域越拥挤，行人间的相互压力越大，也越容易发生人群失稳和踩踏等事故，导致人员伤亡。图 2.8 描述了不同交叉角度情况下行人密度极大值的空间分布情况。

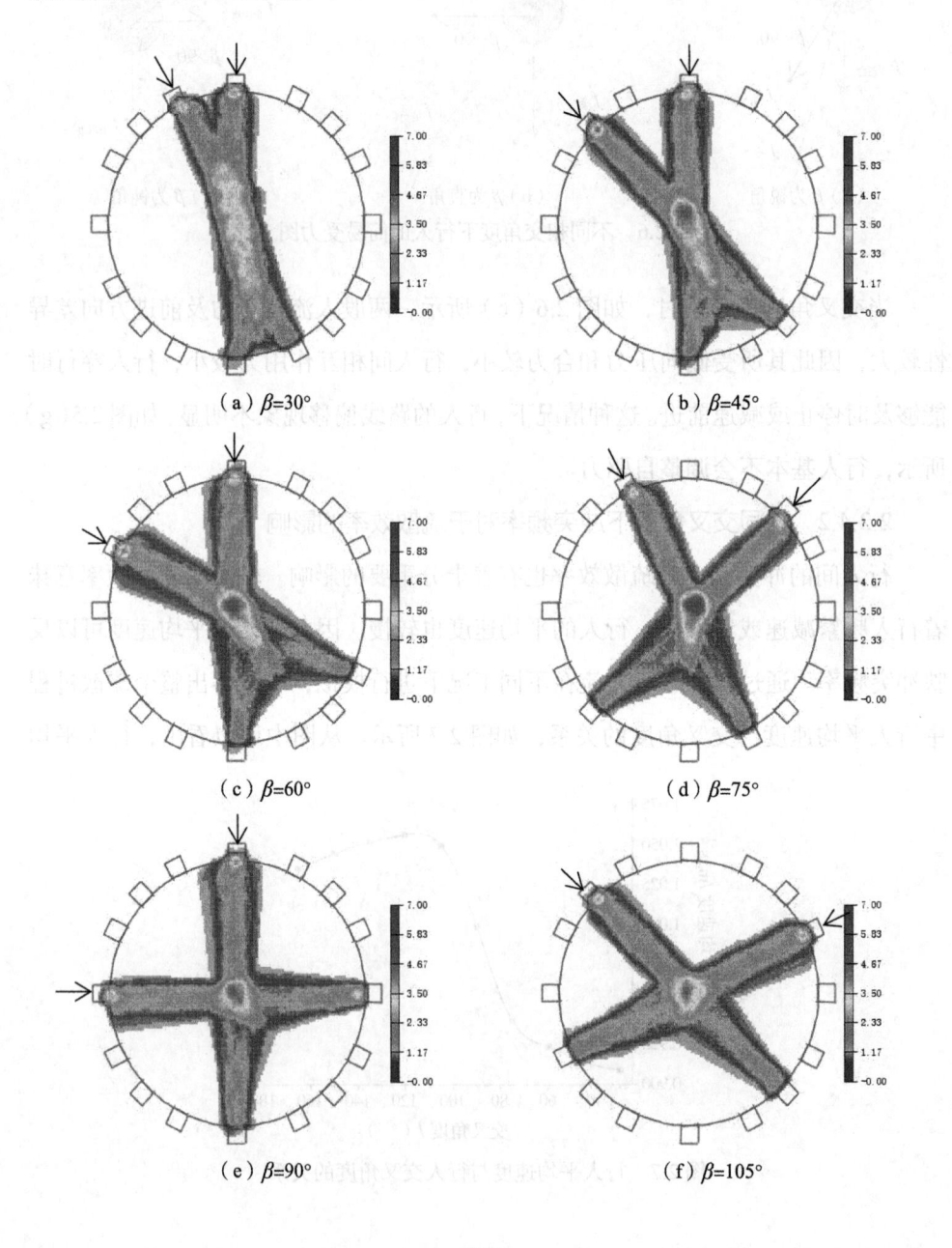

(a) $\beta=30°$

(b) $\beta=45°$

(c) $\beta=60°$

(d) $\beta=75°$

(e) $\beta=90°$

(f) $\beta=105°$

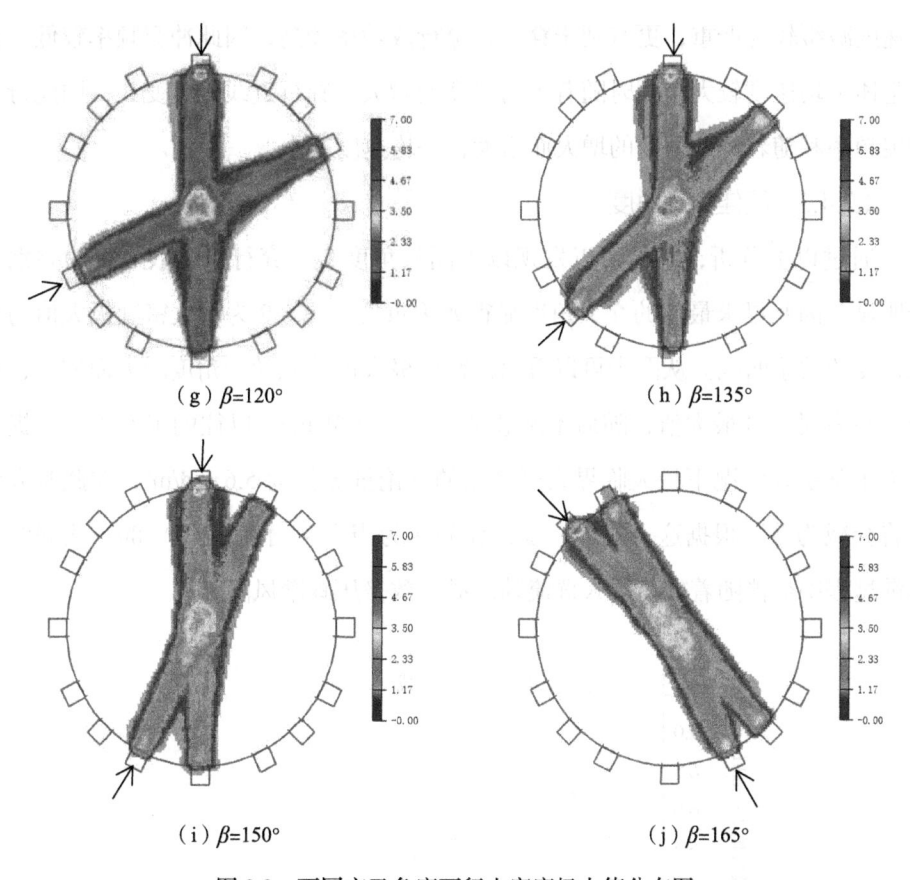

(g) $\beta=120°$　　　　　　　　(h) $\beta=135°$

(i) $\beta=150°$　　　　　　　　(j) $\beta=165°$

图 2.8　不同交叉角度下行人密度极大值分布图

在较小的交叉角度（30°和 45°）下行人间即使发生冲突，也不容易停顿穿行，而是相互依靠碰撞继续前进，并伴随着冲击现象偏离原始路线。如图 2.8（a）和（b）所示，尽管密度极大值较小，但主要冲突区域分布很广，前中后段均有较为集中的穿行现象，行人在整个过程中频繁碰撞到达目的地。因此小角度情况下行人冲突频率高，行人平均速度较低。根据这一分析可以进一步对图 2.5 进行解释，即锐角越小，穿行直线距离越大，冲突频率越高。从图 2.8（a-e）中，我们还可以发现红色区域随着交叉角度的增大而缩小，这也反映了冲突区域的缩小。同时随着交叉角度的增大，行人的侧向压力较大，更容易及时进行穿行行为，冲突频率降低，行人平均速度上升。

另一方面，当交叉角度为钝角时，虽然在冲突区域行人速度显著降低，穿行直线距离比直角大，但穿行成功率高，行人此时的减速更有利于穿行而不是造成拥挤。这是因为此时两股人流自驱力方向差异性较大，前进方向合力减小，冲突点速度减缓较为严重,更有利于穿行,穿行成功率较高,因此冲突频率较低,行人整体平均速度较大。同时随着钝角角度的增大,穿行直线距离变大,因此行人冲突频率和随着钝角角度的增大而增大,平均速度变小。

2.2.4.3 最佳交叉角度

通过以上分析,我们可以发现以不同的角度交叉穿行,疏散效率的差别十分明显。因此寻求最佳的交叉角度显得尤为重要。图2.9为行人密度极大值与交叉角度的关系曲线。从图中可以看出,密度极大值首先随着角度增大而增大,到75°左右时达到最大值,随后不断波动下降。在Wang[4]以往的工作中,曾提出行人正常运动情况下最大临界人群密度的理论推导值为 $5.6\,ped/m^2$,在此时人流量将会减为零。根据这一临界密度,我们认为当交叉角度在40°~80°之间时,疏散过程中会伴随着较高的人群流动停滞导致挤压踩踏风险。

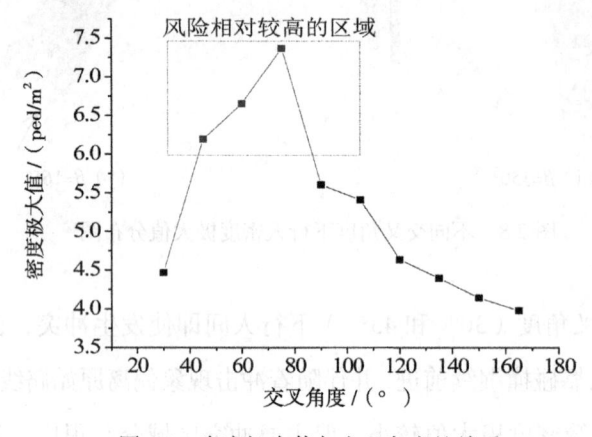

图2.9 密度极大值与交叉角度的关系

本节模拟所选择的交叉角度 β(30°、45°、60°、75°、90°、105°、120°、135°、150°和165°)相较于Sun[5]实验选择的交叉角度 β(30°、60°、90°、120°和150°)增加了一倍。当 $n=5000\,ped/h/m$ 时,实验和模拟分别获得的行人平均速度与交叉角度的关系曲线如图2.10所示。从图中可以看出,当模拟选取角度与实验相同时,速度和交叉角度的变化关系基本相似。速度大小不同是由于实验选择对象是在校大学生,身体素质较为强壮,而模拟选择的速度数据是基于陈然等人2003年在上海对行人进行实测所得,实测行人分布广泛,测量对象在性别比例和年龄比例方面符合实际,因此模拟行人速度整体低于实验行人速度。

Sun[6] 针对实验数据提出了平均速度与交叉角度之间关系的拟合公式：（$y=-1.87264\times10-5x^2+0.00467x+0.80148$），并得出 $n=5000\,\text{ped/h/m}$ 的情况下，最佳交叉角度为 125°，此时行人平均速度最大。但本节通过模拟发现，当交叉角度取值更为细致的情况下，行人最佳速度出现在 120°。根据以上分析可以得出最佳交叉穿行角度为 120°，最不利交叉穿行角度为 40°~80°。

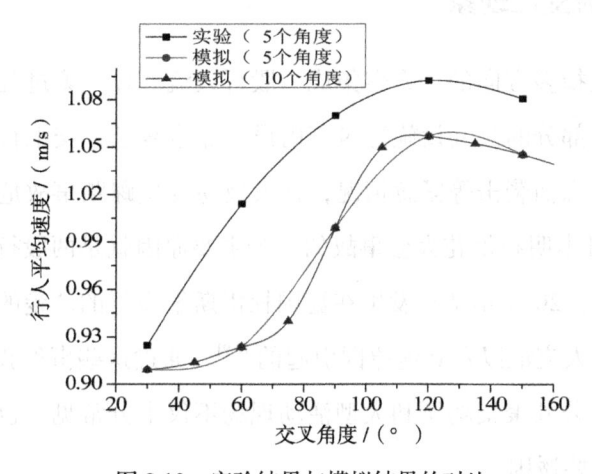

图 2.10 实验结果与模拟结果的对比

2.2.5 针对人群交叉流动的管控建议

根据社会力模型和中国南京新街口地铁站环形交叉口的结构，建立了双向行人流交叉穿行模型，并提出了影响人群交叉穿行效率的两个主要因素，即行人间的相互作用和冲突频率。通过模拟分析了密集人群（$n=5000\,\text{ped/h/m}$）情况下两股行人流以不同交叉角度进行穿行时行人的表现特征和相关参数。通过对行人路径偏移和行人平均速度的分析，发现行人最佳交叉穿行角度为 120°，交叉角度在 40°~80° 之间时最不利于交叉穿行且有较高的风险。模拟结果与前人实验结果进行了对比验证，并进一步修正了实验结果中的不足。

研究结论有利于对集聚性人群疏散中的交叉流动行为进行优化和管控，建议如下：

（1）避免两股行人流出现锐角交叉穿行，尽量使行人流进行钝角交叉穿行。

（2）为了提高行人疏散速度，尽量使行人在 120° 左右进行穿行，此时平均速度较大，密度极值也相对较小。

（3）应避免以 40°~80° 角度进行交叉穿行，否则将会出现人群堵塞现象，甚至导致人群踩踏。

2.3 基于社会力模型的交汇行为仿真

2.3.1 人流交汇现象

交汇行为是指多方向的行人聚集成一股行人流。在汇聚过程中人群相互作用复杂，同时大部分的公共设施建筑室内设计非常复杂，交汇行为十分常见，一旦发生火灾、恐怖袭击等紧急情况，行人极易发生踩踏事故危及生命安全。例如，2001 年日本明石烟花大会事故的一个主要原因就是两股行人流在人行天桥汇聚[7]。此外，2010 年 7 月发生在德国杜伊斯堡举行的"爱的大游行"踩踏事件也是由于行人交汇以及其他原因引起的[8,9]。通过这些事件我们可以发现，人流交汇行为在公共聚集场所和大型活动现场不仅十分常见，也是导致人群踩踏事故的一个重要诱因。

2.3.2 人流交汇模型

丁字路口在建筑结构或是道路交通中都十分常见，由于人流一般在这里进行合流和分流等行为，此处行人的速度会有所衰减，一旦行人碰撞加剧，极易发生堵塞，进而引发人群失稳，导致踩踏事故，造成严重的人身和财产损失。

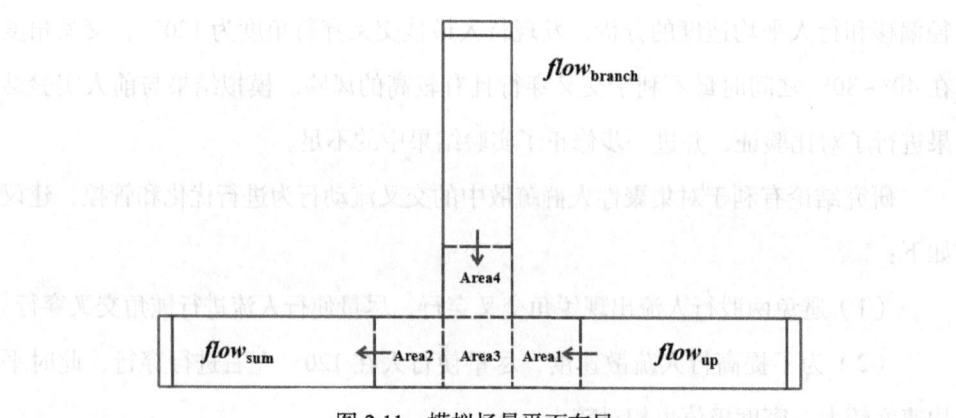

图 2.11 模拟场景平面布局

本节通过 Anylogic 仿真软件建立丁字路口双向行人流交汇模型进行模拟。模拟场景平面布局如图 2.11 所示，右侧人流 $flow_{up}$ 和上方人流 $flow_{branch}$ 将从各自方向的绿色实线处出现并向前前进，在区域 Area3 进行交汇，交汇为一条人流 $flow_{sum}$ 并向左侧绿色实线继续前进，最终在左侧绿色实线处消失。每个出入口宽度为 5m，主干道长 45m，支干道长 20m；行人半径取 0.2~0.25m，服从均匀分布；行人初始速度和期望速度均服从正态分布，平均速度取 1.34m/s，标准差取 0.26m/s [2]；模拟总人数 N 为一定量，取 500 人；主干道进入总人数 n_1 和支干道进入总人数 n_2 为变量，$flow_{sum}$ 为一定量取 3500 p/h/m，$flow_{up}$ 和 $flow_{branch}$ 为变量；r 为支干道人流量 $flow_{branch}$ 与主干道下游人流量 $flow_{sum}$ 的比值。相关参数符合以下公式：

$$N = n_1 + n_2 = 500 \qquad (2\text{-}4)$$

$$flow_{sum} = flow_{up} + flow_{branch} = 3500 \text{p/h/m} \qquad (2\text{-}5)$$

$$r = \frac{n_2}{N} = \frac{flow_{branch}}{flow_{sum}} \qquad (2\text{-}6)$$

为了研究密集人群交汇，我们选取 3500 p/h/m（58.3 p/min/m）作为主干道和支干道的最大入口人流量。主干道和支干道的最大入口人流量是根据 Fruin 通行等级分级所选取的。根据 Fruin 的论述，用 A ~ F 共 6 个等级来表示通道的通行能力，如表 2.2 所示 [3]。当通行能力等级为 D 时，行人间会发生明显的冲突，通行能力和速度会受到限制。模拟发现，当干道人流小于 3500 p/h/m 时行人未发生明显的堵塞，然而一旦增大人流量，就会出现明显堵塞，因此 $flow_{sum}=3500$ p/h/m 为一临界值。将模拟总人数设定为 500 人，因为在 $flow_{sum}=3500$ p/h/m 的情况下，当 $N=500$ 时交汇行为已经较为稳定且持续时间足以分析丁字路口主干道与支干道行人交汇时人流比值对于疏散效率的影响。

表 2.4　模拟工况设置

Set	r	n_1（ped）	n_2（ped）	$flow_{up}$（p/h/m）	$flow_{branch}$（p/h/m）
a	0	500	0	3500	0
b	0.1	450	50	3150	350
c	0.2	400	100	2800	700
d	0.3	350	150	2450	1050

续表

Set	r	n_1 (ped)	n_2 (ped)	$flow_{up}$ (p/h/m)	$flow_{branch}$ (p/h/m)
e	0.4	300	200	2100	1400
f	0.5	250	250	1750	1750
g	0.6	200	300	1400	2100
h	0.7	150	350	1050	2450
i	0.8	100	400	700	2800
j	0.9	50	450	350	3150
k	1.0	0	500	0	3500

为了研究丁字路口处主干道与支干道行人流比值对于疏散效率的影响，我们设置 11 组不同工况进行模拟，如表 2.4 所示，每个工况重复模拟五次，所得数据均取五次模拟所得的平均值。通过不同工况下得出的整个疏散过程中所有行人速度均值和行人密度极大值来分析人员疏散效率与丁字路口处主干道与支干道行人流比值的关系。

2.3.3 结果讨论与分析

2.3.3.1 平均速度与人流比 r 的关系

通过模拟，我们得出整个疏散过程中行人平均速度与人流比 r 的关系，如图 2.12 所示。从图中可以看出，行人整体平均速度首先随着 r 的增大而增大，当 r 为 0.2 左右时行人整体平均速度达到最大，随后随着 r 的增大不断下降；主干道的行人平均速度首先也是随着 r 的增大而增大直到 r 为 0.2 左右，随后在 r 为 0.2~0.3 时略微下降，最后随着 r 的增大而不断增大；支干道的行人平均速度则不断随着 r 的增大而减小。

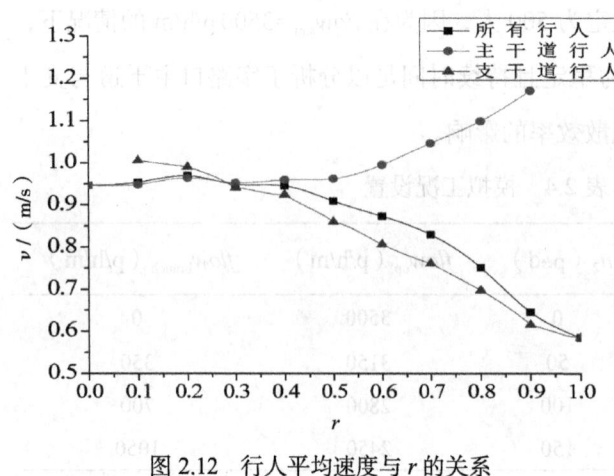

图 2.12　行人平均速度与 r 的关系

通过模拟，发现影响行人疏散速度的主要因素有两个：

一是道路中行人由于

第 2 章　集聚性人群疏散冲突与调节性行为

人流量偏大进行碰撞、规避和等待等行为所导致的减速。一般如果某一干道行人流量过大，行人行走自由度和速度下降，行人密度随之增大，出现拥堵。图 2.13 描述了在特定时间行人流的交汇现象，我们可以清楚地观察到行人的运动特性。在图 2.13（a）和（k）中，由于行人集中在一个通道中，所以在整个疏散过程中人群形成了堵塞。

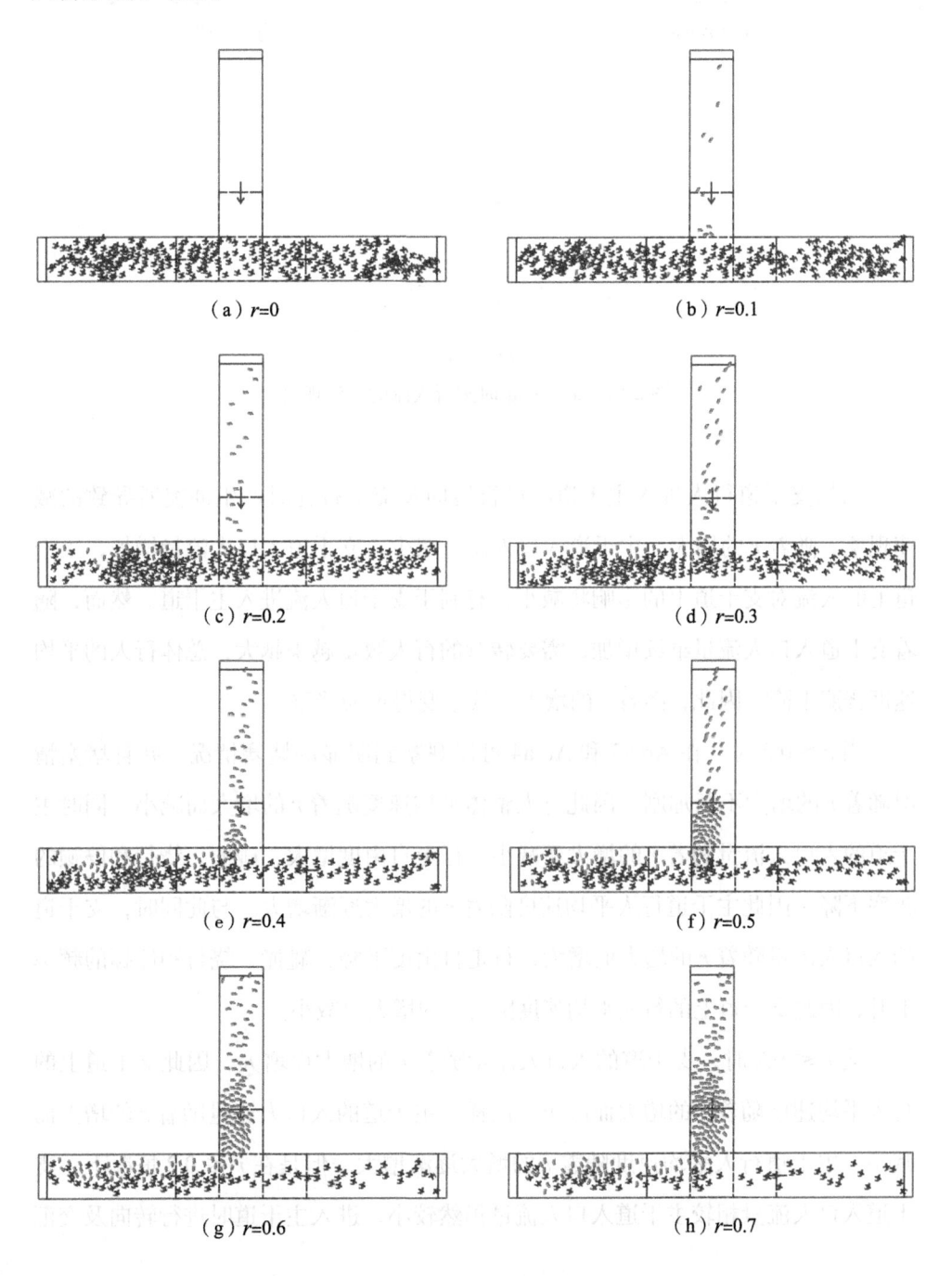

(a) $r=0$

(b) $r=0.1$

(c) $r=0.2$

(d) $r=0.3$

(e) $r=0.4$

(f) $r=0.5$

(g) $r=0.6$

(h) $r=0.7$

(i) $r=0.8$

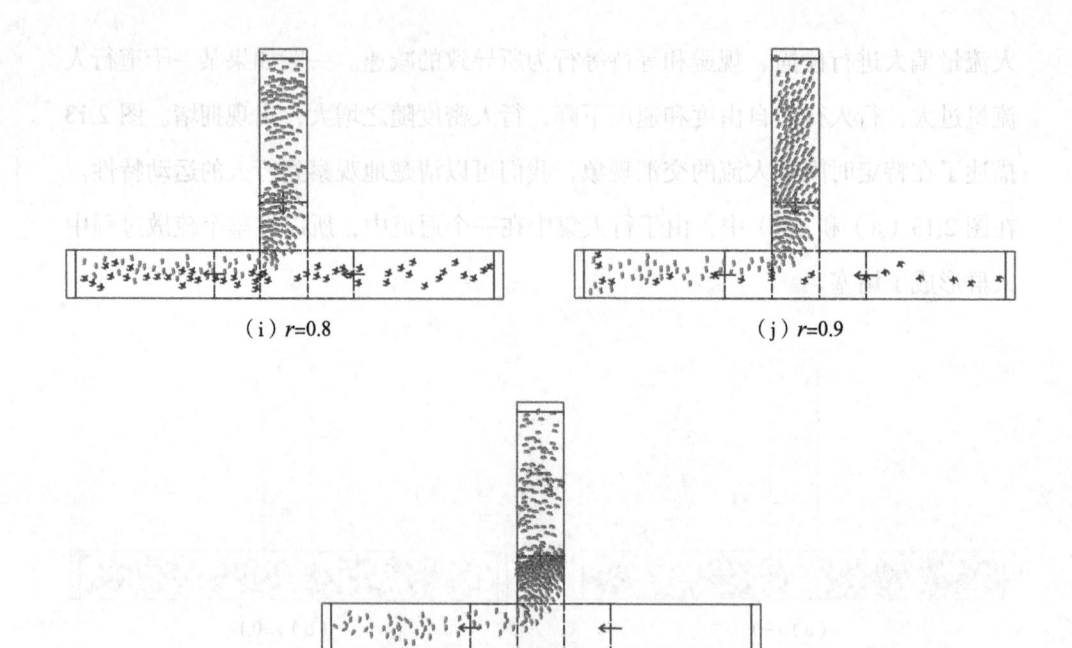

(j) $r=0.9$

(k) $r=1.0$

图2.13 某一特定时刻行人流的交汇现象

二是支干道行人进入主干道时进行转向及交汇行为时产生冲突所导致的减速现象。随着 r 的增大，主干道入口人流量减少，支干道入口人流量增加，主干道上的人流对支干道上的影响将减小，有利于支干道人流进入主干道。然而，随着支干道入口人流量继续增加，需要转弯的行人数量越来越大，总体行人的平均速度普遍下降。因此，随着 r 的增大，减速变得更为严重。

当 $r > 0.2$ 时，在 Area3 和 Area4 可以观察到明显的堵塞情况，并且堵塞情况随着 r 的增大不断加剧。因此行人整体平均速度随着 r 的增大而减小。同时主干道的入口人流量随着 r 的增大而减小，行走自由度增大，碰撞、绕行和停顿的频率下降。因此主干道行人平均速度随着 r 的增大逐渐增大。与此同时，支干道的入口人流量随着 r 的增大而增大，行走自由度下降，碰撞、绕行和停顿的频率上升，因此支干道上的行人平均速度随着 r 的增大而减小。

当 $r \leqslant 0.2$ 时，支干道的入口人流量随着 r 的增大而增大，因此支干道上的行人平均速度随着 r 的增大而减小。同样，主干道的入口人流量随着 r 的增大而减小，主干道行人平均速度随着 r 的增大逐渐增大。但是在 $r \leqslant 0.2$ 情况下，支干道入口人流量相较主干道入口人流量仍然较小，进入主干道时进行转向及交汇行为时产生冲突所导致的减速现象也相对较少，因此行人的整体速度随着 r 的增大而增大。同时，在 $r \leqslant 0.2$ 的情况下，未发现明显的拥堵现象。这表明，行人此时未受到堵塞所造成的减速影响。但当 $r > 0.2$ 时则可以发现明显的拥堵现象。因此在 $r=0.2\sim0.3$ 之间，行人整体速度和主干道行人速度有所降低。

从上述分析中可以得出，当 $flow_{sum} = 3500\,p/h/m$ 时，$r = 0.2$ 为一临界值（堵塞即将形成），此时最有利于行人进行疏散。以此类推，当 $flow_{sum}$ 取不同值时，只需找到这个临界值 r，即可找出不同 $flow_{sum}$ 下的最佳丁字路口主干道与支干道交汇人流比。同时，根据行人平均速度与人流比 r 的关系曲线以及当前场景下主干道与支干道的行人数量等实际情况，可以制定更为合理的分流疏散策略来保证所有行人以最快的速度完成疏散。

2.3.3.2 密度极大值与人流比 r 的关系

密度极大值能够充分反映该区域行人拥挤的程度，区域密度极大值越大，该区域越拥挤，行人间的相互压力越大，也越容易发生摔倒踩踏等事故，导致人员伤亡。图 2.14 为测试区域行人密度极大值与人流比 r 的关系曲线。从图中也可以看出，密度极大值随着人流比 r 增大而不断增大。

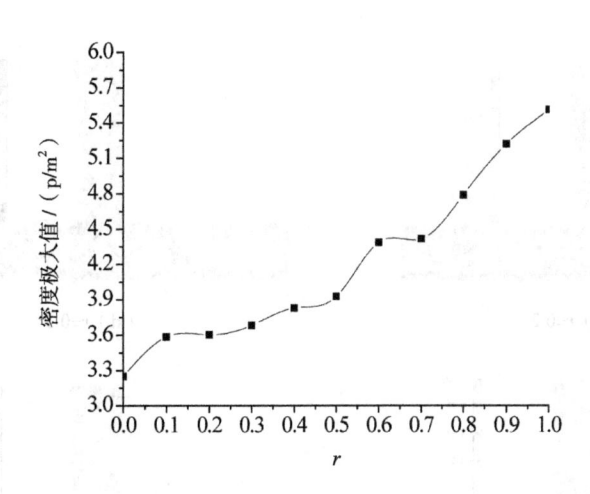

图 2.14　行人密度极大值与 r 的关系

图 2.15 描述了 $flow_{sum} = 3500\,p/h/m$ 时丁字路口主干道与支干道人流交汇的密度极大值分布图像。从各个图像中可以看出不同人流比情况下的行人密度极值大小、分布情况以及发生主要冲突的位置。结合图 2.14 和图 2.15，可以发现，随

着人流比 r 的增大，行人整体密度不断增大，堵塞加剧。从图 2.15 可以看出，当 $r \leqslant 0.2$ 时，交汇区并没有出现较高的密度极值，即没有出现堵塞，直到 $r>0.2$，开始出现较大的密度极值和明显的堵塞区域，并且密度极值和堵塞区域面积随着人流比 r 的增大而逐渐增大。同时，当 $0.3 \leqslant r \leqslant 0.4$ 时，行人的堵塞区域基本集中在 Area2 和 Area3，然而当 $r \geqslant 0.5$ 时，行人的堵塞区域逐渐随着人流比 r 的增大而不断向 Area4 转移。Area2 和 Area3 主要是人流冲突区域，Area4 主要是支干道人流待冲突区域。因此可以推断出，当 $0.3 \leqslant r \leqslant 0.4$ 时，行人堵塞主要是由于两股人流冲突所导致的；当 $r \geqslant 0.5$ 时堵塞的主要原因则是由于支干道人流增大且行人频繁进行减速转向。

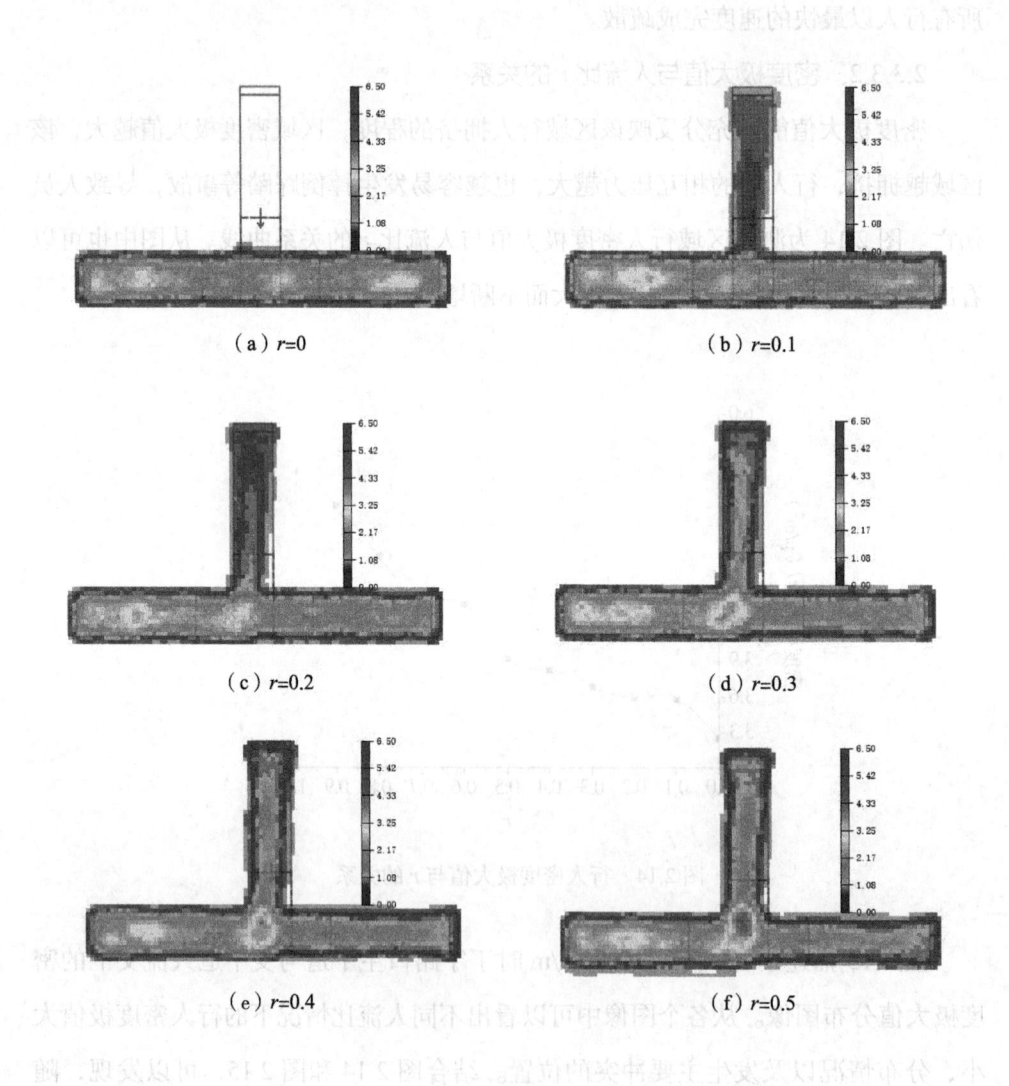

(a) $r=0$

(b) $r=0.1$

(c) $r=0.2$

(d) $r=0.3$

(e) $r=0.4$

(f) $r=0.5$

(g) $r=0.6$

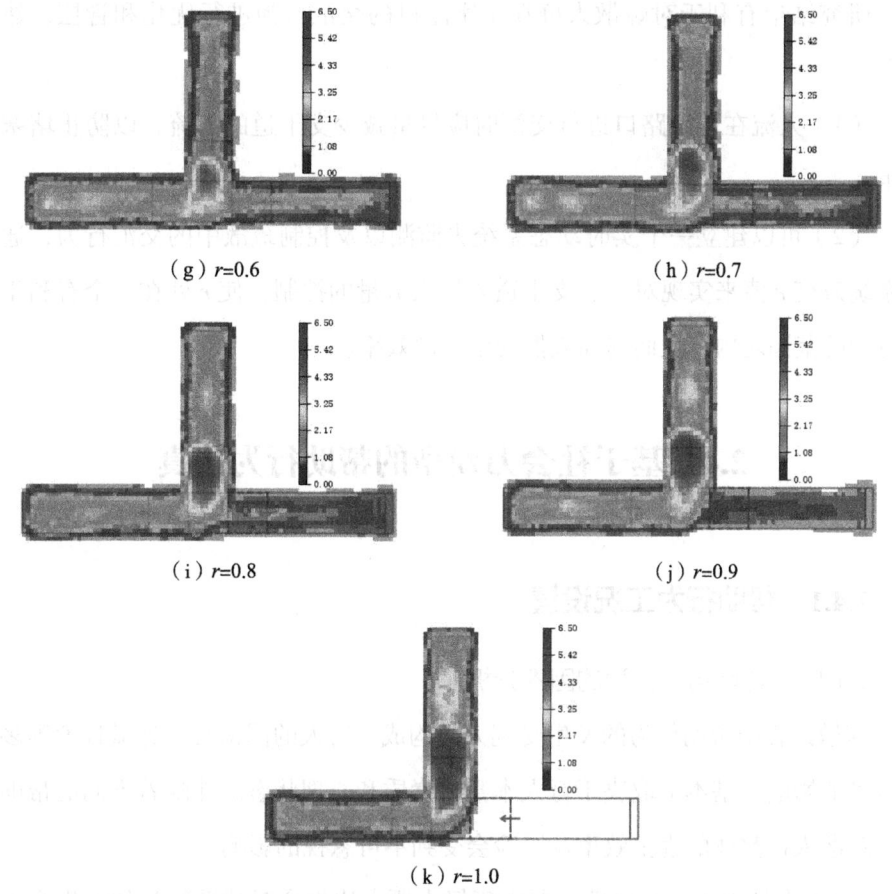

(h) $r=0.7$

(i) $r=0.8$

(j) $r=0.9$

(k) $r=1.0$

图 2.15　不同 r 值情况下行人密度极大值分布图

2.3.4　针对人群交汇流动的管控建议

基于社会力模型构建的丁字路口双向行人流交汇模型，得出相关的行人表现特征和参数来研究行人流比值 r 对于疏散效率的影响，揭示行人平均速度以及密度极大值与人流比值 r 之间的关系。研究发现，行人整体平均速度的变化趋势首先是随着 r 的增大而增大，直到 r 为 0.2 左右时行人整体平均速度达到最大，随后随着 r 的增大不断下降；主干道进入行人的平均速度也随着 r 的增大而增大直到 r 为 0.2 左右，随后在 $r=0.2\sim0.3$ 之间略微下降，最后随着 r 的增大而不断增大；支干道进入的行人平均速度则不断随着 r 的增大而减小。同时整个交汇过程中密度极大值则是随着 r 的增大不断增大。根据模拟分析，本节得出影响行人疏散效率的两个主要因素为：道路中行人由于人流量偏大进行碰撞、规避和等待等行为所导致的减速；支干道行人进入主干道时进行转向和冲突行为所导致的减速。

研究结论有利于对疏散人群在丁字路口的交汇行为进行优化和管控，建议如下：

（1）人流在丁字路口进行交汇时应尽量减少支干道的人流，以防止堵塞的发生。

（2）可以建立一个实时动态系统去监测以及控制疏散中的交汇行为，通过该系统改变 r 值来实现对主、支干道入口人流量的控制，使 r 处在一个有利于交汇行为的范围之内，从而提高人群交汇疏散效率。

2.4 基于社会力模型的帮助行为仿真

2.4.1 帮助行为工况设置

2.4.1.1 影响帮助行为的因素分析

疏散过程中帮助行为的发生受到人员构成、行人的同情心、恐慌程度等多方面因素的影响，基本上取决于行人本身的素质和心理状态。伴随着不同的帮助行为，疏散人群整体的逃生效率及风险会受到不可忽视的影响。

（1）人员构成：集聚性人群中年轻人所占比例会对帮助行为的发生产生较大影响，我们用 r 代表年轻人所占比例。如果人群中老年人的比例高，则对帮助行为的需求大，但是可提供帮助的年轻人少，不能充分满足老年人被帮助的需求。

（2）行人自身素质：在疏散过程中，行人可能会对弱势群体表示同情，弱势群体的被帮助概率可一定程度上反映帮助者的同情心。行人受同情心驱动会去帮助处于困境中的弱势群体，缓解弱势群体的恐慌，减少弱势群体在疏散过程中的竞争行为，从而帮助他们从危机环境中安全逃生。

（3）心理状态：紧急疏散中因恐慌而产生的竞争行为是一种自然反应，恐慌并不是均匀地作用于每个个体，疏散人群往往是恐慌个体和理智个体的混合。目前心理学研究表明，紧急疏散时由于行人有较高的逃生意愿，在陌生人之间也会出现帮助、协作等行为。很多研究发现，适当的协助行为可以获得更高的疏散效率。

许多学者探究疏散过程中人员心理对生理的影响，帮助弱势群体疏散在心理上表现为正向激励，可以为弱势群体提供更多生理上的动力，增加其逃生的机会。

2.4.1.2 帮助行为的描述

为方便研究，仿真模拟中设置了两种行人类型，一种是提供帮助的年轻人，另一种是需要帮助的老年人。为了描述帮助行为，模拟主要通过移动速度来区分年轻人和老年人，直径均匀分布在 0.4~0.5m 之间。年轻人的平均速度设置为 1~1.5m/s，老年人在无人帮助下的平均速度为 0.5~0.8m/s[10]。考虑到年轻人在帮助老年人时，帮助者与被帮助者视为一组，一起移动，他们的移动速度会低于单独疏散的年轻人，但是会高于没有受到帮助的老年人的移动速度，因此设置他们共同的移动速度平均为 0.7~1.2m/s。

对于疏散过程中发生的帮助行为，假设：

（1）在老人已经得到帮助的情况下，则不再吸引其他帮助者，将会与帮助他的人一起疏散。二者在疏散时移动速度保持一致；

（2）所有的年轻人都有帮助的潜力，所有的老年人都有获得帮助的可能。

在疏散过程中，既存在独立疏散的年轻人和老年人，也有实施帮助行为的群体。帮助行为在 Anylogic 中的实现如图 2.16 所示，在模型中拖入 pedSource 模块产生行人，并在行人属性栏中设置行人的速度，属性栏如图 2.17 所示。借用 pedGroupAssemble 模块创建组，组大小为 2，以实现年轻人对老年人一帮一的作用。图中，蓝色区域表示发生帮助行为的区域。

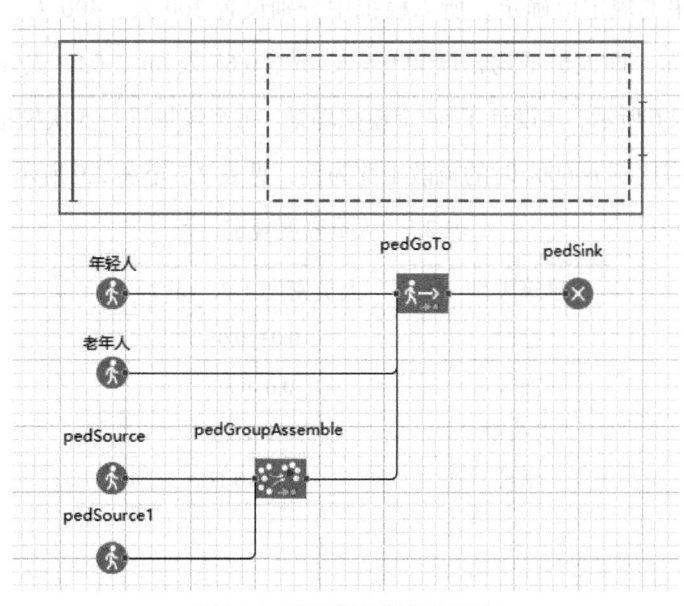

图 2.16　帮助行为的仿真模型

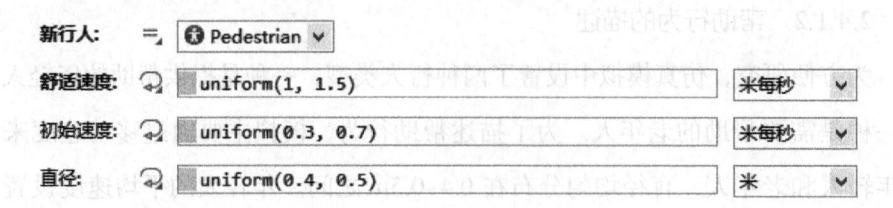

新行人:	=₊	🔘 Pedestrian ▾	
舒适速度:	↻	uniform(1, 1.5)	米每秒 ▾
初始速度:	↻	uniform(0.3, 0.7)	米每秒 ▾
直径:	↻	uniform(0.4, 0.5)	米 ▾

图 2.17　行人速度参数的设置

2.4.1.3　仿真场景及参数设定

整个疏散仿真场景建立在一个 30m×20m 的单出口房间中，出口位于房间右侧中间位置，宽度为 2.4m，其平面布局如图 2.18 所示。图中的红圈代表了一个有帮助行为的群体，在这个群体中，一个年轻人提供帮助，一个老年人被帮助。帮助行为的组和其他行人之间表现出经典的社会力，但存在帮助行为的行人之间因其特殊性在仿真过程中没有这种作用力。

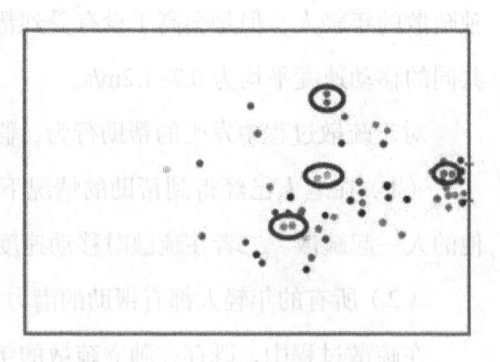

图 2.18　仿真场景平面图

本文主要考虑年轻人占有比例（r=50%、60%、70%）和老年人被帮助概率（p=0、0.2、0.4、0.6、0.8、1）对疏散的影响。根据建筑设计规范，其人员密度可按表 2.5 中的规定值确定，所以模拟中分别设置 300 人、400 人、500 人在房间内随机分布，即人员平均密度为 0.5 人 /m²、0.67 人 /m²、0.83 人 /m²，试验工况设置如表 2.6 所示，共设计了 54 个模拟场景，每个场景进行 5 次模拟取平均值。以年轻人占有比例 r=60% 时的疏散工况为例，见表 2.7 至表 2.9 所示。

表 2.5　人员密度规定

建筑类别	人员密度（人 /m²）
住宅	0.03–0.05
商业	0.6–0.85
办公室	0.1–0.25
学校	0.08–0.11

表 2.6 试验工况设置

变量	疏散人数/人	年轻人比例/r	老年人受帮助概率/p
参数设定	300	50%	0
			0.2
	400	60%	0.4
			0.6
	500	70%	0.8
			1

表 2.7 300 人疏散工况设置

场景	单独疏散的年轻人/人	单独疏散的老年人/人	共同疏散/组	受帮助概率/p
1	180	120	0	0
2	156	96	24	0.2
3	132	72	48	0.4
4	108	48	72	0.6
5	84	24	96	0.8
6	60	0	120	1

表 2.8 400 人疏散工况设置

场景	单独疏散的年轻人/人	单独疏散的老年人/人	共同疏散/组	受帮助概率/p
1	240	160	0	0
2	208	128	32	0.2
3	176	96	64	0.4
4	144	64	96	0.6
5	112	32	128	0.8
6	80	0	160	1

表 2.9 500 人疏散工况设置

场景	单独疏散的年轻人/人	单独疏散的老年人/人	共同疏散/组	受帮助概率/p
1	300	200	0	0
2	260	160	40	0.2

续表

场景	单独疏散的年轻人/人	单独疏散的老年人/人	共同疏散/组	受帮助概率/p
3	220	120	80	0.4
4	180	80	120	0.6
5	140	40	160	0.8
6	100	0	200	1

2.4.2 帮助行为作用结果分析

为探究帮助行为如何影响疏散性能，同时，为了使模型更加符合实际情况，在设置行人生成方式时选择让行人在房间内随机生成。

2.4.2.1 疏散时间变化规律

为了减少和控制模拟中的变量，需要提前确定疏散总人数和年轻人占用比例的最合适参数来实施帮助行为。首先将疏散人数设置为 300 人，并设置年轻人的比例分别为 $r=50\%$、60%、70% 进行模拟。疏散时间计算结果如图 2.19 所示，在相同条件下重复模拟 5 次，计算每种情况下的平均疏散时间误差。

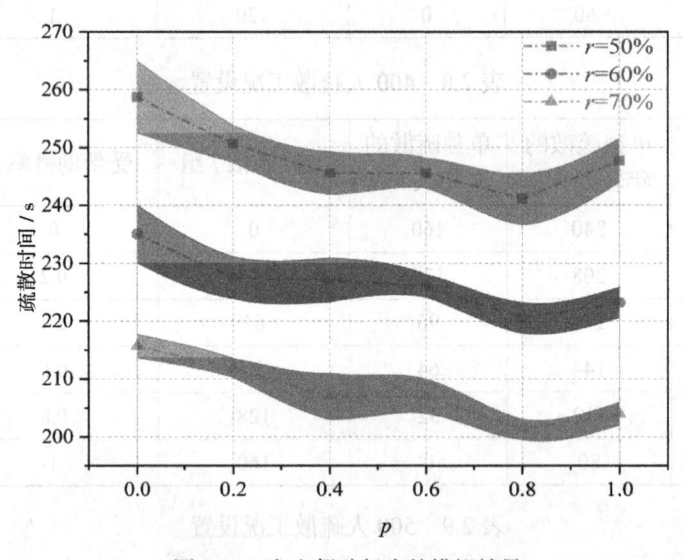

图 2.19 发生帮助行为的模拟结果

从图中可以看出，当不发生帮助行为时，即 $p=0$ 时，疏散时间最长。在其他所有被帮助的情况下，疏散时间都有缩短的趋势，尤其是在被帮助概率较高的情况下。此外，疏散时间随着年轻人比例的增加而减少，图中三条曲线的变化趋势相似。在之前工作条件的基础上，改变初始疏散次数，探究帮助行为对整体疏散时间的影响。图 2.20 为疏散时间结果和误差。

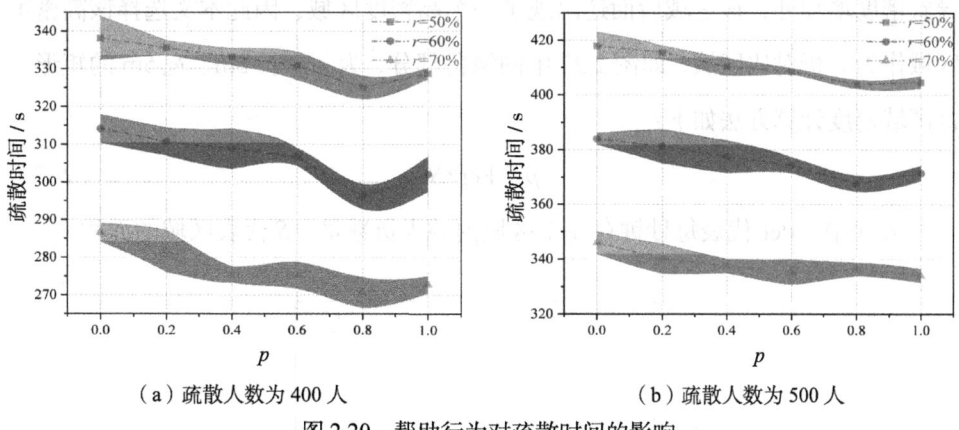

（a）疏散人数为 400 人　　（b）疏散人数为 500 人

图 2.20　帮助行为对疏散时间的影响

从上述模拟结果可以看出，当改变初始疏散人数时，在疏散过程中帮助行为对疏散时间的影响趋势是一致的。随着 p 的增大，疏散时间逐渐缩短，并在 $p=0.8$ 时达到最短。与无帮助行为相比，继续增加 p 值仍能缩短疏散时间，但效果不如 $p=0.8$ 时，这说明适当的帮助行为更有利于疏散。这是因为 p 和 r 值越小，独自疏散的老年人越多，老年人疏散速度越慢，导致了疏散时间的延长。而当 p 值较大时，虽然单独疏散的年轻人较少了，但在疏散过程中帮助了部分疏散速度较慢的老年人，提高了疏散速度，有利于整体疏散效率。但当 $p=1$ 时，帮助的老年人过多，拖慢了整体的疏散效率。

2.4.2.2　区域密度变化规律

从图 2.19、图 2.20 可以看出，在帮助行为下，疏散时间随着 p 的增大而减小，但在 $p=0.8$ 时，帮助行为对疏散整体性能的影响最大。为了探究 $p=1$ 时的疏散效果不如 $p=0.8$ 时效果好的原因，我们对行人在疏散过程中的瞬时密度进行了分析，

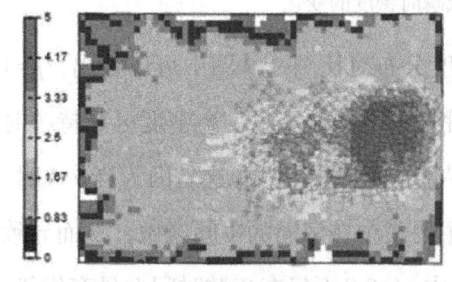

图 2.21　行人瞬时密度分布图　　图 2.22　密度采集区域

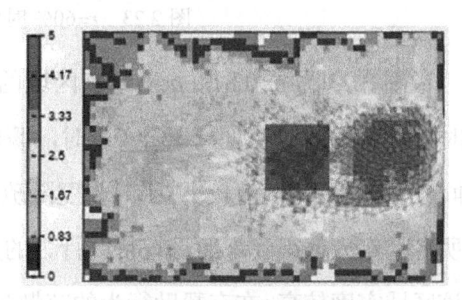

并用行人的瞬时密度分布来表示行人的拥堵程度。

从图 2.21 帮助行为下行人瞬时密度分布图可以看出，除了出口处人群拥挤导致密度增加外，该区域后面还出现了一个高密度区域，因此本文选择该高密度区域作为分析对比区域，即图 2.22 中的绿色部分，为一个长 5m、宽 5m 的矩形。该区域密度计算方法如下：

$$\rho = \text{Per} \times S \tag{2-7}$$

公式中，Per 代表每秒钟存在于区域内的人员数量，S 代表区域的面积。

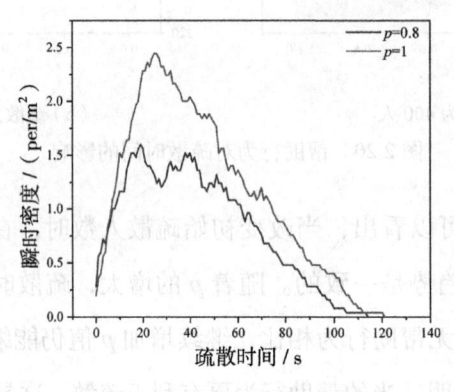

（a）疏散人数为 300 人

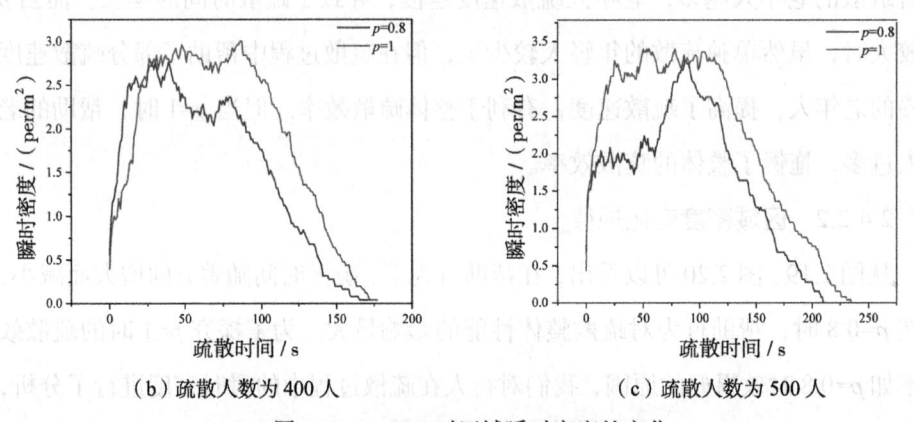

（b）疏散人数为 400 人

（c）疏散人数为 500 人

图 2.23 $r=60\%$ 时区域瞬时密度的变化

图 2.23 为 $p=0.8$ 和 $p=1$ 时该区域的密度分布对比图。从图中可以看出，$p=1$ 时该区域的瞬时密度高于 $p=0.8$ 时的瞬时密度。当 $p=0.8$ 时，高密度区域持续时间较短，最高密度值较小，瞬时密度随疏散人数的增加而增大。这是因为当 $p=1$ 时，所有老年人都得到帮助，有帮助行为的人主要集中在房间的中间区域，从而导致该区域密度较高。在有帮助行为的疏散过程中，$p=0.8$ 不仅在疏散时间上具有优势，

而且在一定程度上缓解了疏散过程中行人的拥挤程度。

2.4.2.3 行人流量变化规律

为了进一步研究帮助行为对行人疏散过程的影响,在出口处设置了统计模块。统计 60 秒内通过出口的行人数量,以 $r=60\%$ 为例,比较每分钟行人流量的变化情况,仿真结果如图 2.24 所示。

(a) 疏散人数 300 人

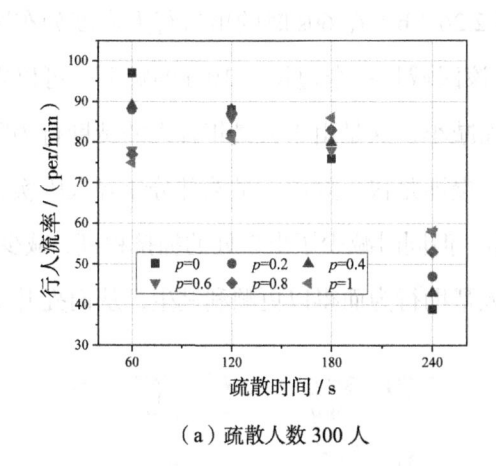

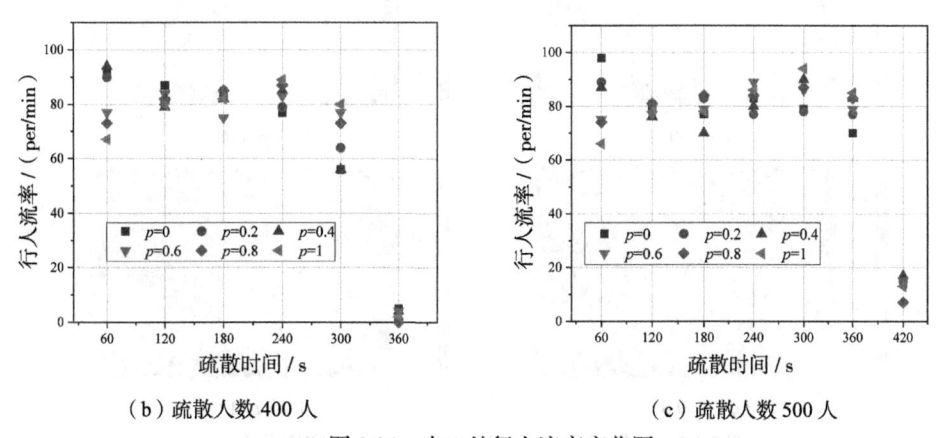

(b) 疏散人数 400 人

(c) 疏散人数 500 人

图 2.24 出口处行人流率变化图

从总体趋势来看,初始疏散人数对出口行人流量的变化趋势影响不大。然而,应该注意的是,改变 p 值对出口处行人流量的影响是显著的。从整个疏散过程来看,当 $p \leqslant 0.4$ 时,出口处行人流量逐渐减小;当 $p \geqslant 0.6$ 时,出口处行人流量先增大后减小。这是因为:

(1) 在 $p \leqslant 0.4$ 的情况下,帮助行为发生的概率较小,年轻人独自疏散的人数较多,且当出口人流量较大时,年轻人疏散速度较快,会最先到达出口。然而，当越来越多的年轻人到达出口时，会造成出口拥堵，导致疏散效率降低，人流量减少。

（2）当 $p \geq 0.6$ 时，发生帮助行为的概率变大，大量存在帮助行为的人群到达出口造成出口处行人流量的增加。当越来越多的行人都到达出口处时，出口处人群密度增加，造成拥堵，导致疏散效率的下降。

对比图 2.25 和图 2.26（b）在 60s 时的出口行人密度分布图，密度采集区域如图 2.26（a）所示，该区域是一个边长为 10m 的矩形。可以发现，出口附近的密度随着 p 值的增加而减小，这是由于大量年轻人的帮助行为降低了出口附近的拥挤程度。这体现了"慢即是快"效应：虽然部分年轻人因实施帮助行为而放慢速度，明显不利于疏散，但同时减少了出口处的拥挤程度，减少了出口等待时间，老年人也因受到年轻人帮助行为而得以更顺利逃生，从而提升了整体疏散效率。

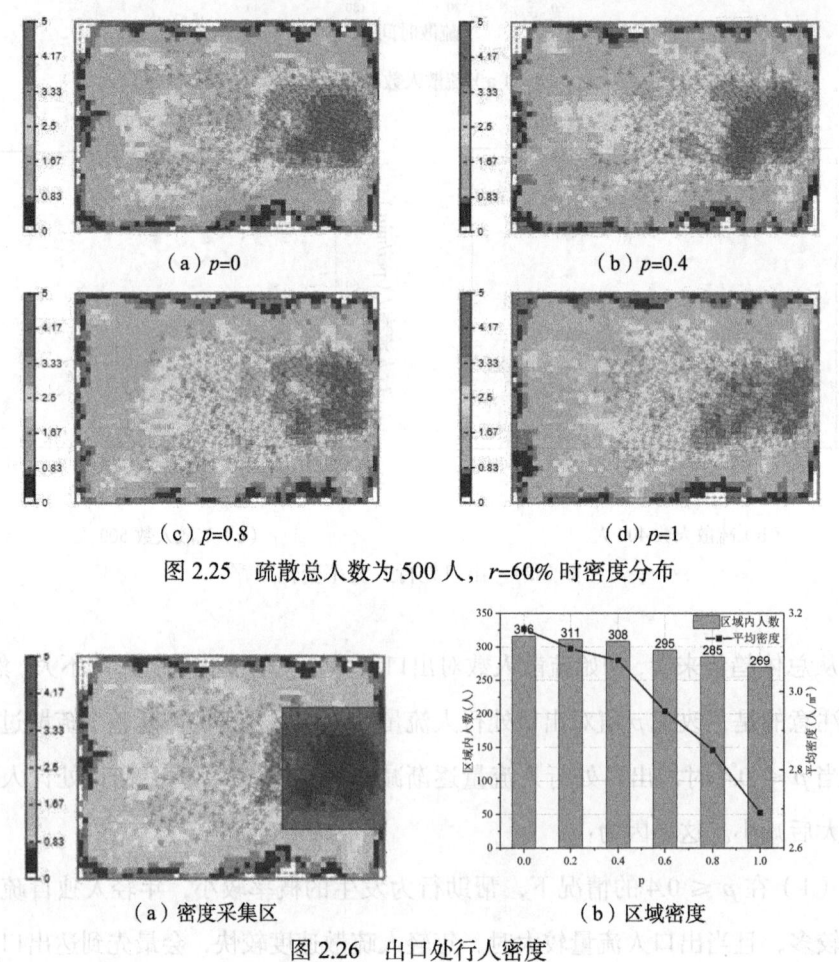

（a）$p=0$

（b）$p=0.4$

（c）$p=0.8$

（d）$p=1$

图 2.25 疏散总人数为 500 人，$r=60\%$ 时密度分布

（a）密度采集区

（b）区域密度

图 2.26 出口处行人密度

这种与帮助行为相关的"慢即是快"效应也可以通过出口流率随 p 值变化关系来说明，如图2.27所示，可以明显发现，帮助行为的实施可以增加出口的行人流率。但是，也可以发现，当人数进一步增加到500人时，在 $p=0.8$ 时，帮助行为的优势在减弱，这是因为疏散人数过多，导致出口拥堵过于严重，帮助行为的优势在整个疏散过程中被削弱。事实上，老年人作为弱势群体，是整个疏散过程中的薄弱环节，他们的行动效率在很大程度上决定了整个人群疏散的时间。

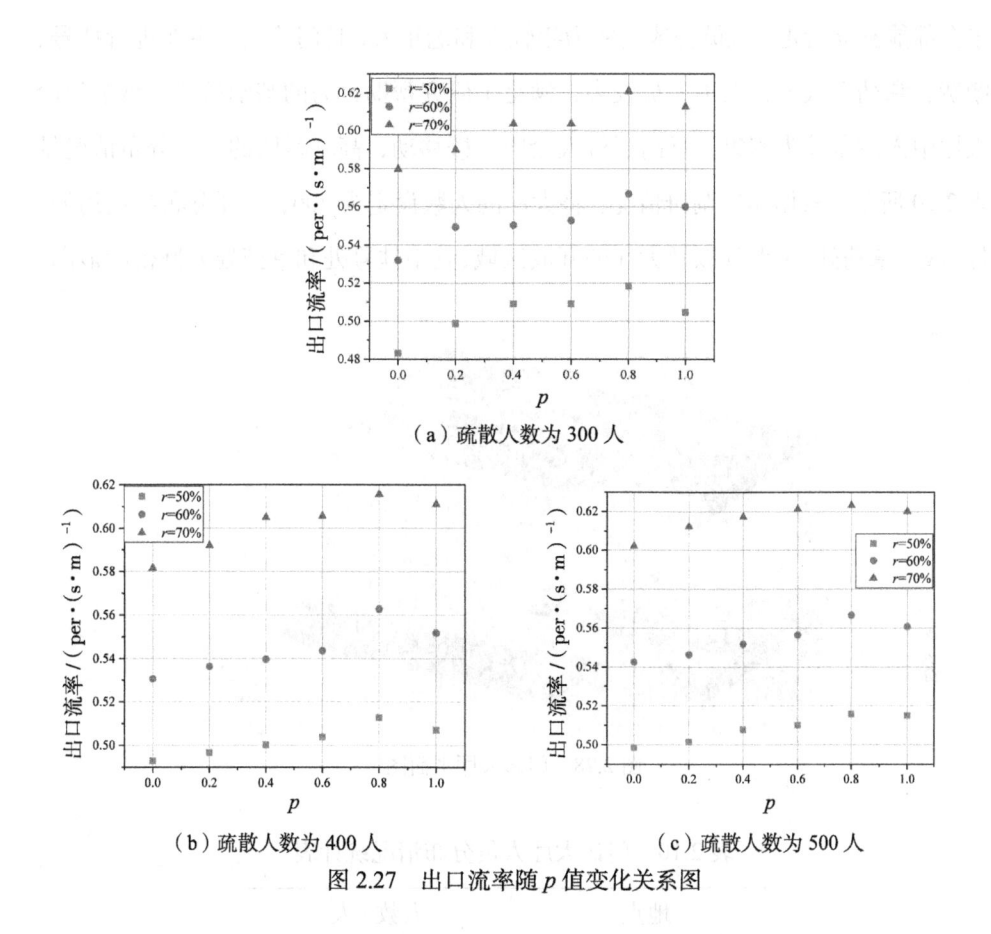

（a）疏散人数为300人

（b）疏散人数为400人

（c）疏散人数为500人

图2.27 出口流率随 p 值变化关系图

2.4.3 模型应用

医院作为大型公共场所，人员构成复杂，不宜进行不事先通知的消防演习，且事先通知的消防演习与实际疏散的结果情况相差较大；小规模的人群疏散实验无法模拟大型综合医院门诊部的复杂性，因此采用仿真模拟的方式验证医院门诊大厅中行人帮助行为对疏散过程的影响。

2.4.3.1 实地观测

中国医学科学院皮肤病研究所致力于皮肤病、性病、麻风病的医疗研究、防控和人才培养;同时也是中国疾病预防、麻风病的控制中心。医院门诊楼共有6层,其中1~4层为主要科室,日均门诊量3000余人次。

选取中国医学科学院皮肤病研究所的门诊大厅为仿真对象,疏散场景平面图如图2.28所示,由于中国医学科学院皮肤病研究所主要致力于皮肤病,患者几乎全部能独立行走,人员构成主要为年轻人和老年人,且门诊大厅主要进行挂号、缴费、拿药等服务,汇集人员较多,满足了研究帮助行为的基础条件。整个门诊大厅中人流量较为密集,且高层行人会向一楼移动,高峰时段的人群分布情况见表2.10所示。根据实地调研情况,将大厅的人数设定为700,主要分布在预约处、挂号处、拿药处、缴费处以及大厅的开放区域,其中挂号处和拿药处人群密度最高。

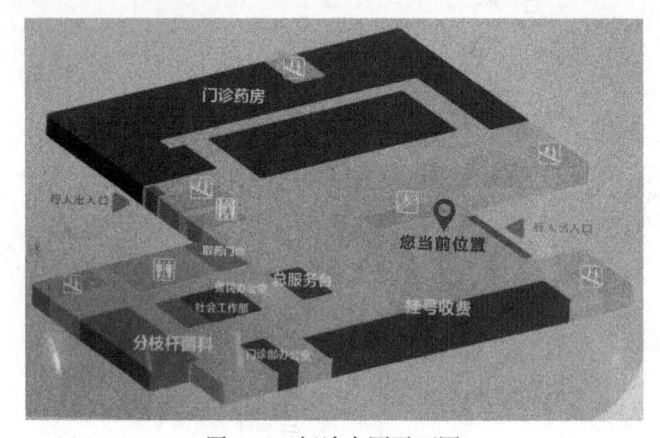

图 2.28　门诊大厅平面图

表2.10　门诊大厅人员分布情况统计表

地点	人数/人
挂号处	60~120
收费处	60~100
服务台	10~20
门诊药房	200~250
自助缴费处	40~60
取药签到处	40~60
大厅	50~80

续表

地点	人数/人
电梯间	10~20
扶梯	10~40
合计	480~750

2.4.3.2 疏散实例模型搭建

为便于模拟，将门诊大厅结构进行简化以构建疏散场景，其中大厅内长38m，宽26m，如图2.29所示。

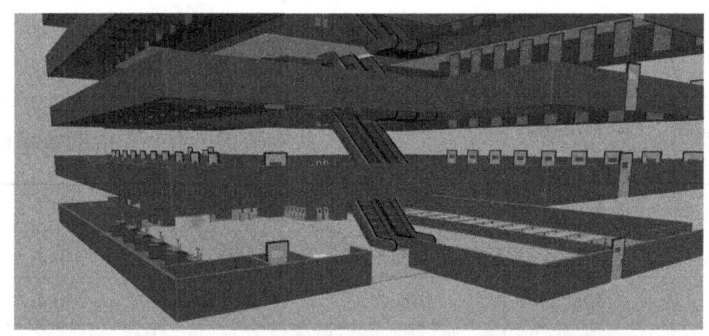

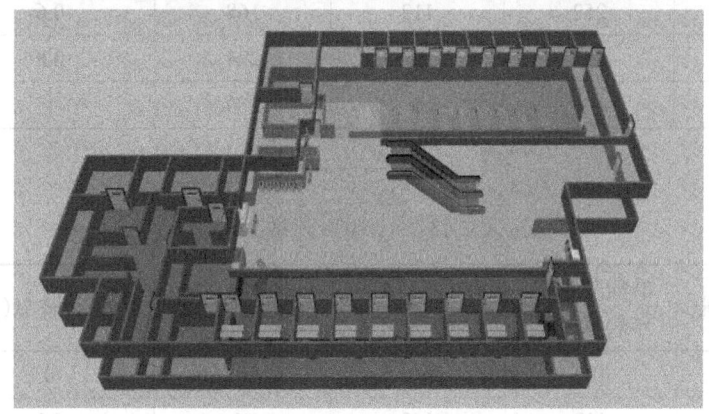

图 2.29 医院门诊大厅结构简化图

在仿真模拟时，年轻人占有比例 r 值和老年人受帮助概率 p 值的设置以及帮助行为的定义都与 2.4 节中单出口房间场景相同，仿真工况见表 2.11 至表 2.13 所示，行人行动逻辑图见图 2.30。中国医学科学院皮肤病研究所门诊大厅中有 3 个出口，所以在疏散过程中让行人选择最近出口进行疏散。在 Main 面板中拖入函数命名为 nearestExit，在函数体中编写语句让行人根据所在位置选择距离自己最近的出口，行动指令语句见图 2.31。

表 2.11　$r=50\%$ 疏散工况

场景	单独疏散的年轻人/人	单独疏散的老年人/人	共同疏散/组	受帮助概率(p)
1	350	350	0	0
2	280	280	70	0.2
3	210	210	140	0.4
4	140	140	210	0.6
5	70	70	280	0.8
6	0	0	350	1

表 2.12　$r=60\%$ 疏散工况

场景	单独疏散的年轻人/人	单独疏散的老年人/人	共同疏散/组	受帮助概率(p)
1	420	280	0	0
2	364	224	56	0.2
3	308	168	112	0.4
4	252	112	168	0.6
5	196	56	224	0.8
6	140	0	280	1

表 2.13　$r=70\%$ 疏散工况

场景	单独疏散的年轻人/人	单独疏散的老年人/人	共同疏散/组	受帮助概率(p)
1	490	210	0	0
2	448	168	42	0.2
3	406	126	84	0.4
4	364	84	126	0.6
5	322	42	168	0.8
6	280	0	210	1

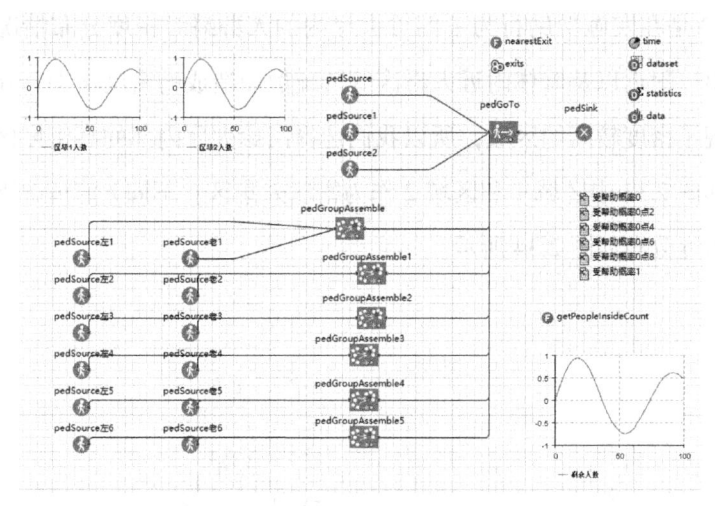

图 2.30　行动逻辑图

```
double dshortest = infinity;
TargetLine nearestexit = null;
for( TargetLine exit : exits ) {
    double d = ped.distanceTo( exit.getPointAtOffset(
                               exit.length() / 2, null ) );
    if( d < dshortest ) {
        dshortest = d;
        nearestexit = exit;
    }
}
return nearestexit;
```

图 2.31　行动指令函数语句

2.4.4　模拟验证结果对比

2.4.4.1　区域密度对比

从上文的研究中可以发现，局部区域内的行人瞬时密度变化是影响整个区域行人疏散效率的重要指标，因此，有必要详细分析门诊大厅中人群实施帮助行为后 p 值不同时局部区域的密度变化。

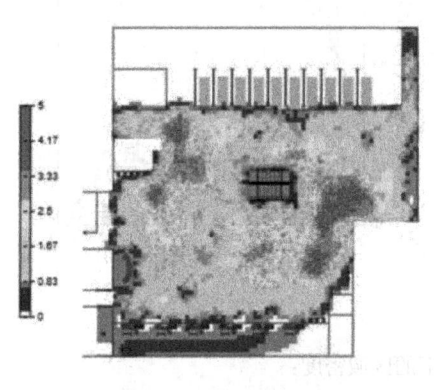

图 2.32　瞬时密度图　　　　　图 2.33　密度采集区

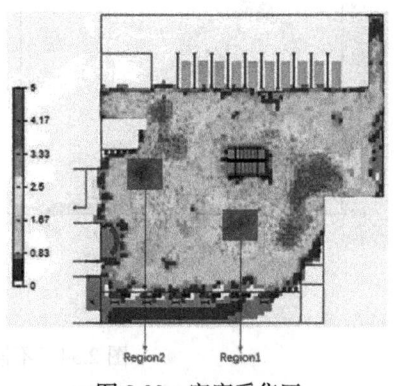

图 2.32 是在实施帮助行为下门诊大厅内的人群瞬时密度分布情况，可以发现，除了出口附近以及墙体附近人群因等待疏散而造成的密度增加，在门诊大厅内部也出现了密度较高的区域，所以我们选择门诊大厅内部的高密度区域进行分析研究，即图 2.33 中区域 1 和区域 2 作为密度采集区。不同 r 值情况下，这两个区域内的密度分布如图 2.34 所示。

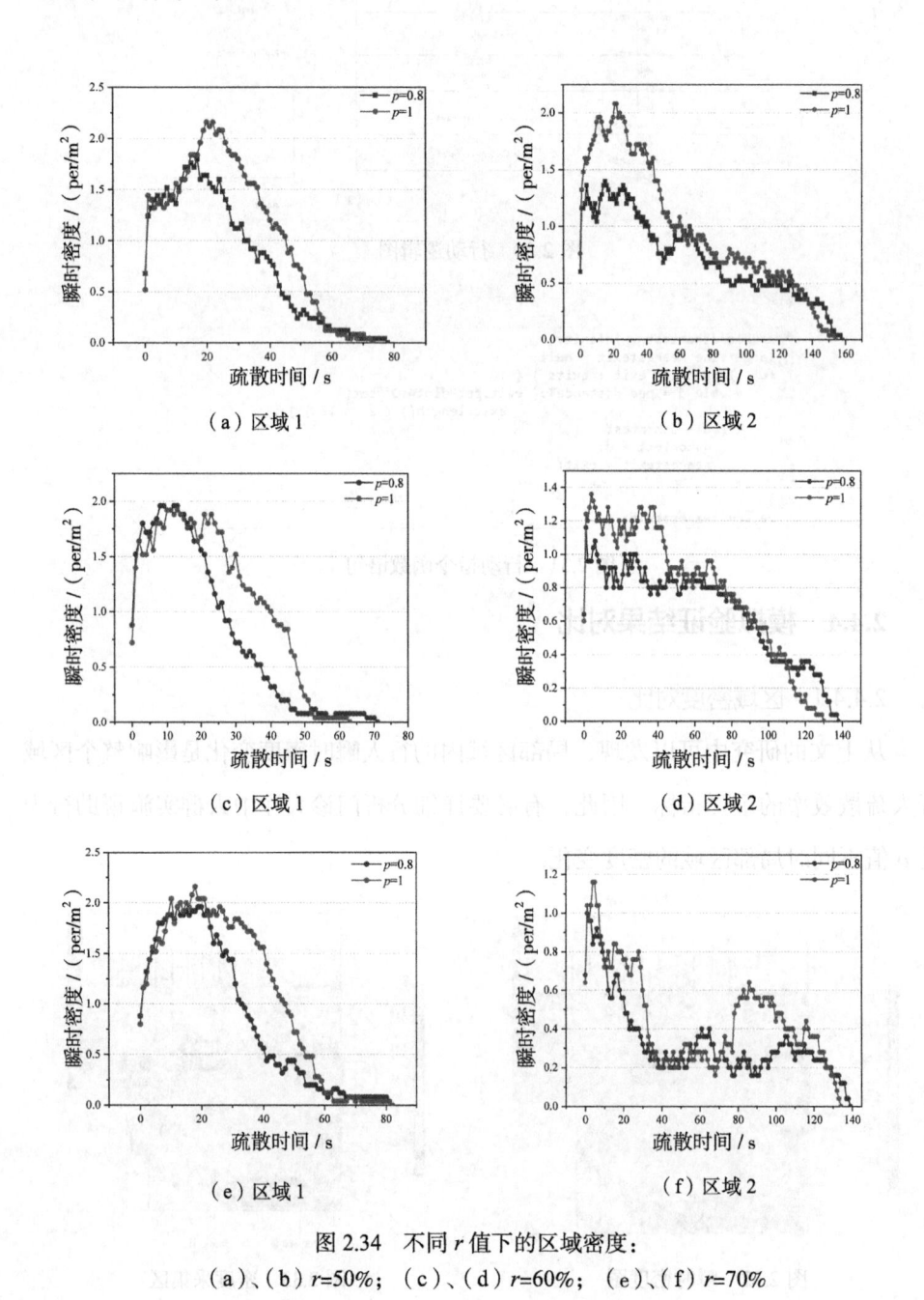

（a）区域 1

（b）区域 2

（c）区域 1

（d）区域 2

（e）区域 1

（f）区域 2

图 2.34 不同 r 值下的区域密度：
（a）、（b）$r=50\%$；（c）、（d）$r=60\%$；（e）、（f）$r=70\%$

图 2.34 和图 2.33 表明，不同区域行人在帮助行为下的瞬时密度趋势相一致。在不同 r 值下，图 2.34 中区域 1 和区域 2 的瞬时密度图均表明 p 为 0.8 时的密度明显低于 p 为 1 时的密度。这是因为当 $p=1$ 时，所有的老年人都会受到帮助，且因疏散较慢而处于疏散队伍的后半段，造成疏散后半段人群密度的增加，导致行人未达到出口处就会发生拥挤，进而影响了疏散效率。

医院门诊大厅的模拟结果和第四章中单出口房间的模拟结果相一致，验证了合理的帮助行为是可以促进疏散效率的。

2.4.4.2 疏散时间对比

在上述设置的基础上，考虑帮助行为后分析该医院门诊大厅的疏散时间，并与第四章单个出口的疏散时间进行比较。

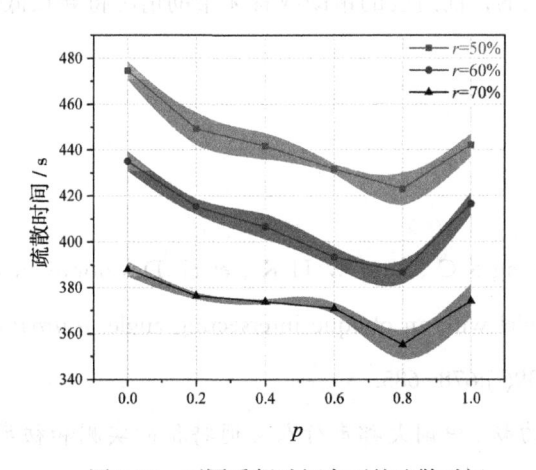

图 2.35 不同受帮助概率下的疏散时间

图 2.35 给出了不同 r 值下的疏散时间和 p 值之间的关系图。可以观察到，疏散时间随着 r 值的增加而减小，图中 3 条曲线的趋势相似。且随着 p 值的增加，总疏散时间减小，当 $p=0.8$ 时，疏散时间最短。时间的减少是因为 p 的值越大，获得帮助的行人数量越多，疏散效率越高。但 $p=1$ 时帮助行为对疏散效率的影响没有 $p=0.8$ 时好，这说明，当老年人充分获得帮助时会有利于加快疏散进程，但是也会造成行人过度拥挤，反而拖慢了整体的疏散速度。

考虑到 2~6 层的行人会通过 1 层进出，故又增加疏散人数至 1000 人和 1500 人进行仿真，得到的结果如图 2.36 所示。

对比图 2.19、图 2.20 和图 2.35、图 2.36 的模拟结果可以发现，尽管疏散场

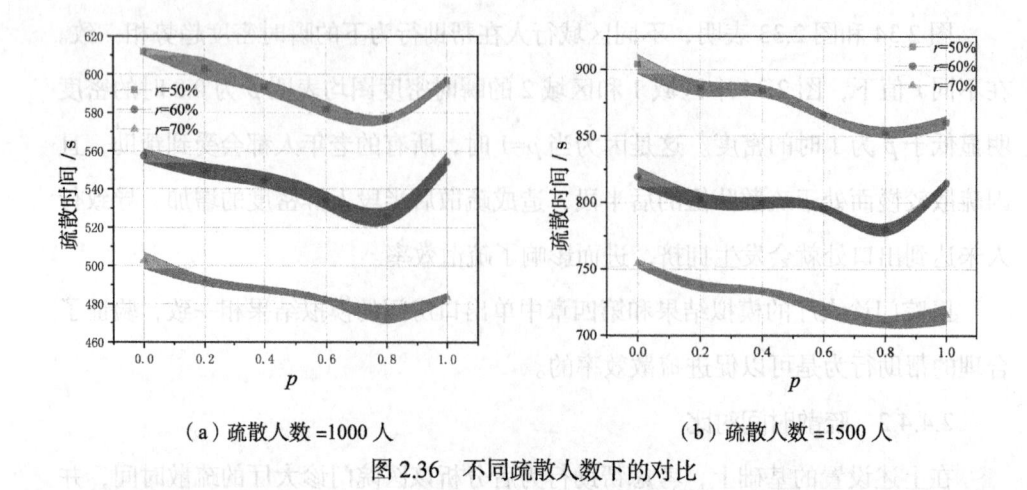

(a)疏散人数=1000人　　　　　(b)疏散人数=1500人

图 2.36　不同疏散人数下的对比

景复杂程度不同，但帮助行为对疏散性能的影响规律是相同的，即适当的帮助行为是有利于人群疏散的，而过度的帮助或者无帮助情况将导致低效的疏散。

参考文献

［1］Xie S，Wong S C，Lam W H K，et al. Development of a bidirectional pedestrian stream model with an oblique intersecting angle. *Journal of Transportation Engineering*, 2013, 139(7):678-685.

［2］陈然，董力耘. 中国大都市行人交通特征的实测和初步分析 [J]. 上海大学学报（自然科学版），2005，11（1）:93-97.

［3］Fruin J J. *Pedestrian planning and design*. New York: Metropolitan Association of Urban Designers and Environmental Planners, 1971.

［4］Wang J, Lo S, Wang Q, et al. Risk of large-scale evacuation based on the effectiveness of rescue strategies under different crowd densities. *Risk Analysis*, 2013, 33(8):1553-1563.

［5］Sun L S, Hao S Y, Qiu S et al. Impact of intersecting angles on oblique pedestrian streams. Transportation Research Board 95th Annual Meeting, 2016.

［6］Helbing D. A Mathematical Model for the Behavior of Pedestrian. Behavioral Science, 1991, 36(4):298-310.

［7］Lee R S, Hughes R L. Exploring trampling and crushing in a crowd. *Journal of Transportation Engineering*, 2005,131(8):575−582.

［8］Moussaïd M, Helbing D, Theraulaz G. How simple rules determine pedestrian behavior and crowd disasters. *Proceedings of the National Academy of Sciences*, 2011, 108(17):6884−6888.

［9］Helbing D, Mukerji P. Crowd disasters as systemic failures: Analysis of the Love Parade disaster. *E P J Data Science*, 2012, 1(7):1−40.

［10］Cheng Y, Zheng X. Can cooperative behaviors promote evacuation efficiency? *Physica A: Statistical Mechanics and its Applications*, 2018, 492: 2069−2078.

第 3 章
特殊灾害效应影响下的人群疏散行为研究

3.1 火灾热辐射影响下的个体与团体疏散行为

3.1.1 火灾中热辐射对人群行为的影响

近年来城市化突飞猛进，建筑内部结构更加复杂，人群分布密集。建筑内一旦发生火灾，由于"烟囱效应"，可燃物燃烧猛烈，烟气运动快，若无法及时有效疏散被困人群，极有可能发生大规模伤亡。建筑物性能防火设计以建筑内火灾烟气的蔓延特性为基础，对特定场景做出建筑防火工程设计方案，保证人员疏散安全。紧急情况下的人员疏散模型大多着重于人群行走速度、密度、方向等物理量的建模与计算，在分析因躲避火场热流导致的行为变化方面，仍然欠缺有关承受热辐射程度的科学设置，从而导致疏散模型中的火灾排斥力模型不够准确。基于此，我们开展现场试验，通过散热器发出的不同强度热辐射模拟真实火灾辐射，观察并记录被试以不同趋近方式接近热源的行为变化，比较不同组别所受热辐射的差异，探究人群承受热辐射差异性变化的原因。

3.1.2 热辐射影响下的个体与团体行为实验

3.1.2.1 试验环境搭建

将辐射加热板作为散热器，设置中心温度约为 600℃和 900℃模拟真实火源温度，实验设备和场地设置如图 3.1 所示。在室内进行实验，且在散热器两侧设置隔热板，有效避免太阳辐射、气流（如风）等的影响，忽略空气中反射、散射，假设被试受到的热辐射仅由散热器发出。热流计放置在散热器正前方 1m 处，通过监测设备记录数值变化。

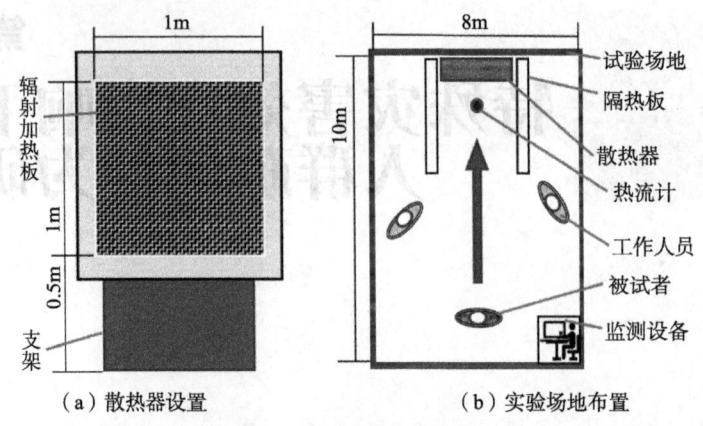

图 3.1 散热器与场地布置

考虑到青年人的反应能力和皮肤敏感程度优于其余年龄段人群,我们召集了161名青年志愿者参与此次测试。在实验开始前,为保护被试的人身安全,工作人员向其详细说明了实验设备放置情况和实验过程。被试全程可见周围环境,以便及时做出反应,防止烫伤。散热器前设置有工作人员,引导与保护被试。其余实验条件设置见表3.1。

表 3.1 实验条件设置

项目	详情
实验空间	长10m,宽8m,高3m,常规实验室
散热器面板	长1m,宽1m,固定于0.5m支架
温度范围/℃	(600±25),(900±25)
被试人数	161(男92人,女69人)
被试年龄/岁	<25
可视情况	可视
是否有引导	是

3.1.2.2 实验方案设计

(1)实验方案

设计单人趋近与双人趋近2种方式,被试分组见表3.2。单人趋近方式为单个被试面向散热器方向前进,至最大趋近距离为止;双人趋近方式为被试两两一组,并排朝向散热器面板前进,至各自最大趋近距离。被试自行决定于超出个人承受热辐射阈值处停止,双人趋近方式中的被试皆为同一温度下单人趋近方式中的被试,如方案3中所有被试均为方案1中的被试。

表 3.2　实验方案

测试方案	温度环境 /℃	性别	人数
1	600	男	41
		女	39
2	900	男	51
		女	30
3	600	男 + 男	40
		男 + 女	72
		女 + 女	40
4	900	男 + 男	68
		男 + 女	68
		女 + 女	24

（2）确定辐射强度

①空间分布。同一平面上入射辐射热流密度随火焰中心距离的增大而迅速减小[1]。测试空间中同一水平面辐射热流，随距离增大，热流计接收到的辐射热流强度逐渐减弱，且温度越高，热量在空气中的衰减越快，测得辐射热通量随空间分布情况如图 3.2 所示。

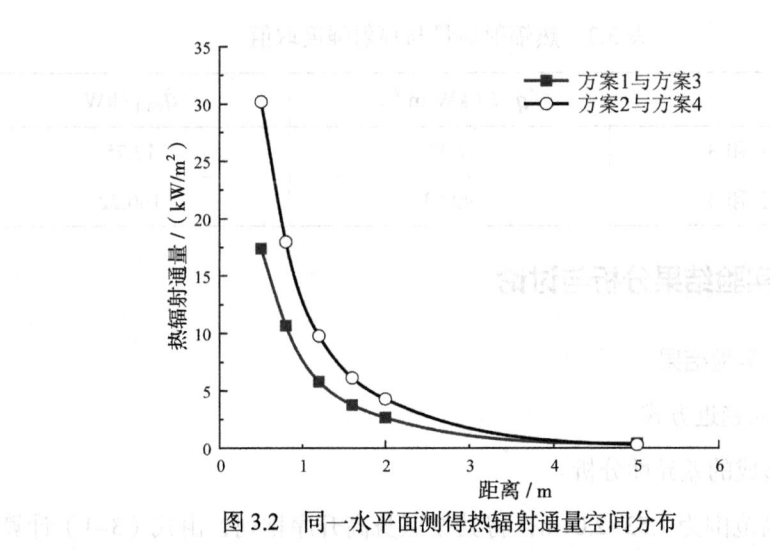

图 3.2　同一水平面测得热辐射通量空间分布

②时间分布。由于辐射加热板受电压、气流等的影响，其所产生的辐射热会有波动。测试了 200s 时间内的热辐射波动情况并取平均值（图 3.3），将平均值作为后续实验分析的热辐射通量取值。

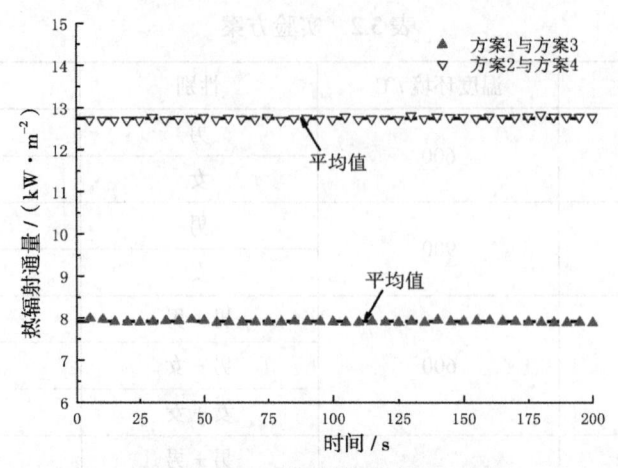

图 3.3　200 s 内辐射热流波动及均值

实验所测热辐射为距离辐射加热板 1m 处数值，根据热辐射通量平方反比关系式[2]，计算散热器发出的辐射强度。

$$\dot{q}'' = \frac{\dot{q}_{\text{rad}}}{4\pi d^2} \tag{3-1}$$

式中：$\dot{q}''$ 为热流计测得的热辐射通量数值，单位为 kW/m^2；$\dot{q}_{\text{rad}}$ 为辐射加热板发出的辐射强度，单位为 kW；d 为热流计至辐射加热板的距离，单位为 m。

由式（3-1）及 1m 处热辐射通量平均值计算各实验方案中热辐射强度，结果见表 3.3。

表 3.3　热辐射通量与辐射强度取值

	$\dot{q}''$ / ($kW·m^{-2}$)	$\dot{q}_{\text{rad}}$ / kW
方案 1 和 3	7.92	12.75
方案 2 和 4	99.53	160.22

3.1.3　实验结果分析与讨论

3.1.3.1　实验结果

（1）单人趋近方式

①身高造成的差异性分析

被试身高范围为 1.53~2.01m，将其按照身高升序排列，由式（3-1）计算单人不同趋近距离下所受热辐射（图 3.4），并求取线性回归方程式。

600℃条件下，线性回归方程式为：

$$\dot{q}''_{600} = 16.823 + 0.23707 x_1 \tag{3-2}$$

900℃条件下，线性回归方程式为：

$$\dot{q}''_{900}=11.254+0.15586x_2 \quad (3-3)$$

式中：$\dot{q}''_{600}$ 和 $\dot{q}''_{900}$ 分别为600℃和900℃热环境下所受热辐射通量，单位为 kW/m²；x_1 和 x_2 分别为600℃和900℃下被试身高，单位为 m。

结果符合辐射热流空间分布这一规律，温度越高，人们越会远离热源，防止灼伤。

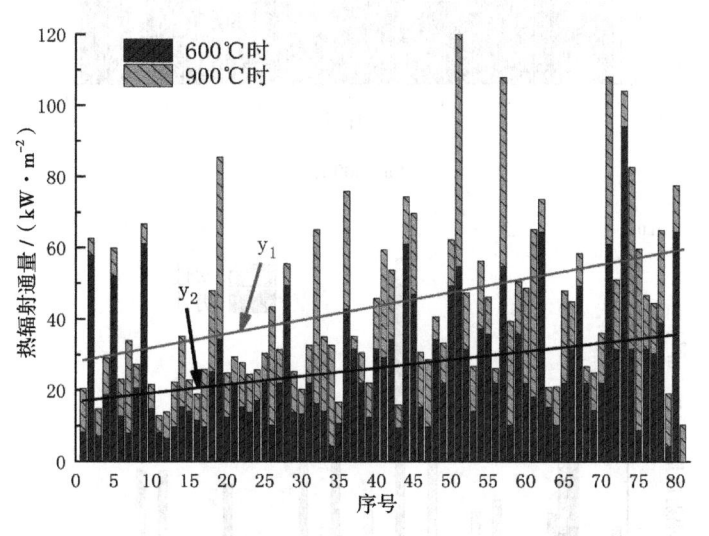

图 3.4　身高造成的承受阈值差异及线性回归方程

单人承受阈值的线性回归方程都为上升趋势，表明随着身高不断增加，单人可承受热辐射通量数值增大。600℃与900℃热环境下的回归线性方程斜率差别不大，其均值为0.197，在误差允许的范围内，该斜率可作为计算随身高变化所受热辐射通量预测模型的基准斜率，与热源实际温度关系不大。此外，温度由600℃升高至900℃，趋近距离的数据变化剧烈，意味着个体承受热流能力的不稳定性增大。某些部位，比如脸部区域（包括头部、脸部、颈部和呼吸区）和脚部，对热量更为敏感[3]。根据被试身高和热辐射板的放置高度1.5m可知，被试身高越接近1.5m越易感知热量。

②性别造成的差异性分析

将不同温度下被试所受热辐射按照性别分别作图（图3.5），并分别计算男性与女性承受热辐射通量的平均值与最小值（表3.4）。

(a) 600℃

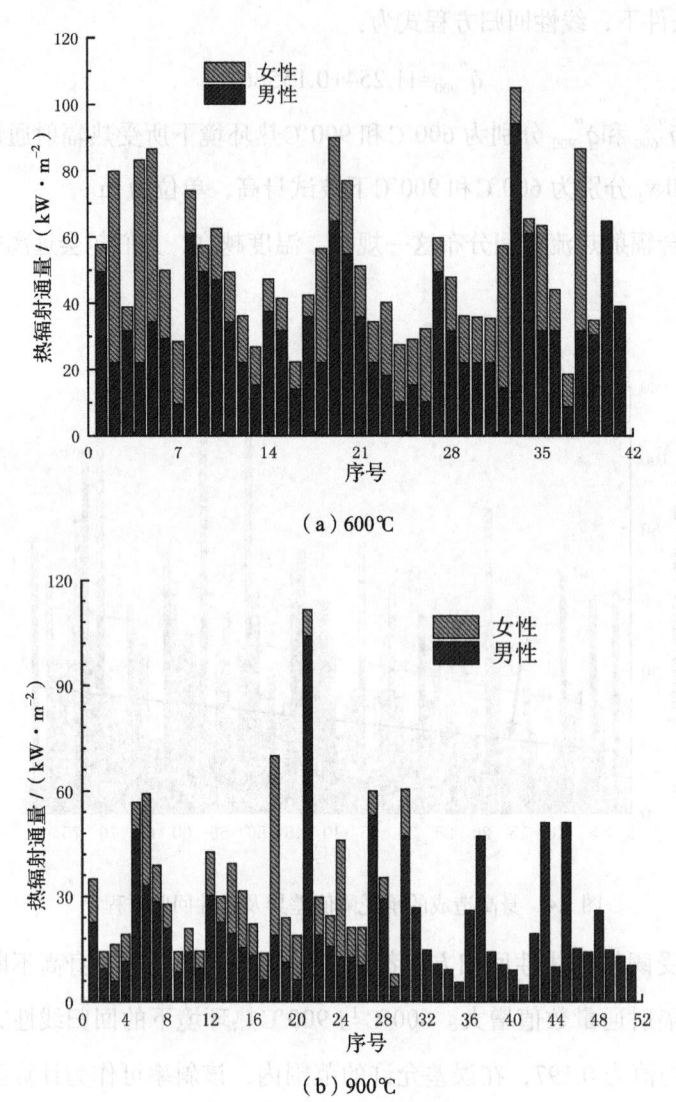

(b) 900℃

图 3.5 性别造成的承受阈值差异分析

表 3.4 性别造成的差异性数值分析

性别	平均值 / (kW·m⁻²)	最小值 / (kW·m⁻²)	方差
男	25.66	4.31	312.91
女	15.65	3.49	158.31

男性承受热辐射的平均值及最小值均大于女性,但女性方差较男性更小,说明男性与女性在面对相同热量时,男性承受热辐射阈值较女性更大,但稳定性表现略差。

第 3 章 特殊灾害效应影响下的人群疏散行为研究

（2）双人趋近方式

双人趋近时各组被试承受热辐射阈值如图 3.6 所示。对照可得，600℃下男性对热辐射的承受阈值高于其余 2 组；900℃下 2 位女性一组所受热辐射阈值更大，2 位男性一组和 1 位男性 1 位女性一组对热辐射的耐受程度相当。

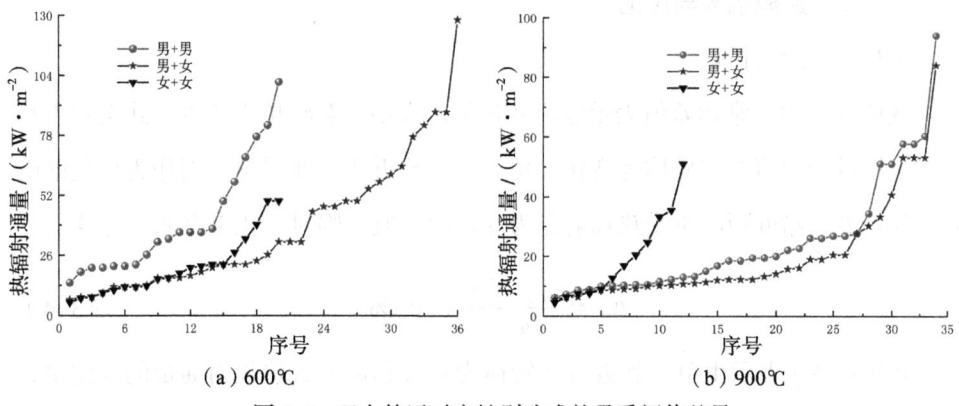

图 3.6 双人趋近时由性别造成的承受阈值差异

将单人趋近和双人趋近 2 种方式下被试所受热辐射通量的最小值和平均值按照性别绘制如图 3.7 所示。双人趋近方式与单人趋近方式相较而言，双人同时趋近时，男性与女性所受热辐射阈值均大于单人趋近方式所得值，且男性所受热辐射阈值增加明显，但数据抖动剧烈。此外，1 位男性 1 位女性小组中女性的表现优于 2 位女性一组中女性的表现，即当有男性在场时，女性的表现更为勇敢，承受热辐射阈值随之增大。出于个体差异，部分被试可承受较大的热辐射阈值。

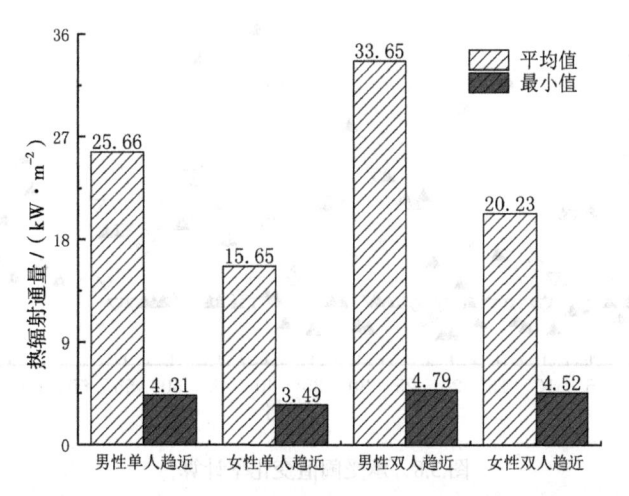

图 3.7 不同性别、趋近方式时承受热辐射阈值差异比较

取单人趋近与双人趋近 2 种方式下被试所受热辐射通量的最小值,即被试趋近散热器的距离最大值,作为热辐射阈值,超过这一数值人员极有可能发生意外。因此,单人趋近时,所受热辐射阈值应小于 3.49 kW/m²;双人趋近时,所受热辐射阈值应小于 4.52 kW/m²,可最大程度保证人员躲避火灾时的人身安全。

3.1.3.2 建模结果与讨论

(1) 变化率计算

数值计算中,常用差值表示数值变化量的大小。若将单人趋近方式至双人趋近方式的承受阈值的差异称为变化,单人最大趋近距离所受热辐射作为变化前的值,双人最大趋近距离所受热辐射作为变化后的值,则对变化率有如下计算:

$$\Delta q = \frac{(\dot{q}_D'' - \dot{q}_S'')}{\dot{q}_S''} \times 100\% \qquad (3\text{-}4)$$

式中:Δq 表示由单人趋近方式转换为双人趋近方式热辐射通量的变化率,单位为 %;$\dot{q}_D''$ 为双人最大趋近距离所受热辐射通量,单位为 kW/m²;$\dot{q}_S''$ 为单人最大趋近距离所受热辐射通量,单位为 kW/m²。

用式(3-4)量化被试由单人趋近方式转为双人趋近方式时承受的热辐射阈值变化,同时其他条件不变,则经计算后的变化率绘制如图 3.8 所示。

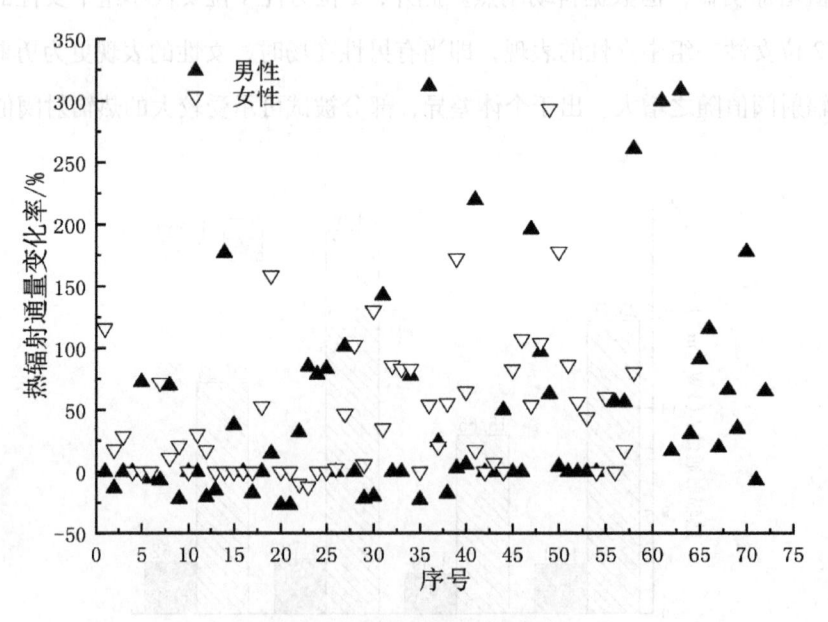

图 3.8 承受阈值变化率计算

由图 3.8 可以看出，趋近方式的改变，能够提高人员承受热辐射的阈值。部分男性承受热辐射阈值变化率出现负值，且在 2 位男性一组中出现，说明男性对于热流承受的不稳定性大于女性。女性虽承受热流强度低于男性，但波动小，表现更加稳定。

（2）概率分布

将被试所受热辐射通量按区间划分，并计算出现在该区间中的人数与总人数的比值，即计算承受阈值分布在该区间的概率，并将数值进行拟合，如图 3.9 所示。位置参数 μ 代表正态分布的集中趋势位置，方差代表数据分布的离散程度。

男性与女性对热流的感知与躲避均符合正态分布，即对称轴 μ 处为承受热辐射的最大频数处。其次，男性感知热流的概率峰值出现晚于女性，说明男性能够承受更大的热流强度。男性对热辐射的行为反馈较为分散，而女性正态分布曲线期望值较男性更高，承受热辐射的阈值较为一致，行为表现也更稳定。另外，当男性与女性周围有他人在场，即双人同时趋近热源时，拟合曲线更加平缓，说明双人趋近可热流的承受阈值。

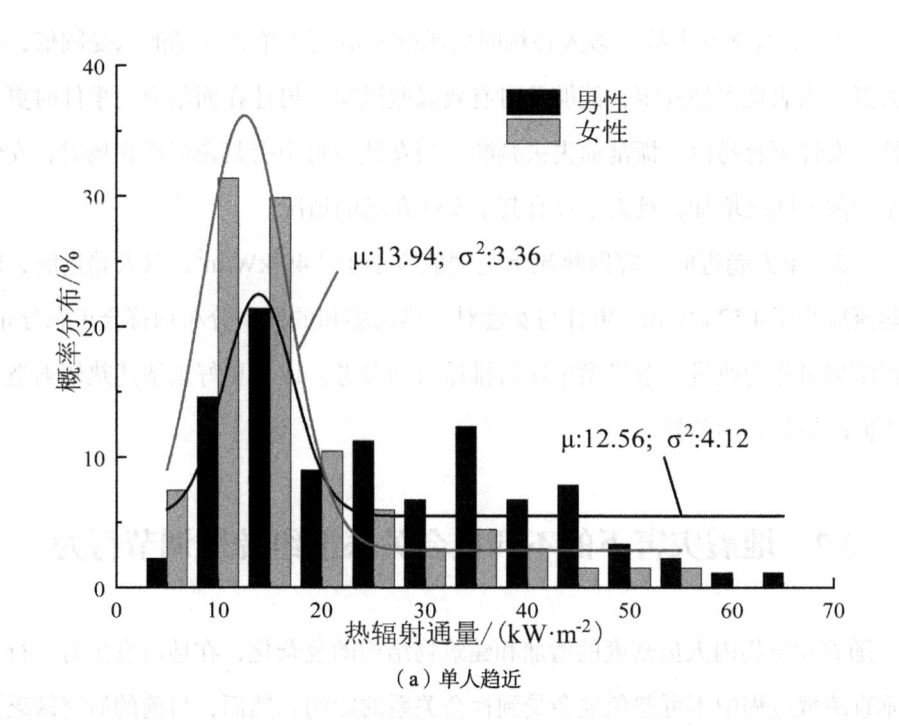

(a) 单人趋近

(b) 双人趋近

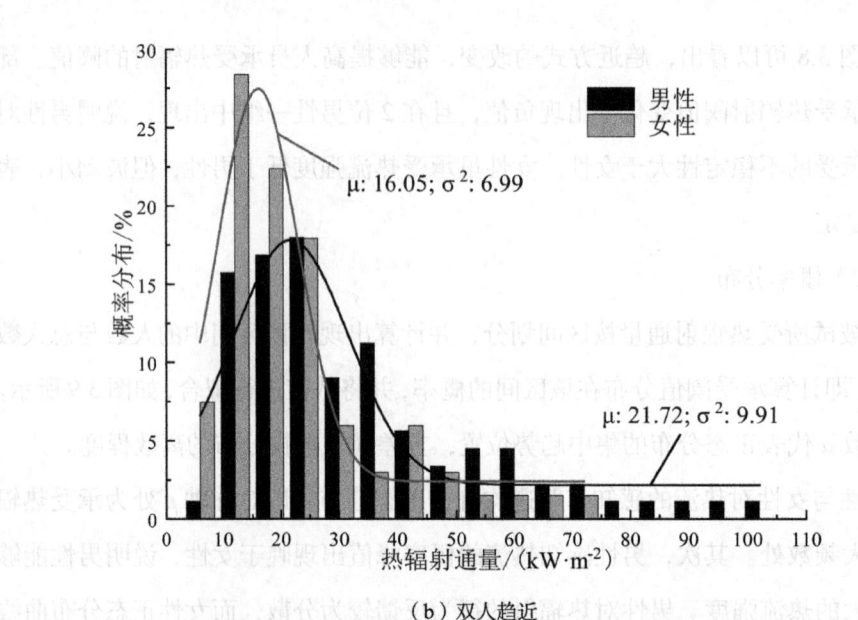

图 3.9 2 种趋近方式概率分布及其正态分布曲线

3.1.3.3 实验结果小结

（1）随身高不断增加，人们对热流的承受阈值缓慢提高，被测试者身高越接近辐射板高度其对热量变化越为敏感。男性对于高温的承受阈值高于女性，女性对于热量变化的感知更敏感，较容易躲避热源。

（2）面对突发事故，多人在场时的承受阈值高于单人在场的承受阈值，此时人群行为表现更加稳定，能够及时有效躲避风险。男性在面临突发事件时更为理性，女性更容易由于慌乱而失去判断。当女性视野中有其余男性在场时，女性的承受阈值随之增加，且大于仅有其余女性在场的情况。

（3）单人趋近时，辐射热流承受阈值应小于 $3.49\ kW/m^2$；双人趋近时，辐射热流应小于 $4.52\ kW/m^2$。男性与女性对于热流感知的概率分布均符合正态分布。所得结果可作为改进疏散模型中辐射排斥力的参考，以便更好地描述热辐射造成的人们疏散行为的差异。

3.2 地震灾害下的不同社会关系群组疏散调节行为

随着建筑物内人员密度的增加和建筑物结构的复杂化，在地震发生时，行人在垂直疏散过程中不可避免地会受到社会关系的影响。然而，目前的研究缺乏关于小群体楼梯上行人疏散的实证数据。本节研究探讨和分析了内部(即疏散速度)和外部特征(即社会关系和障碍物)对楼梯上行人垂直疏散的影响。通过控制不同工况下的变量进行了一系列实验,旨在分析和讨论地震后行人社会关系对疏散效率和人群调节性行为的影响。

3.2.1 实验设置

3.2.1.1 实验描述

实验是在一所大学教学楼外的楼梯上进行的。这部分连接到地下停车场与一楼大平台。图 3.10 显示了楼梯的示意图。楼梯的倾角为 32°,宽度为 1.1m。楼梯两侧设有 1.1m 高的扶手。台阶宽度 B=0.3m,台阶深度 H=0.15m。摄像机固定在楼梯上方 5.8m 的平台上。由于很难完全垂直拍摄,因此在爬楼梯时行人图像逐渐失真。参考图 3.11 中的行人快照,当行人从相机帧中的位置①爬到位置②时,他们的身体图像发生变形。因此,为了减少实验误差,我们截取了一个长度为 S=3m 共 10 个楼梯的观测区域。没有考虑外部条件,如阳光和风的影响。

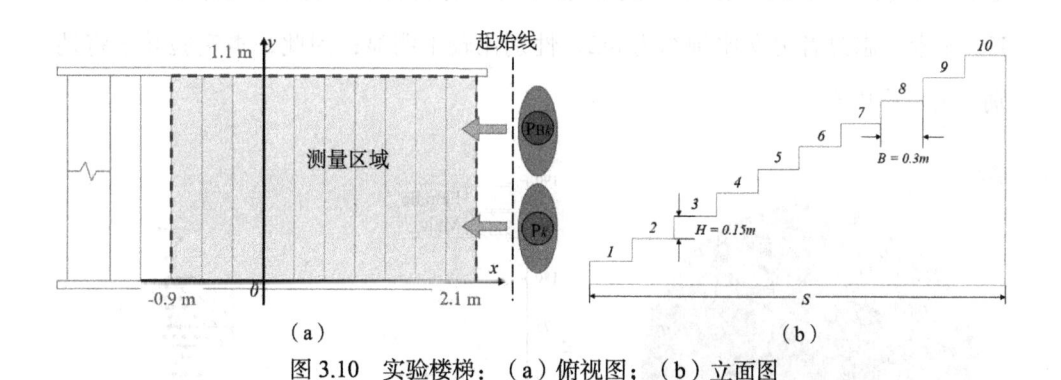

图 3.10 实验楼梯:(a)俯视图;(b)立面图

图 3.11 实验中行人快照

我们专注于楼梯上具有不同社会关系的行人群体的运动。考虑到楼梯的宽度和行人的肩宽，我们每次最多设计两个行人并排通过。根据行人的社会关系分为三组。为了便于识别，行人被命名为 P_K、P_{AK} 和 P_{BK}（k 是该成员所属的行人组编号，下同）。P_K 的朋友，即社会关系上与 P_K 关系密切的人，称为 P_{AK}；反之，不是 P_K 的朋友就叫 P_{BK}。P_K、P_{AK} 和 P_{BK} 之间的关系如图 3.12 所示，关系密切的用（+）表示，不熟悉的用（-）表示。关系不熟的志愿者分别从两所学院招募，以确保他们完全不熟悉。为了获得关系密切的人，鼓励志愿者与他们的朋友共同报名。

图 3.12 疏散者间社会关系示意图

我们招募了 84 名志愿者参与实验。志愿者是健康的研究生和大学生。在整个实验过程中，参与者的数量是一致的。所有参与者都被要求填写一份包含基本身体信息的问卷，包括性别、年龄、身高和肩宽。图 3.13 所示为参与实验的志愿者的信息。他们的年龄从 18 到 27 岁不等，身高从 156 到 185 厘米不等，平均 173 厘米。志愿者男女比例约为 8:2，性别比较不明显；因此，本实验并未将性别视为可变因素。

(a)

(b)

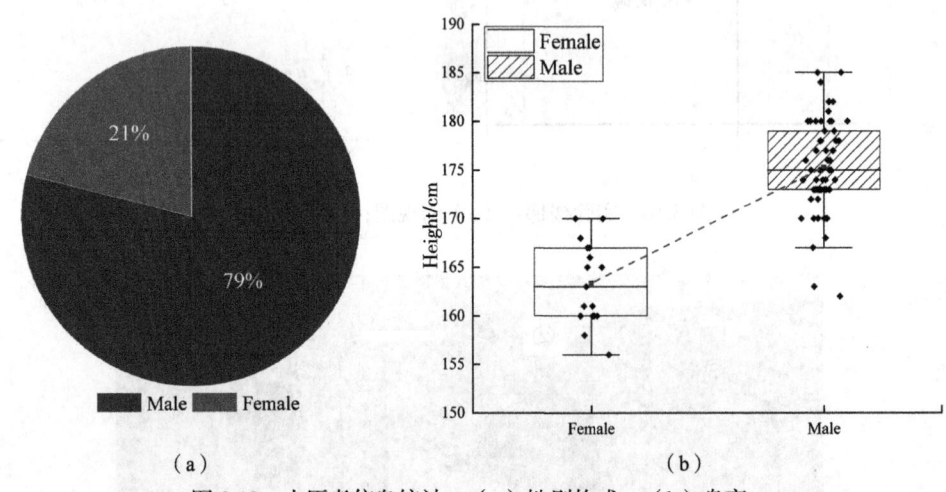

图 3.13 志愿者信息统计：（a）性别构成；（b）身高

我们设置了九个不同实验条件的组（见表 3.5）。控制变量包括社会关系、步行速度和障碍物（OB,obstacle）。考虑了两种速度条件：自适应速度（AS， adaptive speed）和更快的速度（FS, faster speed）。AS 是志愿者个人习惯的速度，与他们日常的步行习惯是一致的。FS 发生在疏散人员接到指令后，在保证自身安全的情况下，主观上加快移动速度。每个实验条件都测试了楼上（US,upstairs）和楼下（DS,downstairs）的过程。第 1、8、9 组为单人测试组，第 2、3、4、5、6、7 组为成对测试组。

最初，参与者在起跑线之外。听到"准备，开始"的命令后，测试组开始移动。如果测试组中有两个成员，他们在开始移动时将肩膀对齐，并在整个循环中保持相同的侧位。此外，在设置 OB 的测试组中，出于对人身安全的考虑，参与者仅需要在 AS 处行走。选择的 OB 是尺寸为 10cm×20cm 的 12 块砖，以模拟地震后散落的碎片（Lu 等人[4]）。测试区水平距离缩短至 2.4m，确保 OB 覆盖率始终为 8.25%。实验场景的 OB 设置和快照如图 3.14 所示。志愿者按照他们的组号参与实验。

表 3.5 实验工况设置

组别	主体	同伴	AS	FS	OB	US	DS
1	P_K		•			•	•
2	P_K	P_{AK}	•			•	•
3	P_K	P_{BK}	•			•	•
4	P_K	P_{AK}	•		•	•	•
5	P_K	P_{BK}	•		•	•	•
6	P_K	P_{AK}		•		•	•
7	P_K	P_{BK}		•		•	•
8	P_{AK}			•		•	•
9	P_{BK}			•		•	•

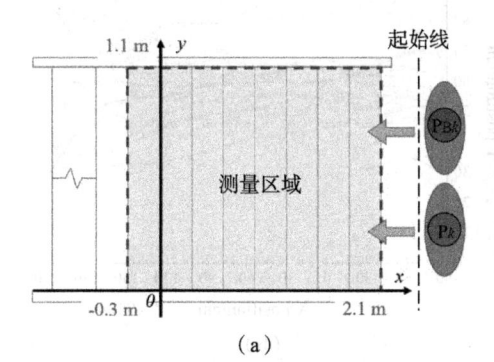

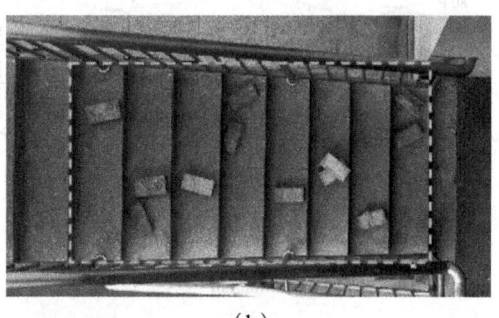

图 3.14 实验设置：（a）OB 条件示意图；（b）被测区快照

3.2.1.2 数据采集

为参与者准备了三种颜色的帽子,以区分他们的社会关系。P_K 戴着红色(R, red)帽子,而 P_{AK} 和 P_{BK} 分别戴着黄色(Y, yellow)和蓝色(B, blue)帽子。在实验过程中,由于所有成对测试组的相对位置并不完全一致,因此在后续计算之前进行了数据校正(见表 3.6),使校正后的行人 P_K 始终位于测量区域的下侧。例如,在第 2 组中,当 P_K 和 P_{AK} 同时出现在测量区域时,P_K 位于上侧,P_{AK} 位于下侧。校正后,P_{AK} 和 P_K 分别位于屏幕的上侧和下侧。

表 3.6 参与者的位置修正

组别	初始位置	修正后位置	组别	初始位置	修正后位置
1	R	—	6	Y R	—
2	R Y	Y R	7	R B	B R
3	B R	—	8	Y	—
4	Y R	—	9	B	—
5	B R	—			

使用 3840×2160 像素和 25fps 的相机记录所有的实验进度。为了从视觉上分析行人的运动特征,需要检测和跟踪视频记录中的行人轨迹。首先,我们根据楼梯的水平面建立 X 和 Y 坐标轴,并使用 PeTrack 软件(Boltes 等人[5])对采集

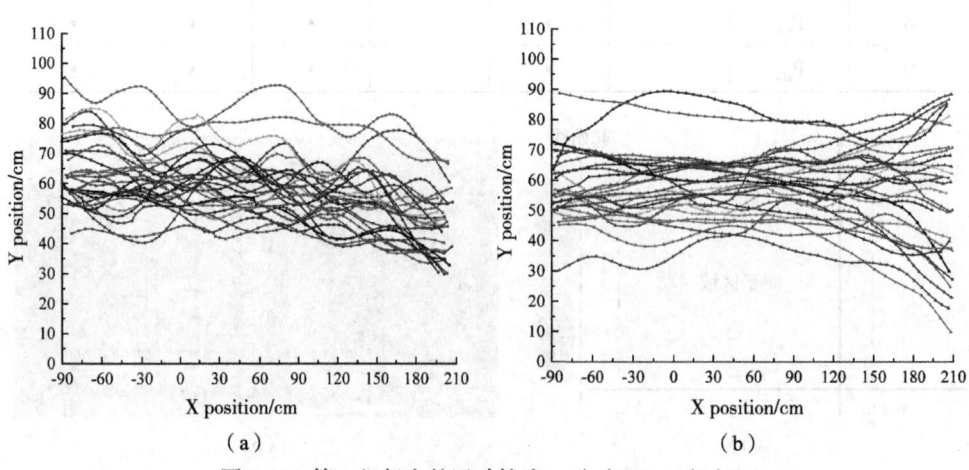

图 3.15 第 1 组行人的运动轨迹:(a)US;(b)DS

的图像进行内部和外部校正。然后,我们将三维图像转换为二维图像,跟踪帽子色块在每一帧中的坐标移动,得到头部运动轨迹。图 3.15 显示了第 1 组参与者的 US 和 DS 轨迹。

获得实际空间中行人的坐标后,就可以计算出行人在楼梯上的行走速度、时空关系、横向摆动和偏移角度。详细分析将在下一节中介绍。

3.2.2 结果与讨论

3.2.2.1 楼梯上的行人夹角与间距

当两个行人走路时,他们是不完全对齐的。这时候就出现了一个人际角度(见图 3.16)。我们用角度 α_{ij}($0° \leqslant \alpha_{ij} \leqslant 180°$)来反映相邻行人 P_i 和 P_j 的相对位置(见表 3.7),用间距 d_{ij} 来表示相邻行人之间的距离。

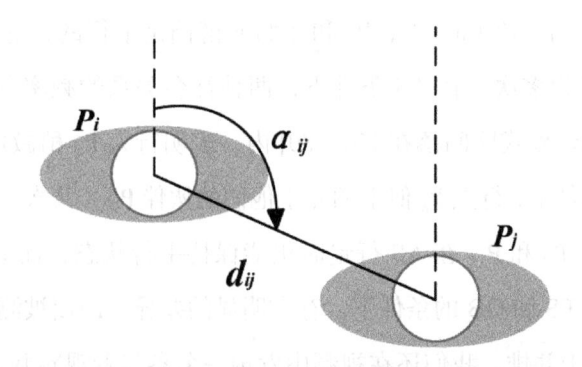

图 3.16 群组中相邻行人 P_i 和 P_j 的夹角 α_{ij} 与间距 d_{ij}

表 3.7 夹角 α_{ij} 与行人相对位置的关系

US		DS	
$\alpha_{ij}/(°)$	P_K vs. 同伴	$\alpha_{ij}/(°)$	P_K vs. 同伴
<90	滞后	<90	领先
90	平行	90	平行
>90	领先	>90	滞后

图 3.17 描绘了每个成对测试组的人际角度 α_{ij}。可以观察到,AS 条件下的范围小于 FS 和 OB 条件下的范围。上楼梯时,OB 工况下行人 P_K 的位置落后于同伴 P_{AK},但领先于 P_{BK} 的位置。与上楼梯相比,当参与者下楼梯时,α_{ij} 的平均值和四分位数都变大。从数值上看,P_K 相对于自己的搭档大多处于领先地位。

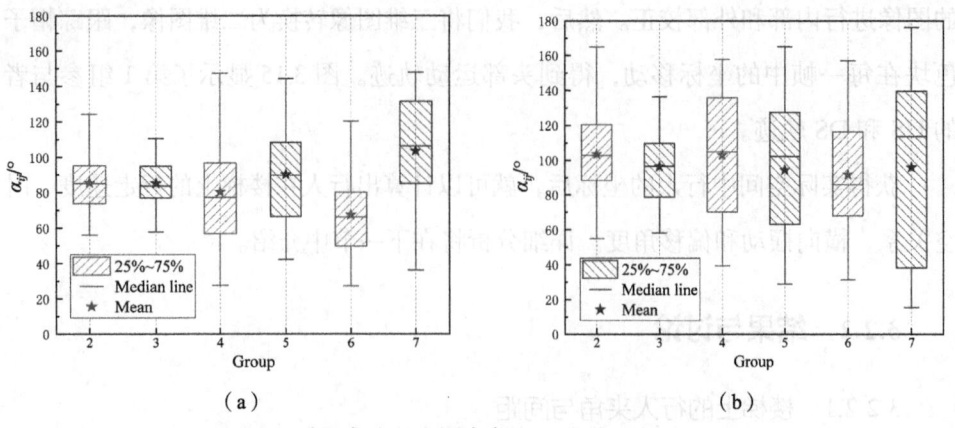

图 3.17　成组行人的人际夹角 α_{ij}：（a）US；（b）DS

图 3.18 示出了人际角度 α_{ij} 的频率分布的直方图。在 90°位置画一条垂直线，以区分 P_K 及其搭档的位置趋势（见表 3.11）。首先，根据对比可以看出，在上楼梯时（见图 3.18（a）），P_K 和他们的搭档是平行的，这种模式在 [80，100] 区间出现了很多次。在 AS 条件下，两种社会关系的频率分布相似。在 FS 和 OB 条件下，α_{ij} 模式区间落在 [60，80] 内，表明行人 P_K 稍微落后于他们的伙伴 P_{AK}。在 OB 条件下，行人 P_K 似乎领先于他们的伙伴 P_{BK}。其次，在下楼梯时（见图 3.18（b）），P_K 和 P_{AK} 在 AS 行走时仍能保持平行状态，而 P_K 和 P_{BK} 大多处于超越状态。在 FS 和 OB 的条件下，存在明显的差异。即使被测区域有 OB，P_K 和 P_{AK} 仍然倾向于并排。我们还在视频中发现一名参与者观察并等待另一名参与者直到疏散完成。P_K 和 P_{BK} 有明显的远距离分离趋势，并行的概率很小。

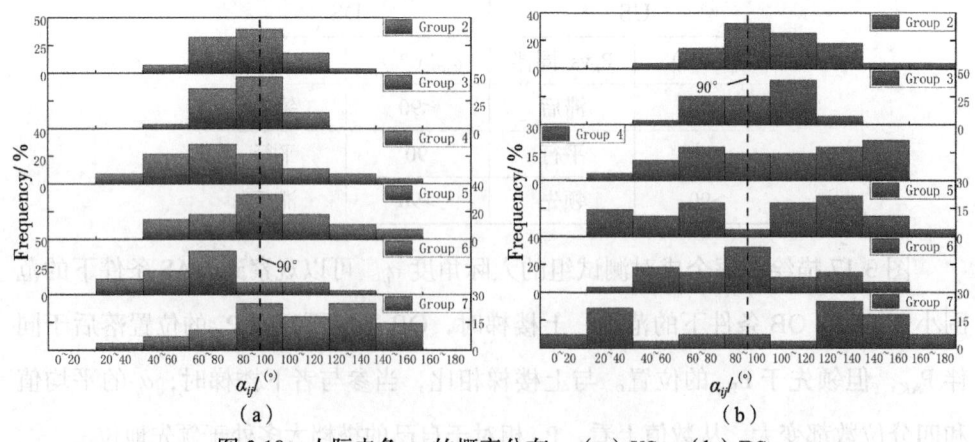

图 3.18　人际夹角 α_{ij} 的概率分布：（a）US；（b）DS

图 3.19 显示了人际间距 d_{ij} 的区间图。可以观察到，AS 条件下 d_{ij} 的极差和四分位数比 FS 和 OB 条件下的要小。通过比较，很明显 P_K 和 P_{AK} 之间的 d_{ij} 的平均值总是小于 P_K 和 P_{BK} 之间的平均值。考虑到楼梯的人际角 α_{ij}，d_{ij} 并不总是随着 α_{ij} 的减小而减小。比如 P_K 和 P_{AK} 在 AS 条件下行走时，P_K 稍微落后 P_{AK}，但距离很小。因此，密切的社会关系增加了行人间的吸引力。

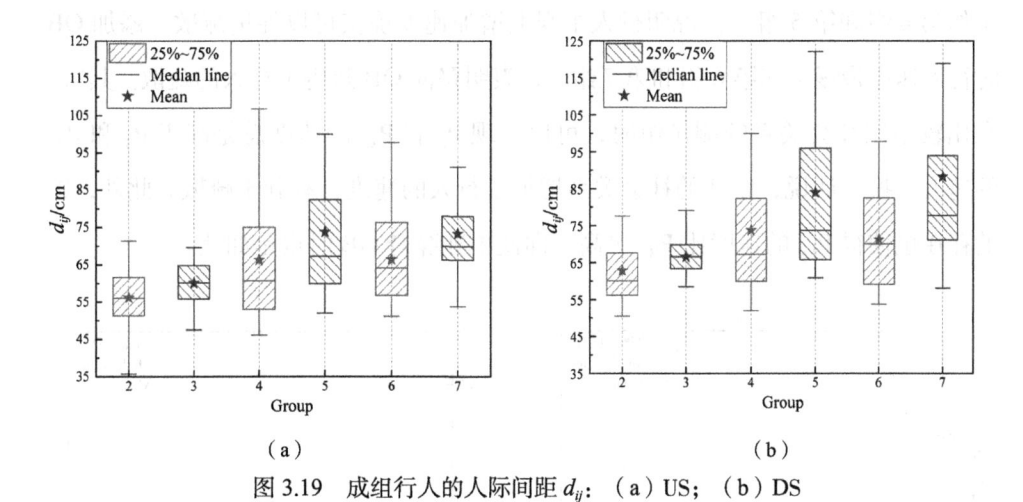

图 3.19 成组行人的人际间距 d_{ij}：（a）US；（b）DS

为评估我们实验数据的可靠性，与以往研究人员获得的数据进行了比较，如表 3.8 所示。可以发现，由于测量区域大小的不同，人际角度 α_{ij} 和间距 d_{ij} 也发生了相应的变化以方便行人顺利疏散。同时，楼梯上的行人组会发生错位，而非并排通过，以获得更快的疏散速度。

表 3.8 不同被测区大小的人际夹角 α_{ij} 和间距 d_{ij}

数据来源	α_{ij}/（°）	d_{ij}/cm	被测区域及大小
本实验	92.59	0.61	楼梯（3m×1.1m）
Fu et al.[6]	80.22	0.78	楼梯（12.07m×7.1m）
Wei et al.[7]	89.20	0.68	通道（6m×4m）
Moussaïd et al.[8]	89.80	0.78	开放公共区域

3.2.2.2 平均速度与时空关系

根据获得的行人轨迹数据，可以将帧数据转换为行人用时 t_{Group}，然后可以使用以下公式计算行人速度 v_{Group}：

$$v_{\text{Group}} = S/t_{\text{Group}} \tag{3-5}$$

其中，S 为被测区域横坐标的长度，单位为 m。需要说明的是，一组行人的用时 t_{Group} 从第一个行人进入测量区域开始，到最后一个行人离开测量区域时停止。

图 3.20 所示为九个实验条件下行人的速度，而表 3.9 列出了测试组速度的平均值 v_{Group}。首先可以观察到，在相同的实验条件下，单人测试组的速度要高于成对测试组的速度。对比成对测试组行人的速度，FS 条件下的速度有明显提升（如第 4 组和第 5 组），说明行人主观上增加速度确实可以促进疏散。添加 OB 时行人速度最慢（如第 6 组和第 7 组），表明路面 OB 阻碍了行人的疏散。其次，在比较不同社会关系的测试组时，可以发现 P_K 和 P_{AK} 的速度总是高于 P_K 和 P_{BK} 的速度。换句话说，密切的社会关系增加了行人的速度，有利于疏散。此外，P_K 的存在也使得 P_{AK} 的速度比 P_{BK} 更高，即使单独躲避 OB 时也是如此。

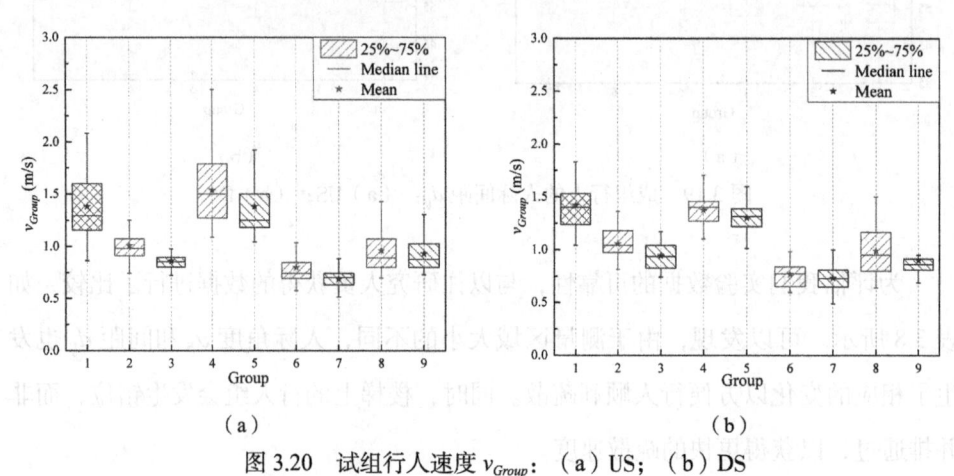

(a)

(b)

图 3.20 试组行人速度 v_{Group}：（a）US；（b）DS

表 3.9 测试组行人平均速度

组别	$v_{\text{Group}}/\text{m}\cdot\text{s}^{-1}$		组别	$v_{\text{Group}}/\text{m}\cdot\text{s}^{-1}$	
	US	DS		US	DS
1	1.38	1.42	6	0.80	0.77
2	1.01	1.06	7	0.69	0.73
3	0.86	0.94	8	0.96	0.99
4	1.54	1.38	9	0.93	0.90
5	1.38	1.30			

不同实验条件下的行人速度变化对比见表 3.9。加入社会关系后成对测试组的速度变化均为负值，即与单人测试组相比，成对测试组的速度变化大大减少。

与亲密的社会关系相比,陌生的社会关系导致速度下降更多。减少幅度最大的组（-37.75%）行人构成为 P_K 及其伙伴 P_{BK}。换句话说,与亲近的人一起疏散的行人更有可能成功疏散。在 FS 的实验条件下,行人速度变化均为正值,表明主观速度增加快于 AS。随着 OB 的加入,行人速度的变化显著减小,表明 OB 可以降低行人疏散速度。

表 3.10 不同实验工况下的行人速度变化

组别	对照组	实验条件		变化率 / %	
				US	DS
2	1	+	社会关系	-27.14	-25.61
6	8	+	社会关系	-20.40	-28.63
3	1	-	社会关系	-37.75	-33.54
7	9	-	社会关系	-35.09	-22.83
4	2	FS		52.71	30.25
5	3	FS		60.77	37.76
6	2	OB		-20.73	-27.12
7	3	OB		-19.97	-22.20

为了探究不同实验条件影响下单个行人的动态性能,图 3.21 显示了第 1 至第 7 组行人 P_K 的时空关系。可以观察到,疏散时间最长的实验条件为与 OB。在这种情况下,时空关系曲线极不规则,因为地面 OB 导致行人 P_K 到达目的地的疏散时间不同。最短的疏散时间出现在 FS 的实验条件下。行人有意识地加快速度,用时减少,时空关系曲线排列紧密,缩短了疏散时间。结合图 3.20,比较不同社会关系（如第 2 组对第 3 组,第 4 组对第 5 组,第 6 组对第 7 组）得到的曲线,我们可以观察到当 P_K 和 P_{AK} 一起撤离时,P_K 的最大用时总是小于 P_K 和他们的搭

(a) 第 1 组

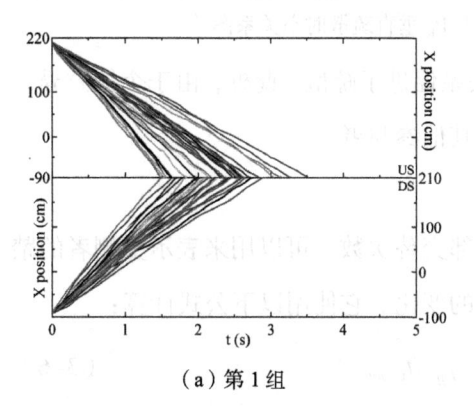

(b) 第 2 组　　　　　　　　　　(c) 第 3 组

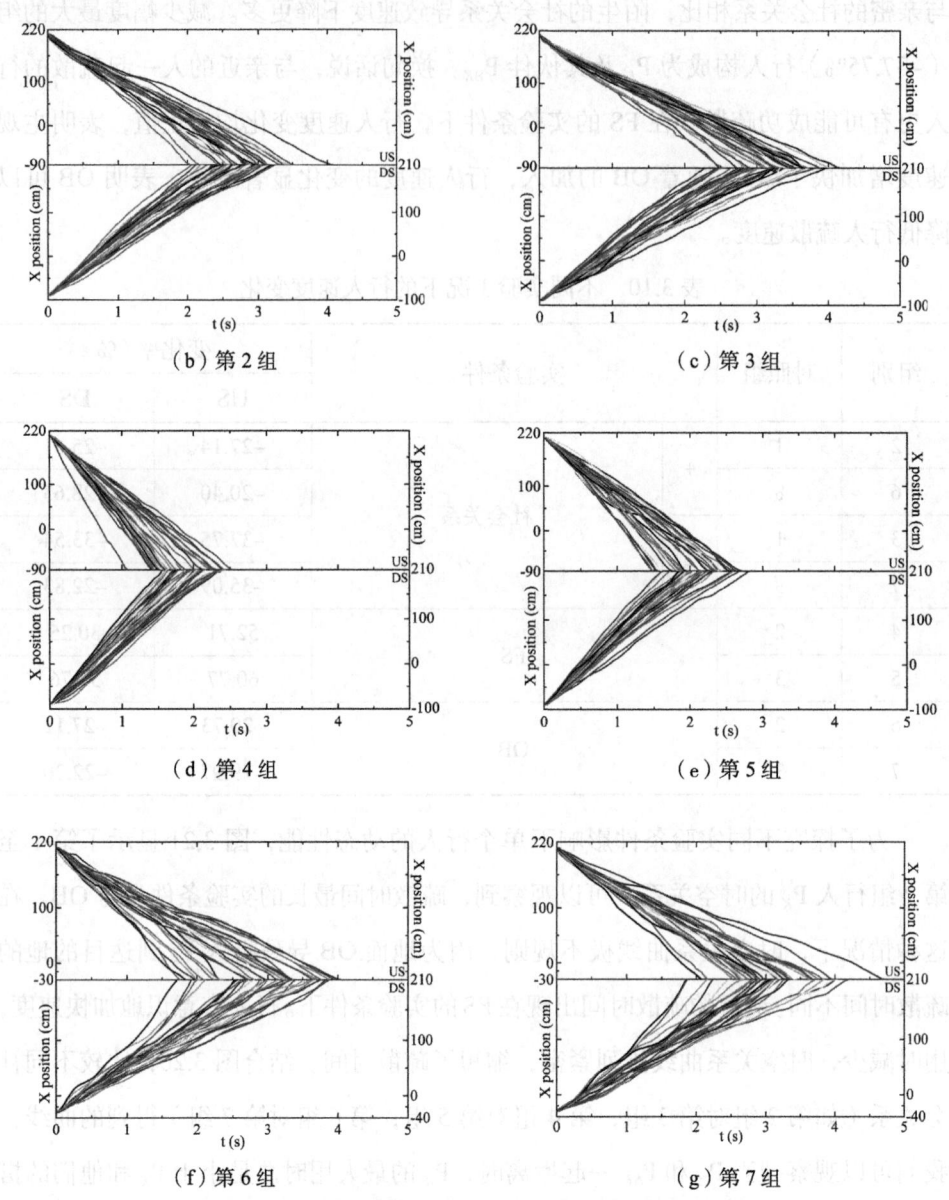

(d) 第 4 组　　　　　　　　　　(e) 第 5 组

(f) 第 6 组　　　　　　　　　　(g) 第 7 组

图 3.21　不同实验条件下行人 P_K 垂直疏散时空关系图

档 P_{BK}。这也可以间接表明，密切的社会关系促进了疏散。此外，由于个体差异，一些参与者在疏散过程中花费的时间少于其他参与者。

3.2.2.3　行人步进频率

步频 f 是测试场景中单位时间内的足部交替次数，可以用来表示受测者的踏步行为由于内部或外部因素的影响而发生的变化。它使用以下公式计算：

$$f = n_{(P,\ P_A,\ P_B)} / t_{Group} \tag{3-6}$$

其中 $n_{(P, P_A, P_B)}$ 表示受试者在单位时间 t 内通过测试区域时的交替步数，f 是测量到的行人步频，单位为 Hz。

图 3.22 表示参与者在不同实验条件下的步频统计。可以观察到，在相同条件下，单人测试组的步进频率 f 高于成对测试组的步进频率。P_K 和 P_{AK} 的步进频率往往高于 P_K 和 P_{BK} 的步进频率。下楼梯的步频 f 总是高于上楼梯的步频。结合视频数据，还可以发现，行人上楼梯时，步数较多，尤其是在收到加速指令后。因此，上楼梯时的步频 f 较高。下楼梯时，参与者出于安全原因发生跨步的可能性较小，因此步频较低。在 OB 条件下，参与者的步频显著降低，并在上楼梯时达到最低值 1.98Hz。这表明 OB 阻碍了行人步频的增加。本研究中获得的步进频率 f 与 Aitaterini 等人[9]获得的 2Hz 步进频率相似，说明我们所获得的数据是可靠的。

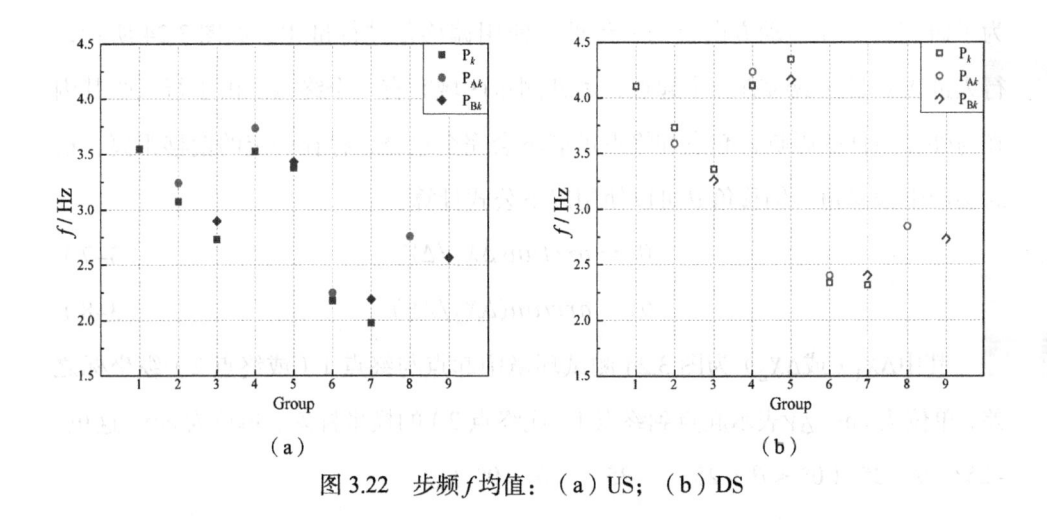

图 3.22 步频 f 均值：（a）US；（b）DS

图 3.23 显示了测试组的平均速度 v_{Group} 和步进频率 f 之和的线性拟合。两个线性回归方程都呈现下降趋势。US 和 DS 拟合方程的斜率分别为 -0.48 ± 0.08 和 -0.90 ± 0.90。这表明随着行人速度的增加，步频逐渐降低。这与 Liu 等人[10]的观察相反，其中在水平疏散过程中，行人步频随着速度的增加而增加，并且垂直方向的行人步频高于水平方向。因此，不同空间方向的行人疏散表现出不同的步频趋势。楼梯上的行人会使用更大的步幅，踏步更多，从而获得更快的行进速度。

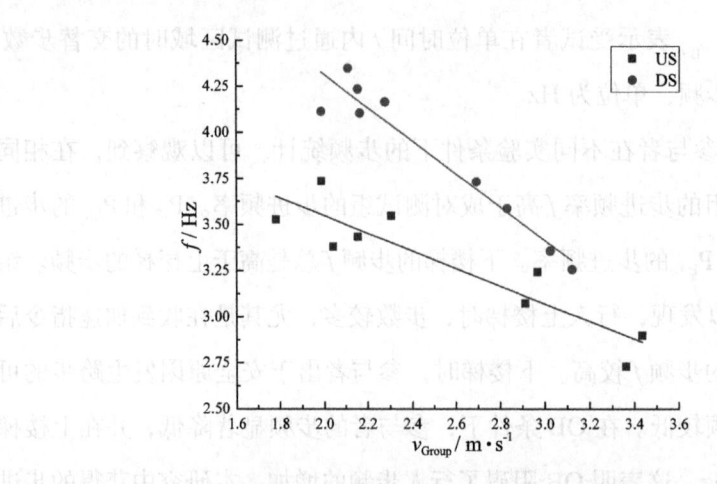

图 3.23　行人速度 v_{Group} 与步频 f 线性拟合

3.2.2.4　楼梯上的偏移角

基于行人的步行参数，如速度、步频等，幅度可以用来反映群体运动的特征。为了研究行人在运动方向上的一致性，使用偏移角进行量化。如图 3.24 所示，行人进入测量区域时有一个起点，离开测量区域时有一个终点。由于行人受其内在与外在条件的影响，起点和终点可能不会完全重叠，存在一定的偏移距离，这时会产生偏移角。偏移角 θ 可以使用以下公式计算：

$$\theta_1 = arctan(\Delta X_1/\Delta Y) \tag{3-7}$$

$$\theta_2 = arctan(\Delta X_2/\Delta Y) \tag{3-8}$$

其中 ΔX_1（或 ΔX_2）为图 3.24 测试环境中起点与终点 1（或终点 2）纵坐标之差，单位为 cm；ΔY 表示起点到终点 1（或终点 2）的横坐标差，单位为 cm。这里，$-25°<\theta<25°$（$0°<\theta_1<25°$，$-25°<\theta_2<0°$）。

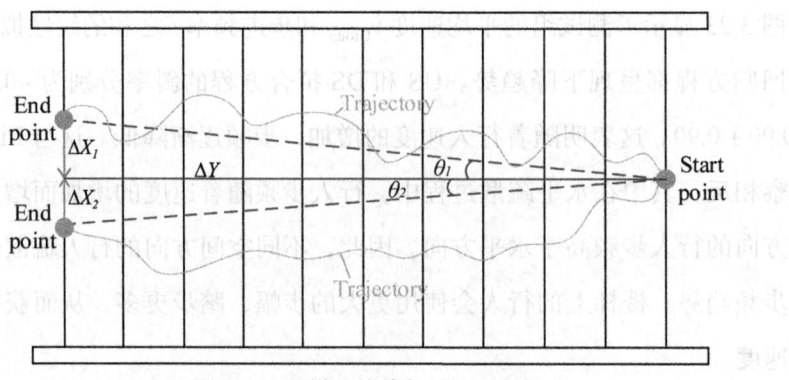

图 3.24　楼梯上偏移角 θ 的示意图

为了确定不同实验条件对偏移角变化的影响，根据公式（3-7）和（3-8）进行计算，结果绘制在图 3.25 中。为了便于解释，偏移角 θ 与行人身体的转向有关（见表 3.11）。例如，当第 6 组行人上楼梯时，P_K 和 P_{AK} 之间的偏移角 θ 为 θ_1。这意味着这种行人条件下的偏移在屏幕的上侧，对应于行人的右侧。可以观察到，成对测试组上楼梯时的偏移角度差异小于下楼梯时，角度 θ 更接近 0°。下楼梯时，成对测试组严重转向屏幕下方。有趣的是，通过统计 $\theta = 0°$ 上下两侧的点数可以发现，在上楼梯时，行人转向画面下方，即身体左侧，并不像那些倾斜到画面上方，即右侧的人那样倾斜。下楼梯时，更多的行人向屏幕下方倾斜，与右手方向相对应。

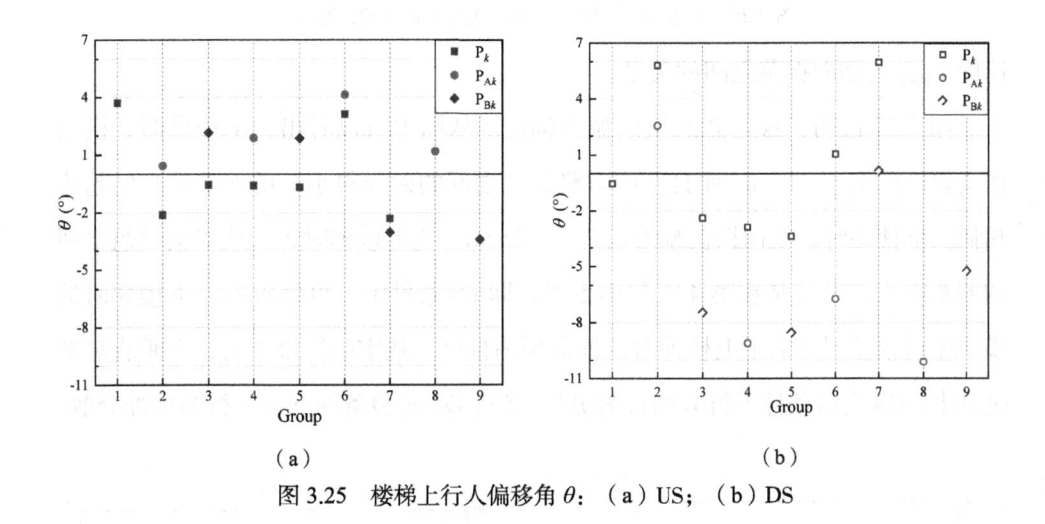

图 3.25 楼梯上行人偏移角 θ：(a) US；(b) DS

表 3.11 偏移角 θ 与行人身体转向的关系

角度 θ	被测区画面中的位置	US	DS
		行人身体转向	
θ_1	上侧	右侧	左侧
0°	中央	无偏转	
θ_2	下侧	左侧	右侧

3.2.2.5 楼梯上的横向震荡

根据图 3.15，行人的轨迹是一条不规则的曲线，在横向上反复偏离中心线。我们将此偏差表示为横向振荡，并将振荡幅度定义为特定轨迹横向坐标之间最大距离的一半（见图 3.26）。我们根据轨迹计算了行人的最大摆动幅度，并确定了

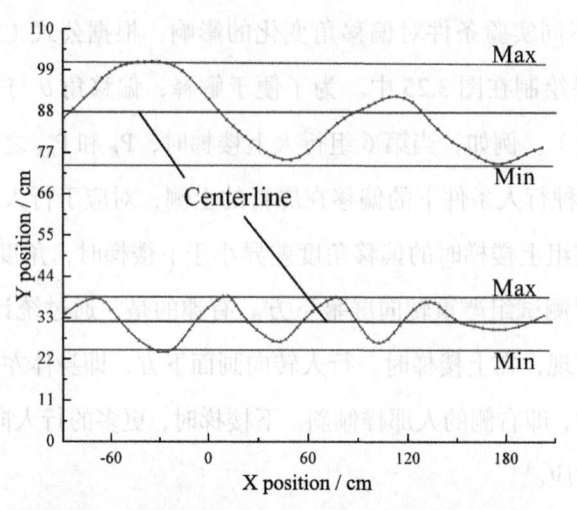

图 3.26 横向振荡产生过程示意图（以 $k=22$ 为例）

速度 v_{Group} 与横向振荡之间的关系。

图 3.27 说明了参与者的横向振荡幅度。从图中可以看出，上楼梯时，横向摆动幅度约为 5~15cm。而且，成对测试组之间的差异很小，增加或减少的趋势相似。下楼梯时，横向振荡幅度约为 10~25cm，比上楼梯时大。成对测试组之间的差距很大，尤其是在第 4 组和第 5 组，即 FS 条件下。可以推断，下楼梯时的横向振荡幅度明显大于上楼梯时的横向振荡幅度。从实验结果来看，在垂直疏散过程中，US 实验条件下行人的行为更加一致，DS 实验条件下行人行为更加分散。

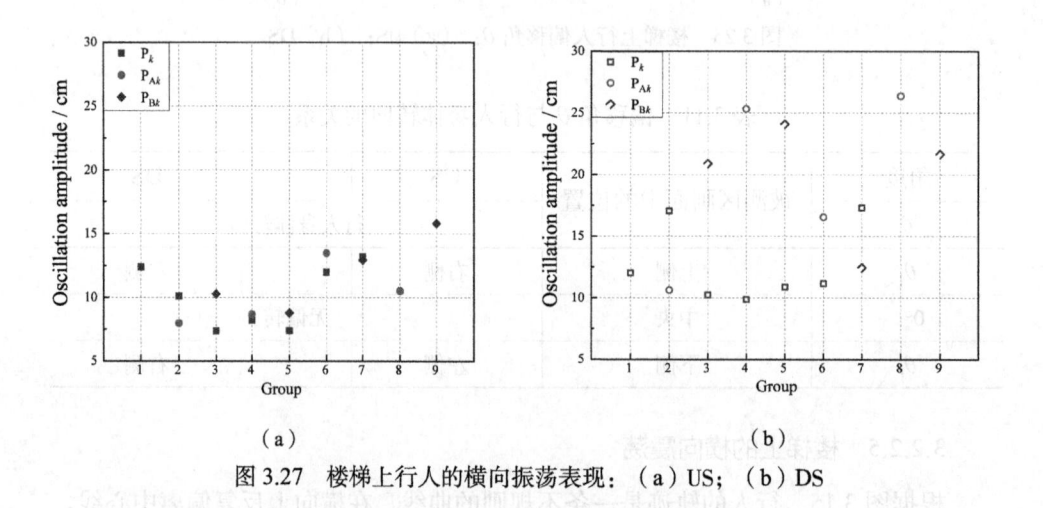

图 3.27 楼梯上行人的横向振荡表现：（a）US；（b）DS

图 3.28 显示了行人速度和横向振荡幅度的线性回归方程。两种线性拟合都呈现下降趋势。上下楼梯拟合方程的斜率分别为 -0.78 ± 0.20 和 -1.52 ± 0.29。这

表明横向振荡的幅度随着行人速度的增加而继续减小，这符合水平方向的疏散规律。因此，当行人以较快的速度到达目的地时，在道路上花费的时间相应缩短，从而导致摆动幅度减小。

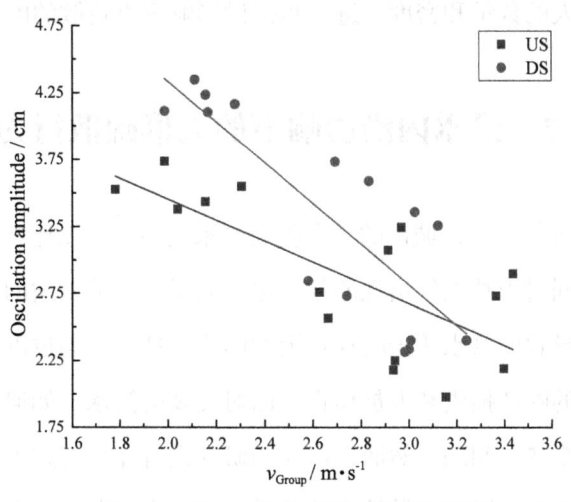

图 3.28　行人速度与横向振荡线性拟合

3.2.3　实验结果小结

本研究基于多因素实验方法，研究了地震作用下垂直疏散过程中影响行人行为的不同因素。采用高清摄像头记录测试组在楼梯上移动的全过程，并跟踪提取行人的运动轨迹，获取行人步态特征、行为表现等。社会关系变化的影响对人际角度和距离、平均速度、时空关系、步频、偏移量和横向振荡幅度等实验条件进行了详细的探索和分析。

结果表明，社会关系、速度和 OB 对行人疏散有不同程度的影响。社会关系密切的行人群体行人夹角和距离更小，疏散速度比社会关系不熟悉的行人群体快。行人速度的主观增加可以增加疏散速度和步频。相比之下，道路上 OB 会产生相反的结果。下楼梯横向振荡幅度大于上楼梯。单个行人的速度和步频高于成对行人的速度和步频。

在实验过程中，我们还发现，与横向疏散相反，行人的步频随着行人速度的增加而降低，并且他们采取更多的步数来提高速度。与水平疏散类似，行人的横向振荡幅度随着速度的增加而减小，且行人到达目的地所需的停留时间更短、身体震动幅度更小。受疏散区域大小限制，人与人之间的角度和距离也随之变化，以利于行人顺利疏散。楼梯上的行人更有可能错位行走，而不是平行通过。此外，行人在垂直疏散过程中很可能会转向右侧。

这项研究可以扩展到调查性别是否会导致垂直疏散行为的差异。此外，还可以增加测试组行人的数量和密度，进一步探讨影响垂直疏散的因素。

3.3 洪水内涝影响下的人群疏散行为

随着社会经济的发展，城市的开发程度越来越高，在以地铁站为代表的城市地下空间增多的同时极端天气出现的频率也不断增加。地铁站的半封闭性使其在面对由极端天气导致的洪水袭击时存在天然的脆弱性，遭遇过洪水的袭击的地铁站都面临了巨大的财产损失和人员伤亡。面对突发的洪水，如何高效地疏散人群也是近年来的一个热点问题。然而，以往的研究没有充分考虑不同位置的水流和水流速度对行人疏散的影响，导致有的地铁车站洪水疏散模型在指导应急疏散策略制定方面存在局限性。为此，我们提出了一个改进的社会力模型，来综合考虑地铁站不同位置的洪水深度和流速对行人运动的耦合影响，通过与前人实验中测得数据进行对比验证改进模型的可靠性。然后以苏州蠡墅站为例开展洪水场景下的仿真模拟研究，重点探讨不同深度与流速的洪水对瓶颈区域内行人疏散的影响。

3.3.1 考虑洪水影响的改进社会力模型

3.3.1.1 改进社会力模型提出

为了研究洪水对地铁行人疏散的影响，我们提出了一个改进的社会力模型。这个改进的社会力模型的表达式如公式（3-9）所示，行人的运动依然由自驱力、来自其他行人的排斥力和来自障碍物的排斥力三部分组成，即保留了社会力模型中比较微观的行人与行人之间的互动。与初始社会力模型不同，自驱力中的期望速度不是固定的，而是随着行人所处位置的积水深度和流速动态变化的。比洪力 M（specific flood force per unit width）最早由日本学者 Ishigaki[11] 提出并作为量化水流对行人运动影响的指标，M 的计算如公式（3-10）所示。随后，研究人员又通过控制实验[12-17]获得了不同 M 大小下行人运动速度并得到了 M 与行人实际速度的拟合公式，拟合公式的形式如公式（3-11）所示。需要注意的是，控制实验得到的是 M 与行人实际速度之间的关系，这个实际速度是通过测量单个在水中移动的行人得到的，而且水中并没有障碍物或其他因素的干扰。正如社会力模型中期望速度与实际速度的关系，通过实验获得的行人实际速度就等于社会力模型中行人的期望速度。因此，可以通过公式（3-11）实现对期望速度的修正，从而使这个改进的模型可以反映出水流的深度和流速对行人运动的影响。

$$m_i \frac{dv_{i'}}{dt} = \frac{m_i v_i^{0'}(t) e_i^0(t) - v_{i'}(t)}{\tau_i} + \sum_{j \neq i} f_{ij} + \sum_w f_{iw} \quad (3-9)$$

$$M = \frac{DV_{f2}}{g} + \frac{D^2}{2} \quad (3-10)$$

$$v_i^{0'}(t) = aM^b \quad (3-11)$$

其中 $v_{i'}$ 是受洪水影响的行人 i 的实际速度，$v_i^{0'}(t)$ 是受洪水影响的行人 i 的期望速度，M 是比洪力，D 是水的深度，V_f 是水的流速，g 是重力加速度，取 $9.8m/s^2$，a 和 b 都是常数。

3.3.1.2 改进社会力模型检验

为了检验这个改进社会力模型的可靠性，我们选择了 Dias[12] 在平面上测得的数据和 Ishigaki[11] 在楼梯上测得的数据与本文的仿真模拟结果进行对比。在这个改进的社会力模型中设置与实验相同的 M 值并记录下模型中行人的实际速度。对比结果如图 3.29 所示，可以发现无论是在平地上还是在楼梯上，改进的模型

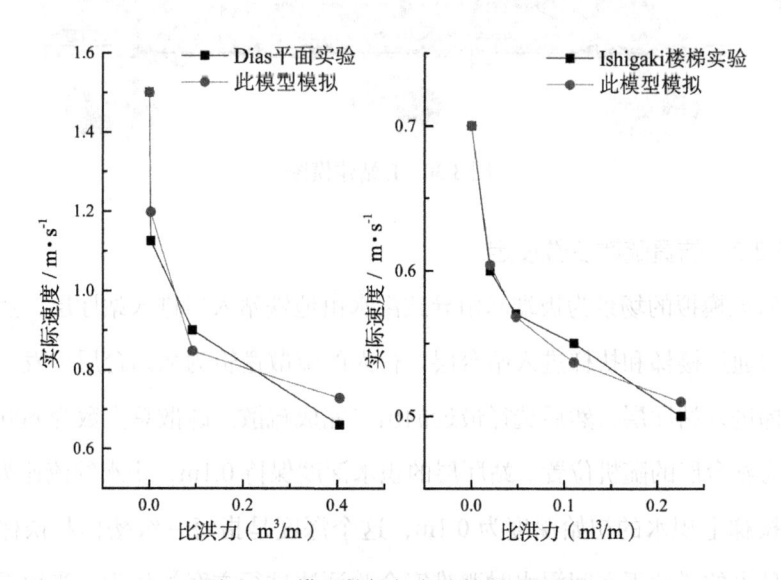

图 3.29 模型数据与实验数据对比图

中行人在不同的 M 下的实际速度与通过控制实验测得的实际速度非常接近，说明这个改进的社会力模型可以反映出不同状态的洪水对行人运动速度的影响，也证明了本文的改进是有效的。

3.3.2 洪水影响下地铁站行人疏散仿真

3.3.2.1 仿真场景建模

L 站位于 S 市地铁四号线，该站可通往 S 市火车站、S 市客运南站和 W 市汽车站。因此，该站的乘客人数较多。该站的两个出口都是敞开式入口且距离跃进河都不到 10m，该河道平均宽度 18m，水域面积 16200m²，主要起排涝的功能。当发生极端暴雨时存在洪水从地铁出口入侵的风险。陈义慧[13]通过调查问卷从三十个指标要素和六个维度分析了 S 市的洪涝灾害风险，发现 S 市的洪涝灾害风险较为突出。综合以上分析，确定将 L 站作为本研究的疏散场景。该站有站台层和站厅层两层，站台层通过扶梯和楼梯与站厅层相连，左右两侧各有一部扶梯和楼梯，扶梯和楼梯的宽度分别为 1.2 m 和 2 m。站厅层有左右两组出口闸机，分别通向左右两个出口。L 站在 Anylogic 中的建模如图 3.30 所示。

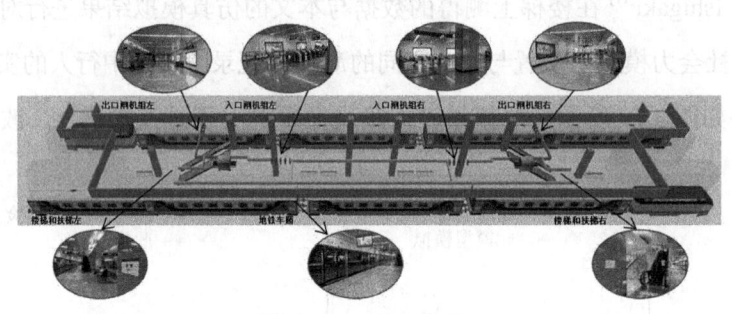

图 3.30 L 站建模图

3.3.2.2 仿真疏散参数设定

本研究模拟的场景为极端暴雨导致洪水由地铁站入口进入站厅层，然后站厅层的洪水通过楼梯和扶梯进入站台层。行人的疏散逻辑为从站台层出发，选择楼梯或扶梯进入站厅层，然后选择最近的出口完成疏散。疏散总人数为 600 人，起始位置为站台层的随机位置。站厅层的积水深度保持 0.1m，积水的流速为 0m/s；楼梯和扶梯上积水的初始深度为 0.1m，这个深度是指每一级楼梯和扶梯上水的深度。日本的《地下空间浸水时避难安全验证法试行方案》认为，当地下公共场所水深达到0.1m时，行人会意识到危险。因此，疏散开始时站台层的水流初始深度为0.1m。站台层的水流深度会随着时间的增加而增加。对于固定水深的地面积水通过楼梯入侵地下空间的情况，地下空间积水的上升速度可以通过以下经验公式[14]计算：

$$u_t=1.98h^{1.621}B/A_S \qquad (3-12)$$

其中u_t是地下空间的积水上升速度，h是上层表面的积水深度，B为楼梯的宽度，A_S为地下空间的面积。站厅层的积水深度为0.1m，楼梯和扶梯的总宽度为6.4m，站台层的面积为1264m²，代入上式可以计算出站台层积水的上升速度为2.4×10^{-4}m/s。楼梯和扶梯上积水的深度变化是按照每一级楼梯和扶梯的高度独立计算的，即当站台层积水的深度超过某一级楼梯积水的深度而未超过其他级楼梯积水深度时，只有超过的这级楼梯的积水深度会发生变化。为了研究积水的流速对行人疏散的影响，分别调整了站台层以及楼梯和扶梯上积水的流速。站台层积水的流速为0—2m/s。Ishigaki[11]在一个等比例的楼梯模型上开展了控制实验，发现初始速度为0m/s、深度为0.1m的积水由楼梯上部向楼梯下部运动的过程中，水流速度可以达到1.8m/s。这个速度可以认为是0.1m深的积水在楼梯上的最低速度。因此，设置楼梯上的积水速度分别为1.8m/s和2.5m/s。每种工况下流速的设置如表3.12所示。

表3.12 工况设置表

工况	站台层水流速度 / m·s⁻¹	楼梯和扶梯水流速度 / m·s⁻¹
1（没水）	0	0
2	0	
3	0.5	
4	1	1.8
5	1.5	
6	2	
7	0	
8	0.5	
9	1	2.5
10	1.5	
11	2	

3.3.3 仿真模拟结果分析与讨论

3.3.3.1 站台层的洪水流速变化对行人疏散的影响

当楼梯和扶梯上的洪水流速度为 1.8m/s 时，站台层的洪水流速变化对疏散效率和疏散总时间的影响分别如图 3.31 和表 3.13 所示。从图 3.31 中可以看到，一旦地铁站遭遇洪水的袭击，在相同的时间段里成功疏散的人数都要低于未发生洪水时成功疏散的人数，且随着时间的增加，疏散成功人数的差距也逐渐扩大。这就说明了洪水的存在会显著降低行人疏散的效率。随着站台层的洪水流速从 0m/s 增加到 2.0m/s，总疏散效率呈先降低后增加的趋势。其中，当站台层的洪水流速为 0.5m/s 时行人的总疏散效率最低，当站台层的洪水流速为 2.0m/s 时行人的总疏散效率最高。因此，在后续的研究中重点研究这两种流速下行人的疏散。

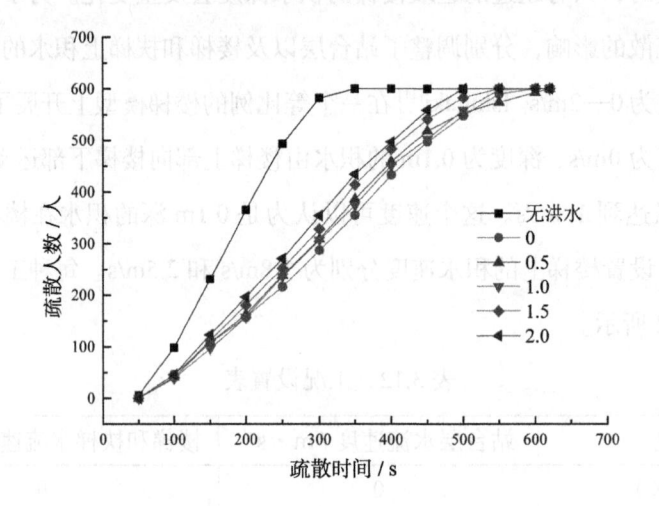

图 3.31 站台层洪水流速增加对疏散时间的影响图

表 3.13 站台层不同洪水流速下疏散总时间表

	无洪水	0m/s	0.5m/s	1m/s	1.5m/s	2m/s
疏散时间 / s	317	596	613	553	520	491

是在疏散效率最低的情况下，虽然所有人都完成了疏散，但是图 3.31 的疏散效率和表 3.13 的疏散总时间却出现了"有违常理"的现象：当站台层的洪水为静止状态或处于一个较低的速度时，行人受单位宽度的洪水力影响而损失的速度较小，疏散效率反而低；当站台层的洪水流速增加，行人受单位宽度的洪

水力影响而损失的速度增加，疏散效率反而增加了。从表 3.13 中可以看到：当站台层的洪水流速为 0.5m/s 时总疏散时间最长为 613s，当站台层的洪水流速为 2m/s 时总疏散时间最短为 491s，与未发生洪水时的 317s 相比分别增加了 93% 和 55%。站台层的洪水流速的增加反而降低了疏散总时间，当洪水流速从 0.5m/s 增加到 2m/s 时，疏散总时间降低了 20%。"快即是慢"效应认为：高密度的行人通过瓶颈的时间会随着行人速度的增加而增加，这是因为瓶颈处行人的通行能力突然下降导致大量的行人在瓶颈处形成拱形堵塞。行人的运动速度越快，同一时间被堵塞的行人就越多，堵塞区域行人间的碰撞挤压越严重，总通过时间越长。在我们模拟的场景中，由站台层通往站厅层的楼梯和扶梯就是疏散的瓶颈，因为相比于开阔的站台层平面，宽度为 2m 的楼梯和 1.2m 的扶梯的通行能力显然是要低很多的。此外，洪水的存在进一步扩大了这个瓶颈区域前后的通行能力，相同深度和流速的洪水在楼梯和扶梯上对行人速度的下降效应要远大于其在站台层平面上对行人速度的下降效应。

为了进一步了解洪水下瓶颈区域内行人疏散情况，我们在左侧楼梯和扶梯前选择了一块宽为 4.6m，长为 2m 的矩形区域作为观测区域，4.6m 的宽度可以覆盖从各个方向进入瓶颈的行人。图 3.32 显示了无洪水、站台层洪水流速为 0.5m/s 和 2.0m/s 三种工况下 400s 内观测区域的行人平均密度。

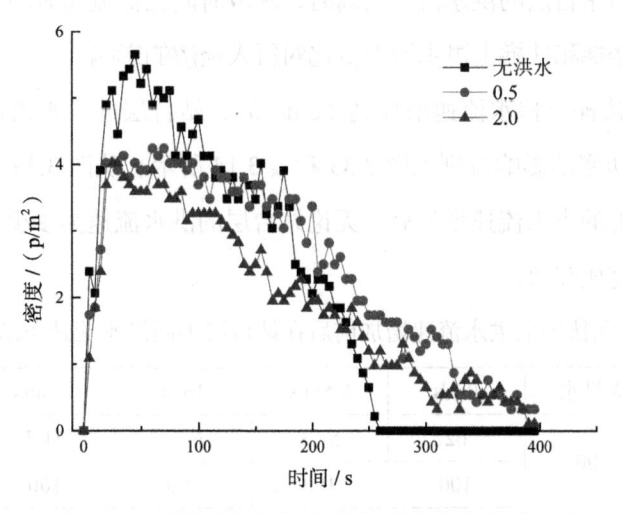

图 3.32 不同时间节点下观测区域行人密度对比图

从图中可以看到，疏散开始 100s 内，没有洪水时观测区域内的行人平均密度高于有洪水时的行人平均密度,也就是说,没有洪水时楼梯和扶梯前观测区域的拥挤程度要高于有洪水时的情况,但是由于楼梯和扶梯在未被洪水浸没时有较高的通行能力,虽然拥挤程度较高,但瓶颈区域内的行人流一直处于持续流动的状态,堵塞持续的时间较短。当没有持续的人流涌入瓶颈区域,堵塞就会很快缓解,从图中也可以看到从175s开始观测区域内行人的平均密度有一个急速下降的过程。但是,如果地铁站发生洪水,特别是当站台层的洪水流速较低时(比如图中的0.5m/s),虽然可以一定程度上减少同一时间到达瓶颈区域的行人数,但是楼梯和扶梯被洪水浸没后较低的行人通行能力使瓶颈区域的行人密度一直维持在一个较高的水平,从图中可以看到,从20s到140s观测区域的行人平均密度一直维持在$4p/m^2$左右,在这个密度下瓶颈区域内的行人基本是相接触的,在排斥力的作用下都想相互远离,这就导致了竞争行为的出现,人与人之间不断地挤压碰撞,这种挤压碰撞使瓶颈内的行人流动接近"冻结"状态。站台层的洪水流速越低,那么行人的期望速度越高,挤压碰撞的程度也越激烈,不仅延长了堵塞持续的时间,也增加了堵塞缓解的难度,这就解释了低流速下疏散时间反而长的原因。当站台层的洪水流速较高时(比如图中的2.0m/s),一方面瓶颈区域内行人的平均密度相比低流速时有所降低,高密度持续的时间也减少了,另一方面较低的期望速度也减轻了行人与行人之间挤压碰撞的激烈程度,使堵塞缓解的难度降低。因此,当站台层的洪水流速较高时,疏散时间比低流速时的要短。

3.3.3.2 楼梯和扶梯上洪水流速变化对行人疏散的影响

当楼梯和扶梯上积水流速增加到2.5m/s后,站台层的洪水流速变化对疏散效率和疏散成功率的影响分别如图3.33和表3.14所示。从图3.33中可以看到,当楼梯和扶梯上的洪水流速增加后,无论站台层的洪水流速为多少,都有一定数量的行人没有完成疏散。

表3.14 楼梯和扶梯上洪水流速增加前后在站台层不同洪水流速下疏散成功率表

	无洪水	0m/s	0.5m/s	1m/s	1.5m/s	2m/s
R_{wa} / %	100	62	58.3	67.8	71.7	75.8
R_{wb} / %		100	100	100	100	100

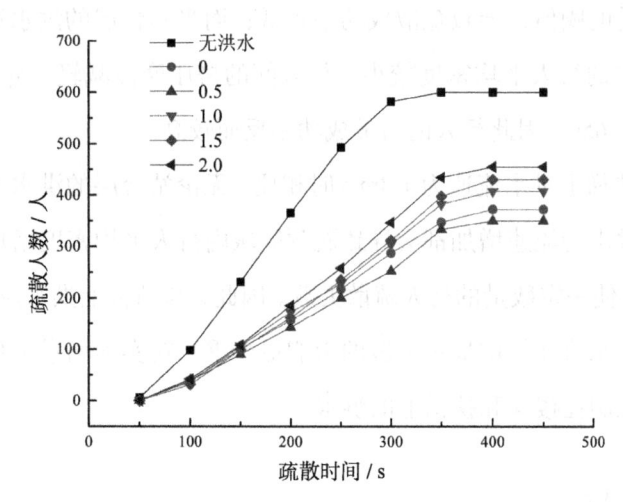

图 3.33 楼梯和扶梯上洪水流速增加对疏散的影响

随着站台层的洪水流速增加，相同时间内疏散的人数呈先降低后增加的趋势，与楼梯和扶梯上的洪水流速为增加时的表现相一致。表 3.14 中的 R_{wa} 是楼梯和扶梯上洪水流速增加后的疏散成功率，R_{wb} 是楼梯和扶梯上洪水流速增加前的疏散成功率。从表 3.14 中可以看到：当站台层积水流速为 0.5m/s 时疏散成功率最低为 58.3%，当积水流速为 2m/s 时疏散成功率最高为 75.8%。由于只增加了楼梯和扶梯上洪水的流速，因此所有行人仍然可以顺利通过站台层平面，所有疏散失败的行人都是在通过浸水的楼梯或扶梯时失败的。

本研究也获取了楼梯和扶梯上洪水流速增加前后观测区域的行人平均密度随时间的变化情况。图 3.34 中的 0.5（1.8）指的是站台层的洪水流速为 0.5m/s，楼梯和扶梯上的洪水流速为 1.8m/s。从图 3.34 中可以看到，当楼梯和扶梯上的洪水流速增加到 2.5m/s，不论站台层的洪水流速是 0.5m/s 还是 2.0m/s，在 305s 左右都可以看到行人的平均密度有一个急速下降的过程，这并不是那些行人都能顺利通过楼梯和扶梯，而是楼梯和扶梯上的 M 已经超过了 $0.125m^3/m$，位于楼梯和扶梯上最深处的行人被直接移出模型，观测区域的行人流动瞬间恢复，才使平均密度陡然下降。当站台层的洪水流速为 0.5m/s 时，观测区域的行人平均密度要高于站台层的洪水流速为 2.0m/s 时的密度，高密度持续的时间也较长，从 20s 到 195s 一直维持在 $4p/m^2$ 左右。高密度带来的行人间的剧烈挤压摩擦使瓶颈区域的行人通过瓶颈的时间增加，但是楼梯和扶梯上洪水流速的增加又减少了留给行人通过瓶颈的时间，使被堵在瓶颈区域的行人被迫等着楼梯和扶梯上的 M 超过他们可以承受的阈值,导致疏散成功率较低;而当站台层的洪水流速为2.0m/s时,观测区域内的行人平均密度较小,行人间的挤压摩擦减轻,4p/m² 左右的高密度也只持续了65s,因此行人的疏散成功率反而较高。

与楼梯和扶梯上洪水流速为1.8m/s时相比,无论站台层的洪水流速为多少,楼梯和扶梯上洪水的流速增加都会导致瓶颈区域内行人平均密度增加,高密度持续的时间增加,使一定数量的行人疏散失败。因此,与站台上洪水流速增加相比,楼梯和扶梯上洪水流速的增加对疏散的影响更严重。在实际场景中相比于站台层的洪水更应该控制住楼梯和扶梯上的洪水。

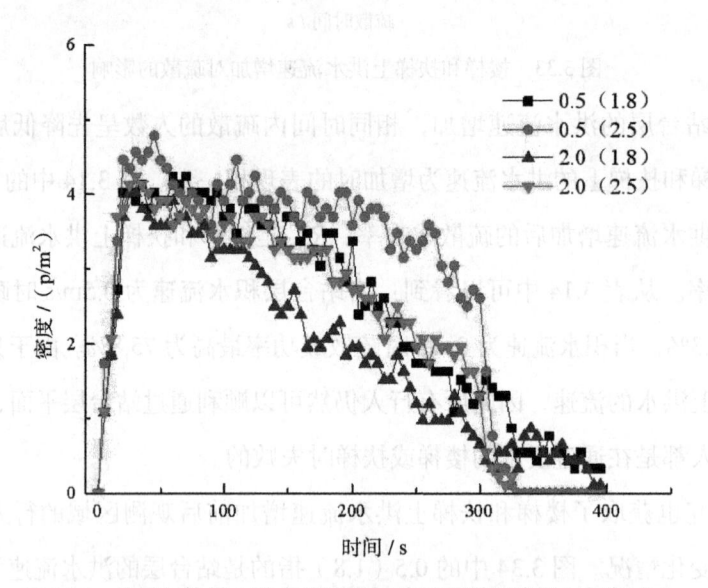

图3.34 楼梯和扶梯上洪水流速增加前后观测区域行人密度对比

一般地铁站都会准备一定数量的沙袋。当地铁站发生洪水时,管理人员应该立即采取行动,在楼梯和扶梯上部堆放足够数量的沙袋来减少楼梯和扶梯上洪水的深度和流速,同时也要维持好楼梯和扶梯前瓶颈区域内的行人秩序,安抚好群众的情绪,避免群众因为恐慌而加剧瓶颈区域内行人的竞争行为,采取以上对策,可以有效减少行人疏散的风险。

3.4 火灾、毒物泄漏等事故下多尺度人群疏散行为仿真案例

3.4.1 火灾影响下单体建筑中的小团体行人疏散仿真

3.4.1.1 模型搭建

某办公楼为双层建筑,共 26 个房间,两处楼梯(楼梯甲、楼梯乙),5 个出口(出口 1~5),其平面图如图 3.35 所示。通过 Anylogic 软件搭建出的场景 3D 图,即物理模块,如图 3.36 所示,楼面与墙面为观看直观已做透明度处理。

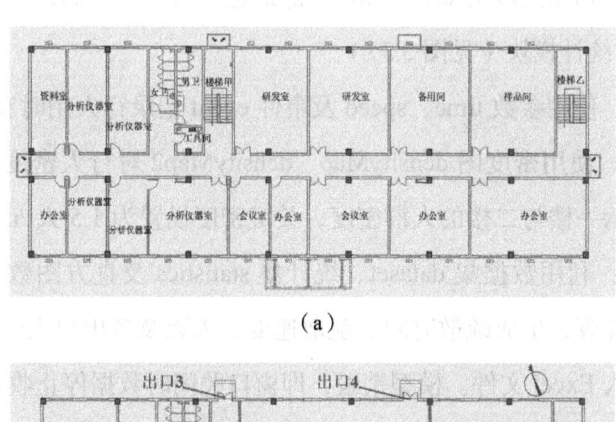

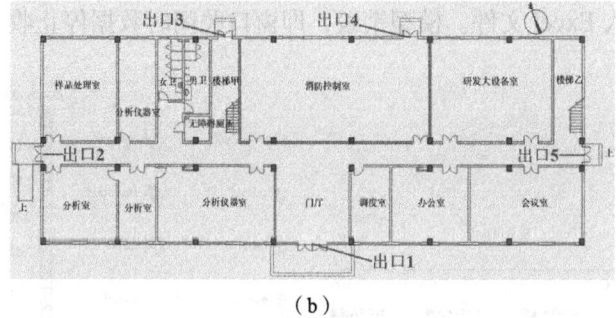

图 3.35 办公楼平面图:(a)一楼;(b)二楼

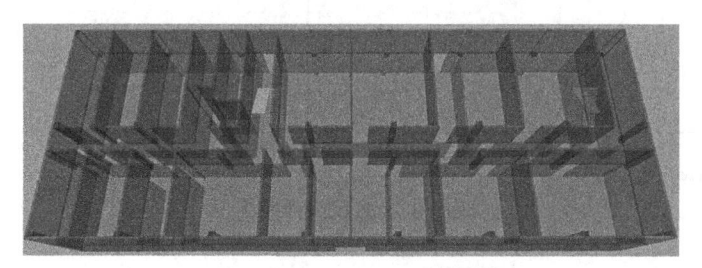

图 3.36 办公楼 3D 效果图

3.4.1.2 条件设置

逻辑模块初始设置：

（1）行人属性设置

行人数量：编辑智能体 Agent 建立行人 People，使用 inject 函数调用语句随机分布在 Floor1 与 Floor2 各 100 人；

行人肩宽：People 直径设置为 0.4~0.5m；

行人性别：使用 boolean 代数值表示 male 与 female；

行人年龄：输入 int 值，18~45 岁之间；

行人速度：初始速度为 0.3~0.7m/s，舒适速度为 0.5~1m/s；

（2）数据统计模块（见图 3.37）

时速统计：使用参数 time、speed 及事件 event 记录行人用时和速度；

密度展示：使用密度图 densityMap、densityMap2 对行人密度进行计算并通过不同颜色展示一楼与二楼的人群密度，关键密度设置为 1.5 人 /m^2；

数据计算：利用数据集 dataset、统计集 statistics 及直方图数据集 data 进行数据的收集和计算，生成疏散时间、疏散速度、人数及各出口人流量的时间折线图，并同时写入 Excel 文件。模型销毁，即窗口关闭时数据停止收集。

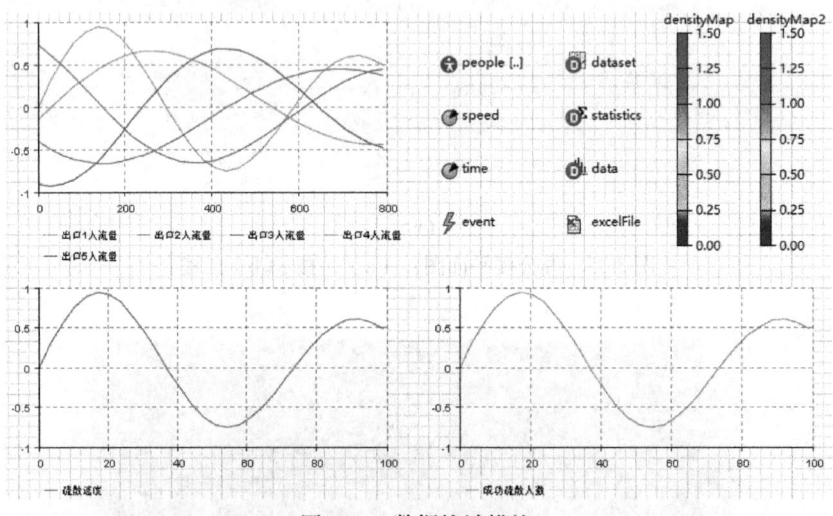

图 3.37　数据统计模块

模型逻辑如下：

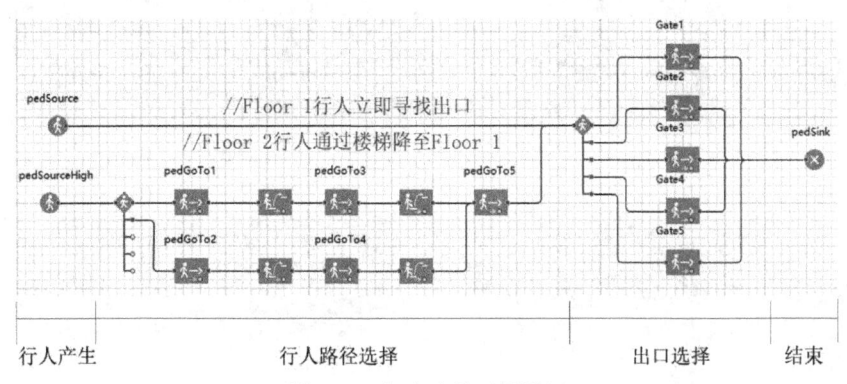

图 3.38　行人疏散逻辑设置

图 3.38 所示为楼内行人疏散的完整逻辑。行人由 pedSourse 产生，立即开始疏散，位于 Floor1 的行人寻找同层出口进行疏散，位于 Floor2 的行人通过 pedChangeLevel 模块从二楼下行至转角平台，由转角平台下行至一楼，再寻找一层出口疏散至办公楼外，当行人到达建筑出口（Gate1~Gate5，对应出口 1~5）时，视为疏散成功。

3.4.1.3　单人组疏散模拟结果

疏散总用时 342 s。图 3.39 为不同楼层行人均值密度图，可以观察到，高密度人群区域均位于走廊处，这是因为行人由自己所在的房间进入走廊，寻找公共区域疏散路径。两处楼梯上的人群密度也偏高，这是因为走廊与楼梯区域都较窄，行人疏散受到有限宽度的限制，但是仍然期望与相邻行人保持舒适距离，避免相互碰撞。因此，在行人数量陡然增大时，狭窄区域内会发生拥堵。随着时间的推移，一楼的人群密度不断增加，二楼的人群密度不断降低，这是因为行人逐渐集中于一楼楼面寻找出口。

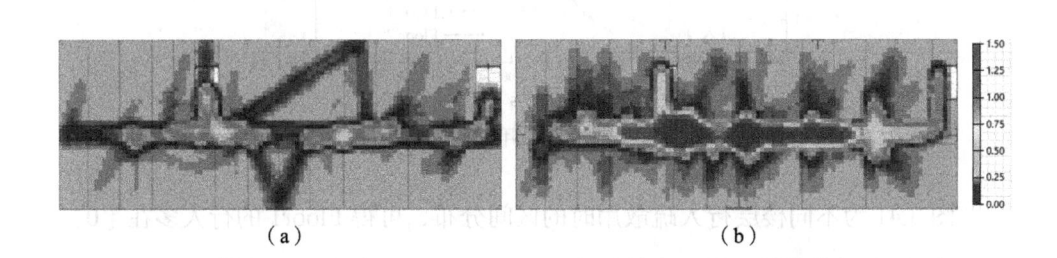

（a）　　　　　　　　　　　　（b）

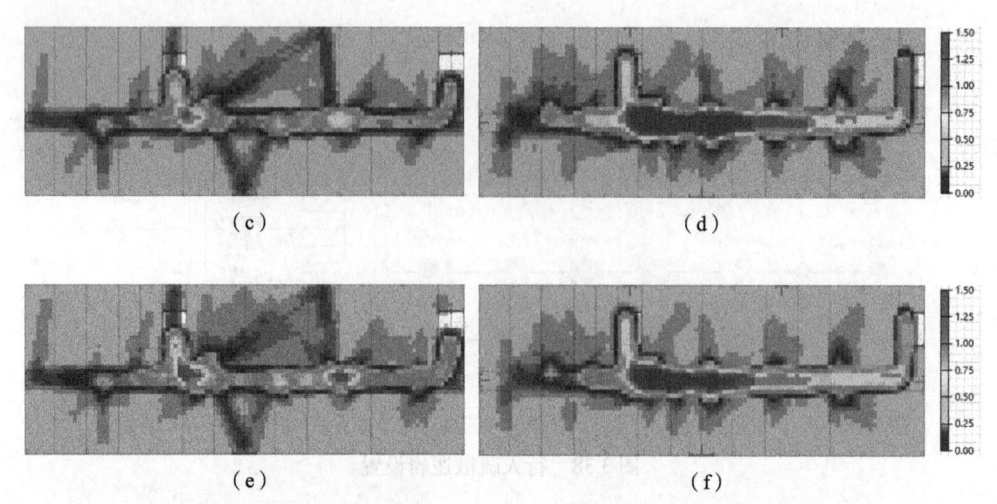

图 3.39　初始工况运行密度图：(a) 100s 时 Floor1；(b) 100s 时 Floor2；
(c) 200s 时 Floor1；(d) 200s 时 Floor2；(e) 300s 时 Floor1；(f) 300s 时 Floor2

图 3.40 为一层与二层的疏散人数随时间变化的趋势及行人速度。就疏散人数看，71s 时，Floor1 行人已成功疏散 64 人，Floor2 的行人刚刚产生 1 位成功疏散的行人。161s 时，Floor1 的行人已疏散完毕，而 Floor2 产生的行人尚有 79 位行人等待被疏散。总体来看，低楼层行人疏散的难度低于高楼层。就疏散速度来看，整体均值达到 0.47m/s，且前期疏散速度波动较小，当一楼行人疏散完成后，整体疏散速度出现了较大幅度的波动。

图 3.40　行人疏散用时与疏散速度

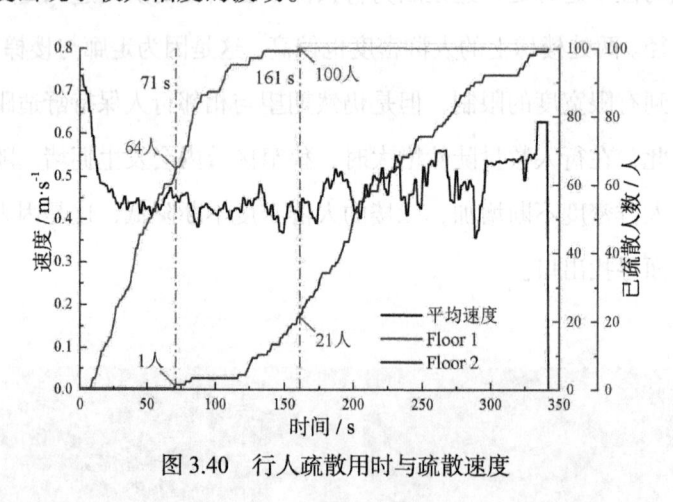

图 3.41 为不同楼层行人疏散用时的区间分布，可得 Floor1 的行人多在 [0, 105] 区间内完成疏散，Floor2 的行人多在 (140, 280] 内完成疏散。

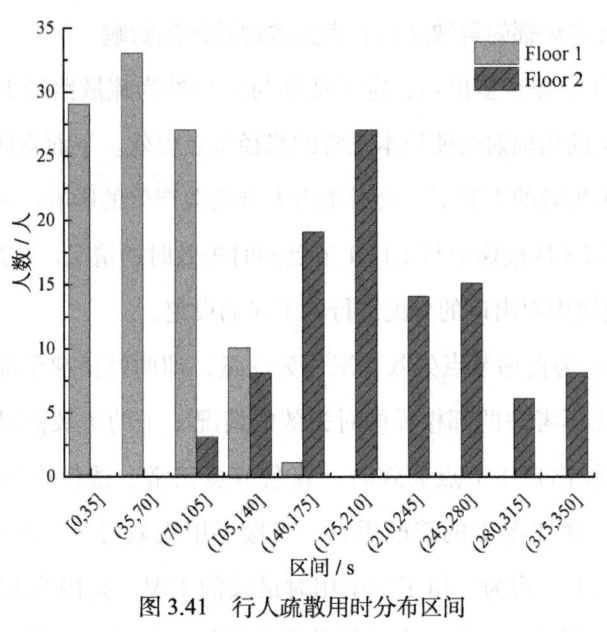

图 3.41　行人疏散用时分布区间

图 3.42 为一层 5 个出口的人流量，出口 5 的人流量最高，出口 3 的人流量最低，这是因为出口 5 紧邻楼梯乙与 Floor1 连接段，从楼梯疏散下来的行人可很快到达出口；出口 3 位于楼梯甲与 Floor1 连接段楼梯的背面，行人需要绕行一段距离后方可到达出口，即该建筑中出口 3 并非最佳出口。

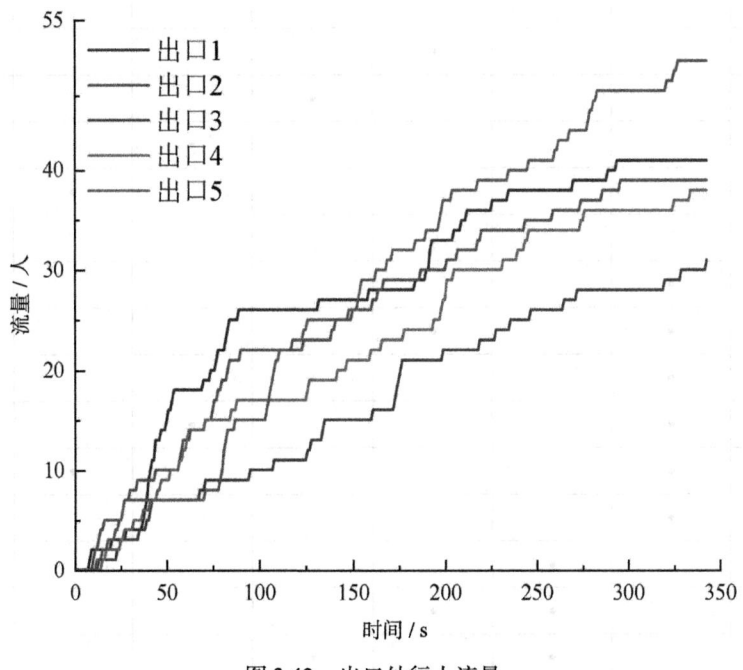

图 3.42　出口处行人流量

3.4.1.4 火灾热辐射导致通行节点失效对疏散的影响

由于该栋办公楼有多出口,定义楼梯与出口处为疏散路径上行人疏散关键节点,火灾产生的热辐射会使原本正常的路径节点失效。下面将研究当某一节点或组合节点产生失效的工况下,会对楼内人群疏散产生的影响。其工况设置见表 3.15,例如工况 E8 即楼梯甲与出口 1 节点同时失效时的情况。通过出口选择 Ped Select Output 模块中对出口的分配进行各工况的设定。

图 3.43 所示为楼梯节点失效工况作为变量,即两处楼梯全部正常和某一部楼梯节点失效(不考虑两部楼梯同时失效的情况)下的疏散情况比较,例如图 3.43(b)为比较出口 1 节点失效时,其余节点正常、楼梯甲节点失效、楼梯乙节点失效这三种工况下的疏散用时。当楼梯甲失效时(工况 E7、E8、E9、E10、E11、E12),均为三组工况中用时最长的工况,是因为 Floor2 行人被迫只能通过楼梯乙下行至一楼,在楼梯前发生拥堵,导致疏散效率降低。各工况疏散用时对比如图 3.44 所示,工况 E14 用时最短,为 331s,工况 E11 用时最长,为 460s。

表 3.15 建筑结构设计工况设计

工况	楼梯甲	楼梯乙	出口 1	出口 2	出口 3	出口 4	出口 5
E1							
E2		•					
E3				•			
E4					•		
E5						•	
E6							•
E7	•						
E8	•		•				
E9	•			•			
E10	•				•		
E11	•					•	
E12	•						•
E13		•					
E14		•		•			
E15					•		

续表

工况	楼梯甲	楼梯乙	出口1	出口2	出口3	出口4	出口5
E16		•			•		
E17		•				•	
E18		•					•

3.4.1.5 社会关系对行人群组疏散过程的影响

（1）人际间距对疏散的影响

考虑到行人 0.4~0.5m 的肩宽，结合楼内通道实际情况，将行人间距范围设置为 0.1~0.6m，工况设置如表 3.16 所示。图 3.45 为人际间距对楼内人群疏散的影响，随着行人间距的不断增大，行人疏散用时随之增加。当行人间距为 0.6m 时，疏散用时最长，达到 713s，而当行人间距为 0.1m 时，疏散用时最短，为 493s，相较于 0.6m 的行人间距，0.1m 人际间距时的疏散用时缩短了 30.86%。由此可见，进行疏散时，人际间距的缩短有利于疏散效率的提高。

表 3.16 人际间距工况设置

工况	D1	D2	D3	D4	D5	D6
间距 /m	0.1	0.2	0.3	0.4	0.5	0.6

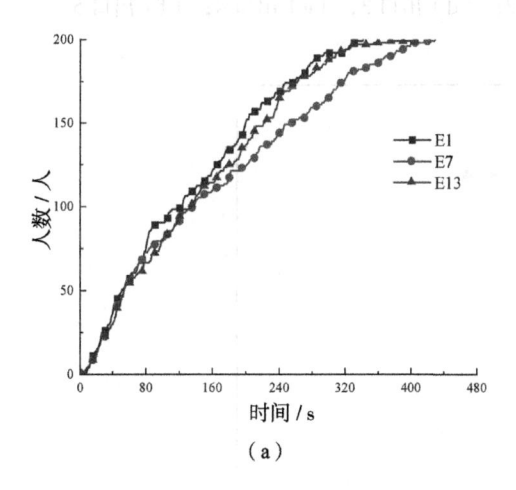

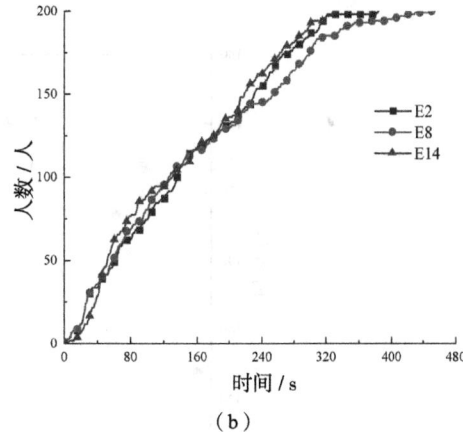

(a)

(b)

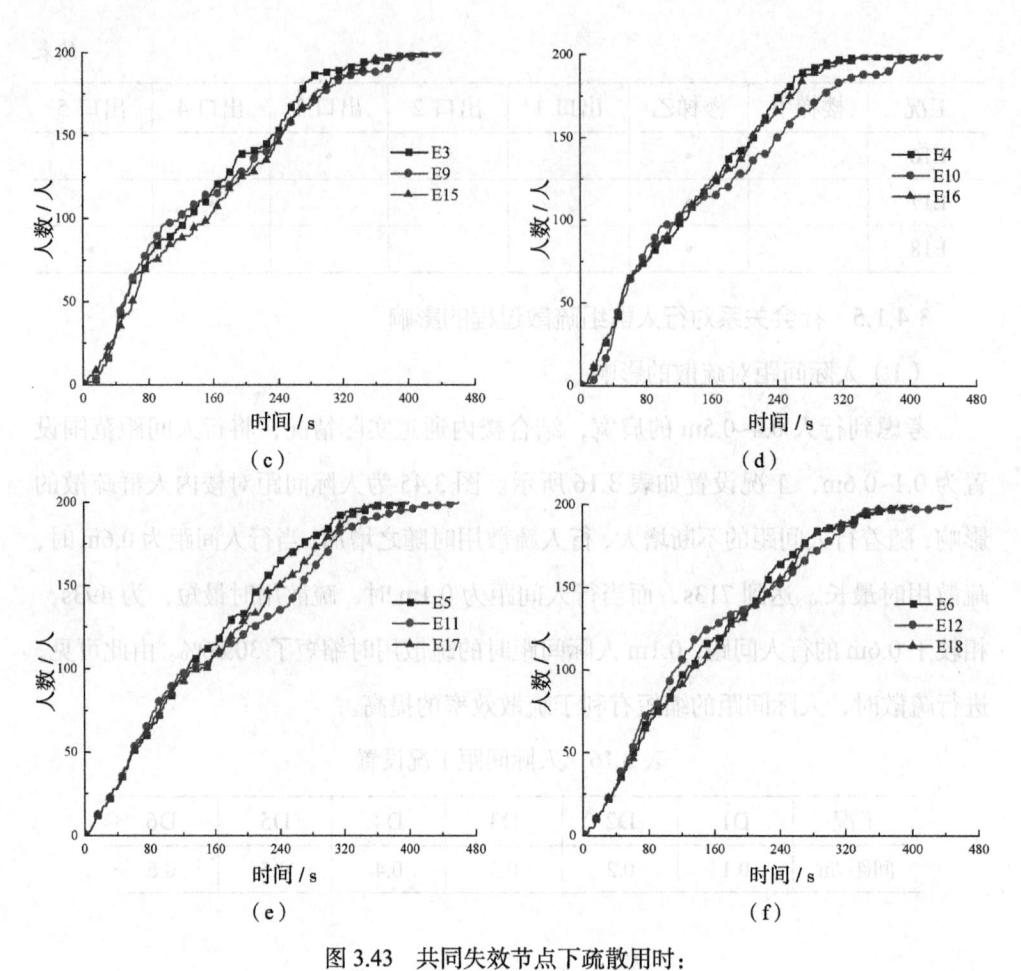

(c)   (d)

(e)   (f)

图 3.43 共同失效节点下疏散用时：
（a）出口正常；（b）出口 1；（c）出口 2；（d）出口 3；（e）出口 4；（f）出口 5

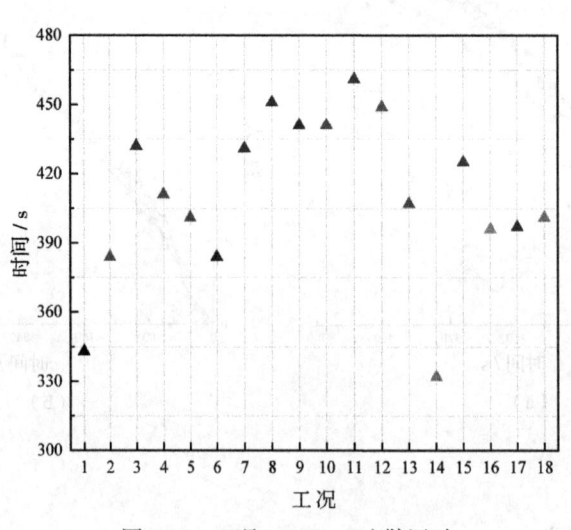

图 3.44 工况 E1–E18 疏散用时

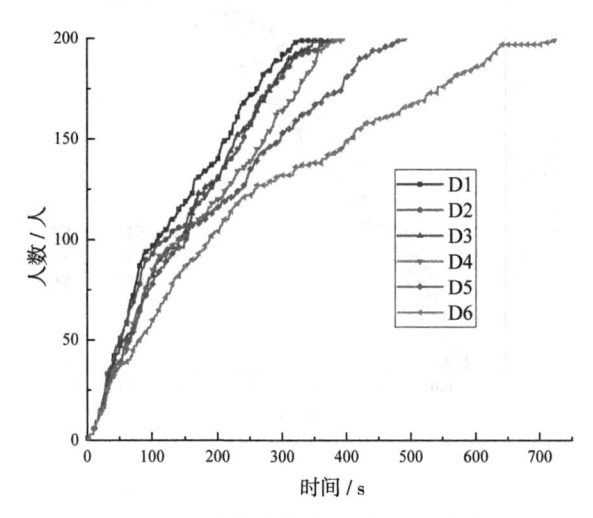

图 3.45 疏散效率随人际间距的变化

（2）群组大小对疏散的影响

表 3.17 社会群组规模工况设置

工况	S1	S2	S3	S4	S5	S6
群组/人	1~2	1~3	1~4	2~4	3~6	5~10

根据 3.2 节中的实验数据可知，成对行人群组相较于单人行人群组的疏散，人际间距与夹角更小，而单人行人群组相较于成对行人群组，疏散用时短，速度更快。因此，行人成组并非完全会降低疏散效率，行人群组的大小或对疏散产生影响。但因疫情管控，无法实现更大规模的行人群组试验，因此通过模拟的方法来实现。设置不同大小的行人群组，具体工况设置如表 3.17 所示，例如工况 S4 为行人群组内人数至少为 2 人，至多为 4 人。

图 3.46 所示为具有社会关系的行人成组后对疏散用时的影响，可知随着 S1-S5 工况行人群组规模不断增大，疏散出建筑的用时与行人速度也随之增加。S1 工况行人疏散用时为 493s，S6 工况行人用时为 712s，较 S1 工况增加了 44.4%。S1 组行人的疏散速度也明显高于其他工况，S6 工况所得出的行人速度 0.29m/s，相较于 S1 工况行人平均速度 0.43m/s，降低了 32.6%。并且行人群组越大，在通行时需要的空间范围也越大，反而限制了疏散。因此，在该栋办公楼的疏散中，行人群组越小，疏散效率也越高。所得结论与实验中得到的成组行人的疏散用时

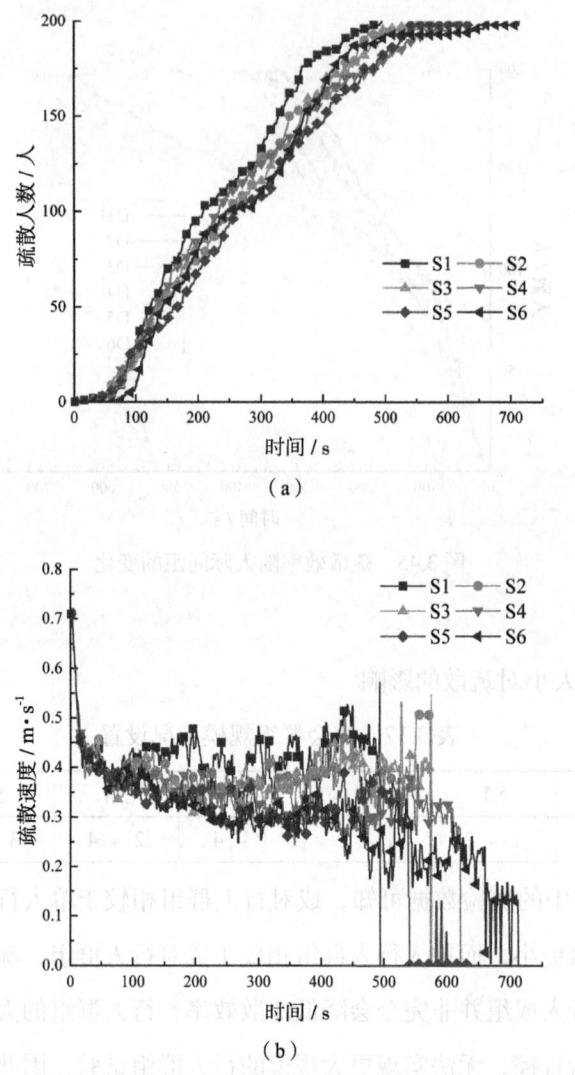

图 3.46 工况 S1 - S6 行人疏散数据：（a）疏散人数；（b）疏散速度

高于单个行人疏散用时的结论相符，且在 Wei 等人[15]的研究中，同样证明了成组行人行走速度较单个行人更慢的现象。

3.4.1.6 实例1小结

本实例通过 Anylogic 软件建立了某办公楼的疏散模型，通过考虑影响行人群组疏散的因素，详细分析了疏散节点失效、人际间距、社会关系群组规模三种影响因素。结果发现，人群在疏散开始时，由各自所在区域汇聚到公共空间会增加单位面积内平均密度，导致拥堵现象的发生。建筑内疏散节点受热辐射影响导致失效时，为使人群能在最短时间内疏散出建筑，需要保证使用率高的楼梯及与楼梯距离最近的出口的畅通。人际间距越小，人与人之间在紧急情况下能够接受的最小距离越小，至 0.1m 时，疏散用时最短，即人际间距的缩短有利于疏散效率的提高。社会关系群组大小也会对疏散效率产生影响，当建筑内结伴疏散的行人群组规模越小，即组内成员越少（至 1~2 人为一组时），疏散效率越高。

3.4.2 毒物泄漏影响下化工厂内行人群组疏散仿真

3.4.2.1 模型搭建

选取位于上海市的某双氧水制造企业储罐泄漏爆炸事故作为背景，研究宏观角度下考虑社会关系的大规模群体疏散情况。

双氧水，化学名称过氧化氢（H_2O_2），是除水以外的另一种氢的氧化物。双氧水的任意比例可与水混合，呈强氧化性，且具弱酸性，化学性质不稳定，通常浓度为 35%、50% 和 70%，广泛应用于化学品合成、医药、航空航天、食品加工、环境保护及电子等行业。过氧化氢溶液本身不可燃，但是高浓度的双氧水可使易燃物质燃烧，当加热到 100℃以上时，开始急剧分解，并且其分解释放出的氧气会对燃烧起到促进作用。即使在低浓度下，过氧化氢浓度会随着水分的蒸发而逐渐浓缩，在不利条件下也可能发生燃烧[16]。

A 工厂主要经营范围为生产浓度 70% 和 70% 以下各种浓度的过氧化氢和应用于食品包装、电子行业及化妆品等的高纯度过氧化氢及其副产品和食品添加剂过氧化氢。危险系数大，一旦发生储罐泄漏爆炸，需要对厂区和受燃烧物质扩散影响的周边区域人员进行紧急疏散转移。

根据厂区平面布置（图 3.47），绘制其功能区示意图（图 3.48）。假定储存高浓度双氧水的储罐发生泄漏，此时需要将厂区内的员工紧急疏散出去。通过 Anylogic 对该厂区的建筑进行 2D 与 3D 模型搭建，图 3.49 为 3D 模型运行效果示意图。

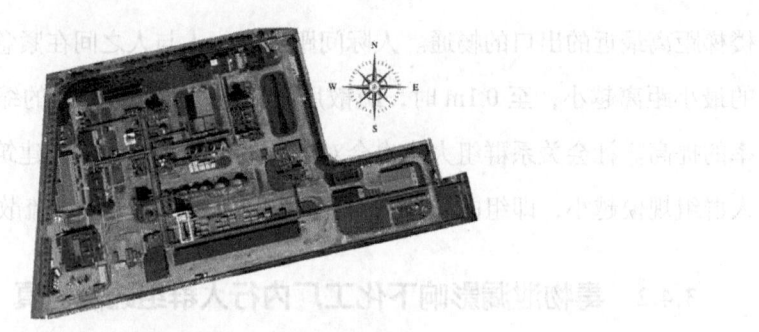

图 3.47 A 企业厂区实景图

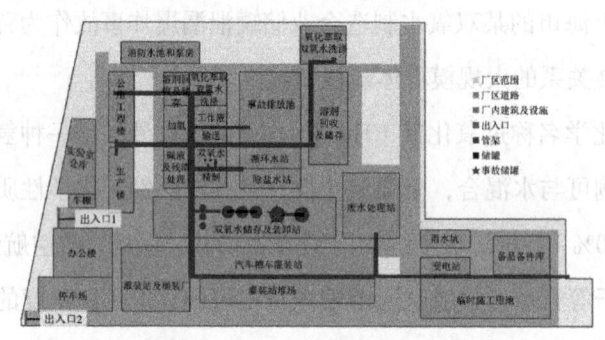

图 3.48 A 厂区平面图及建筑用途说明

模型的实现逻辑为，员工由办公区域（办公楼、实验室、生产楼等处）的出口产生，至疏散出厂区大门时认定为疏散成功。人员属性保持默认，员工数设置为 300 人。员工就近疏散至厂区出口，设置出口的集合 colExit，调用行动图 actionChart 使厂内员工选择就近出口疏散（不考虑疏散至建筑出口的时间），其实现逻辑如图 3.50 所示。

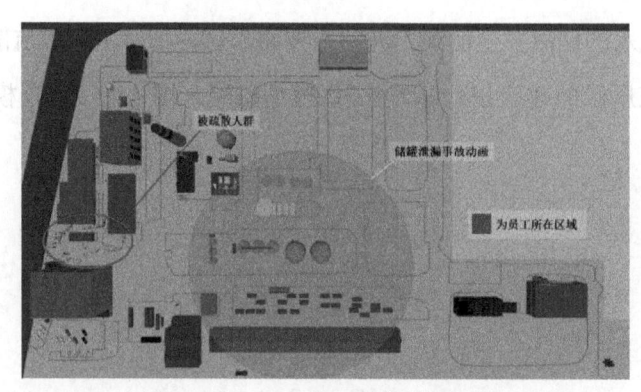

图 3.49 A 厂区员工疏散 3D 效果图

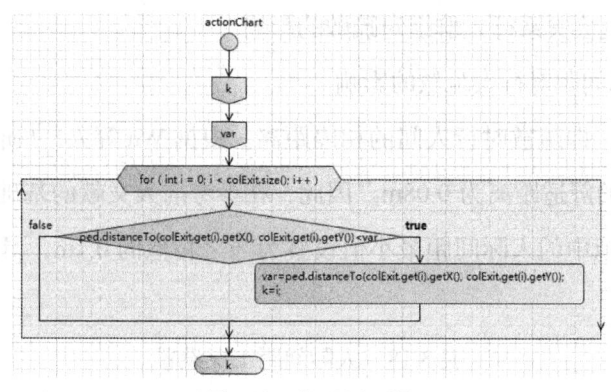

图 3.50　行动图逻辑

3.4.2.2　厂区内单人紧急疏散模拟结果

首先不考虑员工之间的社会关系连结，所有员工均以个人为单位进行疏散。图 3.51 所示为厂区内行人疏散时间与密度图。由于该厂区员工多集中在靠近出口的一侧，距离出口较近，建筑结构合理，总疏散用时 233 s；在疏散过程后期，疏散人数随时间变化的曲线趋于平缓，表明大多数人可在 190 s 内完成疏散。

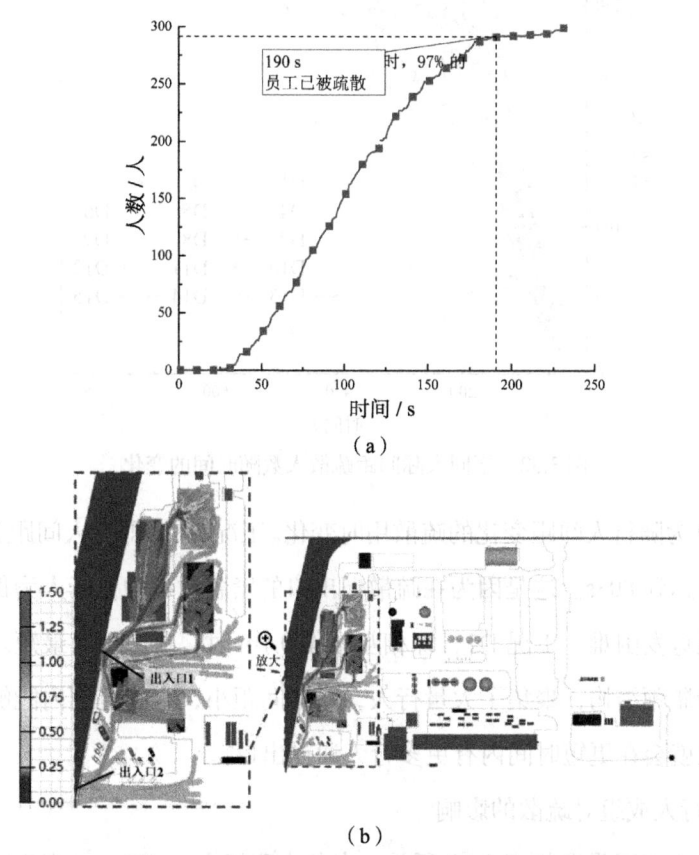

图 3.51　默认工况疏散情况：（a）疏散时间；（b）疏散密度图

3.4.2.3 社会关系行人群组对疏散的影响

（1）人际间距对行人疏散的影响

人际间距，即疏散时行人间的相隔距离。根据 Wu 等人[17]研究，高密度人群中人际间距的舒适距离为 0.08m。因此，在参考前人文献的基础上，将非高密度人群疏散模拟中的人际间距最小值设置为与之相似的 0.1m，具体工况设置如表 3.18 所示。

表 3.18 人际间距工况设置

工况	D1	D2	D3	D4	D5	D6	D7	D8
间距 /m	0.1	0.2	0.3	0.4	0.5	0.6	0.7	0.8
工况	D9	D10	D11	D12	D13	D14	D15	
间距 /m	0.9	1	1.1	1.2	1.3	1.4	1.5	

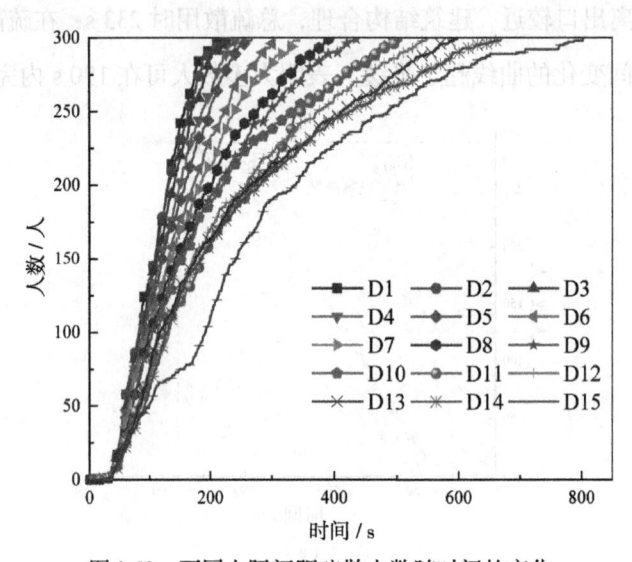

图 3.52 不同人际间距疏散人数随时间的变化

图 3.52 为随行人间距变化的疏散用时变化。工况 D15，即行人间距为 1.5m 时，用时最长，达到 803s。这是因为在疏散向出口的紧急过程中，行人为保持间距，这使得疏散愈发困难。工况 D1，即相互间隔 0.1m 时，疏散用时最短。这是因为出口处作为瓶颈结构，聚集了大量行人，人际间距小，空间范围内能够容纳的行人更多，也就会在更短时间内有更多行人通过出口。

（2）行人成组对疏散的影响

行人成组工况设置如表 3.19 所示。本节中群组由 pedSourse 产生时即成组，以模拟员工在楼内开始疏散时已组成行人群组。图 3.53 所示为随时间疏散出厂区的人数变化，可以观察到，工况 G6，即每 15 人成组时，用时最长，单位时间内疏散出的人数也最少。G1、G2 相对于其他工况，用时更少，说明更小的行人群组更有利于疏散，而更大的行人群组会改变组内成员原本的路径选择，而选择跟随其所在小群体。

表 3.19 行人成组工况设置

工况	G1	G2	G3	G4	G5	G6
群组/人	2	3	5	10	12	15

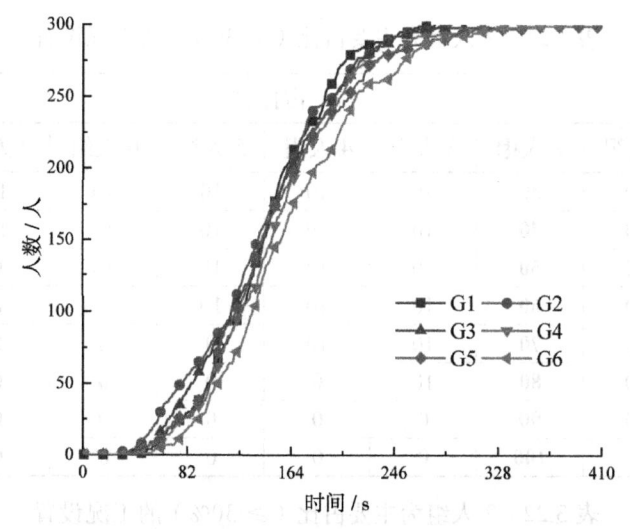

图 3.53 不同成组规模疏散人数随时间的变化

（3）不同占比行人群组规模对疏散的影响

为研究不同比例成组规模对疏散过程的影响，根据现实情况，将行人分为 1 人组、2 人组、3 人组、4 人组、5 人组、6 人组、7 人组和 8 人组；调整不同组规模在总人数中的占比，分别为 30%、40%、50%、60%、70%、80%、90% 和 100%，从而保证所选行人组规模始终为主要占比。表 3.20 至表 3.27 是 1~8 人组为主要占比时的工况设置。

表 3.20 1人组为主要占比（≥30%）的工况设置

工况	占比/%							
	1人组	2人组	3人组	4人组	5人组	6人组	7人组	8人组
1–1	30	10	10	10	10	10	10	10
1–2	40	10	10	10	10	10	10	0
1–3	50	10	10	10	10	10	0	0
1–4	60	10	10	10	10	0	0	0
1–5	70	10	10	10	0	0	0	0
1–6	80	10	10	0	0	0	0	0
1–7	90	10	0	0	0	0	0	0
1–8	100	0	0	0	0	0	0	0

表 3.21 2人组为主要占比（≥30%）的工况设置

工况	占比/%							
	1人组	**2人组**	3人组	4人组	5人组	6人组	7人组	8人组
2–1	10	30	10	10	10	10	10	10
2–2	10	40	10	10	10	10	10	0
2–3	10	50	10	10	10	10	0	0
2–4	10	60	10	10	10	0	0	0
2–5	10	70	10	10	0	0	0	0
2–6	10	80	10	0	0	0	0	0
2–7	10	90	0	0	0	0	0	0
2–8	0	100	0	0	0	0	0	0

表 3.22 3人组为主要占比（≥30%）的工况设置

工况	占比/%							
	1人组	2人组	**3人组**	4人组	5人组	6人组	7人组	8人组
3–1	10	10	30	10	10	10	10	10
3–2	10	10	40	10	10	10	10	0
3–3	10	10	50	10	10	10	0	0
3–4	10	10	60	10	10	0	0	0
3–5	10	10	70	10	0	0	0	0
3–6	10	10	80	0	0	0	0	0
3–7	10	0	90	0	0	0	0	0
3–8	0	0	100	0	0	0	0	0

表3.23 4人组为主要占比（≥30%）的工况设置

工况	占比/%							
	1人组	2人组	3人组	**4人组**	5人组	6人组	7人组	8人组
4-1	10	10	10	**30**	10	10	10	10
4-2	10	10	10	**40**	10	10	10	0
4-3	10	10	10	**50**	10	10	0	0
4-4	10	10	10	**60**	10	0	0	0
4-5	10	10	10	**70**	0	0	0	0
4-6	10	10	0	**80**	0	0	0	0
4-7	10	0	0	**90**	0	0	0	0
4-8	0	0	0	**100**	0	0	0	0

表3.24 5人组为主要占比（≥30%）的工况设置

工况	占比/%							
	1人组	2人组	3人组	4人组	**5人组**	6人组	7人组	8人组
5-1	10	10	10	10	**30**	10	10	10
5-2	10	10	10	10	**40**	10	10	0
5-3	10	10	10	10	**50**	10	0	0
5-4	10	10	10	10	**60**	0	0	0
5-5	10	10	10	0	**70**	0	0	0
5-6	10	10	0	0	**80**	0	0	0
5-7	10	0	0	0	**90**	0	0	0
5-8	0	0	0	0	**100**	0	0	0

表3.25 6人组为主要占比（≥30%）的工况设置

工况	占比/%							
	1人组	2人组	3人组	4人组	5人组	**6人组**	7人组	8人组
6-1	10	10	10	10	10	**30**	10	10
6-2	10	10	10	10	10	**40**	10	0
6-3	10	10	10	10	10	**50**	0	0
6-4	10	10	10	10	0	**60**	0	0
6-5	10	10	10	0	0	**70**	0	0
6-6	10	10	0	0	0	**80**	0	0
6-7	10	0	0	0	0	**90**	0	0
6-8	0	0	0	0	0	**100**	0	0

表 3.26　7 人组为主要占比（≥ 30%）的工况设置

工况	占比 /%							
	1 人组	2 人组	3 人组	4 人组	5 人组	6 人组	**7 人组**	8 人组
7–1	10	10	10	10	10	10	**30**	10
7–2	10	10	10	10	10	10	**40**	0
7–3	10	10	10	10	10	0	**50**	0
7–4	10	10	10	10	0	0	**60**	0
7–5	10	10	10	0	0	0	**70**	0
7–6	10	10	0	0	0	0	**80**	0
7–7	10	0	0	0	0	0	**90**	0
7–8	0	0	0	0	0	0	**100**	0

表 3.27　8 人组为主要占比（≥ 30%）的工况设置

工况	占比 /%							
	1 人组	2 人组	3 人组	4 人组	5 人组	6 人组	7 人组	**8 人组**
8–1	10	10	10	10	10	10	10	**30**
8–2	10	10	10	10	10	10	0	**40**
8–3	10	10	10	10	10	0	0	**50**
8–4	10	10	10	10	0	0	0	**60**
8–5	10	10	10	0	0	0	0	**70**
8–6	10	10	0	0	0	0	0	**80**
8–7	10	0	0	0	0	0	0	**90**
8–8	0	0	0	0	0	0	0	**100**

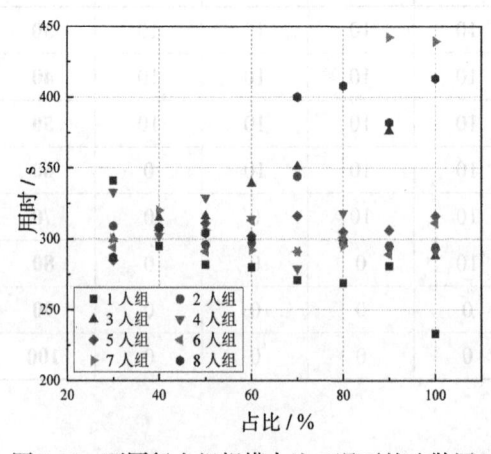

图 3.54　不同行人组规模占比工况下的疏散用时

图 3.54 为上述不同行人组规模占比构成下的人群疏散用时。可以发现，当 1 人组在整个疏散群组中比重较高，疏散用时也较短，尤其是疏散人群全部由 1 人组构成时，用时最短。当行人与其他行人组成小团体后进行疏散，疏散用时延长。尤其体现在较大规模群组（如 7 人组、8 人组）为疏散人群中占比相对较高的结构时，疏散用时相较于规模更小的群组的疏散用时大大增加。这一结果与前文通过人群实验得到的行人在成组后疏散效率变慢的结论相符。因此，在进行疏散决策时，应考虑将大规模的行人团体进行拆分，组成规模更小的行人群组，从而提高疏散效率。

3.4.2.4 实例 2 小结

在本实例中，以双氧水生产厂区 A 的储罐泄漏引发爆炸事故为例，对厂区内员工进行紧急疏散。由于该厂区出口设置在员工聚集的办公区域一侧，在发生事故时，可充分利用就近出口将人群疏散至开阔区域。在保持高密度人群中舒适人际间距的情况下，人际间距越小，空间范围内可容纳的人数越多，也就有更多行人群组能够在短时间内通过出口疏散。行人群组在疏散时，成组规模越大，越不利于疏散。集体的决策会影响群体中的个人，可能改变个人原有的路线选择，而保持与小团体中的其他成员共同疏散。当较小规模行人群组在总疏散人数中的占比越高，疏散用时越短。因此，考虑在进行疏散决策时，将大规模人群拆分成更小规模的群组进行疏散，加快疏散效率，缩短疏散时间。

3.4.3 毒物泄漏影响下区域人群疏散仿真与疏散策略优化

3.4.3.1 模型搭建

本实例从前文得出的结论出发，将微观层面试验研究得到的社会关系行人群组行为规律作用机制和计算机模拟得到的单体建筑内的人群疏散效果运用于实际，与宏观层面的化工园区储罐泄漏事故而导致大规模人群疏散策略相结合，研究当厂区爆炸产生的毒气随大气环境不断扩散至周边区域时，区域中生活、工作的居民因此被紧急疏散转移的过程。本实例旨在基于前面章节的相关研究结果，对大规模区域疏散给予引导，通过施加合理的物理外部干预，在社会关系连结的大规模人群中提高疏散效率，同时降低区域的高密度风险。

3.4.3.2 确定厂区外疏散范围

由于储罐存量大,当发生事故时,受风力作用影响,毒物将会扩散至周边街区。为确定泄漏影响范围,使用ALOHA软件进行计算。ALOHA可根据化学物质发生事故处的大气环境(如温度、湿度、风向、风速、云量等)及储罐体积与泄漏设置(气体直接扩散、储罐泄漏、气体管道泄漏及液池蒸发4种泄漏源形式)进行参数输入,估算出当事故发生后的致死区域、重伤区域与轻伤区域,以改进疏散决策。

由于根据一年内每日大气状况进行泄漏事故扩散的模拟较为复杂,因此根据WeatherSpark网站给出的该工厂所在地的气候条件,选取了具有代表性的春、夏、秋、冬四个季节各一天进行带入(见表3.28)。

设置事故储罐直径为10m,容量约为500m^3,泄漏发生在储罐顶部距地面高约为6.5m处,经计算并叠加地图图层得出如图3.55所示的影响区域。根据浓度测算结果,第1警戒线(红色)区域内的毒物浓度超过ERPG-3水平,为泄漏区,若人员暴露于该区域1h会对生命安全构成严重威胁;第二警戒线(橙色)区域内的毒物浓度已超ERPG-2水平,为扩散区,若人员无防护暴露于该区域1h将影响其生理健康;第3警戒线(黄色)区域内的毒物浓度超过ERPG-1水平,若暴露在该区域中的人员不及时撤离将产生中毒症状;第3警戒线外为安全区域。

由此,可大致确定事故影响范围。将事故发生厂区周围约4平方公里范围(红色不规则面),即受到毒物扩散影响最为严重的区域B为实例,将前文所得的社会关系影响下的行人疏散规律应用于实际情景层面。

表3.28 大气情况输入值

季节	日期、时间	温度/(℃)	云量	湿度/%	风速/(km/h)	风向
春	4月15日 10:30	15	5	5	18	SE
夏	7月15日 10:30	30	6	90	17.4	SSE
秋	10月15日 10:30	20	3	15	17.8	NE
冬	1月15日 10:30	5	3	0	17.9	N

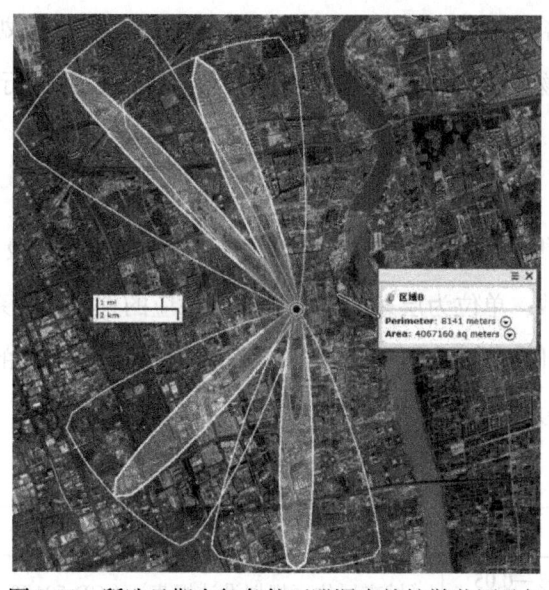

图 3.55 所选日期大气条件下泄漏事故扩散范围叠加

3.4.3.3 区域大规模疏散模拟

（1）参数设置

根据上海市民防办公室发布的《应急避难场所设计规范》（DB31MF/Z003-2021），参照谷歌地图 2018 年拍摄版本地图，将疏散区域 B 内的大型城市绿地作为应急避难区。将需要进行疏散转移的住宅区、工业区等城市区域根据路面与河流分隔可大致划分为 66 个地块（1～66），由不同位置的地块产生行人并疏散转移至就近的 5 处避难区（S1～S5），如图 3.56 所示。避难成功的判定条件为，行人由各自生活、工作的区域按照就近原则全部疏散至避难区内。

图 3.56 区域 B 地块划分

区域 B 中包含多种建筑用地，涉及多个功能区和街区规划，采用人口计算公式，通过建筑物投影面积、层数和功能对各地块的人数进行估计[18]。计算公式如公式（3-13）所示。

$$P_i = S_i \times R_i \times E_c \qquad (3\text{-}13)$$

其中，P_i 为街区总人口，单位为人；S_i 为建筑物垂直投影面积，单位为 m^2；R_i 为建筑层数，单位为层；E_c 为场地属性对应的人口换算系数。

根据建筑设计规范中有规定或可以计算出，不同用地性质的地块上的人数换算系数，如表 3.29 所示。

表 3.29 疏散人数换算系数

场地属性	E_c	标准参考
住宅	0.03—0.05	《城市居住区规划设计规范》（GB 50180-93〔2016 年版〕）
商业	0.6—0.85	《全国民用建筑工程设计技术措施》（2009 年版）
办公	0.1—0.25	《办公建筑设计标准》（JGJ/T67-2019）
学校	0.08—0.11	《建筑设计防火规范》（GB 50016-2014）

根据上述方法可估算划定区域内各地块所需疏散的人口数据，如表 3.30 所示。且经估算后的人口密度 6654 人 $/km^2$ 与该行政区总体人口密度 6553 人 $/km^2$ 相符。

表 3.30 区域 B 各地块人数估算

编号	人数/人	编号	人数/人	编号	人数/人	编号	人数/人
1	1519	18	186	35	672	52	493
2	427	19	863	36	437	53	327
3	698	20	429	37	762	54	223
4	929	21	583	38	673	55	300
5	179	22	597	39	1073	56	227
6	1124	23	638	40	33	57	93
7	731	24	284	41	29	58	10
8	472	25	158	42	121	59	95
9	315	26	268	43	491	60	415
10	245	27	135	44	197	61	18
11	42	28	412	45	386	62	461
12	31	29	174	46	474	63	573

续表

编号	人数/人	编号	人数/人	编号	人数/人	编号	人数/人
13	38	30	37	47	512	64	265
14	43	31	416	48	439	65	313
15	324	32	895	49	353	66	421
16	469	33	797	50	609		
17	543	34	195	51	371	总计	27062

在大规模人群疏散转移的应用层面，基于避难所利用率的限制，大量学者论证了拥堵程度的具体数据。其中，具有代表性的研究是，Pauls[19]认为，当人口密度 $\rho = 2.0\,\text{p}/\text{m}^2$ 时，人流可能随时发生拥堵，当人口密度 $\rho = 4.0\,\text{p}/\text{m}^2$ 时，人群无法移动。

基于公式（3-14），对已有避难区的可容纳人数进行计算，如表 3.31 所示。避难区总容量大于区域 B 内总人数，即可容纳区域 B 内所有待疏散行人。

$$S_u = \frac{P_n}{S_e/S_a} \qquad (3\text{-}14)$$

其中，S_u 为避难所的利用率，单位为 %；P_n 为实际到达避难所的人数，单位为人；S_e 为避难所有效疏散区域，单位为 m^2；S_a 为人均所需面积，单位为 m^2；S_e/S_a 是指避难所的有效容量。

表 3.31 避难区 S1 ~ S5 容量

避难区	S1	S2	S3	S4	S5	总计
容量/人	5943	3953	5605	3773	11650	30924

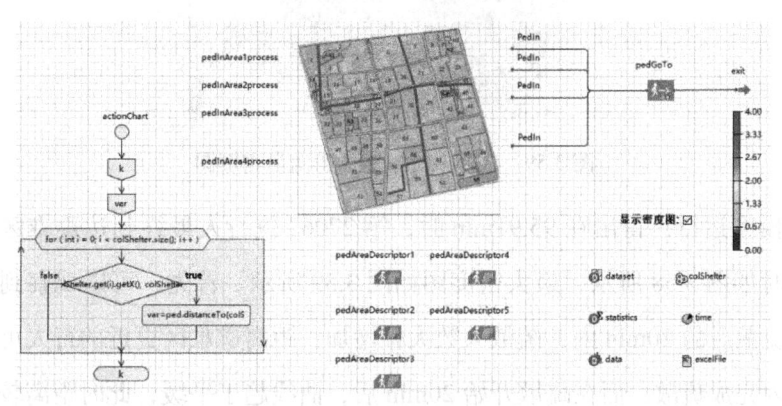

图 3.57 区域 B 避难逻辑模块

图 3.57 所示为区域 B 的疏散逻辑搭建与数据收集模块。智能体模块 pedInAreaprocess1～4 为行人由各地块产生的多个 padSource 集合的封装模块，pedGoTo 定义行人疏散至避难区的行为，应用行动图 actionChart 使行人选择距离自己最近的避难区进行疏散。变量 time 记录疏散用时，使用数据统计模块（dataset、statistics、data）记录疏散总人数。人群密度根据总的行人体量，调整关键密度为 4。模块 PedAreaDescriptor1～5 分别记录避难区 S1～S5 内的行人数量。

（2）模拟结果

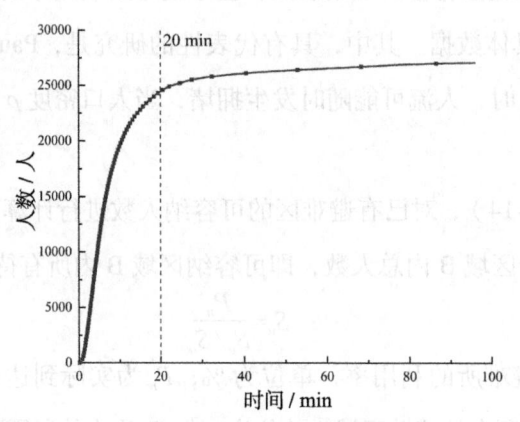

图 3.58 大规模人群疏散用时

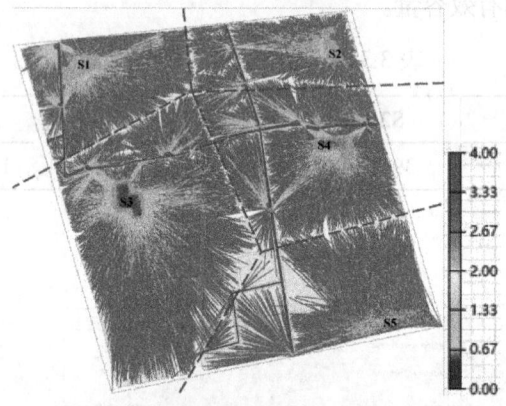

图 3.59 区域 B 大规模人群疏散密度图

经模型运行，得出在 95.91min 时，第 27062 位行人最终到达避难区，人群疏散用时如图 3.58 所示，最大密度图如图 3.59 所示。首先，可以观察到，人群在开始疏散后的 20min 内，疏散人数大幅增加，距离避难区更近的行人可以在更短时间内完成疏散，而在疏散开始 20min 后，曲线趋于平缓，此时距离较远的行人需要较长时间到达避难区。其次，行人密度较高（红色占比越高）的避难区为

S3 与 S4，周围多住宅区，在其就近范围内的行人超过了避难区承载能力，疏散总用时较长。且对行人分流的情况使用虚线进行大致划分，可以发现，S3 与 S4 避难区辐射到的地块面积较大，行人需要步行较远距离到达避难区，人群疏散用时被延长。

3.4.3.4 区域人群调配对疏散的影响

为缩短疏散用时，降低避难区单位面积内人群密度，提高疏散效率，首先考虑在人群密集的住宅区扩大避难区面积，充分利用周围学校、公园用地。其次增加避难区数量，使避难区能够辐射较近距离内的行人，缩短其所在位置与避难区的间距。扩、改建的避难区如图 3.60 所示。

图 3.60 扩、改建避难区示意图

经运行模拟，将增设避难区前后的疏散用时进行对比，如图 3.61 所示。疏

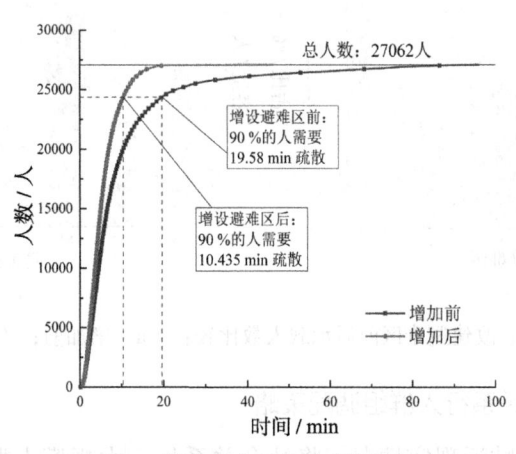

图 3.61 增设避难区前后疏散用时对比

散用时为 46.355min，相较于改善前，降低了约 51.67%。90% 的行人疏散用时也由 19.58min 下降至 10.435min。

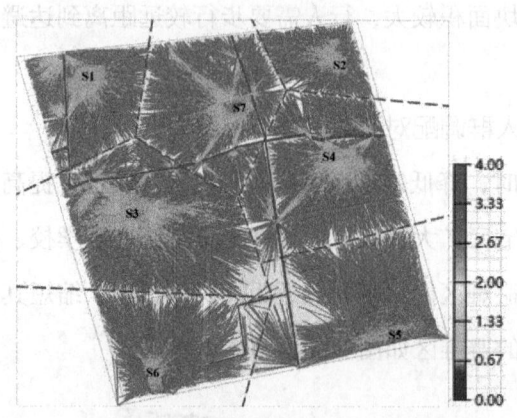

图 3.62 增加避难区后行人密度图

图 3.62 所示为扩、改建避难区后的行人密度图，扩建的 S3 避难区人群密度显著降低，增设的 S6、S7 避难区分流了部分行人。且根据虚线划分来看，每个避难区辐射周边的面积减小，行人到达避难区的时间减少，加快了整个疏散过程。

图 3.63 所示为避难区最终承载的行人数量，由图 3.63（a）可以观察到，在增加避难区前，S3、S4 避难区最终人群数量远超其承载能力，而在增加避难区后，有效降低了过高承载人数的避难区，使得避难区容量符合就近疏散大规模人群的要求，见图 3.63（b）。

（a）

（b）

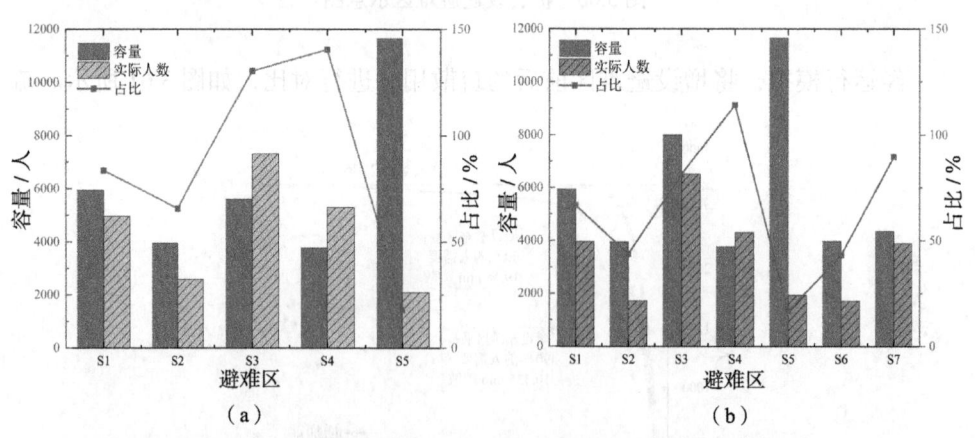

图 3.63 扩、改建避难区前后承载人数比较：（a）增加前；（b）增加后

3.4.3.5 社会关系行人群组调配策略

为使模拟更加贴近现实情况，将社会关系加入大规模人群疏散。表 3.32 所

示为行人不同规模群组在总疏散人数中的占比，F1 工况中，2 人组与 3 人组各占 50%；F2 工况中，结合前文中 1 人组疏散较快的结果，将主要行人规模设置为 1 人组，占比 60%，其余部分为 2 人组与 3 人组，各占 20%。1 人组、2 人组、3 人组行人群组内部连结如图 3.64 所示。考虑到前文所证行人间距对人群疏散的影响，采取对疏散最有利的行人间距，将行人间距设置为 0.1m。

表 3.32 大规模行人群组疏散工况设置

工况	1 人组	2 人组	3 人组
F1	0	50%	50%
F2	60%	20%	20%

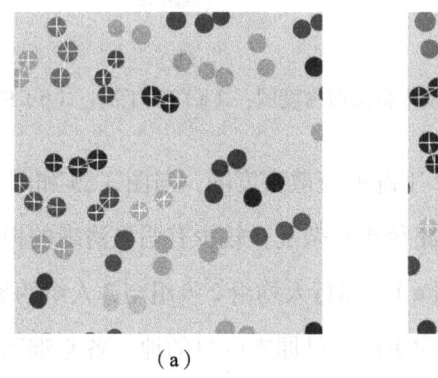

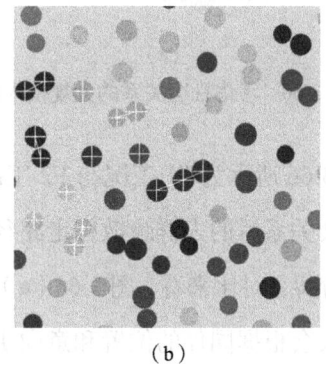

图 3.64 行人群组内部连结示意图：
（a）F1 工况（2~3 人成组）；（b）F2 工况（1~3 人成组）

图 3.65 所示为 F1 工况与 F2 工况的疏散用时。可以观察到，疏散开始后的

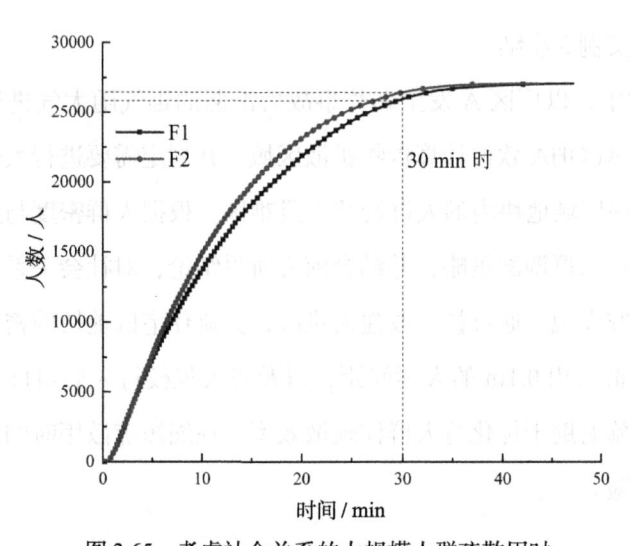

图 3.65 考虑社会关系的大规模人群疏散用时

30min 内，两种工况的疏散速度均较快，在 30min 后，疏散人数逐渐趋缓。F2 工况，即 1 人组行人占比较高时，整体疏散速度更快，疏散用时也更短；F1 工况，即行人以成组规模进行疏散时，疏散速度较慢，疏散用时也更长。

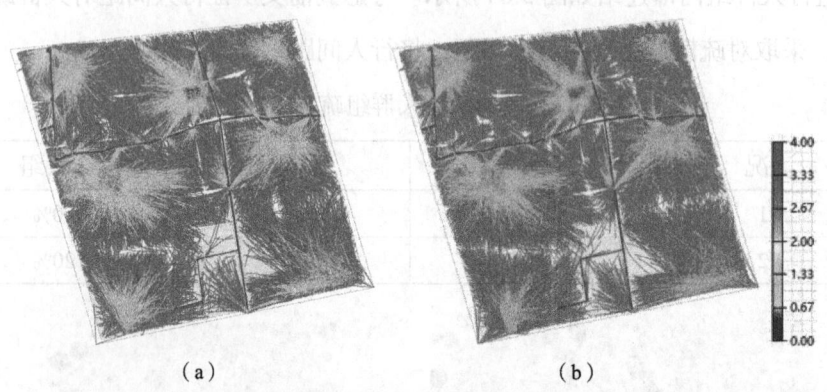

(a) (b)

图 3.66　考虑社会关系的大规模人群疏散密度图：(a) F1 工况；(b) F2 工况

图 3.66 所示为 F1 工况与 F2 工况的疏散密度图，与图 3.59 和图 3.62 相比，加入社会关系后的人群疏散行走路径更加杂乱，较少有明显清晰的根据疏散区辐射状况分界。对比来看，图 3.66(a)，即行人均由 2 人组与 3 人组的规模构成时，单个行人会根据同伴的位置和意向更改自己原本的目的地，各避难区周边人群涌入较多。图 3.66(b)，即由 1 人组占主要比重的人群疏散中，避难区周边辐射地块尚有较为清晰的分界线，但同样存在 2 人组与 3 人组在疏散时的边界"扰乱"现象。

3.4.3.6　实例 3 小结

在本实例中，以厂区 A 发生爆炸事故后泄漏的毒气随大气进行扩散作为事故背景，利用 ALOHA 软件计算毒物扩散区域，并划定需要进行大规模群体疏散的区域 B，将该区域地块内的人群转移至避难区。根据人群密度与避难区情况，设计区域大规模人群调配策略，并结合前文所得结论，对社会关系下的人群管控提供建议。研究发现，通过扩、改建避难区，分流住宅区地块的密集人群，将社会关系下的人群采用 0.1m 的人际间距，以及将大规模行人群组拆分为更小群组等疏散管控措施有助于优化行人群体疏散效率，在缩短疏散用时的同时降低高密度人群聚集风险。

参考文献

[1] 李慧, 蒋军成, 王若菌. 池火灾热辐射的数值研究 [J]. 中国安全科学学报, 2005, 15(10):7-10.

[2] Bae S, Choi J H, Kim C, et al. Development of new evacuation model (BR-radiation model) through an experiment. *Journal of Mechanical Science and Technology*, 2016,30:3379-3391.

[3] 张宇峰. 局部热暴露对人体热反应的影响 [D]. 清华大学, 2005.

[4] Lu X, Yang Z, Cimellaro G P, et al. Pedestrian evacuation simulation under the scenario with earthquake-induced falling debris. *Safety Science*, 2019, 114: 61-71.

[5] Boltes M, Seyfried A. Collecting pedestrian trajectories. *Neurocomputing*, 2013, 100: 127-133.

[6] Fu L, Cao S, Shi Y, et al. Walking behavior of pedestrian social groups on stairs: A field study. *Safety Science*, 2019, 117: 447-457.

[7] Wei X, Mai X, Lv W, et al. Microscopic character and movement consistency of pedestrian group: An experimental study in campus. *Fire Safety Science*, 2014, 11: 1103-1114.

[8] Moussaïd M, Perozo N, Garnier S, et al. The walking behaviour of pedestrian social groups and its impact on crowd dynamics. *PloS one*, 2010, 5(4): e10047.

[9] Pachi A, Ji T. Frequency and velocity of people walking. *Structural Engineer*, 2005, 84(3): 36-40.

[10] Liu X, Song W, Zhang J. Extraction and quantitative analysis of microscopic evacuation characteristics based on digital image processing. *Physica A: Statistical Mechanics and its Applications*, 2009, 388(13): 2717-2726.

[11] Ishigaki T, Toda K, Baba Y, et al. Experimental study on evacuation from underground space by using real size models. *Proceedings of Hydraulic Engineering*, 2006, 50:583-588.

[12] Dias C, Rahman N A, Zaiter A. Evacuation under flooded conditions: Experimental investigation of the influence of water depth on walking behaviors.

International Journal of Disaster Risk Reduction, 2021, 58102192.

［13］陈义慧. 城市洪涝灾害风险沟通能力研究 [D]. 华东理工大学，2022.

［14］莫伟丽，邱卫云. 地铁车站水浸过程数值模拟及避灾对策研究 [D]. 浙江大学，2010.

［15］Wei X, Mai X, Lv W, et al. Microscopic character and movement consistency of pedestrian group: An experimental study in campus. *Fire Safety Science*, 2014, 11: 1103-1114.

［16］陈萌萌. 树脂净化过氧化氢工艺安全性研究 [D]. 青岛科技大学，2019.

［17］Wu P, Wang Y, Jiang J, et al. Evacuation optimization of a typical multi-exit subway station: Overall partition and local railing. *Simulation Modelling Practice and Theory*, 2022, 115: 102425.

［18］Zuo J, Shi J, Li C, et al. Simulation and optimization of pedestrian evacuation in high-density urban areas for effectiveness improvement. *Environmental Impact Assessment Review*, 2021, 87: 106521.

［19］Pauls J. Calculating evacuation times for tall buildings. *Fire Safety Journal*, 1987, 12(3): 213-236.

第 4 章
集聚性人群疏散非适应性心理行为规律

4.1 引言

疏散过程中的人群行为反应是危机研究的一个重要方面。在突发事件下,对疏散个体和群体行为的研究,当前主要是以逃逸和恐慌行为为研究对象。当人群比较密集且面临非常紧急的情况时,人群的恐慌情绪比常规疏散更易产生和扩散,即具有更高的"传染性",进而导致一系列非适应性行为(nonadaptive crowd behavior)[1]。在紧急情况下,信息的传播受到时间和空间的限制,疏散人群需要在缺乏信息的情况下瞬间决策,这就导致当周围人群行为一致时,人们往往跟随周围人一同行动,即所谓的"从众行为"[2,3],而当周围人群表现出较高的恐慌情绪时,也往往会受到感染。本章主要探讨集聚性人群在紧急情况下疏散时所产生的恐慌心理行为特征及其传播规律。

4.2 疏散群体的典型非适应性行为模式

根据国际上认可的紧急疏散中心理论及社会特征的三个层面[4],首先可将人群内部所表现的非适应性行为模式进行分类。

4.2.1 个体行为模式

在个体层面,紧急疏散中出现的非适应性行为主要是个体决策的结果。发生突发事故或灾难时,个体往往面临的是一个高度重要、高度不确定以及高度紧急的情形,此时个体决策通常是在高度压力下进行的。个体决策基于三个基本准则,即本能、经验以及有限的理性。个体可以选择其中之一进行决策，或是根据这些准则的综合进行决策，选择何种准则与个体的情绪密切相关，而情绪又受到所面临的环境的影响。通常，紧急疏散中个体的行为决策一般表现在对于疏散路线或者方向的选择上。

4.2.2 个体—个体相互作用行为模式

在个体与个体交互作用的层面上，紧急疏散中的非适应性行为往往出现于以下几种情形:（1）个体之间无法遵从彼此的社会地位，从而表现出非社会性的举动，彼此丧失配合；（2）人群的拥挤使个体之间失去了个人空间；（3）场景高度不确定。周围环境的压力使个体之间趋向于对他人的盲从。突发事故或灾难往往会对疏散群体带来失控感，从而造成个体心理压力的剧增以及恐慌情绪的弥漫，这种情况下个体的行为选择往往很难独立，尤其是当人群密度比较大时，人与人之间个人空间的丧失更是会导致盲从。当灾害场景的未知性更大时，这种盲从和恐慌将会导致更多的问题出现。毫无疑问，信息是影响从众行为的一个重要因素，因此，疏散过程中及时的导向作用非常重要。

4.2.3 群体行为模式

在群体层面，紧急疏散中的非适应性行为的出现往往是由于疏散群体的高度拥挤、严重的环境限制以及高度的精神紧张。群体行为模式包括了人群的交互作用、冲突等。交互作用通常与人与人之间的社会关系有关，比如亲属之间、朋友之间非常容易发生朝同一个方向疏散的情况。已有研究指出，疏散中场景越是危险，个体越是趋向于个人主义，这就容易造成疏散中的冲突。当冲突产生时或是有产生冲突的迹象时，若没有管理者或冷静者的及时疏通和消解，将对疏散结果造成很大的影响。

4.3 基于复杂网络理论的从众恐慌行为研究

4.3.1 疏散中的从众心理

社会心理学观点认为，从众行为是人类社会普遍存在的一种社会心理现象和行为，通常是指主体个人在自身观点、意见模糊的情景条件下，且在周围社会群体的怂恿下，放弃自身的观点、意见，转而采取与周围大多数人相一致的行为[5]。发生从众行为的直接原因是主体个人对于自身观点或行为的模糊性而周围人对自身观点或行为的明确性。在应急疏散中，当具有从众倾向的疏散个体的周围人群表现出较高的恐慌情绪时，其往往会受到感染，出现从众恐慌行为。很多突发事件下的人员伤亡，都与人群的这种从众恐慌行为密切相关，如1913年意大利大会堂的人群踩踏灾难，当时在一个拥挤的圣诞派对上，73人在错误的火灾警报后试图逃离时被恐慌性踩踏致死[6]。

尽管很多疏散数学模型和仿真模型都可以对紧急情况下的人员运动特征进行一定层面的分析研究，而涉及疏散恐慌，目前也有一些研究对群体疏散中的恐慌情绪分布及消减进行了初步的探讨[7-9]，然而，很少有研究关注到恐慌在人群中的发生发展机制。因此，有必要采用合适的理论方法深入研究疏散过程中具有从众倾向的个体发生从众恐慌行为的模式和特征。

大量的疏散实验、现场观测和问卷调查已表明，人群疏散是一种成群穿越危险区域的行为，因而人群的从众恐慌行为具有明显的群体性特征。疏散个体之间相互联系、相互制约，构成一个复杂系统。疏散群体中能够理性疏散的人员（冷静者）以及表现出恐慌行为的人员（恐慌者）会对具有从众倾向的人员（从众者）同时施加影响，导致从众者的行为趋于理性或恐慌。因此，整个疏散人群实际上就是一个由冷静者、恐慌者和从众者相互影响所构成的复杂网络，随时间发生动态变化。因此，本节将采用复杂网络理论中的相关方法，结合已有研究对人群疏散行为特征的分析结果，探讨人群中从众恐慌行为的发生机制和传播特征。

4.3.2 人群从众恐慌建模

4.3.2.1 复杂网络理论简介

目前，复杂网络已成为生物科学、工程科学、数学和物理科学等领域的研究热点。两个著名的创新著作激发了对复杂网络的研究。1998年，Strogatz和Watts[10]首次提出了Small-World网络模型，描述了从完全规则网络到完全随机网络的转变，并发表在《自然》杂志上。小世界网络既具有与规则网络相似的聚类特征，又具有与随机网络相似的较短平均路径长度。后来在1999年，《科学》杂志发表了Barabási和Réka A[11]的工作，他们指出许多现实的复杂网络的连通性分布呈现幂律特征。由于幂律分布的特征长度不明显，这种网络称为无标度网络[12]。此后，复杂网络理论的应用越来越受欢迎。许多现实世界的系统可以通过复杂的网络来建模，如通信网络[13]、电网[14]、贸易网络[15]、疾病传播网络[16]等。随着对复杂网络研究的重要性和知名度的不断提高，人们发现了复杂网络的各种特征，可以总结为以下几点：

（1）结构复杂，表现在节点数目巨大，网络结构呈现多种不同特征。

（2）网络进化：表现在节点或连接的产生与消失。例如world-wide network，网页或链接随时可能出现或断开，导致网络结构不断发生变化。

（3）连接多样性：节点之间的连接权重存在差异，且有可能存在方向性。

（4）动力学复杂性：节点集可能属于非线性动力学系统，例如节点状态随时间发生复杂变化[17]。

（5）节点多样性：复杂网络中的节点可以代表任何事物，例如，人际关系构成的复杂网络节点代表单独个体，万维网组成的复杂网络节点可以表示不同网页。

（6）多重复杂性融合：即以上多重复杂性相互影响，导致更为难以预料的结果。例如，设计一个电力供应网络需要考虑此网络的进化过程，其进化过程决定网络的拓扑结构[18]。当两个节点之间频繁进行能量传输时，他们之间的连接权重会随之增加，通过不断的学习与记忆逐步改善网络性能。

4.3.2.2 疏散人群网络的构建

疏散人群中存在冷静者、恐慌者和从众者三类人群。恐慌者数量的增加会增大群体压力,这种群体压力将导致某些从众者加入恐慌者的行列,即本研究所定义的"从众恐慌"行为。表 4.1 所示为三类人群的具体描述。

表 4.1 疏散人群分类

类型	描述	对从众者的影响
冷静者	疏散时情绪镇定,听从指挥,能够正确选择疏散路径的人	对从众者施加影响
从众者	疏散时情绪不稳定,主要依赖其他人的行为来确定	从众者之间相互影响
恐慌者	疏散时情绪激烈,盲目逃窜,无法正确选择疏散路径的人	对从众者施加影响

从中可以看到,恐慌者对从众者的"从众恐慌"行为产生促进作用,而冷静者对从众者有抑制作用。三者之间存在复杂的相互影响和联系。根据复杂网络理论,将人群中的个体简化为网络中的节点,个体与个体之间的相互影响关系则抽象为连接节点的边,据此构建疏散人群的关系网络,如图 4.1 所示。由于疏散个体之间的影响关系具有方向和大小,故该网络是一个有向赋权网络。

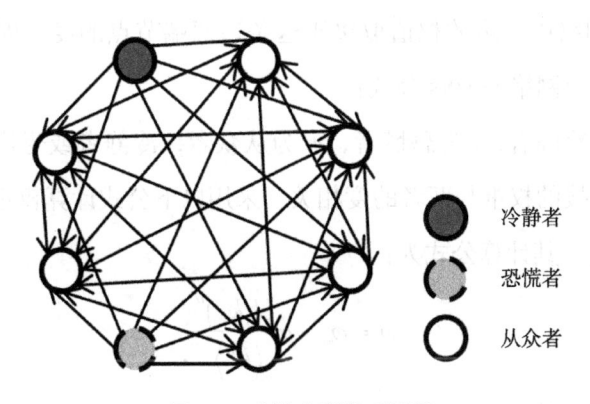

图 4.1 疏散人群关系网络

为便于分析,对该网络进行如下假定:

(1)冷静者、恐慌者与从众者的关系为单向,即冷静者、恐慌者都会对从众者施加单向的影响力,且两者的影响力不等;

(2)从众者之间的影响为双向,即从众者既受到人群中冷静者和恐慌者的影响,也受人群中其他从众者的影响;

(3)冷静者与恐慌者之间存在相互影响,为简化分析,假定两者的影响力相同,即两者可相互抵消不计;

(4)由于群体中个体之间的差异,各个体间的影响权重都不同,为简化分析,假定行人个体间同一种连接的权重相同，仅考虑不同类型连接的权重数值差异，如表4.2所示。

表4.2 网络中各边的权重（相互之间影响力的大小）

权重	冷静者	从众者	恐慌者
冷静者	-	ω_1	0
从众者	$-\omega_1$	ω_3	$-\omega_2$
恐慌者	0	ω_2	$-\omega_1, \omega_2 \geq 0$

在复杂网络理论中，目标节点与其他节点之间的关系强度可以通过该节点的度来反映。对于有向图，节点的度可以分为入度和出度两类。入度定义为指向目标节点的节点数，出度定义为目标节点所指向的节点数。目标节点的度等于入度和出度之和[19]。对于从众者来说，他们在做出疏散决策时，会受到平静人群和恐慌人群的综合影响。个体节点的度越大，说明该节点与其他节点之间的关系越广泛，其他个体对该个体的影响越小，反之亦然。根据 Karsai 等人[20] 的工作，在加权无标度网络中，边的权值取决于这条边两端节点的度，即 $\omega_{ij}:(k_i k_j)^\theta$，我们可以建立疏散网络的 IWs 公式：

令节点 i 为冷静者，j 为恐慌者，m 为从众者，冷静者或恐慌者与从众者之间存在连接，连接的权重与两者的度相关。采用以下公式计算权重：

对于冷静者，其计算公式为：

$$\omega_1 = \omega_{im} = \alpha \frac{(k_i k_m)^\theta}{\langle k^\theta \rangle^2}, \quad (4-1)$$

对于恐慌者，其计算公式为：

$$\omega_2 = \omega_{jm} = \beta \frac{(k_j k_m)^\theta}{\langle k^\theta \rangle^2}, \quad (4-2)$$

对于从众者，其计算公式为：

$$\omega_3 = \omega_{mm} = \gamma \frac{(k_m k_m)^\theta}{\langle k^\theta \rangle^2}, \quad (4-3)$$

其中，α, β, γ 分别为冷静人群、恐慌人群和从众人群的权重系数；k_i, k_j 和 k_m 分别表示节点 i, j 和 m 的度；$\langle k \rangle$ 是网络的平均度；θ 是特定加权网络的常数指标，$0 < \theta < 1$。为了简化分析，我们设置 $\theta = 0.5$。根据疏散人群的关系网络，

冷静节点（代表冷静个体的节点，下同）或恐慌节点只有出度，其出度值等于疏散人群的人数，即。从众节点的入度依赖于除自身之外的其他人，所以入度等于疏散总人数减1。因为从众节点的出度只指向其他从众节点，所以从众节点的出度等于从众节点人数减1。这里我们假设冷静者的权重系数等于1。

随着人群中发生从众恐慌人数的变化，网络结构也会随时间动态变化，即三类节点数目、边权均会变化，因而所建立的疏散关系网络是一种动态复杂网络。而恐慌人数的变化，取决于人群中从众者向恐慌者的演变，这事实上就是从众者对自身疏散行为的一种决策过程，而描述这种决策过程的一种有效方法就是阈值模型[21,22]——即从众者根据自身对于恐慌行为的阈值判断，导致其行为演变为恐慌或是不恐慌。因此，在下文中我们将引入恐慌阈值的概念，结合前面所建立的人群间相互影响关系的数学模型，构建能够合理描述从众者发生从众恐慌行为的阈值模型，并基于模型来分析讨论相关参数对从众恐慌行为的影响。

4.3.2.3 基于人群网络的恐慌从众行为阈值模型

从众者，实际上就是潜在的恐慌者或冷静者。作为决策个体，其决策过程存在个体差异性。为了合理描述从众者通过自身决策发生"从众恐慌"行为这一过程，我们采用复杂网络理论中的阈值模型来进行分析。阈值模型是复杂网络科学中的一种微观扩散模型，用来描述个体受外界环境的累积效果，特别适用于社会动态问题的仿真研究。

从众者趋向于恐慌的总效用评价包含两个方面：

（1）从众者对自身的初始效用评价；

（2）群体压力对从众者的影响力；

当总效用评价超过从众者自身特定的从众恐慌阈值，从众者将变为恐慌者。恐慌者可认为其从众阈值为0。这里假定从众者对自身的初始效用评价与周边环境无关，仅与从众者自身特征有关。群体压力对从众者将产生关键性影响。

疏散初期，较少的恐慌者所形成的群体压力较低，使得具有较低从众阈值的人员从众而成为新的恐慌者，群体压力随之逐渐升高，进而导致具有较高从众阈值的人员从众而形成新的恐慌者，直到恐慌者形成的群体压力无法使具有更高从众阈值的人员从众时，从众恐慌过程便终止。考虑疏散人群网络的特点，建立如下阈值模型：

$$U_{i,t} = a_i A_{i,t} + b_i B_{i,t-1} \qquad (4\text{-}4)$$

其中，$U_{i,t}$ 为第 i 个从众者在 t 时刻（时间步长）对从众恐慌的效用评价值，$A_{i,t}$ 为第 i 个从众者在 t 时刻对自身的初始效用评价值，取决于从众恐慌带给自身的效用。假定对于从众个体始终为定值，不随时间变化，但每个个体的值不同。a_i 为第 i 个从众者对自身效用评价的确定性程度，通常从众者对自身判断、评价存在一定的模糊性，$B_{i,t-1}$ 为疏散人群网络在 $t-1$ 时刻对第 i 个从众者的累计影响值，与 t 时刻之前累计恐慌人数有关，B_i 为从众者 i 对疏散人群网络影响力赋予的权重，$b_i B_{i,t-1}$ 表示疏散人群网络在 $t-1$ 时刻对从众者 i 形成的群体压力，设定从众者自身特定的从众恐慌效用阈值为 0，则：当 $U_{i,t} > 0$ 时，从众者 i 在时刻 t 变为恐慌者（发生从众恐慌行为），此时记 $\varepsilon_{i,t}=1$；当 $U_{i,t} \leq 0$ 时，从众者 i 在时刻 t 没有变为恐慌者，此时记 $\varepsilon_{i,t}=0$。

由此，计算时刻 t 时的累计恐慌人数为：

$$n(t) = n_0 + \sum_{i=1}^{p} \varepsilon_{i,t} \qquad (4\text{-}5)$$

其中 n_0 为初始恐慌人数，m 为总疏散人数，

故 t 时刻时疏散人群的恐慌率（恐慌水平）为：

$$R(t) = \frac{n(t)}{p} \qquad (4\text{-}6)$$

疏散人群网络对从众者的影响：

$$B_{i,t} = B_{i,t-1} + \sum_{j \in n} \varepsilon_{j,t} \omega_{ji} \qquad (4\text{-}7)$$

这里，恐慌率 R 实际上是一种主观概率。正如 Terje Aven 和 Genserik Reniers[23] 所说，"如果我们想要获得关于所研究的未知量的更'主观的'的知识描述，使用不精确的概率可能是一个合适的工具"。因此，我们在效用的基础上定义了恐慌率（概率），这符合一个不确定性标准，即从众—恐慌阈值。

（1）参数 A_i 的解释

在这个模型中，A_i 表示从众人群本身感知到的恐慌情绪和行为，其初始效用取决于个体特征。为了验证这一假设的合理性，我们对疏散人员的心理行为进行了问卷调查。问卷由人员基本特征和疏散心理行为两部分组成，第二部分设计了关于疏散恐慌的问题，详见附录 A。通过对中国南京某大客流地铁站的实地调查，共发放 151 份问卷，收回有效问卷 141 份，有效回复率为 94%。通过 SPSS

Statistics 19.0 软件对问卷数据进行分析，着重研究人员某些特征与疏散恐慌之间的相关性，验证假设 A_i。

（2）人员基本特征

通过对问卷数据的初步统计，进一步筛选人员特征变量，如表 4.3 所示，选取性别、受教育程度、年龄、安全知识进行后续相关分析。

表 4.3 人员特征统计

人员特征	选项	频数	百分比	累计百分比
性别	男性	72	51.1	51.1
	女性	69	48.9	100.0
	总计	141	100.0	
受教育程度	初中及以下	2	1.4	1.4
	高中/高职	3	2.1	3.5
	大专	19	13.5	17.0
	本科	65	46.1	63.1
	硕士及以上	52	36.9	100.0
	总计	141	100.0	
年龄	[20, 25)	18	12.8	12.8
	[26, 30)	67	47.5	60.3
	[31, 35)	42	29.8	90.1
	[36, 40)	9	6.4	96.5
	≥41	5	3.5	100.0
	总计	141	100.0	
安全知识	从来没有	60	42.6	42.6
	日常生活中学习	80	56.7	99.3
	接受专门教育或培训	1	.7	100.0
	总计	141	100.0	

4.3.2.4 人员特征与疏散恐慌的相关性分析

皮尔逊卡方检验是检验两个分类变量是否相互独立的一种假设检验方法。在该方法中，零假设中的理论分布是指两个分类变量相互独立的假设下的分布。p 表示在原假设成立的前提下，观测样本和更极端情况的概率。这里我们设显著性水平为 0.05，若 $p>0.05$，零假设可以被接受，即两个分类变量是独立的；若

$p<0.05$，则拒绝原假设，即两个分类变量之间存在显著相关。人员特征与疏散心理行为的人卡方检验结果如表4.4所示，其中"是否受他人恐慌影响"是疏散恐慌的一种明确表达，而"迷路"和"陷入拥堵"是两个容易与疏散恐慌联系在一起的具体场景。注意，最后一栏"随身行李"即问题"在疏散过程中携带大件行李是否会让您感到更紧张和焦虑？"虽然这个变量属于问卷的第二部分，但考虑到携带行李可能会影响疏散心理行为，所以特意选择这个变量进行卡方检验。

表4.4 皮尔逊卡方检验结果

疏散心理行为	p				
	性别	年龄	教育水平	安全知识	行李携带
面对紧急情况时的第一心理反应	0.044	0.159	0.64	0.811	0.018
面对紧急情况时的第一行为反应	0.435	0.844	0.786	0.197	0.085
逃生路线选择（在熟悉的地铁站）	0.234	0.855	0.051	0.179	0.213
逃生路线选择（在不熟悉的地铁站）	0.077	0.76	0.927	0.800	0.334
迷路时的第一心理反应	0.064	0.639	0.932	0.481	0.000
迷路时的第一行为反应	0.002	0.116	0.193	0.946	0.012
面对拥堵时的第一心理反应	0.247	0.465	0.000	0.082	0.003
面对拥堵时的第一行为反应	0.652	0.729	0.092	0.304	0.805
是否受他人恐慌的影响	0.013	0.306	0.376	0.17	0.000

结果表明，性别、文化程度、随身携带行李与疏散心理行为存在显著相关，尤其是与疏散恐慌相关的心理行为。详细的相关性用黑体字强调。在卡方检验的基础上，通过交叉表（见附录B）进一步分析个体间疏散心理行为的差异。发现：

（1）女性比男性更容易受到周围恐慌的影响，在总共72名女性中有55.6%的人认为自己会受到他人恐慌的影响，而在总共69名男性中有34.8%的人认为自己会受到他人恐慌的影响。（见表B.1）

（2）在面对突发事件时，女性的第一心理反应较男性更倾向于恐慌和从众，在五种心理反应中，恐慌和从众的比例女性为46.3%，男性为30.6%。（见表B.2）

（3）女性在面对疏散过程中迷路等不确定场景时比男性更容易产生恐慌，因为在迷路时的五种第一心理反应中，恐慌的比例女性为29%，男性为15.3%。（见表B.3）

（4）在 141 名受访者中，70.9% 的人认为自己在携带行李时会更加紧张和焦虑，64% 的人认为自己会受到他人恐慌的影响。（见表 B.4）

（5）对于携带行李时较为紧张和焦虑的人群，在面对紧急情况时的五种第一心理反应中，恐慌和从众的比例为 44%，而对于携带行李时不紧张和焦虑的人群，其比例仅为 24.4%。（见表 B.5）

（6）在疏散过程中发生拥挤时，等教育水平高的人更容易恐慌，因为面对拥挤，"硕士及以上""本科"和"大专"恐慌的比例分别是 11.5%、7.7% 和 5.3%；"初中及以下"和"高中/高职"由于样本数据小而被忽略。（见表 B.6）

根据问卷调查的结果，我们认为 A_i 是由以下三个因素决定的：性别、受教育程度和随身携带的行李。

男性的从众恐慌阈值高于女性。阈值越高，初始效用值越低。对于初始效用值较低的个体来说，更难以产生恐慌。

受教育程度越高，从众恐慌阈值越低。

不带行李的人比带行李的人有更高的人群恐慌阈值。大多数时候，那些带着大行李箱匆匆赶路的人在走路时可能更容易会感到焦虑。

需要指出的是，调查样本不能代表一般人口。疏散人群是由个体、群体、集群等多个维度的人群构成的复杂系统。不同的社会关系和文化差异使得疏散行为不同。在问卷中，只关注了疏散心理和行为的一些一般情况，旨在定性地解释阈值模型的参数 A_i。

4.3.3 仿真结果与分析

为分析模型，我们假设一疏散场景：共 80 人的疏散人群，其中 10 名为冷静者，10 名为恐慌者，60 名为从众者。利用模拟的疏散人群对模型进行分析。在疏散人群中，最初有 10 名平静者，10 名恐慌者，还有 60 名从众者。根据上述相关分析和从众恐慌阈值模型，A_i 的值可以为正，也可以为负。A_i 值越大，从众恐慌阈值越低。因此，对 60 名从众者随机分配 A_i 的值，如图 4.2 所示。在这里，每个人的值应该是恒定的，其中 24 个人的值是负的。

在一系列不同输入的情景下，可以得到人群从从众到恐慌的演化过程。图

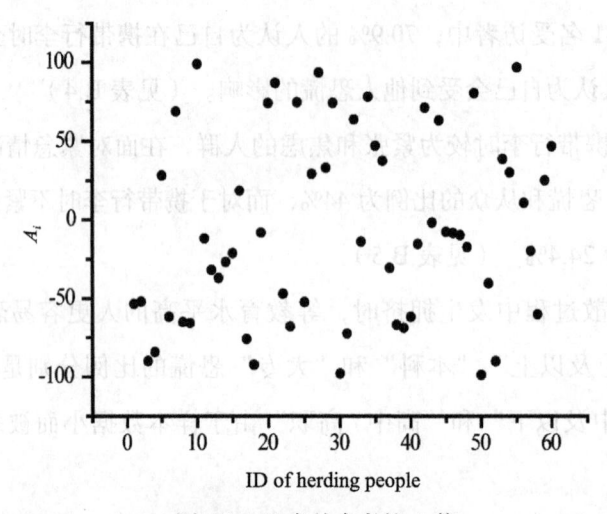

图 4.2 60 名从众者的 A_i 值

4.3 显示了 $\alpha=1$, $\beta=0.8$, $r=0.6$, $a=0.75$ 和 $b=1.2$ 的条件下,恐慌率随时间的动态变化。可以看出,随着时间的推移,恐慌率逐渐上升。在疏散开始时,恐慌人群的数量只有 10 人,这些恐慌人群形成的群体压力不是很高,但足以使一些从众恐慌阈值较低的人产生恐慌,恐慌率上升。恐慌人群数量的增加使群体压力持续增加,群体恐慌阈值较高的人群也开始恐慌,直到群体压力无法克服任何一个人的恐慌阈值时,恐慌人群数量上升到 42 人,疏散过程结束。在此情景下,最终恐慌率为 0.525,即 32 名从众者最终演变为恐慌者。初始 60 名从众者的最终值如图 4.4 所示,不难看出有 32 个值超过了 0,这意味着 32 名从众者在疏散过程中变得恐慌。

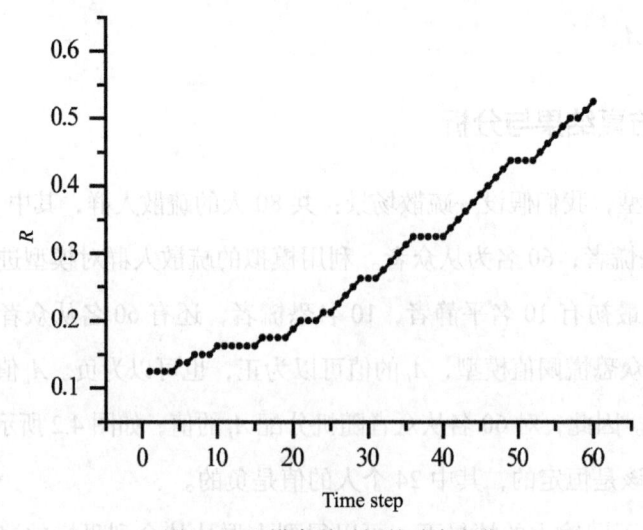

图 4.3 恐慌率随时间的动态变化

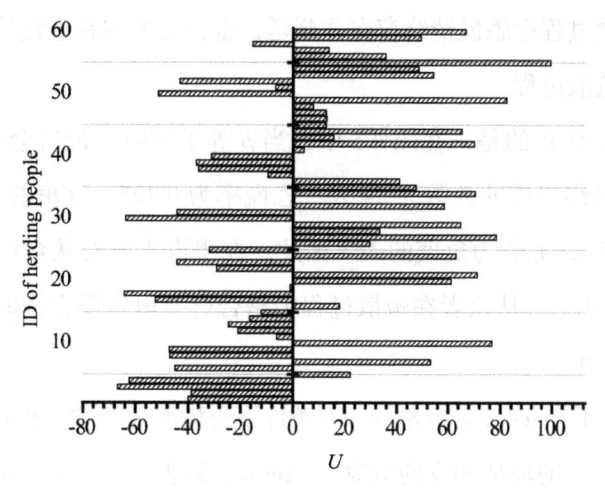

图 4.4　60 名从众者的最终值

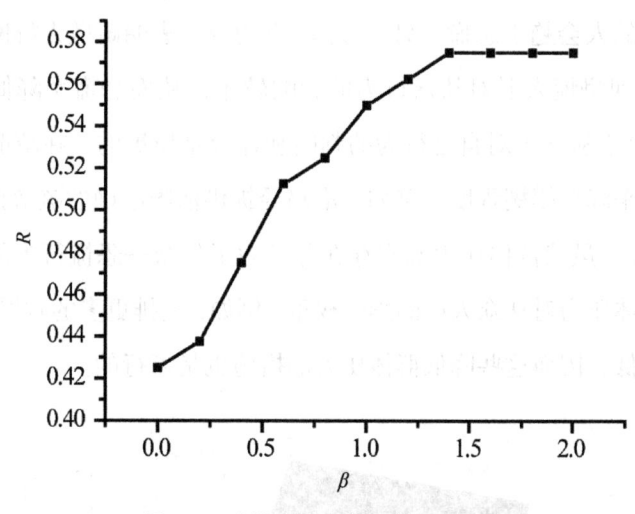

图 4.5　恐慌率随参数 β 的变化趋势

图 4.5 显示了恐慌率 R 随恐慌人群权重系数 β 的变化趋势。可以看出，随着 β 的增加，R 的最终值也会增加。这一结果符合常识。因为 β 的增加表明恐慌人群对从众人群影响的增强。当冷静人群对从众人群的影响系数固定时，恐慌人群的影响越强，群体压力的增加趋势越明显，最终恐慌人群的数量可能会增加。但是，β 的增加并不会无限制地增加最终恐慌率。在 $\beta \leqslant \alpha$ 阶段，β 的增加将使恐慌率明显上升；而在 $\beta > \alpha$ 阶段，随着 β 的不断增加，恐慌率的上升逐渐趋于平缓，甚至不再上升。这说明从众到恐慌的进程与周围恐慌环境的影响强度有很强的关系，但与此同时，由于从众人群内部恐慌效用水平和随机因素的综合影响，对恐慌环境的影响有一定限制作用。这一特点可以为疏散管理提供一定的指导，

即：即使在疏散过程中恐慌情绪存在并蔓延，也仍然能够在理性情绪层面控制人群，确保安全疏散过程。

此外，需要注意的是，在图 4.5 中，当 β 等于零时，最后会有 24 个从众者变得恐慌，即最终恐慌的人数为 34 人，恐慌率为 0.425。这里的 24 个从众者其实都是一开始就是 A_i 值为负值的人。因此，在恐慌人群对从众行为没有影响的极端情况下（$\beta=0$），从众者在疏散过程中是否会变得恐慌完全取决于他们自己评估的初始效用值。

图 4.6 显示了在 $\alpha=1$，$\beta=0.8$，$r=0.6$ 条件下恐慌率随参数 a 和 b 的变化趋势。可以看出，随着 a 的增加和 b 的减少，R 的值会降低。一方面，a 的增加表明从众者效用评价的不确定性降低，换句话说，从众者对自己的行为有了更确定的判断，因此更少的人会趋于恐慌。另一方面，b 的减少表明疏散人群网络的群体压力权重较小，即恐慌人群对从众行为的影响较小，从而恐慌率降低。这些结果表明：（1）鉴于从众者对自己行为的判断和评价是模糊的，在疏散过程中应采取适当的措施来降低模糊程度，例如，沿路径提供清晰准确的疏散指导，这会使得 a 增加；（2）虽然群体压力确实存在并刺激了从众—恐慌行为的蔓延，但采取措施降低群体压力对从众人群的影响权重，例如，安排更多的救援者进入人群，这会使得 b 降低，因而这些降低群体压力的措施也是可行的。

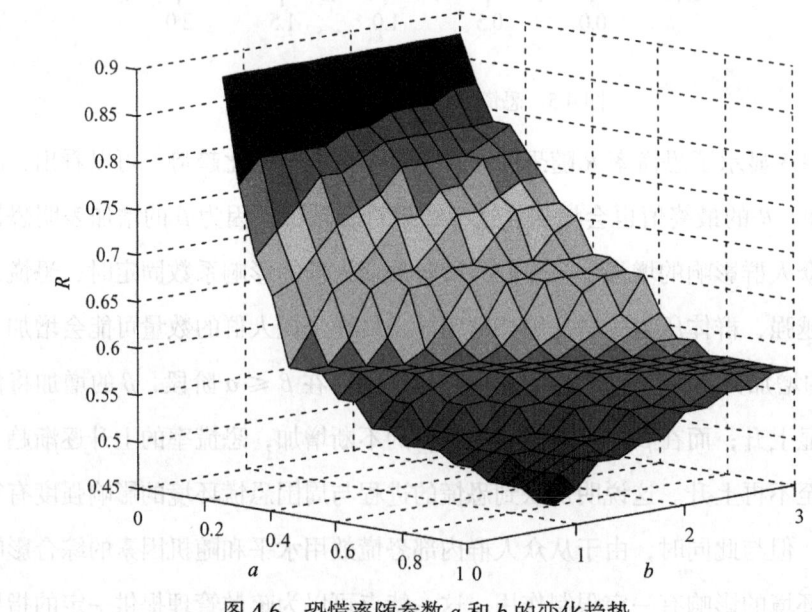

图 4.6　恐慌率随参数 a 和 b 的变化趋势

4.4 基于系统动力学建模的疏散恐慌扩散规律

4.4.1 毒气泄漏事故分析

化工园区资金技术密集、产业链长、关联度高，顺应化工行业的聚集化发展趋势，在整合资源、扩大生产规模方面发挥重要作用，已成为国内外化学工业发展的新模式。20 世纪末以来，我国化工园区蓬勃发展，全国大大小小的化工园区纷纷涌现。化工园区在推动化工产业持续发展的同时，其引发的安全问题令人担忧。园区内往往危险源复杂，聚集的多数危化品具有易燃、易爆、有毒、腐蚀性强的危险特性，一旦发生火灾、爆炸和毒气泄漏等突发事故，将严重影响园区和周边群众的生命财产安全[24]。

2016 年 4 月 20 日，墨西哥南部港口城市夸察夸尔科斯的一处石油设施泄漏，有毒气体扩散，造成 32 人死亡，超过 130 人受伤，数千居民紧急疏散。

1984 年 12 月 3 日，印度博帕尔农药厂液态异氰酸甲酯泄漏并迅速四处弥漫，虽然毒气泄漏后农药厂附近的人们纷纷撤离家园，但事故仍造成了 2.5 万人直接致死，55 万人间接致死，另外有 20 多万人永久残废。

1984 年 11 月 19 日，墨西哥市培麦克斯公司发生 LPG 外泄现象，LPG 随风扩散并持续泄漏 5～10 分钟，此外，LPG 蒸汽云也被引爆，爆炸及大火持续了 36 小时。事故造成附近主要道路交通大乱，500 多人死亡，1000 余人下落不明，5000 余人受伤，31 万居民疏散，附近 1500 所居民住宅被毁，3 万余人流离失所。

频发的化工事故不仅让企业付出了惨痛代价，而且也给人们造成了严重威胁。如何在突发事件中有效疏散周边居民，以降低化工事故所造成的损失和伤害，已成为整个社会越来越关注的问题。

4.4.2 毒气泄漏下的人群疏散心理行为调查方法

目前，国内学者在疏散模型、疏散行为等方面取得了一系列研究成果，但针对疏散心理的系统研究还比较缺乏，这些心理因素数据的缺乏，对进一步的分析研究造成严重阻碍。此外，多数针对疏散心理的相关研究是直接借鉴国外的研究成果，但由于中西方文化背景、宗教信仰、价值取向等的不同，直接引用的成果可能与我国的真实情况有出入。

问卷调查能够在短时间内取得广泛的材料，且能对结果进行数量处理，是被研究者们普遍使用的一种方法。何理等[25]在南方某市的两个地铁车站进行了乘客调查，对调查对象在突发事件下的疏散安全行为进行了评估和统计分析，初步形成了不同年龄、不同性别、不同职业和文化背景的地铁乘客在发生紧急情况后疏散时表现的行为和心态情况的调查结论。Anping等[26]研究了台风疏散过程中人员的灾害认知因素、疏散决策的考虑因素、疏散地点的选择因素以及疏散行为因素，指出官员疏散通知（疏散建议、疏散命令）、认为自己的居住环境不安全、发现附近居民已开始疏散是人员执行疏散的主要原因，另外，选择疏散路线时最重要的因素是安全、距离短和熟悉度高，进一步的采访表明，灾难发生前的有效沟通对于说服居民撤离具有重要作用。

可见，研究者常常对地铁站、高铁站开展应急疏散问卷调查或是研究一些火灾、地震等灾害场景下的疏散心理行为规律，而关于毒气泄漏下的人群疏散心理行为的调查并不多见。因此，本节主要采用问卷调查法，对化工园区毒气泄漏事件下人员的疏散心理行为特点进行调查统计分析。

4.4.2.1 问卷调查的方法

问卷调查中数据的收集方法有两种基本类型，一是自填问卷法，二是结构访问法。自填问卷法指的是调查者将调查问卷发送给（或邮寄给）被调查者，由被调查者自己阅读和填答，然后再由调查者收回的方法。本次调查采用的是自填问卷的方式。

4.4.2.2 数据来源

为了调查人们在毒气泄漏情况下的恐慌心理行为，本研究通过问卷星平台随机发放了300份电子问卷，最终回收280份有效问卷，回收率93.3%，其中110份由南京市某化工企业员工填写，170份由非化工人员填写。

4.4.2.3 问卷调查的内容

一方面通过广泛阅读国内外文献，总结、归纳相关理论基础，另一方面对已有的疏散心理行为问卷进行借鉴、参考，根据研究重点，设计本问卷的题项和选项。经过听取专家意见并讨论后，最终确定了本研究所用的恐慌心理调查问卷内容。问卷内容包括基本信息、安全素质和恐慌心理行为反应3部分内容，共21个问题，毒气泄漏下的人群疏散心理行为调查如表 4.5 所示。

表 4.5 毒气泄漏下的人群疏散心理行为调查问卷

内容	问题	选项
基本信息	1. 性别	□男　□女
	2. 年龄	□ <18　□ 18-30　□ 31-40　□ 41-55　□ >55
	3. 学历	□小学及以下　□初中　□高中　□本科　□硕士及以上
	4. 是否经历过毒气泄漏事故	□是　□否
安全素质	5. 毒气泄漏事件发生后的第一反应	□通知他人　□寻找原因采取控制措施　□不予理会　□立即疏散　□原地等待救援　□报警
	6. 我参加过安全知识教育培训	□没有　□很少　□较少　□较多　□很多
	7. 我参加过应急疏散演练	□没有　□很少　□较少　□较多　□很多
恐慌心理行为反应	8. 疏散过程中，我会寻找同伴跟我一起疏散	□非常不符合　□比较不符合　□一般　□比较符合　□非常符合
	9. 毒气泄漏事件中疏散路线的选择	□距离我最近的通道　□我经常走的通道　□远但人流少的通道　□大多数人走的通道　□任意可行走的通道　□标识指示的通道
	10. 毒气泄漏事件发生后，我的恐慌程度	□没有　□有点恐慌　□比较恐慌　□非常恐慌　□特别恐慌
	11. 周围人们的恐慌情绪会加剧我的恐慌	□完全没影响　□有点影响　□比较影响　□非常影响　□特别影响
	12. 疏散中如果视野受限，我会更加恐慌	□完全没影响　□有点影响　□比较影响　□非常影响　□特别影响
	13. 听到人员伤亡的消息，我会更加恐慌	□完全没影响　□有点影响　□比较影响　□非常影响　□特别影响
	14. 听到周围人的尖叫，我会更加恐慌	□完全没影响　□有点影响　□比较影响　□非常影响　□特别影响
	15. 长时间不能撤离时，我会更加恐慌	□完全没影响　□有点影响　□比较影响　□非常影响　□特别影响
	16. 迷失方向时，我会更加恐慌	□完全没影响　□有点影响　□比较影响　□非常影响　□特别影响
	17. 毒气泄漏越来越严重时，我会更加恐慌	□完全没影响　□有点影响　□比较影响　□非常影响　□特别影响
	18. 同伴在身边时，能够减缓我的恐慌情绪	□完全不减缓　□有点减缓　□比较减缓　□非常减缓　□特别减缓

续表

内容	问题	选项
恐慌心理行为反应	19.拥有面罩等防护工具时，能够减缓我的恐慌情绪	□完全不减缓 □有点减缓 □比较减缓 □非常减缓 □特别减缓
	20.看到引导人员时，能够减缓我的恐慌情绪	□完全不减缓 □有点减缓 □比较减缓 □非常减缓 □特别减缓
	21.距离出口近时，能够减缓我的恐慌情绪	□完全不减缓 □有点减缓 □比较减缓 □非常减缓 □特别减缓

4.4.3 调查结果与分析

4.4.3.1 基本情况统计

（1）基本信息统计分析

参与恐慌心理调查的人员基本信息如表4.6所示。从性别上看，本次调查中，男性137人，占48.9%，女性143人，占51.1%，男女比例相当，说明本次调查性别均衡。从年龄上看，在被调查者中，18~30岁的青年人最多，占63.6%；其次为31~40岁的壮年人，占23.2%；41~55的中年人较少，占11.4%；55岁以上的老年人仅为2人。本次问卷调查的对象以18~40岁的青壮年为主。从学历上看，本次调查中本科及以上学历的人员占79.7%，整体文化水平较高。

表4.6 人员基本信息

基本信息		频数/人	百分比/%
性别	男	137	48.9
	女	143	51.1
年龄	18岁以下	3	1.1
	18~30岁	178	63.6
	31~40岁	65	23.2
	41~55岁	32	11.4
	55岁以上	2	0.7
学历	小学及以下	2	0.7
	初中（含中专）	19	6.8
	高中（含高职）	36	12.9
	本科（含大专）	143	51.1
	硕士及以上	80	28.6

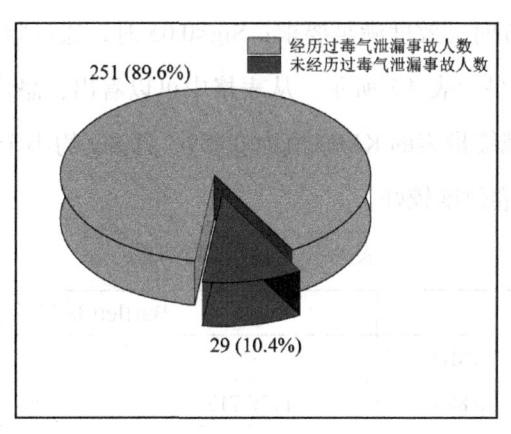

图4.7 毒气泄漏事故经历情况

（2）是否经历过毒气泄漏事故

如图 4.7 所示，调查中，有 29 人经历过毒气泄漏事故，仅占 10.4%，251 人未曾有过类似经历，占 89.6%。由此可见，日常生活中的大多数人没有经历过真实的化工事故，面对突发的事故灾害，由于缺乏经验，疏散人员往往茫然失措以致现场混乱、拥挤，从而可能引发恐慌情绪的产生和蔓延。

4.4.3.2 信度和效度检验

（1）信度检验，目的是校验问卷是否可靠。通过计算量表的 Cronbach's Alpha 系数的数值来检验量表内部的一致性。一般而言，Cronbach's Alpha 系数若是大于 0.9，意味着量表的内部一致性非常高；当 Cronbach's Alpha 系数处于 0.7～0.9 范围内时，量表的内部一致性较好；而当 Cronbach's Alpha 系数小于 0.7 时，说明量表中各个题项的不一致程度较高。本研究的恐慌心理问卷通过 SPSS26.0 进行信度检验，结果如表 4.7 所示。从表格中可以看出，恐慌加剧量表的系数为 0.912，恐慌减缓量表的系数为 0.837，说明本研究设计的恐慌心理问卷信度较好。

表4.7 信度检验结果

	Cronbach's Alpha	项数
恐慌加剧	0.912	7
恐慌减缓	0.837	4

（2）效度检验，用来考察每一个题项的能效性，即每一个题项对于量表而言是否发挥了重要的作用。本研究采用 KMO 和 Bartlett 球形检验来验证问卷的

效度,当 KMO>0.6 时,效度满足要求;Sig<0.05 时,通过验证。通过 SPSS26.0 进行效度检验,结果如表 4.8 所示。从表格中可以看出,恐慌加剧量表的 KMO 值为 0.883,恐慌减缓量表的 KMO 值为 0.759,且 Sig 均小于 0.05,说明本研究设计的恐慌心理问卷效度较好。

表 4.8 效度检验结果

	KMO	Bartlett 球形检验		
		x^2	d_f	Sig.
恐慌加剧	0.883	1770.713	55	0.000
恐慌减缓	0.778	464.789	6	0.000

4.4.3.3 恐慌心理行为调查结果

(1) 是否与同伴一起疏散

本次调查中,选择"非常不符合"与"比较不符合"选项的一共有 66 人,他们不太可能寻找同伴与自己一起疏散,占 23.6%;选择"比较符合"与"非常符合"选项的一共有 128 人,他们更愿意寻找同伴一起疏散,占 45.8%。具体情况如图 4.8 所示。

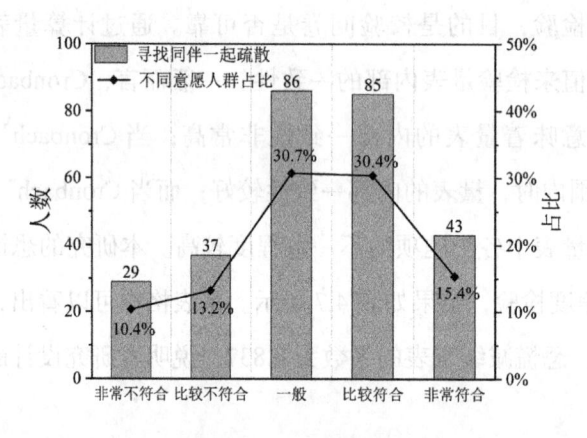

图 4.8 结伴疏散情况

(2) 疏散路线的选择

疏散过程中,面对复杂的路径,不同的人会做出不同的选择。本次调查中,较多人员选择了疏散标识指示的路线,占 48.6%,这主要是因为人们大多相信疏散标识指示的路线是正确的,能够帮助自己成功疏散。有 80 人选择距离最近的路线，占 28.6%；有 39 人选择经常走的路线，占 13.9%；很少人选择任意可行走的路线，说明人员比较理智，不会出现慌不择路的现象。大多数人走的路线也很少被选择，没有明显的从众现象发生。具体情况如图 4.9 所示。

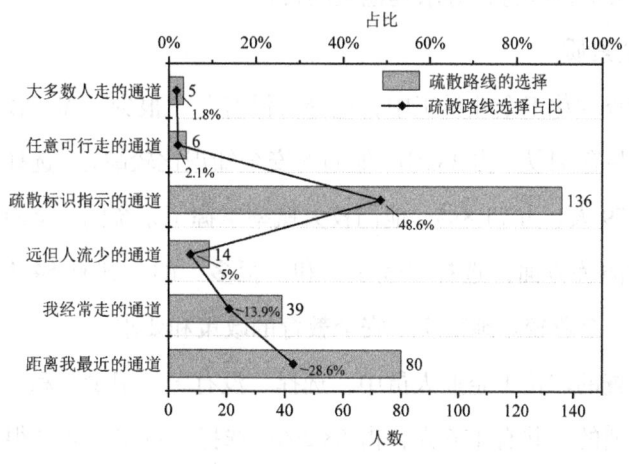

图 4.9 疏散路线选择情况

（3）毒气泄漏事件发生后的第一反应

面对突发的毒气泄漏事故，在本次调查的化工企业员工中，有 62 人选择立即疏散，占 56.4%；有 19 人选择通知他人，占 17.3%；有 17 人选择寻找泄漏原因，占 15.4%。

表 4.9 毒气泄漏事件发生后的第一反应

	化工企业占比（人数）	非化工企业占比（人数）	合计（人数）
立即疏散	56.4%（62）	53.5%（91）	54.6%（153）
通知他人	17.3%（19）	15.9%（27）	16.4%（46）
寻找泄漏原因、采取控制措施	15.4%（17）	8.8%（15）	11.4%（32）
报警	10%（11）	18.8%（32）	15.4%（43）
原地等待救援	0.9%（1）	1.2%（2）	1.1%（3）
不予理会	0%（0）	1.8%（3）	1.1%（3）

而非化工企业人员中，有 91 人选择立即疏散，占 53.5%；有 32 人选择报警，占 18.8%；有 27 人选择通知他人，占 15.9%。有个别人员选择不予理会，这是不可取的做法，易使自己处于危险境况，耽误最佳的逃生时机。具体情况如表 4.9 所示。

从调查结果看来，超过一半的人会立即疏散，这是自我保护的正常反应和有效方式。另外，拥有化工企业背景的人员还会想办法寻找泄漏原因，采取控制措施以防止毒气更大范围泄漏而造成事故后果的扩大。非化工企业人员面对突发情况时，有较多人选择报警，寻求其他人的帮忙。

（4）安全素质

在本次调查的化工企业员工中，选择"没有""很少"和"较少"参加教育培训选项的一共有 31 人，占 28.2%，他们的安全知识比较缺乏。选择"较多"和"很多"的一共有 79 人，占 71.8%，他们较大概率掌握了系统的、全面的应急知识。至于应急疏散演练方面，选择"较多"和"很多"的一共有 54 人，占 49.1%，这也说明了化工企业较好地落实了安全教育的政策和要求。

在本次调查的非化工企业人员中，选择"没有""很少"和"较少"参加安全知识教育培训的一共有 116 人，占 68.2%；选择"较多"和"很多"的一共有 54 人，占 31.8%。对于应急疏散演练，选择"较多"和"很多"的一共有 39 人，占 22.9%。具体情况如图 4.10、图 4.11 所示。

良好的安全知识和演练经验在应急疏散中会发挥重要作用，对控制恐慌情绪扩散，帮助人员快速有效疏散具有重要意义。化工企业和非化工企业人员的安全素质对比明显，往往化工企业员工具有更好的安全意识，普通群众的安全教育还有待加强。

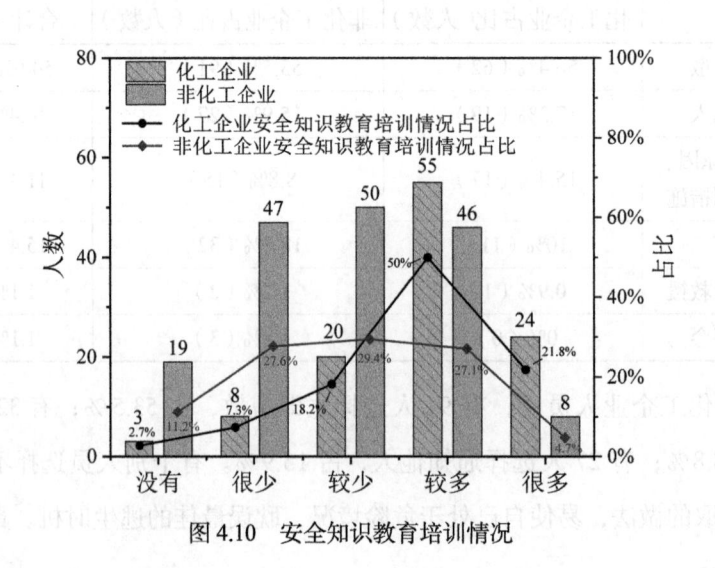

图 4.10 安全知识教育培训情况

图 4.11 应急疏散演练情况

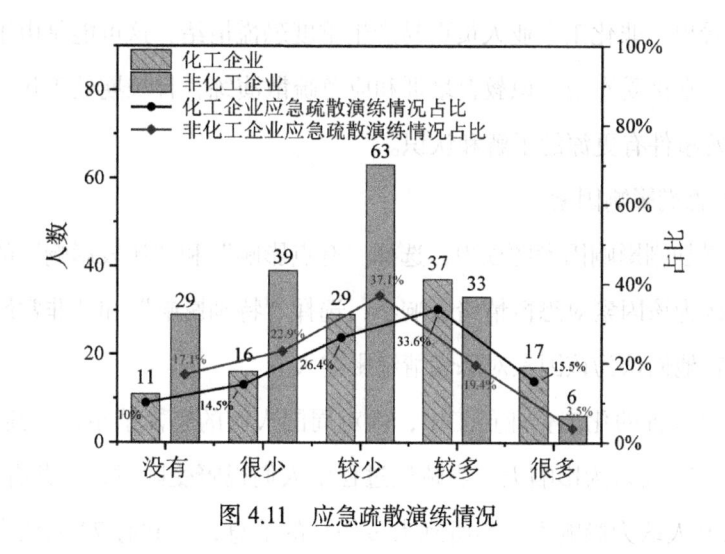

（5）恐慌程度

在本次调查的化工企业员工中，选择"没有恐慌"的有 11 人，占 10%，他们表现出冷静的状态；选择"有点恐慌"和"比较恐慌"的有 79 人，占 71.8%，他们表现出轻度恐慌的状态；选择"非常恐慌"和"特别恐慌"的有 20 人，占 18.2%，他们表现出重度恐慌的状态。

在本次调查的非化工企业人员中，选择"没有恐慌"的有 5 人，占 2.9%，他们表现出冷静的状态；选择"有点恐慌"和"比较恐慌"的有 111 人，占 65.3%，他们表现出轻度恐慌的状态；选择"非常恐慌"和"特别恐慌"的有 54 人，占 31.8%，他们表现出重度恐慌的状态。具体情况如图 4.12 所示。

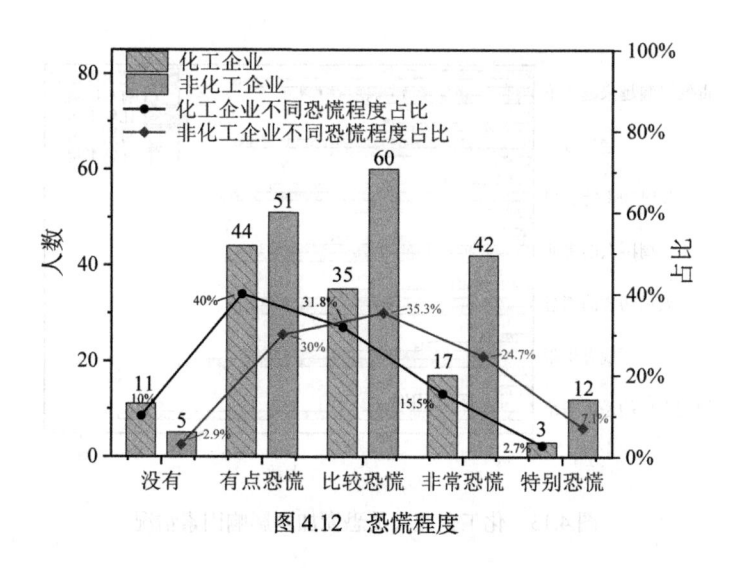

图 4.12 恐慌程度

可以看出，非化工企业人员更易产生重度恐慌情绪，这可能是由于化工企业里的人员经常接受安全知识教育培训和应急疏散演练，且长期处于化工环境中，对各种突发事件有更深的了解和认识。

（6）恐慌影响因素

在恐慌加剧影响因素题项中，选择"有点影响"和"比较影响"的人员，意味着他们认为该因素对恐慌情绪影响小；选择"特别影响"和"非常影响"的人员，意味着他们认为该因素对恐慌情绪影响大。

在本次调查的化工企业员工中，面对周围人们的恐慌情绪，一共有78人认为影响小，21人认为影响大。当疏散过程中人们视野受限时，一共有85人认为影响小，20人认为影响大。当听到人员伤亡的消息，一共有73人认为影响小，34人认为影响大。听到周围人的尖叫，一共有74人认为影响小，29人认为影响大。长时间不能够撤离时，一共有62人认为影响小，46人认为影响大。当疏散人员辨不清方向，找不到正确的疏散路线时，一共有63人认为影响小，43人认为影响大。如果毒气泄漏口没有及时得到有效控制，并且泄漏得越来越严重时，一共有52人认为影响小，56人认为影响大。具体情况如图4.13所示。

在本次调查的非化工企业人员中，面对周围人们的恐慌情绪，一共有120人认为影响小，40人认为影响大。当疏散过程中人们视野受限时，一共有102人认为影响小，61人认为影响大。当听到人员伤亡的消息，一共有91人认为影响小，72人认为影响大。听到周围人的尖叫，一共有104人认为影响小，60人认为影响大。

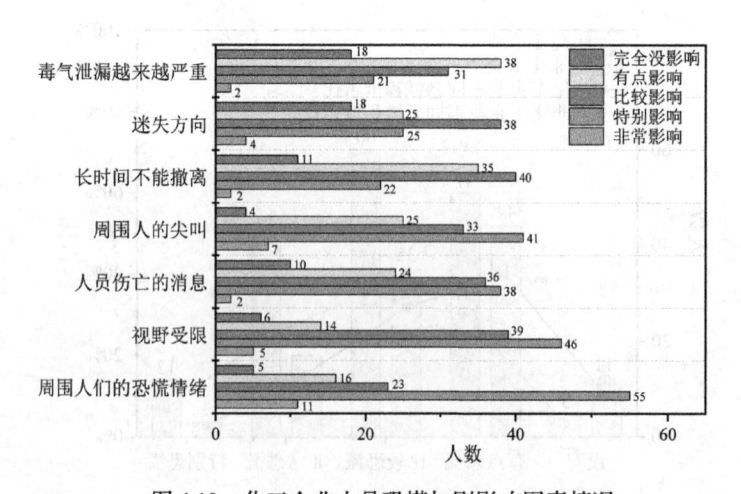

图4.13 化工企业人员恐慌加剧影响因素情况

长时间不能够撤离时，一共有 77 人认为影响小，88 人认为影响大。当疏散人员不辨方向，找不到正确的疏散路线时，一共有 69 人认为影响小，94 人认为影响大。如果毒气泄漏口没有及时得到有效控制，并泄漏得越来越严重时，一共有 66 人认为影响小，98 人认为影响大。具体情况如图 4.14 所示。

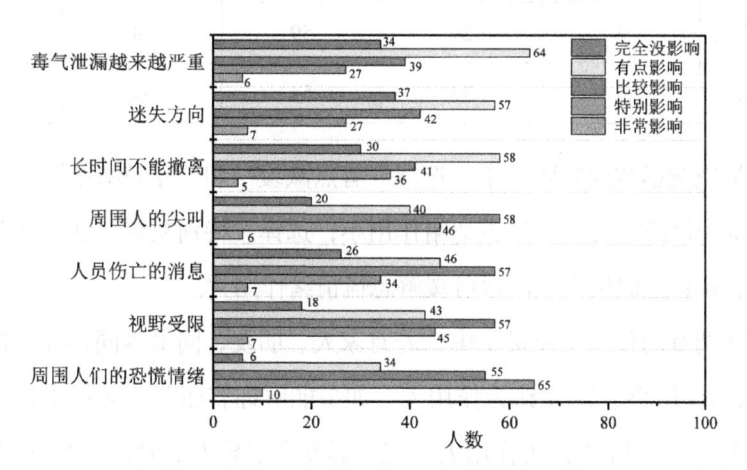

图 4.14 非化工企业人员恐慌加剧影响因素情况

由此可见，无论是化工企业员工还是非化工企业人员，均认为长时间不能撤离、迷失方向和毒气泄漏越来越严重会对自身疏散过程中的心理状态造成较大干扰。

表 4.10 化工企业人员恐慌减缓影响因素情况

	完全不减缓	有点减缓	比较减缓	特别减缓	非常减缓
同伴在身边	4	34	45	19	8
拥有面罩等防护工具	3	19	34	38	16
看到引导人员	2	20	37	30	21
离出口很近	2	20	23	36	29

表 4.11 非化工企业人员恐慌减缓影响因素情况

	完全不减缓	有点减缓	比较减缓	特别减缓	非常减缓
同伴在身边	7	60	65	25	13
拥有面罩等防护工具	4	40	66	41	19
看到引导人员	6	29	59	54	22
离出口很近	5	33	54	49	29

在恐慌减缓影响因素题项中，选择"有点减缓"和"比较减缓"的人员，意味着他们认为该因素对缓解恐慌情绪作用小；选择"特别减缓"和"非常减缓"的人员，意味着他们认为该因素对缓解恐慌情绪作用大。

在本次调查的化工企业员工中，若有家人、朋友、同事等同伴在身边，一共有 79 人认为作用小，27 人认为作用大。如果能够拥有面罩等防护工具，一共有 53 人认为作用小，54 人认为作用大。当人群发现引导人员时，一共有 57 人认为作用小，51 人认为作用大。如果疏散人员距离出口的距离近，一共有 43 人认为作用小，65 人认为作用大。具体情况如表 4.10 所示。

在本次调查的非化工企业员工中，若有家人、朋友、同事等同伴在身边，一共有 125 人认为作用小，38 人认为作用大。如果能够拥有面罩等防护工具，一共有 106 人认为作用小，60 人认为作用大。当人群发现引导人员时，一共有 88 人认为作用小，76 人认为作用大。如果疏散人员距离出口的距离近，一共有 87 人认为作用小，78 人认为作用大。具体情况如表 4.11 所示。

由此可见，化工企业员工（59.1%）和非化工企业人员（45.9%）均认为距离出口近时能够有效缓解恐慌情绪。

4.4.3.4 相关性分析

皮尔逊相关系数（Pearson correlation coefficient）是统计学中一种常用的方法，其作用是度量两个变量之间的密切程度，系数的大小反映了变量 X 与 Y 的相关程度[27]。皮尔逊相关系数的计算与协方差和标准差有关，计算公式为：

$$r(X,Y) = \frac{Cov(X,Y)}{\sqrt{\sigma_x^2 \sigma_y^2}} \qquad (4-8)$$

其中，$r(X,Y)$ 为皮尔逊相关系数，$Cov(X,Y)$ 为变量 X 与 Y 的协方差，σ_x^2 为

变量 X 的标准差，σ_y^2 为变量 Y 的标准差。

相关性系数靠近 1 说明相关性好，靠近 0 则相关性差。系数可以划分为五个级别，0.8~1.0 表示两变量极强相关；0.6~0.8 表示两变量强相关；0.4~0.6 表示两变量中等相关；0.2~0.4 表示两变量弱相关；0.0~0.2 表示两变量极弱相关。运用 SPSS26.0 软件得到各影响因素与恐慌情绪的皮尔逊相关系数如表 4.12 所示。

表 4.12 恐慌情绪的相关性分析

		周围人们的恐慌情绪	视野受限	人员伤亡的消息	周围人的尖叫	长时间不能撤离	迷失方向	毒气泄漏越来越严重	恐慌情绪
周围人们的恐慌情绪	皮尔逊相关性	1	0.617**	0.596**	0.662**	0.555**	0.457**	0.536**	0.557**
	Sig.		0.000	0.000	0.000	0.000	0.000	0.000	0.000
	个案数	280	280	280	280	280	280	280	280
视野受限	皮尔逊相关性	0.617**	1	0.656**	0.575**	0.559**	0.531**	0.542**	0.481**
	Sig.	0.000		0.000	0.000	0.000	0.000	0.000	0.000
	个案数	280	280	280	280	280	280	280	280
人员伤亡的消息	皮尔逊相关性	0.596**	0.656**	1	0.575**	0.609**	0.607**	0.640**	0.418**
	Sig.	0.000	0.000		0.000	0.000	0.000	0.000	0.000
	个案数	280	280	280	280	280	280	280	280
周围人的尖叫	皮尔逊相关性	0.662**	0.575**	0.575**	1	0.592**	0.529**	0.567**	0.433**
	Sig.	0.000	0.000	0.000		0.000	0.000	0.000	0.000
	个案数	280	280	280	280	280	280	280	280

续表

		周围人们的恐慌情绪	视野受限	人员伤亡的消息	周围人的尖叫	长时间不能撤离	迷失方向	毒气泄漏越来越严重	恐慌情绪
长时间不能撤离	皮尔逊相关性	0.555**	0.559**	0.609**	0.592**	1	0.658**	0.738**	0.405**
	Sig.	0.000	0.000	0.000	0.000		0.000	0.000	0.000
	个案数	280	280	280	280	280	280	280	280
迷失方向	皮尔逊相关性	0.457**	0.531**	0.607**	0.529**	0.658**	1	0.722**	0.367**
	Sig.	0.000	0.000	0.000	0.000	0.000		0.000	0.000
	个案数	280	280	280	280	280	280	280	280
毒气泄漏越来越严重	皮尔逊相关性	0.536**	0.542**	0.640**	0.567**	0.738**	0.722**	1	0.381**
	Sig.	0.000	0.000	0.000	0.000	0.000	0.000		0.000
	个案数	280	280	280	280	280	280	280	280
恐慌情绪	皮尔逊相关性	0.557**	0.481**	0.418**	0.433**	0.405**	0.367**	0.381**	1
	Sig.	0.000	0.000	0.000	0.000	0.000	0.000	0.000	
	个案数	280	280	280	280	280	280	280	280

**. 表示在 0.01 级别，相关性显著。

本研究定义恐慌因子 P 反映恐慌情绪对疏散行人的影响，并将皮尔逊相关性系数值赋予恐慌因子，确定各因素对恐慌程度影响的权重。不同影响因素下的恐慌因子取值如表 4.13 所示。

表 4.13　不同影响因素下的恐慌因子

影响因素	恐慌因子 P
周围人们的恐慌情绪	0.557
视野受限（能见度降低）	0.481
人员伤亡的消息	0.418
周围人的尖叫	0.433
长时间不能撤离	0.405
迷失方向	0.367
毒气泄漏越来越严重	0.381

多种因素会影响恐慌情绪的传播及人员疏散过程，且各种影响因素间互相存在联系和作用。从相关性分析中可以看到，周围人们的恐慌情绪对恐慌的扩散蔓延起重要作用。在大规模人群疏散中，情绪在个体决策中发挥重要作用[28]，它进一步影响个体行为，往往造成个体的非适应性行为，例如推搡、踩踏或其他灾难性后果。当人群中某些个体由于事故的发生表现出恐慌情绪时，人群中的恐慌情绪将会以极快的速度传播蔓延，而彼此靠近的行人在一定程度上会受到周围人的影响[29]，个体的恐慌演变为整体人群的恐慌[30]。毒气泄漏等突发事件下人群的恐慌情绪传播如同传染病一般，具有传染性[31]，周围的行人通过情绪传染而受到感染[32-34]。

人员伤亡的消息也会加剧人员的恐慌。曾在柬埔寨首都金边的一座桥上，有人谣传桥将倒塌，引发了人群恐慌，造成多人伤亡。由此可见，与事故相关的不利信息严重影响人员的心理状态，这些消息引起人们对自身安全的担忧从而产生恐慌情绪。

另外，疏散行人的恐慌情绪程度和分布受灾害的发展形态和严重程度的影响[35-37]，因此当毒气泄漏越来越严重时，人员的恐慌情绪加剧，不利于人员疏散过程的进行。

最后，能见度也是不可忽视的影响因素，它对疏散人员的心理状态产生作用[38,39]。泄漏的易燃性毒气也可引起火灾的发生，蔓延的烟气和毒气刺激疏散人员眼部，严重削弱能见度，使疏散人员视野受限，能见度的下降会带给疏散行人心理压力，造成恐慌情绪的产生或加剧。

4.4.4 基于系统动力学模型的恐慌蔓延分析

突发事件中，人们由于对事件的不确定以及事件本身的危害性，往往会产生恐慌、从众等非适应性心理。当人们受恐慌心理作用时，会忽略集体利益表现出自私行为。早期的恐慌研究多是社会心理学上的分析，学者们提出多种因素会影响恐慌[40-44]，例如环境、文化、社会支持、舆论、事件危险性、人群密度、获取的信息、性别、年龄、受教育程度等。在疏散领域，Helbing[45]较早地研究了突发事件下行人恐慌逃生行为对疏散效率的影响，认为恐慌会造成踩踏事故。Wang[46]构建了群体疏散的知识表示，认为正常情绪占主导地位时，疏散指引可有效控制恐慌的蔓延，但若恐慌情绪占主导地位，则最终可能导致失控状态。Yan[47]对地铁乘客进行有关突发事件下恐慌心理行为的问卷调查分析，指出女性比男性更容易恐慌，且文化程度和随身行李也会对恐慌产生影响。Jeongin Koo[48]利用半恐慌疏散模型，探究累积疲劳、情绪波动、精神错乱对疏散人员的影响。Peng[49]建立考虑恐慌系数的场域模型，再现了不同情境下的行人疏散过程。Zheng[50]通过元胞自动机模型从博弈论角度说明紧急疏散过程中，高水平的逃生意愿会促进疏散人员之间的合作，减少恐慌行为，提高疏散效率，且合作行为受意愿水平、突发事件程度和异质学习率的影响。Shen[51]认为当障碍物数量较少时，存在一个最优恐慌参数，使行人能够以最短的时间疏散到安全区域。而 Wang[52]却认为恐慌行为会使得大多数人员涌向楼梯口，造成强烈的局部交互作用延迟人员的疏散行动，进而带来灾难性的后果，不利于提高疏散效率。为弥补人类恐慌数据的不足，一些学者用生物实验来探究疏散行为规律，研究了蚂蚁在恐慌条件下的逃逸，提出了一种基于动物动力学的研究人群恐慌的数学模型。此后，学者们又对蚂蚁进行了一系列的实验，以研究出口位置对非人类群体运动模式的影响，实验中考虑了两种情况，即蚂蚁从方形房间的中间和角落出口逃生，同时利用生物学中的尺度概念，将模型参数从蚂蚁实验扩展到人类场景中，并针对行人的正常和紧急状态进行了验证[53,54]。

系统动力学能够通过信息反馈的控制原理与因果关系的逻辑分析相结合，有效地模拟系统结构、功能和行为之间的动态变化关系[55]。Wang[56]对风险感知这一心理过程建立 SD 模型定量模拟，认为信任判断与风险沟通呈正相关，研究能力与风险认知呈正相关，为化学品事故中的风险管理与应急救援提供新的优化角度。Liu[57]将故障树与系统动力学模型相结合，分析了井喷火灾发生的过程和可能的途径，预测海上钻井井喷火灾的动态概率。Cao[58]结合 ANP 和 SD 对煤矿工人的不安全行为进行分析，认为安全文化对不安全行为具有显著的干预作用，且联合干预策略优于单一干预策略。Amir Mohammadi[59]提出预测事故率的建设项目 SD 模型，解释了生产压力对安全性能和安全管理的影响，从动态视角说明如何管理建设项目。Zhang[60]指出人员意识、消防设施、消防管理、技术水平是重要因素，对化工企业消防安全开展建模与仿真，并提出相应的管理对策和建议。

恐慌疏散是一个不断变化的复杂动态系统，常规的疏散模型难以反映其特性，而系统动力学着手于系统变化的因果关系，分析各个因素之间的相互作用，能够清晰地体现出影响人群疏散外部因素与内部因素之间的相互联系。因此，本节考虑灾害程度、能见度、小团体数量的影响，基于 Anylogic 软件中的系统动力学模块建立毒气泄漏事故应急区域非适应性疏散心理的 SD 模型，运行仿真并分析恐慌情绪在疏散过程中的扩散演变规律。

4.4.4.1 系统动力学模型的建立

以化工园区内某化工厂发生重大毒气泄漏事故为例，周边居民需紧急疏散，人群的恐慌情绪受三方面的影响，即灾害环境、自我冷静作用和他人冷静作用。自我冷静作用指自身特性的影响因素，即人员的性别、年龄、文化程度及相似经历、教育培训等，不同的人员特性会表现出不同程度的恐慌。结合上文调查问卷的分析结果，自我冷静作用选取环境熟悉度、教育培训和过往的疏散演练经历 3 个影响因素。灾害环境包括灾害的扩散和能见度的降低，用中毒死亡概率[61]表示灾害的严重程度，即人们在一定时间内接触一定浓度毒物所造成影响的概率。他人冷静作用指小团体内或小团体之间恐慌情绪的相互影响。

SD 模型主要有三种变量：水平变量、速率变量和辅助变量。水平变量和速率变量包含了最重要的信息。水平变量表示累积量，本模型中指轻度恐慌者、重度恐慌者和情绪稳定者的数量；速率变量表示增加量的变化率，冷静率 1、冷静率 2、冷静率 3、恐慌增加率、恐慌复发率 1 和恐慌复发率 2 为模型中的速率变量；辅助变量包括教育培训、环境熟悉度、疏散演练、接触人数、引导作用率、小团体数量。速率变量和辅助变量影响着水平变量的变化。

根据以下假设建立恐慌扩散的系统动力学模型：

（1）待疏散总人数为 8000 人并包含 800 个小团体，每一个小团体中有 1 个领导人，领导人熟悉周围环境，知道正确的疏散路线。

（2）灾害发生时，除了小团体中的领导人处于理智状态，其他人都处于轻度恐慌状态。

（3）用系数表示能见度的降低，数值越大表明人群视野受限越严重，能见度越低。

（4）模型中包含 3 种状态的人员，即轻度恐慌、重度恐慌、情绪稳定状态，初期只有轻度恐慌者和理智者存在，随时间的发展，轻度恐慌者会演变为重度恐慌者或情绪稳定者，重度恐慌者会冷静下来成为轻度恐慌者或情绪稳定者，情绪稳定者有可能会复发为轻度恐慌者或重度恐慌者。

根据上述分析，在 Anylogic 软件中建立如图 4.15 所示的恐慌扩散系统动力学模型。轻度恐慌者在灾害扩散和能见度影响下可能会演变为重度恐慌者，同时重度恐慌者和轻度恐慌者在自我冷静和他人冷静作用下可恢复为情绪稳定者。另一方面，情绪稳定者也可能复发为轻度或重度恐慌者。自我冷静受教育培训、环境熟悉度和疏散演练经历的影响，他人冷静即理智者的领导作用受小团体数量、引导作用率和接触人数影响。

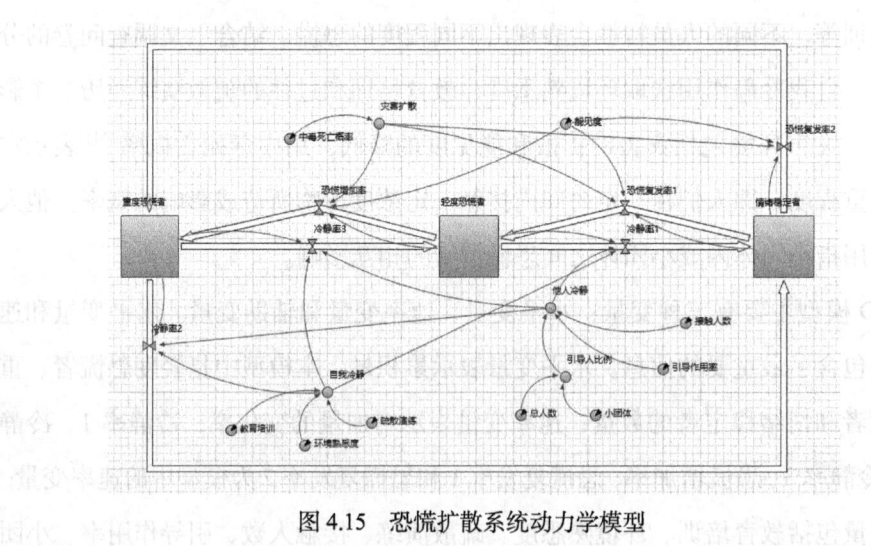

图 4.15 恐慌扩散系统动力学模型

4.4.4.2 系统动力学方程与参数设置

根据所建立的恐慌扩散系统动力学模型，设置如下动力学方程。

$$自我冷静 = 0.3 \times 教育培训 + 0.3 \times 疏散演练 + 0.6 \times 环境熟悉度 \quad (4-9)$$

$$他人冷静 = 引导人比例 \times 引导作用率 \times 接触人数 \quad (4-10)$$

$$恐慌增加率 = 0.3 \times 轻度恐慌者 \times (灾害扩散 + 能见度) \quad (4-11)$$

$$冷静率1 = 轻度恐慌者 \times (自我冷静 + 他人冷静) \quad (4-12)$$

$$冷静率2 = 0.8 \times 重度恐慌者 \times (自我冷静 + 他人冷静) \quad (4-13)$$

$$冷静率3 = 重度恐慌者 \times (自我冷静 + 他人冷静) \quad (4-14)$$

$$恐慌复发率1 = 0.06 \times 情绪稳定者 \times (灾害扩散 + 能见度) \quad (4-15)$$

$$恐慌复发率2 = 0.03 \times 情绪稳定者 \times (灾害扩散 + 能见度) \quad (4-16)$$

$$引导人比例 = 小团体 / 总人数 \quad (4-17)$$

$$灾害扩散 = 中毒死亡概率 \quad (4-18)$$

对于一些内部因素，如教育培训、疏散演练、对环境的熟悉程度等，这些参数值是根据国内工厂工人和管理人员的问卷调查设定的。对于一些外部环境因素，如引导效应率、中毒死亡概率、可见度等，是根据实际情况和专家评价，合理假设了一定范围内的值。如果有真实的疏散事件能够提供完整详细的数据，这些参数值可以设置得更接近真实。这些值如表4.14所示。

表4.14 恐慌扩散模型参数表

参数	取值
总人数	8000
中毒死亡概率	0.1
能见度	0.3
教育培训	0.029
环境熟悉度	0.115
疏散演练	0.1
引导作用率	0.3
接触人数	6

4.4.4.3 模型验证

系统动力学模型的验证是开展仿真分析的重要一步。首先，在 Anylogic 软件中自动验证尺寸一致性，证明方程两边的变量尺寸是平衡的。通过检查模型的元素和因果关系，以及数学关系，可以发现模型自身存在的问题。通过详细分析恐慌情绪与人群疏散之间的耦合关系，表明所建立的恐慌扩散系统动力学模型具有良好的适用性。此外，敏感性分析询问当假设在不确定性的合理范围内发生变化时，你的结论是否以对你的目的重要的方式发生变化[62]。图 4.16 为将引导效应率值由 0 调整为 1 时轻度恐慌人数的敏感性分析。对比图 4.16 的曲线可以发现，从最小值到最大值的变化趋势是相同的。轻度恐慌的人数最初会减少，然后趋于平缓。因此，建立的恐慌扩散模型可以用于接下来的仿真。

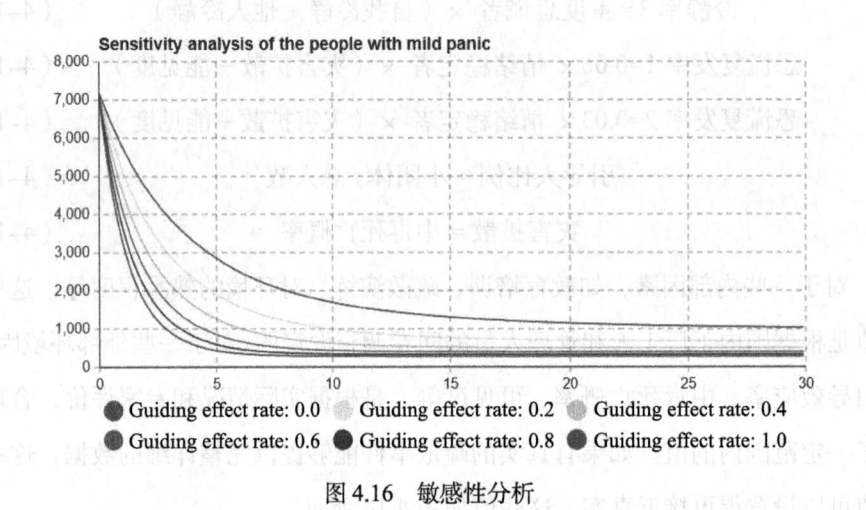

图 4.16　敏感性分析

4.4.4.4　仿真分析与讨论

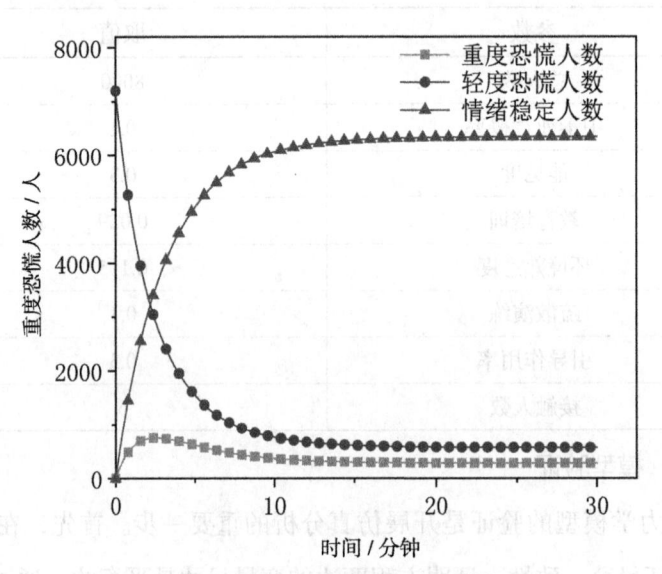

图 4.17　恐慌者与情绪稳定者人数变化

第 4 章 集聚性人群疏散非适应性心理行为规律

运行仿真实验，得到灾害环境、自我冷静和他人冷静作用下，轻度恐慌者、重度恐慌者和情绪稳定者人数变化图，如图 4.17 所示。

灾害初期，大部分人会有轻微的恐慌，但通过自我调整和周围理智人群的影响，很快就能冷静下来，另有部分人由于灾害的刺激在短时间内变得非常紧张而演变为重度恐慌者。

从变化曲线可以看出，重度恐慌人数的变化可分为两个阶段：初期的恐慌上升期和后期的恐慌下降期。这是因为受灾害与能见度的影响，一开始恐慌情绪迅速产生并扩散，重度恐慌人数上升，并且随着时间的推移重度恐慌人数达到峰值 754 人。另一方面，由于小团体内领导人处于理智状态，在他们的影响下部分重度恐慌人群会冷静下来，或者自身受过的教育培训、疏散演练或对周围环境的熟悉程度发挥作用，重度恐慌人数开始下降，直至轻度恐慌者、重度恐慌者和情绪稳定者处于动态平衡状态。

（1）能见度对恐慌情绪的影响分析

毒气泄漏后可能引发火灾、爆炸等二次事故，产生大量浓烟，使疏散人员的视野受限。本研究中，能见度系数分别设置为 0.3、0.6 和 0.9，系数的增大表示能见度愈发低，人员视野受限越来越严重。运行仿真实验探究能见度对恐慌情绪的影响，得到不同能见度情形下重度恐慌人数的变化，如图 4.18 所示。令 R 为

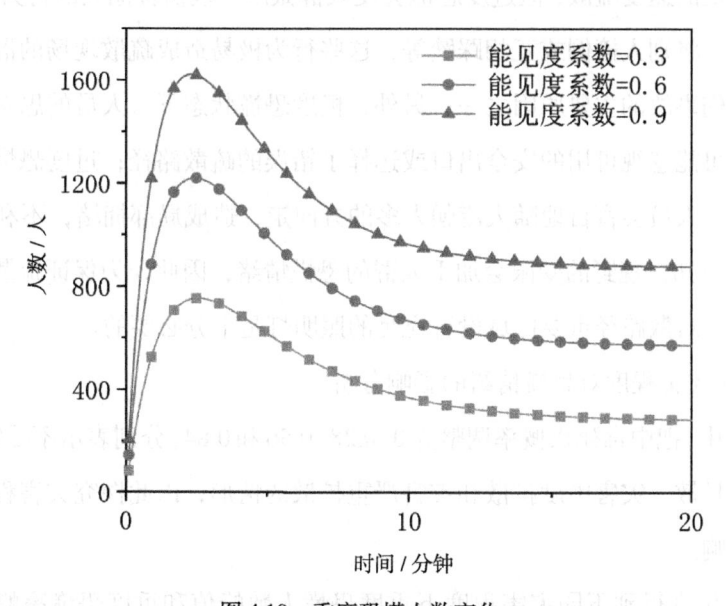

图 4.18 重度恐慌人数变化

重度恐慌率的变化率，且 $R = |\frac{P_i - P_j}{\Delta t}|$，$P_i$ 是第 i 秒的重度恐慌率，P_j 是第 j 秒的重度恐慌率，Δt 是时间步长。模拟结果如图 4.19 所示。

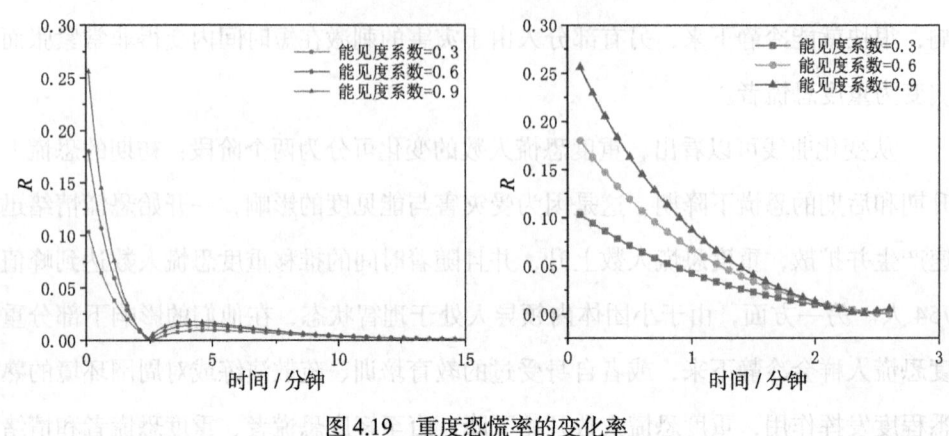

图 4.19 重度恐慌率的变化率

可以看出，当人们的视野逐渐受限时，恐慌情绪在人群中更快、更大范围地传播，使更多的人陷入重度恐慌中，人群重度恐慌率峰值分别达到了 9.43%、15.25% 和 20.28%，R 也随能见度降低而增大。起初 R 较大，并呈下降趋势逐渐减小接近于 0，随后 R 小幅度上升并趋于平缓，说明恐慌得到了一定控制，与恐慌上升期和恐慌下降期相对应。疏散过程中，适度的恐慌可提高人群速度，促使人们以更快的速度疏散，但过度恐慌会使人群做出一些伤害他人的行为，如奔逃、互相推挤、将别人撞倒或互相踩踏等，这些行为极易造成疏散现场的混乱，是引起群死群伤事故的主要原因之一；另外，极度恐慌状态下，人员的思考判断能力受影响，可能忽视可用的安全出口或选择了错误的疏散路径；过度恐慌还会引发从众现象，人员会盲目地随大流朝人多的方向走，造成局部拥堵，不利于疏散。

由此可知，视野的受限会加重人群的恐慌情绪，因此，为保证疏散效果，在安全出口、疏散路径重要区域设置充足的照明灯是十分必要的。

（2）灾害程度对恐慌情绪的影响分析

模拟中，把中毒死亡概率调整为 0、0.28、0.56 和 0.84，分别表示不受灾害影响、灾害轻微扩散、灾害中度扩散和灾害严重扩散的情形，以此探究灾害程度对恐慌情绪的影响。

运行仿真得到不同灾害程度下重度恐慌人数峰值和重度恐慌率峰值，如图

4.20、图 4.21 所示。可以看到，在能见度较好情况下，灾害的扩散对人群恐慌情绪的影响较大，导致人群恐慌率较大程度上升；而人群的视野受限严重时，灾害的严重扩散也不会使得重度恐慌人数大量增加，例如在能见度系数 0.3 情形下，中毒死亡概率增至 0.84 时导致重度恐慌人数增加 15.13%，能见度系数 0.9 情形下，中毒死亡概率增至 0.84 时导致重度恐慌人数增加 11.45%。这可能是因为能见度的下降引起恐慌情绪的大范围传播，已经造成多数人群处于恐慌状态，因而灾害的扩散影响体现不是很明显。

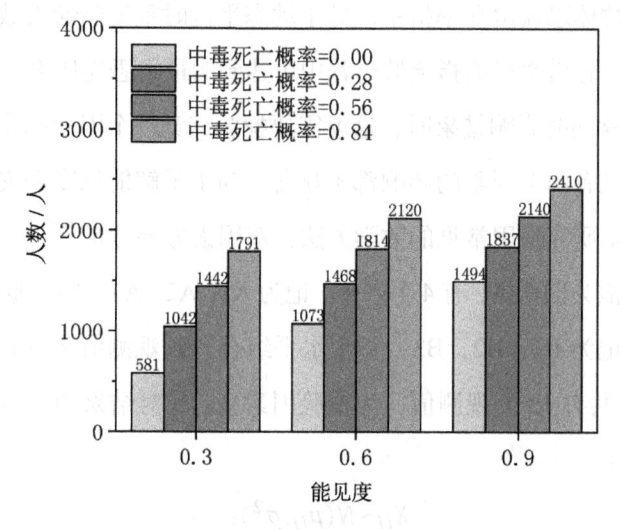

图 4.20 重度恐慌人数峰值

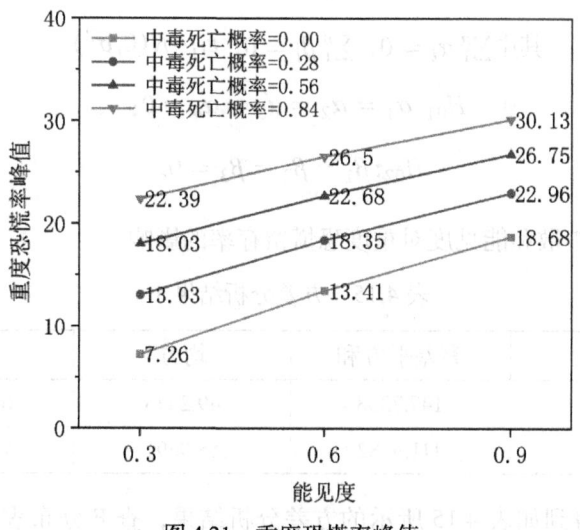

图 4.21 重度恐慌率峰值

但是，灾害扩散和能见度降低的双重作用会严重增加人群的恐慌程度，当灾害越发严重，且人们的视野范围严重受限时，重度恐慌率最大可上升至30.13%，这对疏散过程的正常进行是非常不利的，因此，在疏散过程中，应该合理安排领导者，安慰人们的情绪并引导人们疏散至安全区域。

（3）双因素方差分析

通过以上仿真，可以发现在不同的能见度和灾害扩散情形下，当系统处于动态平衡时，总有部分人还处于恐慌状态，并不是所有人的情绪都得到安抚，这也与现实情况相符。模型中，重度恐慌留存率指系统处于动态平衡时重度恐慌人数所占的比例，总体恐慌留存率指系统处于动态平衡时重度恐慌人数和轻度恐慌人数所占的比例，恐慌率峰值指疏散过程中可达到的最大恐慌比例。

当两个因素同时影响结果时，这就需要检验究竟一个因素起作用还是两个因素都起作用，或者两个因素的影响都不显著。为了了解能见度和灾害扩散对结果的影响大小，本研究采用常见的数学方法：双因素方差分析[63]。

设灾害扩散为因素 A，有 4 个水平，记为 A1，A2，A3，A4；能见度为因素 B，有 3 个水平，记为 B1，B2，B3。每个水平组合得到观测值 X_{ij}（i=1，2，3，4；j=1，2，3），共有 12 个观测值。为检验因素 A、B 对结果的影响是否显著，提出以下假设：

$$X_{ij} \sim N(\mu_{ij}, \sigma^2); \qquad (4-19)$$

$$X_{ij} = \mu + \alpha_i + \beta_j + \varepsilon_{ij},$$

$$其中 \sum_1^a \alpha_i = 0; \ \sum_1^b \beta_i = 0; \ \varepsilon_{ij} \sim N(0, \sigma^2)。 \qquad (4-20)$$

$$H_{01}: \alpha_1 = \alpha_2 = \alpha_3 = \alpha_4 = 0; \qquad (4-21)$$

$$H_{02}: \beta_1 = \beta_2 = \beta_3 = 0。 \qquad (4-22)$$

（1）灾害扩散和能见度对重度恐慌留存率的影响

表4.15　方差分析结果1

因素	离差平方和	均方	F
A	147.7338	49.2446	6516.9190
B	111.9382	55.9691	7406.8242

通过计算得到如表 4.15 所示的方差分析结果，查 F 分布表得 $F_{0.05}$（3，6）

=4.7571，$F_{0.05}$（2，6）=5.1433，因为 F_A=6516.9190>$F_{0.05}$（3，6），所以拒绝 H_{01}，即在显著性水平 0.05 条件下，灾害扩散对重度恐慌留存率有显著影响。同理，因为 F_B=7406.8242>$F_{0.05}$（2，6），在显著性水平 0.05 条件下能见度对重度恐慌留存率也有显著影响。

（2）灾害扩散和能见度对总体恐慌留存率的影响

表 4.16　方差分析结果 2

因素	离差平方和	均方	F
A	291.7527	97.2509	147.5643
B	227.9019	113.9510	172.9042

通过计算得到如表 4.16 所示的方差分析结果，因为 F_A=147.5643>$F_{0.05}$（3，6），所以拒绝 H_{01}，即在显著性水平 0.05 条件下，灾害扩散对总体恐慌留存率有显著影响。同理，因为 F_B=172.9042>$F_{0.05}$（2，6），在显著性水平 0.05 条件下能见度对总体恐慌留存率也有显著影响。

（3）灾害扩散和能见度对恐慌率峰值的影响

表 4.17　方差分析结果 3

因素	离差平方和	均方	F
A	222.4261	74.1420	158.8832
B	173.7216	86.8608	186.1389

通过计算得到如表 4.17 所示的方差分析结果，因为 F_A=158.8832>$F_{0.05}$（3，6），所以拒绝 H_{01}，即在显著性水平 0.05 条件下，灾害扩散对恐慌率峰值有显著影响。同理，因为 F_B=186.1389>$F_{0.05}$（2，6），在显著性水平 0.05 条件下能见度对恐慌率峰值也有显著影响。

（4）小团体数量对恐慌情绪的影响分析

每个小团体由具有家庭、朋友、同事等社会关系的 3 人组成，其中包含 1 个领导人，领导人熟悉周围环境，知道正确的疏散路线，可将其视为理智者。初始小团体数量即是初始理智者的数量。从初始疏散开始，到人群冷静下来所需要的时间，称为人群冷静时间。初始小团体数量为 800，即领导人比例为 0.1，在最糟糕的情形时，即灾害扩散取 0.84，能见度取 0.9，此时，人群冷静下来需要

30.1s。

增加小团体的数量，分别设置 1120、1440、1760、2080、2400 个小团体，保持总人数不变，则理智者人数分别为 1120、1440、1760、2080、2400，轻度恐慌者人数为 6880、6560、6240、5920、5600，那么领导人比例相应增加，分别为 0.14、0.18、0.22、0.26、0.30，运行仿真探究小团体数量对恐慌情绪的影响。

如图 4.22 所示为不同领导人比例下的人群冷静时间。领导人比例增加到 0.14 时，人群冷静时间缩短了 9.4s；当领导人比例增加到 0.18、0.22、0.26、0.30 时，人群冷静时间分别缩短 12.5s、13.4s、17.3s、18.5s。

另一方面，系统处于动态平衡时，不同领导人比例下的恐慌留存率如表 4.18 所示。由表可知，随着领导人比例的增加，恐慌留存率均有所下降。当领导人比例为 0.1、0.14、0.18 时，重度恐慌人群比例较大；当领导人比例达到 0.22 之后，重度恐慌留存率开始小于轻度恐慌留存率。由此可以看出，增加领导人能有效缓解恐慌情绪，使恐慌人群逐渐冷静下来。

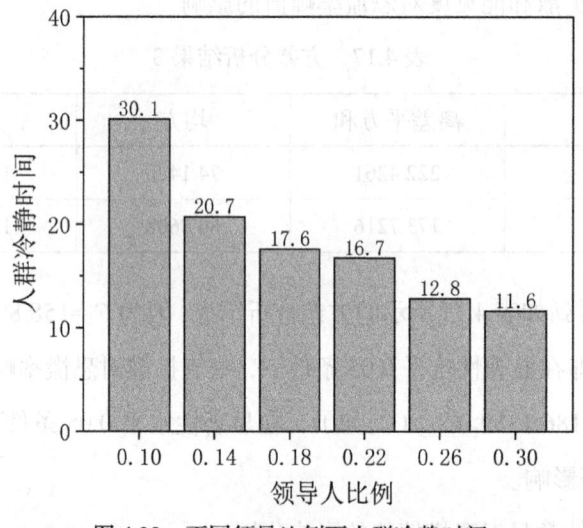

图 4.22 不同领导比例下人群冷静时间

表 4.18 恐慌留存率

领导人比例	0.1	0.14	0.18	0.22	0.26	0.30
重度恐慌留存率 /%	20.03	15.16	11.81	9.40	7.61	6.24
轻度恐慌留存率 /%	14.29	13.04	11.75	10.53	9.41	8.40
总体恐慌留存率 /%	34.31	28.20	23.56	19.93	17.03	14.64

用敏感性指数 $S(x_i, y_j)$ 来量化领导人比例对人群冷静时间的影响，表达式为[64]。

$$S(x_i, y_j) = \frac{x_i}{y_j} \cdot \frac{\partial y_j}{\partial x_i} = \frac{x_i}{y_j} \cdot \frac{y_{j(x_i+\Delta x_i)} - y_{j(x_i)}}{\Delta x_i} \quad (4-23)$$

分别计算不同领导人比例的敏感性指数，计算结果如表 4.19 所示。

表 4.19　敏感性指数

领导人比例	0.14	0.18	0.22	0.26	0.30
敏感性指数	1.589372	0.792614	0.296407	1.980469	0.775862

敏感性指数越大，模型越敏感。当领导人比例设置为 0.26 时，敏感性指数最大，因此，领导人并非越多越好，一开始领导人数量的增加较大程度缩短了人群冷静时间，但后期继续增加领导人比例，引导效果有所减弱。这与文献[65, 66]中的结论相似。在实际的人群疏散管控中，应基于疏散效果和用人成本的综合考虑，设置恰当比例的领导人。

调整不同领导人比例下的疏散演练系数，获得图 4.23 所示的总体恐慌留存率。

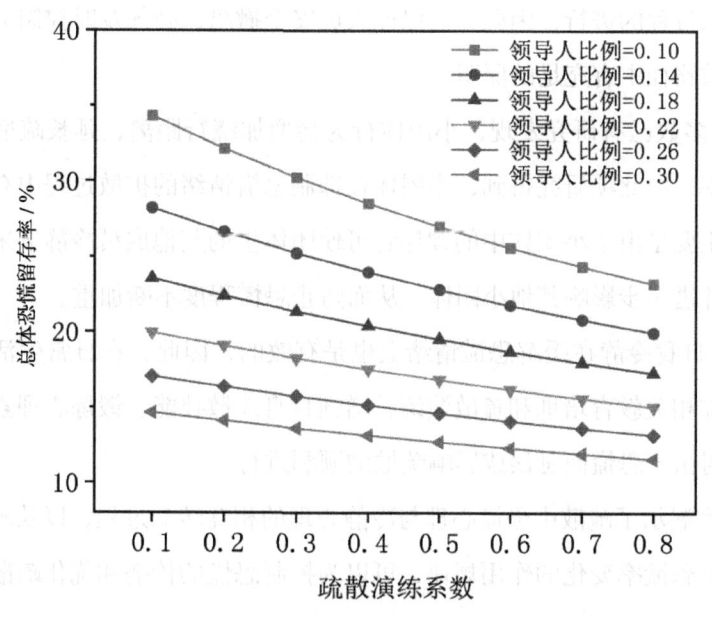

图 4.23　不同领导比例下随疏散演练变化的总体恐慌留存率

可以看到，领导人比例较低时，例如领导人比例为 0.1 情形下，他人冷静作用较弱，随着疏散演练系数增加，总体恐慌留存率最终降低了11.1%，恐慌留存率降低较快；随着领导人比例的升高，恐慌留存率缓慢下降，领导人比例0.3情形下，总体恐慌留存率降低了3.09%。

综上所述，在领导人较少的情况下，不可能每一个个体都得到有效的引导，行人主要依靠自我冷静抵抗恐慌，在这个过程中疏散演练的经历起重要作用，帮助行人克服恐慌心理冷静下来，能较大幅度地减少总体恐慌留存率；当领导人比例增加时，总体恐慌留存率受疏散演练的影响不再明显下降，此时由领导人发挥主要作用。

虽然事故本身的危害性会造成一定的影响，但有些人员伤亡并不是由于事故本身造成的，往往是个体恐慌情绪引发的极端行为所致。紧急情况下的恐慌行为具有传染性，个体恐慌往往导致集体恐慌，造成破坏性后果。通过系统动力学理论和方法建立的毒气泄漏背景下人群疏散恐慌传播模型，可以揭示外部环境与疏散人员心理行为之间的关系，找出毒气泄漏事故应急区域内人群疏散的影响因素，并实现各因素对恐慌传播影响的定量分析。研究发现：

（1）灾害的扩散和能见度的降低会加重人群的恐慌程度，使恐慌情绪蔓延，不利于疏散过程的进行，因此，为保证人员安全撤离，必须及时控制灾害扩散，并保证疏散路径中有充足的照明。

（2）多数已有研究发现，小团体行为会增加绕行距离，延长疏散时间，降低疏散效率，但此项研究得到，小团体在抑制恐慌情绪的扩散过程中有一定积极作用，这主要是由于小团体中的领导者可使团体里的其他成员冷静下来，缓解恐慌情绪，并进一步影响其他小团体，从而防止恐慌程度不断加重。

（3）自我冷静在缓解恐慌情绪上也是有效的，因此，在日常生活中，有必要积极参加相关教育培训和疏散演练，增强自身疏散技能、锻炼心理素质，防止事故发生时由于恐慌而延误或影响疏散的顺利进行。

该模型展示了疏散中恐慌心理与冷静心理的相互转变过程，以及不同程度的影响因素对恐慌率变化的作用规律，可以为控制恐慌的传播和优化疏散过程提供一些参考。

4.4.5 恐慌引起的疏散竞争行为分析

4.4.5.1 行人疏散竞争动态演化模型构建

当发生突发事件时，人员会产生恐慌心理，做出一些非理性的竞争行为。为量化疏散人群心理特征及环境对疏散人群状态变化的影响，建立人员疏散状态与影响因素间的动态联系，将人群分为独立疏散人员、合作疏散人员和竞争疏散人员三类，确定疏散过程中自身因素、社会因素和环境因素的影响作用。

自身因素考虑帮助概率、对他人帮助的接受程度、竞争强度 3 个影响因素，用同情心表示帮助概率的大小，用恐慌表示行人在疏散过程中拥挤、推搡、竞争的强度；社会因素包括疏散过程中的引导作用和帮助行为，受人群中年轻人占比、帮助概率、领导者数量、信息传递范围和对他人帮助的接受程度的影响；环境因素包括突发事件的紧急程度和环境能见度，用烟气扩散率表示紧急情况的严重程度。

系统动力学关注复杂系统中整体与局部、内部各因素之间的相互作用，本节将以行人在紧急情况下的竞争行为为研究内容，分析影响疏散竞争行为的各个因素及其因果关系，通过构建因果反馈回路，总结系统的动态发展规律，来描述行人疏散竞争行为的动态调整过程。图 4.24 绘制了影响行人疏散行为动态演化的因果关系图，其中"+"和"−"分别表示正、负反馈效应。

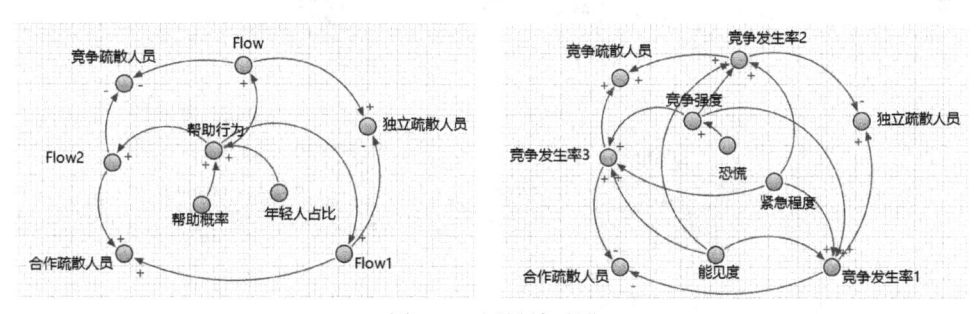

图 4.24 因果关系图

SD 模型主要包括三种变量：水平变量、速率变量和辅助变量。水平变量和速率变量包含了最重要的信息。水平变量表示累积量，本模型设置竞争疏散人员、合作疏散人员和独立疏散人员三个水平变量；速率变量表示增加量的变化率，竞争发生率 1、竞争发生率 2、竞争发生率 3、Flow、Flow1 和 Flow2 为模型中的速率变量；辅助变量包括同情心、年轻人占比、恐慌、接受程度、信息传播范围、领导者。速率变量和辅助变量影响着水平变量的变化。

根据以下假设建立系统动力学模型：

（1）紧急情况下人员的恐慌心理会致使人产生竞争行为；

（2）领导者熟悉周围环境，知道安全出口位置，且会传播所知的疏散信息；

（3）用系数表示能见度的降低，数值越大表明人群视野受限越严重，能见度越低；

（4）模型中包含3种状态的人员，即独立疏散、合作疏散和竞争疏散状态。

根据上述分析，在 Anylogic 软件中建立如图 4.25 所示的行人疏散动态演化的系统动力学模型。其中各因素作为参数，行人的疏散状态作为存量，将行人的心理状态进行详细划分。初期均为独立疏散人员，随时间的发展，独立疏散人员在竞争、能见度以及灾害紧急程度影响下可能会演变为竞争疏散人员，同时竞争疏散人员和独立疏散人员在帮助行为和引导作用下可转化为合作疏散人员。另一方面，合作疏散人员也可能复发为竞争或独立疏散人员。帮助行为受年轻人占比和帮助概率的影响，引导作用受社会层面中领导者数量、人员接受程度和信息传播范围的影响。

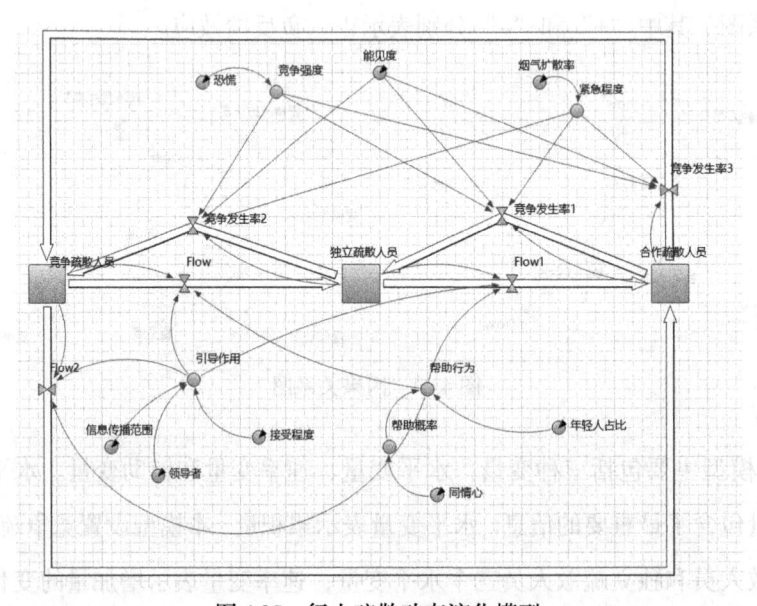

图 4.25　行人疏散动态演化模型

4.4.5.2 参数初始化和模型验证

行人的行为受到许多因素的干扰，要定量所有变量之间的相互作用是非常困难的。系统动力学模型的合理假设，可以使模型关注关键变量及其影响路径，忽略其他不重要、小概率事件的干扰，从而更好地判别影响因素的作用大小。通过数学函数来描述关键变量之间的关系，根据所建立的行人疏散系统动力学模型，设置如下动力学方程：

$$引导作用 = 信息传播范围 \times 领导者 \times 接受程度 \quad (4-24)$$

$$帮助行为 = 帮助概率 \times 年轻人占比 \quad (4-25)$$

$$紧急程度 = 烟气扩散率 \quad (4-26)$$

$$Flow = 0.3 \times 竞争疏散人员 \times (引导作用 + 帮助行为) \quad (4-27)$$

$$Flow1 = 0.6 \times 独立疏散人员 \times (引导作用 + 帮助行为) \quad (4-28)$$

$$Flow2 = 0.1 \times 竞争疏散人员 \times (引导作用 + 帮助行为) \quad (4-29)$$

$$竞争发生率1 = 0.06 \times 合作疏散人员 \times (能见度 + 紧急疏散程度 + 竞争强度) \quad (4-30)$$

$$竞争发生率2 = 0.3 \times 独立疏散人员 \times (能见度 + 紧急程度 + 竞争强度) \quad (4-31)$$

$$竞争发生率3 = 0.03 \times 合作疏散人员 \times (能见度 + 紧急程度 + 竞争强度) \quad (4-32)$$

对模型中的一些内部因素，如烟气扩散率、能见度、信息传播范围等，根据实际情况和相关文献[67,68]，合理假设了一定范围内的值，这些参数设置如表4.20所示。

表 4.20 模型参数表

参数	取值
总人数	800
烟气扩散率	0
能见度	0.3
恐慌	0
接受程度	0.2
领导者	0.2
信息传播范围	2
同情心	0.2
年轻人占比	0.5

模型的检验是验证系统动力学模型合理性的关键一步，是后续仿真模拟结果

可靠性的重要保证。参照 4.4.4.3 节中的验证方法，一方面通过 Anylogic 软件视图面板中提示的模型中存在的错误来检查模型中各因素的属性、因果关系和方程关系，另一方面，采用敏感性分析检验当假设在不确定性的合理范围内发生变化时，结论是否以对目的重要的方式发生变化。图 4.26 为恐慌因素由 0 到 0.8 变化时，竞争和合作疏散人数的敏感性分析。从图中可以看出，在不同程度的影响因素作用下，竞争和合作疏散人数变化趋势相同，最终会趋于平缓。仿真结果很好地拟合了现实世界中的已知规律，验证了所建立的系统动力学模型。因此，这个关于竞争和合作的系统动力学模型将用于下文的仿真。

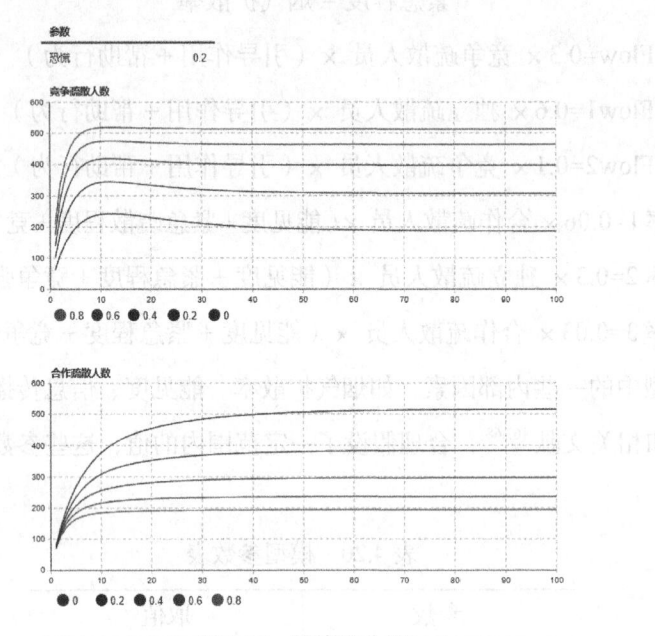

图 4.26 敏感性分析

4.4.5.3 仿真分析与讨论

运行仿真实验，得到能见度、引导作用和帮助行为作用下，独立疏散人数、合作疏散人数和竞争疏散人数变化图，如图 4.27 所示。

仿真结果展示了在疏散过程中不同疏散状态人数的变化规律，随着疏散的进行，独立疏散人数迅速下降，合作疏散人数逐渐增加，竞争疏散人数则是先增加后有小幅下降，系统最终处于动态平衡状态。

竞争疏散人员的人数变化分为两个阶段，是因为在能见度的负面影响下，行人发生竞争行为，竞争疏散人数上升，并且随着时间的推移竞争人数达到峰值

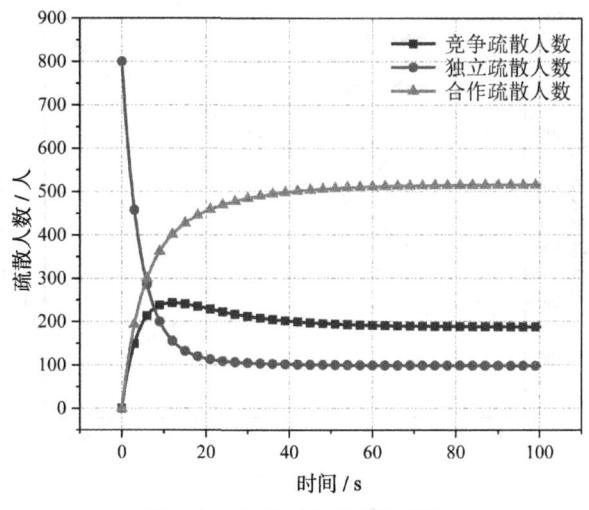

图 4.27 各状态人数变化规律

243 人。同时，领导者的引导作用和他人的帮助行为发挥积极作用，竞争行为得到缓解。当系统处于动态平衡时，仍有部分人处于独立疏散状态，并非所有人都会转为合作疏散，此结果与实际情况相符。

（1）单因素影响作用分析

火灾、爆炸等事故会产生大量浓烟，降低疏散环境中的能见度，导致人员的视野受限。紧急情况的发生会使不同目的的行人汇聚成人群，并造成恐慌情绪的出现。大多数行人的恐慌都是非适应性心理行为的表现，且这种恐慌会从几个人波及周围更多的人，会使人表现出竞争、人性丧失的一面。不利的疏散环境以及一些非适应性行为又会反过来加剧人群的恐慌，这种情况不利于人群的疏散，可能导致人员伤亡事故的发生。本文把能见度系数设为 0.3、0.6 和 0.9，代表疏散环境能见度不断降低、人们视野受限程度逐渐上升；竞争强度设为 0、0.2、0.4、0.6 和 0.8，表示个体间竞争行为越来越激烈。运行仿真实验，探究能见度和竞争强度对行人行为的影响，分别得到竞争和合作疏散人数的变化，结果如下图所示。

从图 4.28、图 4.29 可以发现，当行人视野受限程度上升时，会加剧人群恐慌心理的产生，从而表现出竞争等不利他行为。随着人群竞争强度的增加，竞争人数占总人数比例的峰值分别达到了 30.4%、43.1%、52.4%、59.4% 和 64.8%。竞争疏散人数的峰值和最终达到动态平衡时的人数越来越接近；合作疏散人数逐

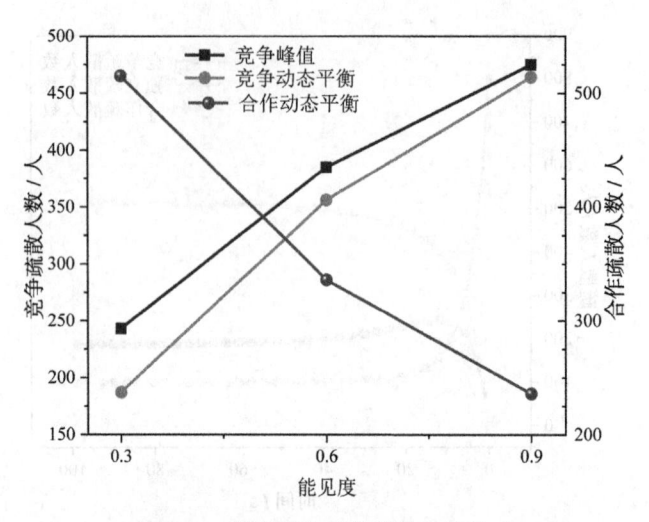

图 4.28 能见度与疏散人数变化关系

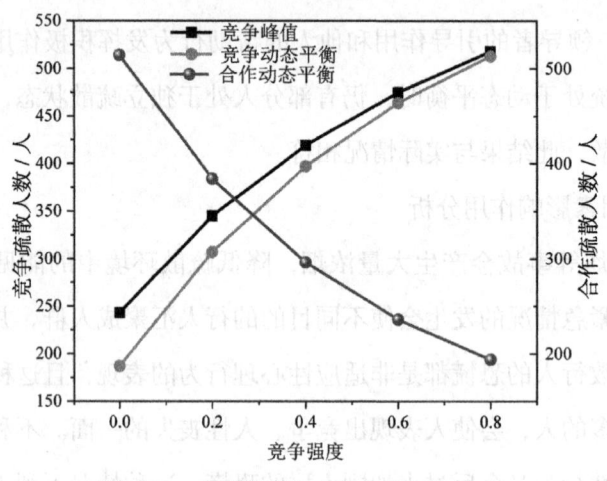

图 4.29 竞争强度与疏散人数变化关系

渐减小，且疏散环境越差时，合作疏散人数变化幅度越小。说明系统环境变差，人员疏散过程中心理状态受到影响越大。心理状态的负面变化导致越来越多疏散人员的行为向竞争疏散行为转变。这种现象造成竞争人数上升，同时增加了其他人员观察周围环境的难度，严重影响疏散效率。如果人员的心理恐慌状态得不到缓解，人群长时间处于恐慌情绪中，会导致疏散的成功率大大降低。

研究表明，突发事件中帮助行为是很普遍的，即使在疏散过程中人员之间相互陌生，哪怕极其紧急的情况下人群中仍会出现大量的帮助行为。作为反应速度和行动能力较低的弱势群体，在疏散时往往需要他人的帮助。紧急情况中的帮助行为可以缓解弱势群体在疏散中的恐慌心理，提高疏散速率，帮助他们尽快疏散到安全区域。模型中把帮助概率设为 0、0.2、0.4、0.6、0.8 和 1，以探究帮助行为对人员疏散行为状态的影响。紧急疏散过程中帮助行为的出现受行人的同情心和年轻人占有比例因素的影响，结果如图 4.30 所示。

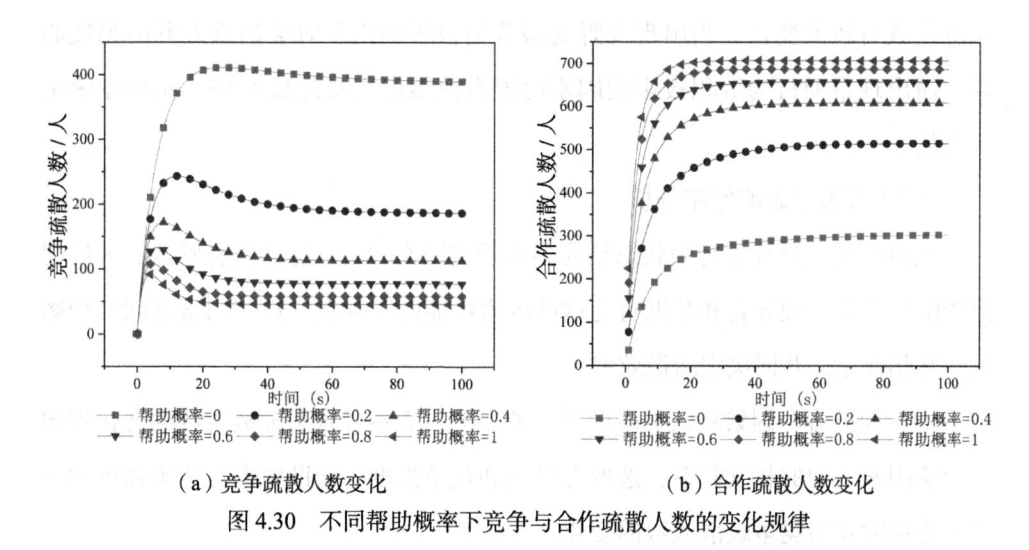

（a）竞争疏散人数变化　　　　　　（b）合作疏散人数变化

图 4.30　不同帮助概率下竞争与合作疏散人数的变化规律

随着帮助概率的增加，竞争疏散人数随之减少，竞争人数峰值占比分别为 51.38%、30.38%、21.5%、16.63%、13.5% 和 11.38%，系统达到动态平衡时竞争人数占比为 48.63%、23.38%、14.13%、9.63%、7.25% 和 5.75%，可见帮助行为能有效缓解行人的恐慌竞争心理。帮助概率越小时，行人处于竞争状态的时间越长。竞争疏散在峰值时和达到动态平衡时的人数变化率随之增加，且达到动态平衡时的时间也越来越快。这是因为帮助概率越大，发生帮助行为的人数越多，越

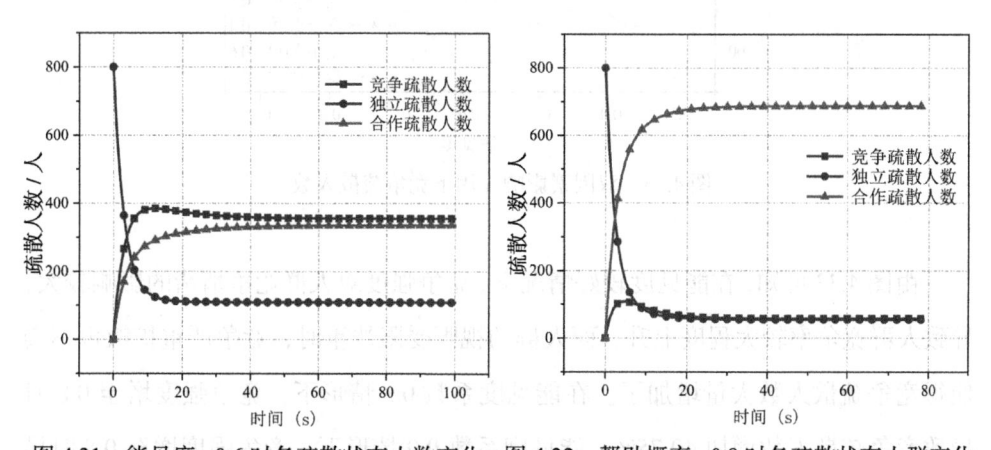

图 4.31　能见度 =0.6 时各疏散状态人数变化　　图 4.32　帮助概率 =0.8 时各疏散状态人群变化

能有效缓解周围人群的竞争行为，将部分竞争者发展为合作疏散人员，竞争疏散逐渐转化为合作疏散。当帮助、协作关系在紧急疏散中占主导时，人员的疏散效率远高于恐慌、竞争的情况。

对比图 4.27、图 4.31 和图 4.32 发现，当系统达到动态平衡时，不同疏散状态人数有较大变化。当出现视野受限等消极影响因素时会加重人群的恐慌心理，而出现帮助行为等积极影响因素时能有效缓解人员恐慌心理，减少竞争疏散人数。

（2）多因素影响作用分析

人群在疏散过程中行为状态是受多因素共同作用的，能见度愈发低、人群视野受限、恐慌、领导者和帮助行为这些因素可能同时存在，这些因素之间互相影响、互相作用，共同决定疏散效率。

为了探究各个因素对人员疏散状态的影响，观察各状态疏散人数的变化规律及影响因素之间的相互联系，选取能见度和竞争强度、帮助概率与竞争强度两者共同作用时观察竞争疏散人数的变化。

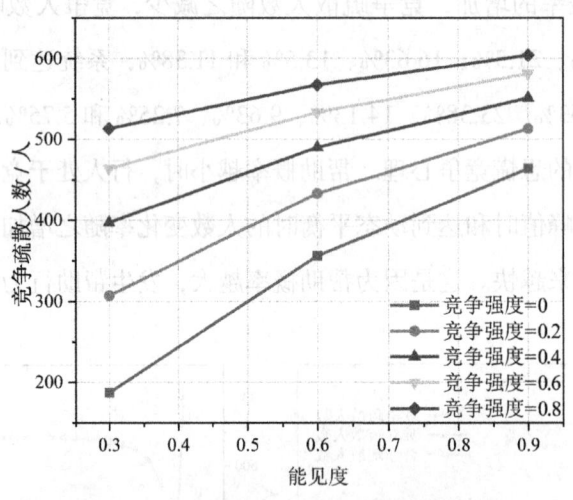

图 4.33　双因素影响作用下竞争疏散人数

由图 4.33 可知，在能见度较好情况下，竞争强度对人群竞争情绪的影响较大，导致人群竞争率较大程度上升；而人群的视野受限严重时，竞争严重扩散也不会使得竞争疏散人数大量增加了。在能见度系数 0.3 情形下，竞争强度增至 0.8 时导致竞争疏散人数增加 40.75%；能见度系数 0.9 情形下，竞争强度增至 0.8 时导致竞争疏散人数增加 17.5%。这是因为能见度的下降已经造成了竞争情绪的大范围传播。

当两个因素共同作用结果时，这就需要对各因素的作用进行检验，探究究竟是哪一个因素起作用，还是两个因素都起作用。为了了解能见度和竞争强度对结果的影响大小，采用常见的双因素方差分析数学方法。

设能见度为因素 A，有 3 个水平，记为 A1，A2，A3；竞争强度为因素 B，有 5 个水平，记为 B1，B2，B3，B4，B5。每个水平组合得到观测值 X_{ij}（i=1，2，3；j=1，2，3，4，5），共有 15 个观测值。为检验因素 A、B 对结果的影响是否显著，提出以下假设：

$$X_{ij} \sim N(\mu_{ij}, \sigma^2);\ X_{ij}=\mu+\alpha_i+\beta_j+\varepsilon_{ij} \tag{4-33}$$

$$H_{01}:\alpha_1=\alpha_2=\alpha_3=0;\ H_{02}:\beta_1=\beta_2=\beta_3=\beta_4=\beta_5=0 \tag{4-34}$$

其中 $\sum_1^a \alpha_i=0$；$\sum_1^b \beta_i=0$；$\varepsilon_{ij} \sim N(0, \sigma^2)$。

表 4.21 方差分析结果

因素	平方和	均方	F
A	72446.80	36223.40	25.78
B	96507.33	24126.83	17.17
交互作用	11243.87	28159.02	20.04

通过计算得到如表 4.21 所示的方差分析结果，查 F 分布表得 $F_{0.05}$（2，8）=4.46，因为 F_A=25.78>$F_{0.05}$（2，8），$F_{0.05}$（4，8）=3.84 所以拒绝 H_{01}，即在显著性水平 0.05 条件下，能见度对竞争疏散人数有显著影响。同理，因为 F_B=17.17>$F_{0.05}$（4，8），在显著性水平 0.05 条件下竞争强度对竞争疏散人数也有显著影响。

在不同竞争强度下，随着帮助概率的增加，竞争疏散人数都逐渐减小，这是因为增加帮助能有效缓行人间的竞争行为，使竞争人群逐渐冷静下来。竞争强度为 0，帮助概率增至 1 时，竞争疏散人数降低 17.6%；竞争强度为 0.8，帮助概率增至 1 时，竞争疏散人数降低 35.6%。可以看出竞争强度越大，帮助行为的影响作用越明显。

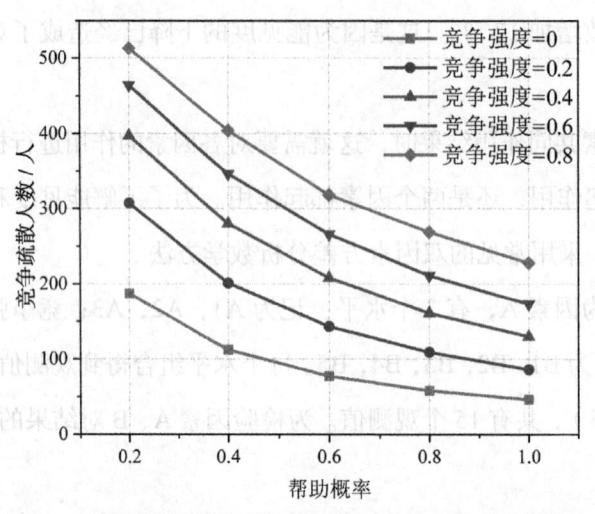

图 4.34 不同竞争强度下帮助概率对竞争疏散人数的影响

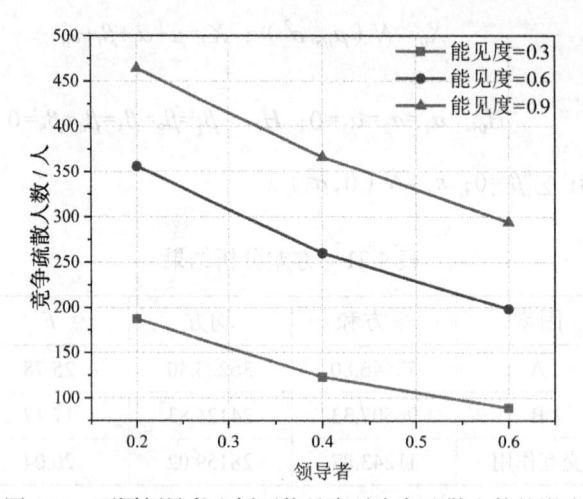

图 4.35 不同领导者比例下能见度对竞争疏散人数的影响

通过图 4.34、图 4.35 可知，通过增加领导者、实施引导帮助能够有效控制环境因素以及人员心理恐慌造成的竞争。因此，在发生紧急情况时，应急疏散过程中工作人员实施引导和帮助，能有效促进疏散效率。

（3）疏散竞争行为管控建议

根据上述分析，可以得到，紧急情况下对于集聚性人群的疏散管控一定要做到及时缓解和消除人群的非理性竞争行为。

首先，控制紧急情况的加剧。模拟所得到的竞争疏散人数会随能见度、紧急程度和竞争程度的加剧呈现上升的趋势，所以疏散环境的恶劣程度，是导致人群竞争行为传播的一个重要因素。因此，当紧急事件中的危害性出现加剧态势时，要采取及时有效的措施，遏制危害事件的蔓延，尽可能为疏散人群创造出一个相对安全的环境，从而有效控制人群竞争行为的传播。

其次，重视帮助行为的作用。疏散环境情况对人群疏散行为的影响是客观存在的，但是疏散人群之间的帮助、协作作用能够缓解环境紧急情况所带来的对疏散过程的负面影响，是主观上可控的。在集聚性人群疏散中，即使有非理性竞争行为的传播，仍然会有一些人群能够保持理智，并在同情心的驱动下帮助其他人进行疏散。帮助行为能够稳定他人的情绪，减少竞争行为的发生。特别是帮助人群中的弱势群体进行疏散，与弱势群体一起运动，能够提高弱势群体的行动速度，提高疏散效率，减少人员伤亡。因此，可以激发人群中理智人群的同情心，提高他们帮助他人的可能性。

最后，强化引导力量。这里的引导主要是来自官方、管理方等人群外部的引导力量。无论是及时的信息传播、正确的疏散指引，还是通畅的疏散通道、安全的避难场所，这些都能够有效控制人群中竞争行为的传播。因此，疏散过程中，在安全出口、疏散路径等区域应设置充足的照明灯；在疏散路径关键节点安排领导者、帮助者介入，安慰人们的情绪并引导人们疏散至安全区域，从而保证疏散过程迅速、顺利地进行。

4.5 考虑恐慌权重的区域人群疏散仿真与风险评估

4.5.1 用于毒性气体泄漏模拟的 ALOHA 软件

有毒、有害物质发生泄漏后，会扩散至不同距离的区域，ALOHA（Areal Locations of Hazardous Atmospheres）是一款为用户提供专业的扩散区域分析的软件，由美国环境保护署（the Environmental Protection Agency, EPA）和美国国家海洋和大气管理局（National Oceanic and Atmospheric Administration, NOAA）联合开发。软件中包含了常用的多种模型，例如 BLEVE 模型，喷射火模型，高斯模型等等。

以液氨为例，对于给定位置的连续泄漏，给定地点的浓度可用式（4-35）计算。

$$c(x,y,z) = \frac{Q}{\pi \sigma_y \sigma_z \mu} \exp\left\{-\frac{1}{2}\left[\frac{y^2}{\sigma_y^2} + \frac{z^2}{\sigma_z^2}\right]\right\} \quad (4-35)$$

其中，$c(x, y, z)$ 为连续泄漏时给定地点 (x, y, z) 的浓度，单位是 mg/m^3；Q 为连续泄漏速率，单位是 mg/s；μ 为平均风速，单位是 m/s；x 为下风向距离，单位是 m；y 为横风向距离，单位是 m；z 为离地面的距离，单位是 m；σ_y、σ_z 为 y、z 方向的扩散系数。

运用公式手动计算毒物浓度的过程繁琐且复杂，而 ALOHA 软件操作简单，用户在界面输入事故相关的信息后，事故后果模拟图以及伤亡区域距离范围便可自动显示，这些信息包括三部分，一是地理位置，例如经度、纬度、海拔等；二是气候条件，例如温度、湿度、风速等；三是泄漏源情况，例如储罐的类型、化学品的相态、存储的质量等等。

软件为用户提供了四种浓度标准，即急性暴露指导浓度（AEGLs）、应急响应计划指导浓度（ERPGs）、保护行为标准（PACs）和职业暴露浓度（IDLH），用户可根据需求合理选择。另外，软件也允许用户定义新的浓度标准。液氨在不同标准下的浓度范围如表 4.22 所示。

表 4.22 液氨的不同浓度标准

标准	等级	浓度 /10^{-6}
AEGLs	AEGL-3	1100
	AEGL-2	160
	AEGL-1	30
ERPGs	ERPG-3	1500
	ERPG-2	150
	ERPG-1	25
PACs	PAC-3	1100
	PAC-2	160
	PAC-1	30
IDLH	IDLH	300

4.5.2 液氨泄漏数值模拟

4.5.2.1 氨的性质与危害

氨气，分子式为 NH_3，常温下气体呈无色，有强烈的刺激性气味，密度小于空气，为 $0.705kg/m^3$，熔点为 $-77.7℃$，沸点为 $-33.5℃$，爆炸极限范围为 15.7%~27%。在生产生活中，出于运输和储存方便的考虑，通常经过加压或降温的方式，变气态氨为液态氨。氨是硝酸、化肥、炸药等制造过程中的重要原料，液体状态下的氨还是工业中重要的制冷剂，氨也常作为建筑混凝土外加剂、室内装饰材料中的添加剂、增白剂等。氨的危害性主要表现在以下两点。

一是氨的可燃性。氨是一种可燃性气体，发生泄漏后，在泄漏口即刻被点燃，形成喷射火或 BLEVE。泄漏的气体扩散到空气中并与其充分混合，从而形成了爆炸性混合物，遇明火或高温等点火源，若是在开放空间，发生闪火或池火，过量的热辐射给人们造成伤害。若是在有限的空间里，则可能发生蒸汽云爆炸，造成灾难性后果，冲击波严重破坏周围房屋建筑，同时产生的碎片飞出引起人员伤亡。

二是氨的有毒性。氨对人体具有腐蚀性，氨本为一种常温气体，它具备某种工业用途，包括作为冷冻剂和肥料，氨与氧化剂、钙、金、汞、银和漂白剂结合，会变成含剧毒的气体。氨对所接触的皮肤组织都有腐蚀和刺激作用，它是极易溶于水的，它在人体组织内遇水生成氨水，可以溶解组织蛋白质，破坏体内多种酶的活性，使组织变性，降低组织代谢功能，并使组织脂肪皂化，破坏细胞膜结构，浓度过高时，还可通过三叉神经末梢的反向作用而引起心脏停搏和呼吸停止。轻度中毒症状表现为：受害者感到眼、鼻、咽部有明显的辛辣感，有的人伴随流泪、打喷嚏等症状，有的人会咳嗽、咳痰甚至咳血，还有部分受害者感到胸闷头痛或是全身乏力。往往可以看到受害者有眼结膜、鼻和咽黏膜充血，肺部有持续的长时间呼吸附加音。重度中毒症状表现为：多部位水肿，例如肺、脑、喉头等，喉痉挛，窒息，如抢救不及时会有生命危险。氨的急性毒性标准及分级如表 4.23 所示。

表 4.23 氨的急性毒性标准与分级

氨气浓度 /mg/m³	症状表现	危害分级
0.7	人类嗅觉察觉到	
67.2	鼻咽部位会感到刺激感，同时眼部有灼痛感	轻度危害
70	呼吸开始变慢	
140	鼻和呼吸道不适，同时伴随恶心和头痛	
140–210	身体有明显不适	中等危害
175–350	鼻眼感到刺激，呼吸和脉搏加速	
553	强烈刺激	
1750–3500	危及生命	重度危害
3500–7000	即刻死亡	

4.5.2.2 模拟区域介绍

以 Y 市化工园区内某化工厂为例，该厂生产中涉及的主要工艺为合成氨工艺，是国家重点监管危险化工工艺，合成氨工艺的主要危险性包括以下几点。

（1）高温和高压的环境增加了可燃气体的爆炸极限范围，如果出现气体物料过氧的情况，那么爆炸事故就很可能在设备设施中发生。

（2）已经泄漏的气体物料在环境中迅速膨胀，遇到空气，会形成爆炸性混合物，在这种情况下，如果厂区监管不到位，没有及时控制明火或因高流速物料与裂（喷）口处摩擦产生静电火花，则会引起着火和爆炸。

（3）高温下，转动设备的持续运行使得温度过热，不仅加速润滑油的挥发和裂解，还易引起设备管道的积碳现象，存在燃烧、爆炸的可能性。

（4）设备设施中通常含有金属材料，金相组织改变、蠕变等现象时有发生，在高温和高压的影响下，氢蚀作用、渗氮作用均会加剧，从而加速设备设施的疲劳腐蚀，机械强度也受到影响，最终造成物理爆炸。

（5）当液氨发生了大量泄漏时，一方面形成低温云团，造成厂区附近人员中毒，另一方面，若遇到明火，会爆炸，引起二次伤害。

表 4.24　孔径划分范围

泄漏场景	范围	代表值
小孔泄漏	> 0，≤ 5mm	5mm
中孔泄漏	> 5，≤ 50mm	25mm
大孔泄漏	> 50，≤ 150mm	100mm
完全破裂	>150mm	1）设备（设施）完全破裂或泄漏孔径 >150mm 2）全部存量瞬时泄放

两种类型的有毒有害物质泄漏事故在生产生活中比较常见，一是在极短的时间里，毒物从容器中全方位全部释放，称为瞬时泄漏，易造成灾难性后果；二是在较长的一段时间里，毒物通过容器破裂的孔径缓慢的释放，这是一个持续泄漏的过程。根据泄漏孔径的大小，可以划分为小孔泄漏、中孔泄漏和大孔泄漏，具体数值如表 4.24 所示。

该厂处北亚热带南部季风区，四季分明、温和湿润、雨量充沛。一般冬季在冷空气的控制下，以干燥、寒冷、晴天天气为主，盛行偏北风；夏季常在负热带高气压的控制下，温度高、湿度大，会出现大暴雨，盛行东南风。年平均气温 15.4℃，最高温度 40℃；年平均风速 3.3m/s，最大风速 21m/s；年平均相对湿度 82%。

该厂主营氮肥制造，其年产合成氨规模为 100 万吨。厂内有一液氨卧罐，容积为 100m^3，存储量为 100t，充装系数为 0.8。假设储罐发生泄漏，裂缝距离地面 0.6m，泄漏直径 2cm，采用高斯扩散模型，模拟液氨连续泄漏扩散情况。参数设置如表 4.25 所示。

表 4.25　参数与数值

选项	输入信息
地理位置	东经 119°51′ 北纬 31°25′ 、海拔 60m
建筑类型	单一罐体、周围无建筑物的敞开空间
化学品类型	AMMONIA
气候条件	风速 3.3m/s，风向 NW，温度 15.4℃， 云层覆盖率 50%，大气稳定度等级 B，湿度 82%

续表

选项	输入信息
容器情况	卧式储罐，容积 100m³，长度 11m，直径 3.4m，液相
泄漏源情况	泄漏口圆孔、泄漏位置 0.6m
计算选项	高斯扩散模型

4.5.2.3 模拟结果分析

（1）液氨泄漏影响区域

目前研究中 AEGLs 是常用的、较有代表性的浓度标准，因此在模拟中选择该浓度标准述液氨毒性伤害区域范围，泄漏模拟结果如图 4.36 所示。

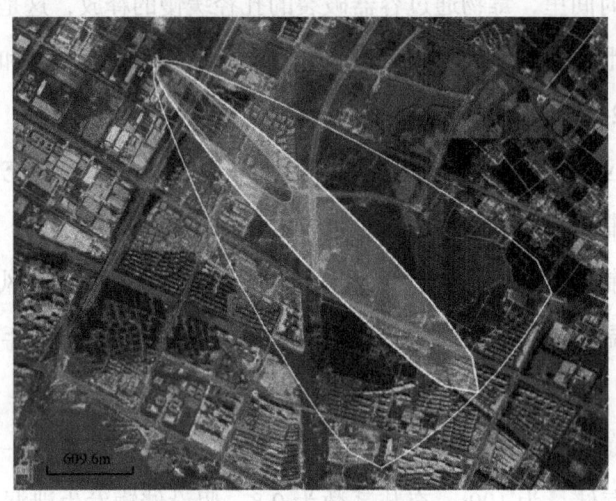

图 4.36 液氨泄漏模拟结果

通过模拟可以得到液氨浓度的空间分布情况如下：

①在风速的作用下，液氨 AEGLs-3，浓度 1100×10^{-6}，扩散距离最远达到 501m，在该范围内，疏散行人停留 60min 内遭受的伤害会危及生命健康甚至是死亡。在图中显示为红色色块，划为毒性致死区域。

②液氨 AEGLs-2，浓度 160×10^{-6}，扩散距离最远达到 1400m，在该范围内，疏散行人停留 60min 内会失去组织行为能力，难以疏散逃生，或是部分器官、细胞受到无法再恢复的损伤，会长时间的持续影响人体健康。在图中显示为橙色色块，划为毒性重伤区域。

③液氨 AEGLs-1，浓度 30×10^{-6}，扩散距离最远达到 3300m，在该范围内，疏散行人停留 60min 内会出现例如头晕、胸闷等明显的不舒服症状，离开危险区域后可减缓不适，恢复正常。在图中显示为黄色色块，划为毒性轻伤区域。

根据上述扩散模拟结果，可以清楚地了解到，合理规划疏散路线意义重大。行人在疏散过程中，不可避免需要面对逃生路线的选择。在毒气危害情况下，选择某条需要绕行的路径，避免踏入毒气危害区域，虽然距离增加，但对自身的伤害却大大降低。当某条路径是跨越毒性伤害区域时，行人必须作出谨慎决策，若是不顾一切地盲目逃跑，易造成人员伤亡事故。

（2）敏感目标浓度变化

泄漏源下风向 450m 处有一居民集中区，将该位置设为敏感目标，观察其 60min 内的浓度变化值，结果如图 4.37 所示。

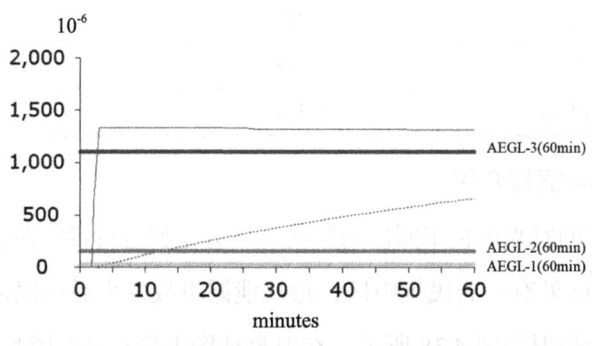

图 4.37 敏感目标的浓度变化

从下风向距离泄漏源 450m 处氨气浓度的变化趋势可以看出，该位置处的氨气浓度随着时间的推移而不断增加，并且在大约 12 分钟左右浓度达到 AEGL-2 水平，行人失去组织行为能力，难以疏散逃生，或是部分器官、细胞受到无法再恢复的损伤，会长时间的持续影响人体健康。因此，在进行危险区域人员疏散过程中，要在 12min 之内将居民从危险区域疏散到避难场所，以防止人员受到毒气伤害。

4.5.3 人员恐慌疏散模拟

4.5.3.1 疏散速度的修正

恐慌状态下，人们期望能够快速地撤离危险区域，因而疏散速度相对于正常状态会有所增加。恐慌心理的演化及对人员疏散过程的作用是复杂的，本研究主要探讨恐慌情绪对人员实际疏散速度方面的影响。引入恐慌因子来修正行人的实际疏散速度，修正后的实际疏散速度表达式为：

$$v_i' = v_i + pv_i^{\min} \quad (4\text{-}36)$$

其中，v_i' 表示行人恐慌状态下的疏散速度，单位为 m/s；v_i 表示行人正常状态下的疏散速度，单位为 m/s，这里取 1.5m/s；p 表示恐慌因子，根据 4.4 节问卷调查结果中的相关性分析确定；$v_i^{\min}$ 表示行人最小疏散速度，单位为 m/s，这里取 1m/s。代入表达式计算得到不同影响因素下人员恐慌疏散速度，如表 4.26 所示。

表 4.26 人员的恐慌疏散速度

影响因素	P	疏散速度 / m/s
周围人员的恐慌情绪	0.557	2.06
视野受限	0.481	1.98
人员伤亡	0.418	1.92
毒气泄漏越严重	0.381	1.88

4.5.3.2 疏散区域介绍

以前文所述的宜兴市化工园区内某化工厂为原型进行毒气泄漏模拟，距离化工厂下风向 450m 处有一居民集中区，毒气泄漏事故发生后居民需往上风侧方向疏散。区域地形情况如图 4.38 所示，在卫星地图上测得 AB 段长 260 米，BC 段长 428 米，CD 段长 286 米。

图 4.38 化工厂地形图

第 4 章 集聚性人群疏散非适应性心理行为规律

对居民区进行简化绘制，得到如图 4.39 所示的小区疏散平面图。小区整体尺寸为长 180 米，宽 130 米，有一个宽 12 米的出口，一共 13 栋住宅。区域内包含 A、B、C 三个单元楼，A 单元楼的长为 10 米，宽为 12 米，有 2 栋；B 单元楼的长为 20 米，宽为 15 米，有 7 栋；C 单元楼的长为 14 米，宽为 15 米，有 4 栋。

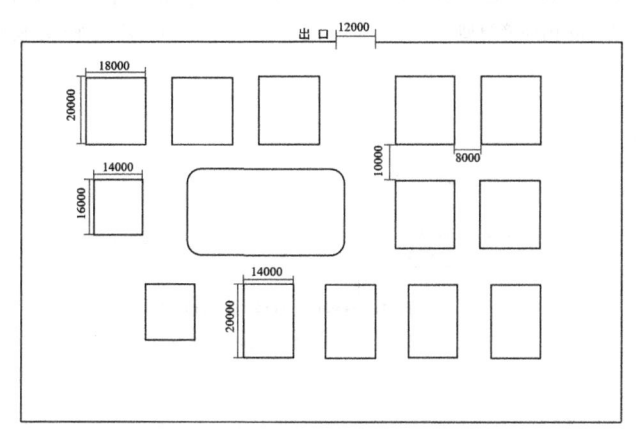

图 4.39 小区疏散平面图

4.5.3.3 仿真平台搭建

首先构建了居民恐慌疏散模型，具体包括两个部分，一是环境建模，二是行为建模。

在环境建模中，设置合适的像素，按照实际尺寸，利用墙搭建行人疏散的边界，拖入三维物体构建居民集中区物理环境，并设置相应的目标线、等待区域和疏散路线。构建的模型包括小区内疏散和小区外疏散两个部分，具体模型如图 4.40（a）、4.40（b）所示。

在行为建模中，首先，通过 PedSource 模块产生行人，设置最大到达率 300 人，产生速率 30 人/s，并让行人随机停留在小区内，肩宽在 0.4~0.5m 之间随机分布；添加毒气泄漏按钮，并写入 Java 代码使得毒气泄漏事故发生后行人按照最短路径的原则疏散；通过 PedWait 模块给予行人 30~60s 的随机时间来反应决策；通过 PedGoTo 模块使行人前往小区门口。到达小区门口后，再前往安全的避难点；行人到达后，通过 PedSink 模块将行人从空间移除，结束疏散流程，模型如图 4.40（c）所示。

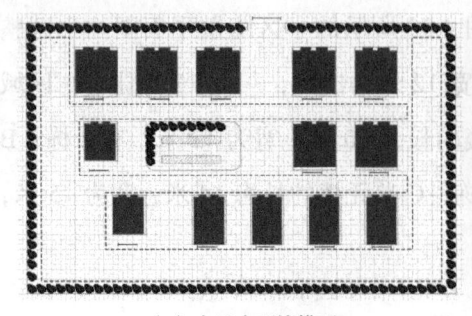

（a）小区内环境模型 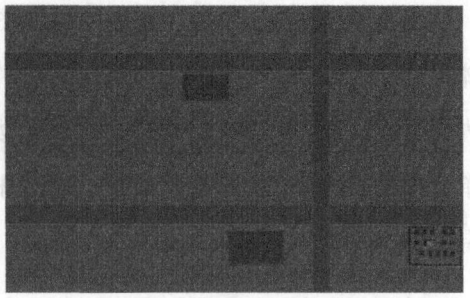　　　　　　　　（b）小区外环境模型

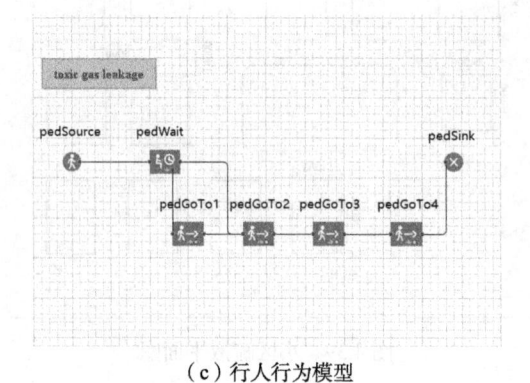

（c）行人行为模型

图 4.40　居民恐慌疏散模型

4.5.3.4 仿真结果

运行模型进行仿真实验，小区内的行人疏散三维模型如图 4.41 所示。每种工况模拟 10 次，统计出不同影响因素下的小区内平均疏散时间，结果如表 4.27 所示。

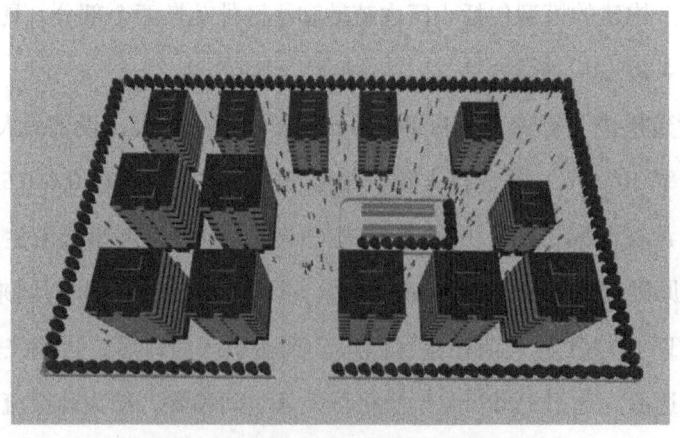

图 4.41　小区内的行人疏散三维模型

表 4.27　小区内的平均疏散时间

影响因素	周围人们的恐慌情绪	视野受限	人员伤亡的消息	毒气泄漏越来越严重
恐慌权重	0.557	0.481	0.418	0.381
疏散时间	163.1s	172.3s	176.2s	183.3s

图 4.42 是不同恐慌因子下小区内已疏散行人的时间点线图，从图中可以看出，不同影响因素下每个时刻已疏散的行人数量差别不大，在恐慌因子 0.557 工况下疏散时间最短，为 163.1s；恐慌权重 0.381 工况下疏散时间最长，为 183.3s，疏散时间延迟了 12.4%。

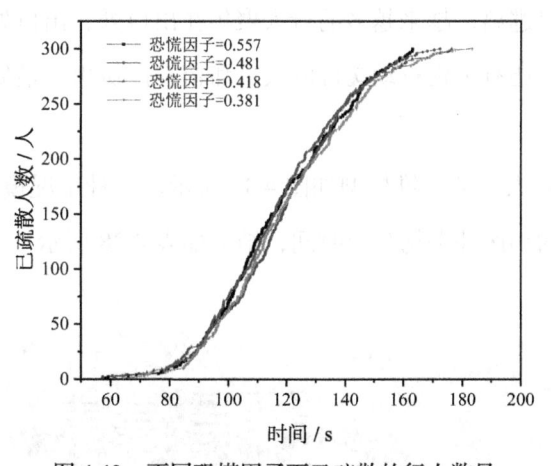

图 4.42　不同恐慌因子下已疏散的行人数量

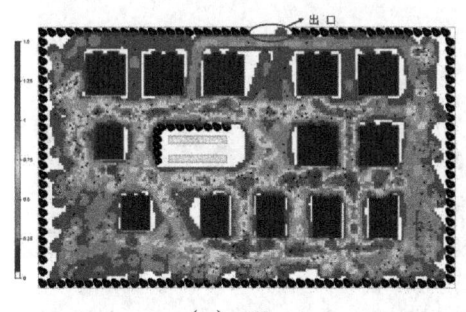

（a）$t=70$s　　　　　　　　　　（b）$t=90$s

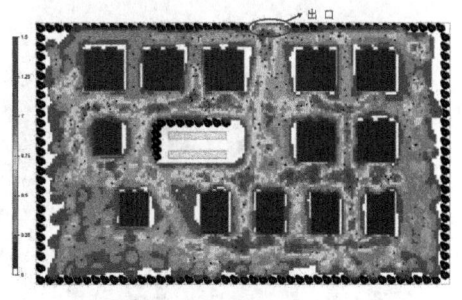

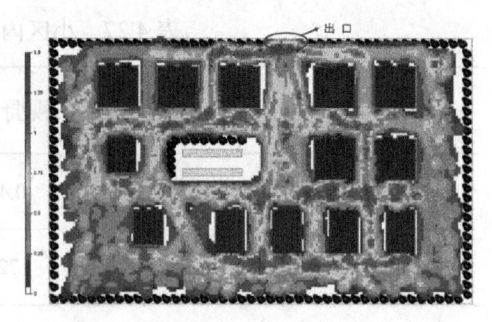

（c）$t=110s$　　　　　　　　　　　　（d）$t=130s$

图 4.43　不同时刻下的密度分布

恐慌因子 0.557 工况下的不同时刻密度分布如图 4.43 所示。从密度图可知，初始阶段行人随机分布在区域中，毒气泄漏发生后，行人需要一定时间感知并做出疏散决策。约 60s 时，第一个行人到达小区出口，随后行人逐渐知道事故的发生并纷纷向出口逃离，越来越多的行人聚集在出口处，出口处开始形成拥堵。随着时间的推移，还有个别行动缓慢的人员滞留在区域里。最后，所有行人都从区域里疏散出去。

小区外的行人疏散三维模型如图 4.44 所示。每种工况模拟 10 次，统计出不同影响因素下的小区外平均疏散时间，结果如表 4.28 所示。

图 4.44　小区外的行人疏散三维模型

表 4.28　小区外的平均疏散时间

影响因素	周围人们的恐慌情绪	视野受限	人员伤亡的消息	毒气泄漏越来越严重
恐慌权重	0.557	0.481	0.418	0.381
疏散时间	500.8s	534s	549.2s	561.2s

因此，结合表 4.27 和表 4.28 可以得到不同影响因素下行人的总疏散时间：恐慌因子 0.557 工况下，疏散时间为 663.9s；恐慌因子 0.481 工况下，疏散时间为 706.3s；恐慌因子 0.418 工况下，疏散时间为 725.4s；恐慌因子 0.381 工况下，疏散时间为 744.5s。

4.5.4　人员安全疏散标准

火灾过程中，通常包括起火、燃烧、轰燃和熄灭的阶段，轰燃发生的时刻是危险状态的临界时间点，因此建筑内的人员必须在轰燃发生前逃离。从起火时刻计算，直到对建筑内人员造成危险的这段时间间隔，称为可用安全疏散时间（Available Safe Egress Time，ASET）。发生火灾后，人员从建筑物内危险区域撤离到安全区域所需的时间称为必需安全疏散时间（Required Safe Egress Time，RSET）。

可燃物质着火后产生烟气和火焰，被建筑内人员感知，或者逐渐发展的火势触发自动报警系统。人们意识到火情后，有些人的第一反应是通知其他人，有些人的第一反应是确认事件真实性，有的人还会寻找、携带重要物品。随后，人们开始正式疏散行动，从受威胁区域撤离到避难场所。因此，必需安全疏散时间包括探测报警时间、人员反应决策时间和疏散行动时间。人员反应决策时间具有差异性，这与事故发生场景和人员基本属性有关，通常来说在几秒到几分钟范围内。

$$T_{RSET}=t_{alarm}+t_{resp}+t_{move} \quad (4-37)$$

其中，T_{RSET} 为必需安全疏散时间，单位为 s；t_{alarm} 为探测报警时间，单位为 s；t_{resp} 为人员反应决策时间，单位为 s；t_{move} 为疏散行动时间，单位为 s。

同样地，在毒气泄漏事故中，将从毒气泄漏发生后到浓度达到威胁人员生命健康安全的时间段作为可用疏散时间 ASET；从人员意识到毒气泄漏到撤离至安全区域的时间段作为所需疏散时间 REST。毒气泄漏事故发生后，人员安全疏散与否跟可用疏散时间和所需疏散时间相关，可用安全疏散时间由 4.1 节毒气泄漏模拟结果给出；所需安全疏散时间由 4.2 节人员疏散仿真实验获得。

因此，本研究中人员成功疏散的判定标准为：敏感目标处人员所需疏散时间小于人员可用疏散时间。

$$T_{\text{RSET}} < T_{\text{ASET}} \qquad (4-38)$$

由上节的人员疏散仿真实验结果可知，恐慌因子 0.557 工况下，从第一个人到最后一个人疏散共花费 663.9s，人员所需疏散时间为 663.9s，结合毒气泄漏模拟的结果，人员可用疏散时间为 12min，人员所需疏散时间小于人员可用疏散时间，因此人员不会受到毒气的伤害，所有行人处于安全状态。

同理，可得不同恐慌因子影响下液氨泄漏环境中行人疏散的安全性判定结果，如表 4.29 所示。

表 4.29　行人疏散安全性判定

影响因素	恐慌因子	可用疏散时间	所需疏散时间	疏散安全性判定
周围人们的恐慌情绪	0.557	720s	663.9s	安全
视野受限	0.481	720s	706.3s	安全
人员伤亡的消息	0.418	720s	725.4s	不安全
毒气泄漏越来越严重	0.381	720s	744.5s	不安全

参考文献

[1] Law K H, Dauber K, Pan X S. Computational modeling of nonadaptive crowd behaviors for egress analysis. CIFE Seed Project Report, Stanford University, 2005.

[2] Raafat R M, Chater N, Frith C. Herding in humans. *Trends in Cognitive Sciences*, 2009, 13(10): 420-428.

[3] Saloma C, Perez G J. Herding in real escape panic. *Pedestrian and Evacuation*

Dynamics 2005, 2007: 471-479.

[4] Pan X S. *Computational modeling of human and social behaviors for emergency egress analysis*. Stanford University, 2006:40-49.

[5] Fahy R F, Proulx G, Aiman L. Panic or not in fire: Clarifying the misconception. *Fire and Materials,* 2012, 36(5-6): 328-338.

[6] A complete list of the dead which is a reprint from P. Germain, Tinsel and Tears (1984), can be found at "The Italian Hall Disaster, Calumet, Michigan". Genealogia.fi. Retrieved January 4, 2011.

[7] Xue Y, Wei Y, Tian H, et al. Opinion formation and propagation induced by pedestrian flow. *Pedestrian and Evacuation Dynamics 2008*, 2009, 2: 371-379.

[8] Illera C, Fink M, Hinneberg H, et al. NO_PANIC. "Escape and panic in buildings" —Architectural basic research in the context of security and safety research. *Pedestrian and Evacuation Dynamics 2008*, 2010: 733-742.

[9] Bosta S A. Crowd management based on scientific research to prevent crowd panic and disasters. *Pedestrian and Evacuation Dynamics*, 2011: 741-746.

[10] Watts D J and Strogatz S H. Collective dynamics of 'small-world' networks. *Nature*, 1998, 393(6684): 440-442.

[11] Barabási A and Réka A. Emergence of scaling in random networks, *Science*, 1999, 286(5439): 509-512.

[12] Barabási A L, Bonabeau E. Scale-free networks. *Scientific American*, 2003:50-59.

[13] Hong S, Yang H, Zio E, et al. A novel dynamics model of fault propagation and equilibrium analysis in complex dynamical communication network. Applied Mathematics and Computation, 2014, 247: 1021-1029.

[14] Kinney R, Crucitti P, Albert R, et al. Modeling cascading failures in the north American power grid. The European Physical Journal B-Condensed Matter and Complex Systems, 2005, 46: 101-107.

[15] Serrano M A, Boguñá M. Topology of the world trade web. *Physical Review E*, 2003, 68(1): 015101.

[16] Piqueira J R C, Araujo V O. A modified epidemiological model for computer viruses. *Applied Mathematics and Computation*, 2009, 213(2): 355−360.

[17] Wang X, Li X, Chen G. *Complex networks theory and its application*. Beijing: Tsinghua University Press, 2006: 1−100.

[18] Wang G, Cao Y, Bao Z, et al. A novel local-world evolving network model for power grid. *Acta Phys. Sin.*, 2009, 58(6): 3597−3602.

[19] Newman M E J. *Networks: An Introduction*. Oxford University Press, 2010.

[20] Karsai M, Juhász R, Iglói F. Nonequilibrium phase transitions and finite-size scaling in weighted scale-free networks. *Phys. Rev. E*, 2006, 73(3): 036116.

[21] Janssen M A, Jager W. Simulating market dynamics: Interactions between consumer psychology and social networks. *Artificial Life*, 2003, 9(4): 343−356.

[22] Lovreglio R, Borri D, dell' Olio L, et al. A discrete choice model based on random utilities for exit choice in emergency evacuations. *Safety Science*, 2014, 62: 418−426.

[23] Aven T, Reniers G. How to define and interpret a probability in a risk and safety setting. *Safety Science*, 2013, 51(1), 223 − 231.

[24] Gai, W M, Deng Y F. Survey-based analysis on the diffusion of evacuation advisory warnings during regional evacuations for accidents that release toxic vapors: A case study. *Journal of Loss Prevention in the Process Industries*, 2019, 57: 174−185.

[25] 何理, 钟茂华, 史聪灵, 等. 地铁突发事件下乘客疏散行为调查研究 [J]. 中国安全生产科学技术, 2009, 5（01）:53-58.

[26] Pan A. Study on the decision-making behavior of evacuation for coastal residents under typhoon storm surge disaster. *International Journal of Disaster Risk Reduction*, 2020, 45:101522.

[27] 陈述云. 论经济变量相关分析的统计方法 [J]. 上海统计, 1994（06）:15-17.

[28] Armfield J M. Cognitive vulnerability: A model of the etiology of fear. *Clinical Psychology Review*, 2006, 26 (6): 746−768.

[29] Henderson L F. On the fluid mechanics of human crowd motion. *Transportation Research*, 1974, 8(6): 509−515.

[30] 张俊. 考虑人员疏散不确定性的离散模型研究 [D]. 中国科学技术大学, 2009.

[31] Le Bon G. *The crowd: A study of the popular mind*. Project Gutenberg, 1996, 445:1895.

[32] Ntika M, Sakellariou I, Kefalas P, et al. Experiments with emotion contagion in emergency evacuation simulation. *Proceedings of the 4th International Conference on Web Intelligence, Mining and Semantics (WIMS14)*, 2014, 49: 1−11.

[33] Kefalas P, Sakellariou I, Basakos D, et al. A formal approach to model emotional agents behaviour in disaster management situations. *Artificial Intelligence: Methods and Applications*, 2014: 237−250.

[34] Soleimani A, Kobti Z. Toward a computational model for collective emotion regulation based on emotion contagion phenomenon. *Advances in Artificial Intelligence*, 2014: 351−356.

[35] 田冬梅. 火灾中安全疏散机理的研究 [D]. 南华大学, 2006.

[36] 赵雪. 地铁车站人员应急疏散模型的研究 [D]. 西南交通大学, 2013.

[37] Fang Z M, Song W G, Zhang J, et al. A multi-grid model for evacuation coupling with the effects of fire products. *Fire Technology*, 2012, 48: 91−104.

[38] Yuan W F, Tan K H. A model for simulation of crowd behaviour in the evacuation from a smoke-filled compartment. *Physica A: Statistical Mechanics and its Applications*, 2011, 390: 4210−4218.

[39] Li X L, Guo F, Kuang H, et al. An extended cost potential field cellular automaton model for pedestrian evacuation considering the restriction of visual field. *Physica A: Statistical Mechanics and its Applications*, 2019, 515: 47−56.

[40] Huo L, Huang P, Fang, X. An interplay model for authorities' actions and rumor spreading in emergency event. *Physica A: Statistical Mechanics and its Applications*, 2011, 390 (20): 3267−3274.

[41] Yu L, Li L, Tang L. What can mass media do to control public panic in accidents of hazardous chemical leakage into rivers? A multi-agent-based online opinion dissemination model. *Journal of Cleaner Production*, 2017, 143: 1203−1214.

[42] Mawson A R. Understanding mass panic and other collective responses to threat and disaster. *Psychiatry: Interpersonal and Biological Processes*, 2005, 68(2): 95–113.

[43] Aguirre B E. Emergency evacuations, panic, and social psychology. *Psychiatry: Interpersonal and Biological Processes*, 2005, 68(2): 121–129.

[44] Armfield J M. Cognitive vulnerability: A model of the etiology of fear. *Clinical Psychology Review*, 2006, 26(6): 746–768.

[45] Helbing D, Farkas I, Vicsek, T. Simulating dynamical features of escape panic. *Nature*, 2000, 407: 487–490.

[46] Wang J H, Lo S M, Sun J H, et al. Qualitative simulation of the panic spread in large-scale evacuation. *Simulation*, 2012, 88(12): 1465–1474.

[47] Wang J H, Yan W Y, Zhi Y R, et al. Investigation of the panic psychology and behaviors of evacuation crowds in subway emergencies. *Procedia Engineering*, 2016, 135: 128–137.

[48] Koo J, Kim B, Kim Y S. Estimating the effects of mental disorientation and physical fatigue in a semi-panic evacuation. *Expert Systems with Applications*, 2014, 41(5): 2379–2390.

[49] Zheng L, Peng X, Wang L, et al. Simulation of pedestrian evacuation considering emergency spread and pedestrian panic. *Physica A: Statistical Mechanics and its Applications*, 2019, 522: 167–181.

[50] Cheng Y, Zheng X. Emergence of cooperation during an emergency evacuation. *Applied Mathematics and Computation*, 2018, 320: 485–494.

[51] Shen J Q, Wang X W, Jiang L L. The influence of panic on the efficiency of escape. *Physica A: Statistical Mechanics and its Applications*, 2018, 491: 613–618.

[52] Li F, Chen S, Wang X, et al. Pedestrian evacuation modeling and simulation on metro platforms considering panic impacts. *Procedia Social and Behavioral Sciences*, 2014, 138: 314–322.

[53] Shiwakoti N, Sarvi M, Rose G, et al. Biologically inspired modeling approach for collective pedestrian dynamics under emergency conditions. *Transportation*

Research Record: Journal of the Transportation Research Board, 2010, 2196(1): 176-184.

[54] Shiwakoti N, Sarvi M, Rose G, et al. Animal dynamics based approach for modeling pedestrian crowd egress under panic conditions. *Procedia-Social and Behavioral Sciences*, 2011, 17: 438-461.

[55] Wang Q F. *Advanced system dynamics*. Beijing: Tsinghua University Press 1994.

[56] Zhang M, Wang X, Mannah M S, et al. A system dynamics model for risk perception of lay people in communication regarding risk of chemical incident. *Journal of Loss Prevention in the Process Industries*, 2017, 50: 101-111.

[57] Wang Y F, Liu Z M, Jiang J C, et al. Blowout fire probability prediction of offshore drilling platform based on system dynamics. *Journal of Loss Prevention in the Process Industries*, 2019, 62: 103960.

[58] Yu K, Cao Q, Xie C, et al. Analysis of intervention strategies for coal miners' unsafe behaviors based on analytic network process and system dynamics. *Safety Science*, 2019, 118: 145-157.

[59] Mohammadi A, Tavakolan M. Modeling the effects of production pressure on safety performance in construction projects using system dynamics. *Journal of Safety Research*, 2019, 71:273-284.

[60] Zhang Y, Zhang M G, Qian C J. System dynamics analysis for petrochemical enterprise fire safety system. *Procedia Engineering*, 2018, 211:1034-1042.

[61] Lee K W. A methodology for assessing risk from released hydrocarbon in an enclosed area. *Journal of Loss Prevention in the Process Industries*, 2002, 15(1): 11-17.

[62] Swanson J. Business dynamics—Systems thinking and modeling for a complex world. *Journal of the Operational Research Sciety*, 2002, 53(4): 472-473.

[63] Tsai C A, Chen J J. Multivariate analysis of variance test for gene set analysis. *Bioinformatics*, 2009, 25(7):897-903.

[64] Hamby D M. A review of techniques for parameter sensitivity analysis of environmental models. *Environmental Monitoring and Assessment*, 1994, 32: 135-154.

[65] Yang, X X, Yang, X L, Wang Q L, et al. Guide optimization in pedestrian emergency evacuation. *Applied Mathematics and Computation*, 2020, 365:124711.

[66] Yang X X, Dong H R, Yao X M, et al. Necessity of guides in pedestrian emergency evacuation. *Physica A: Statistical Mechanics and its Applications*, 2016, 442, 397-408.

[67] Xu S, Wang J, Li J, et al. System dynamics research of non-adaptive evacuation psychology in toxic gas leakage emergencies of chemical park. *Journal of Loss Prevention in the Process Industries*, 2021, 72: 104556.

[68] Mao Y, Fan Z, Zhao J, et al. An emotional contagion based simulation for emergency evacuation peer behavior decision. *Simulation Modelling Practice and Theory*, 2019, 96: 101936.

本章附录

附录 A 关于疏散心理行为的问题

	选项
B1. 当你在地铁里遇到紧急情况时，你的第一心理反应是什么？	□冷静的、观望的情绪——不要担心 □担心、害怕发生事故 □惊慌失措，拼命想逃跑 □群居或从众，与他人在一起感到安全 □侥幸心理，以为那可能是误会
B2. 在地铁遇到紧急情况时，你的第一反应是什么？	□看别人的反应而不采取行动 □环顾四周，探究事件的情况 □询问地铁工作人员 □逃跑 □通知他人 □报警 □参与救援（如灭火） □不知所措
B3. 你如何选择逃生路线？ （1）在一个你熟悉的地铁站：	□跟随大多数人逃离 □朝人少的方向逃离 □跟着出口标志逃离 □沿入口路线逃离 □听从地铁工作人员的指挥逃离
（2）在一个你不熟悉的地铁站：	□跟随大多数人逃离 □朝人少的方向逃离 □跟着出口标志逃离 □沿入口路线逃离 □听从地铁工作人员的指挥逃离
B4. 如果在逃跑过程中迷路，你的第一心理反应是什么？	□冷静　□焦虑　□抱怨　□疲劳　□恐慌
B5. 如果在逃跑过程中迷路，你的第一反应是什么？	□自己寻找标识 □跟随人流 □询问过往行人 □询问地铁工作人员
B6. 如果逃生路线上出现交通堵塞，你的第一心理反应是什么？	□冷静　□焦虑　□抱怨　□疲劳　□恐慌
B7. 如果逃生路线上出现交通堵塞，你的第一反应是什么？	□耐心排队 □往前推挤 □寻找其他逃生路线 □其他

续表

	选项
B8. 如果有人在逃跑途中摔倒，你的第一反应是什么？	□尽量避免 □不管并直接从他身上跳过去 □扶他起来 □喊一声以警告后面的人
B9. 如果在疏散过程中携带大件行李，您是否会感到更加紧张和焦虑	□是　□否
B10. 如果笨重的行李挡住了你的去路，你会选择丢弃你的行李吗？	□是　□否
B11. 如果你周围的人表现出恐慌情绪，比如尖叫、逃跑、吓得瘫痪等等，你会受到他们的影响并陷入类似的恐慌吗？	□是　□否

附录 B　人员特征和疏散恐慌的对照表

表 B.1　性别 * 受他人恐慌影响

			受他人恐慌影响		总计
			是	否	
性别	男性	数量	32	40	72
		百分比	44.4%	55.6%	100.0%
	女性	数量	45	24	69
		百分比	65.2%	34.8%	100.0%
总计		数量	77	64	141
		百分比	54.6%	45.4%	100.0%

表 B.2　性别 * 面对紧急情况时的第一心理反应

			面对紧急情况时的第一心理反应					总计
			冷静	担心	恐慌	从众	侥幸	
性别	男性	数量	22	26	9	13	2	72
		百分比	30.6%	36.1%	12.4%	18.1%	2.8%	100.0%
	女性	数量	9	28	13	19	0	69
		百分比	13.0%	40.7%	18.8%	27.5%	0.0%	100.0%
总计		数量	31	54	22	32	2	141
		百分比	22.0%	38.3%	15.6%	22.7%	1.4%	100.0%

表 B.3 性别 * 迷路时的第一行为反应

性别			迷路时的第一行为反应					总计
			冷静	焦虑	抱怨	疲劳	恐慌	
性别	男性	数量	31	27	3	0	11	72
		百分比	43.1%	37.4%	4.2%	0.0%	15.3%	100.0%
	女性	数量	18	29	1	1	20	69
		百分比	26.1%	42.1%	1.4%	1.4%	29.0%	100.0%
总计		数量	49	56	4	1	31	141
		百分比	34.8%	39.7%	2.8%	0.7%	22.0%	100.0%

表 B.4 如果你带着笨重的行李，会感到更加紧张和焦虑 * 受他人恐慌影响

			受他人恐慌影响		总计
			是	否	
如果你带着笨重的行李，会感到更加紧张和焦虑	是	数量	64	36	100
		百分比	64.0%	36.0%	100.0%
	否	数量	13	28	41
		百分比	31.7%	68.3%	100.0%
总计		数量	77	64	141
		百分比	54.6%	45.4%	100.0%

表 B.5 如果你带着笨重的行李，会感到更加紧张和焦虑 * 面对紧急情况时的第一心理反应

			面对紧急情况时的第一心理反应					总计
			冷静	担心	恐慌	从众	侥幸	
如果你带着笨重的行李，会感到更加紧张和焦虑	是	数量	15	40	19	25	1	100
		百分比	15.0%	40.0%	19.0%	25.0%	1.0%	100.0%
	否	数量	16	14	3	7	1	41
		百分比	39.1%	34.1%	7.3%	17.1%	2.4%	100.0%
总计		数量	31	54	22	32	2	141
		百分比	22.0%	38.3%	15.6%	22.7%	1.4%	100.0%

表 B.6 教育水平 * 面对拥堵时第一心理反应

			面对拥堵时第一心理反应					总计
			冷静	焦虑	抱怨	疲劳	恐慌	
教育水平	初中及以下	数量	0	1	0	0	1	2
		百分比	0.0%	50.0%	0.0%	0.0%	50.0%	100.0%
	高中/高职	数量	1	0	0	2	0	3
		百分比	33.3%	0.0%	0.0%	66.7%	.0%	100.0%
	大专	数量	4	4	3	7	1	19
		百分比	21.1%	21.1%	15.8%	36.7%	5.3%	100.0%
	本科	数量	25	30	1	4	5	65
		百分比	38.5%	46.1%	1.5%	6.2%	7.7%	100.0%
	硕士及以上	数量	16	26	2	2	6	52
		百分比	30.9%	50.0%	3.8%	3.8%	11.5%	100.0%
总计		数量	46	61	6	15	13	141
		百分比	32.6%	43.3%	4.3%	10.6%	9.2%	100.0%

第 5 章
人群集聚场所安全疏散通道设计优化

5.1 疏散通道出口设计要求

建筑出口应根据其建筑高度、规模、使用功能和耐火等级等因素合理设置。安全出口和疏散门的位置、数量、宽度，应满足人员安全疏散的要求。

疏散门是房间直接通向疏散走道的房门；安全出口是直接通向室外的房门。室内的疏散楼梯间及其他安全区的出口，是疏散门的一个特例。

疏散门的设置原则与安全出口的设置原则基本一致，但由于房间大小与防火分区的大小差别较大，因而具体的设置要求有所区别。

5.1.1 出口的设置位置要求

对于安全出口和疏散门的布置，一般要使人员在建筑着火后能有多个不同方向的疏散路线可供选择和疏散，要尽量将疏散出口均匀分散布置在平面上的不同方位。如果两个疏散出口之间距离太近，在火灾中实际上只能起到 1 个出口的作用。因此，在布置出口时应保证每个防火分区相邻两个安全出口以及每个房间相邻两个疏散门最近边缘之间的水平距离不应小于 5m。

根据《建筑设计防火规范》（GB50016-2014〔2018 年版〕），公共建筑直通疏散走道的房间疏散门至最近安全出口的直线距离不应大于表 5.1 的规定（数据可视实际情况做一定程度的调整）。

表 5.1 直通疏散走道的房间疏散门至最近安全出口的直线距离

单位：m

名称			位于两个安全出口之间的疏散门			位于袋形走廊两侧或尽端的疏散门		
			一、二级	三级	四级	一、二级	三级	四级
托儿所、幼儿园、老年人照料设施			25	20	15	20	15	10
歌舞娱乐放映游乐场所			25	20	15	9	—	—
医疗建筑	单、多层		35	30	25	20	15	10
	高层	病房部分	24	—	—	12	—	—
		其他部分	30	—	—	15	—	—
教学建筑	单、多层		35	30	25	22	20	10
	高层		30	—	—	15	—	—
高层旅馆、展览建筑			30	—	—	15	—	—
其他建筑	单、多层		40	35	25	22	20	15
	高层		40	—	—	20	—	—

5.1.2 出口的个数设置要求

对于面积较小的房间或防火分区，符合一定条件时，可以设置1个出口。

除歌舞娱乐放映游艺场所外的所有民用建筑的建筑面积不大于200m²的地下或半地下设备间、建筑面积不大于50m²且经常停留人数不超过15人的其他地下或半地下房间，可设置1个疏散门或安全出口。其余情况均需要设置至少两个疏散出口。

公共建筑内每个防火分区的每个楼层，其安全出口的数量应经计算确定，且不应少于2个。设置1个安全出口的公共建筑应符合表5.2的规定（数据可视现场情况做一定程度的调整）。

表 5.2 设置1个安全出口的公共建筑

耐火等级	最多层数	每层最大建筑面积/m²	人数
一、二级	3层	200	第二、三层人数之和不超过50人
三级	3层	200	第二、三层人数之和不超过25人
四级	2层	200	第二人数不超过15人

一、二级耐火等级建筑面积大于 1000m² 的防火分区，直通室外的安全出口不应少于 2 个；建筑面积不大于 1000m² 的防火分区，直通室外的安全出口不应少于 1 个。

公共建筑内房间的疏散门的数量应经计算确定且不应少于 2 个。对于建筑面积较小或房间内经常停留人数较少的托儿所、幼儿园或老年人照料设施的疏散门的数量可以设置为 1 个。对于剧场、电影院、礼堂和体育馆的观众厅或多功能厅，其疏散门的数量应经计算确定且不应少于 2 个，并应符合一些人数上限和出口利用率的规定。

有关疏散门的数量的规定，是以人员从一、二级耐火等级建筑的观众厅疏散出去的时间不大于 2min，从三级耐火等级建筑的观众厅疏散出去的时间不大于 1.5min 为原则确定的。根据这一原则，规范规定了每个疏散门的疏散人数。疏散时，可以参考成年人的平均肩宽，推算出不同宽度疏散门疏散人流的股数，大致计算设置不同宽度的门对每股行人的通过能力。接着，通过相应的疏散时间和门的数量就可以计算出室内能够容纳的行人数量的上限。实际工程设计可根据每个疏散门平均负担的疏散人数，按上述办法对每个疏散门的宽度进行必要的校核和调整。

对于剧场、电影院、礼堂的观众厅或多功能厅，每个疏散门的平均疏散人数不应超过 250 人；当容纳人数超过 2000 人时，其超过 2000 人的部分，每个疏散门的平均疏散人数不应超过 400 人。

对于体育馆的观众厅，每个疏散门的平均疏散人数不宜超过 400 人～700 人。

据调查，剧场、电影院等观众厅的疏散门宽度多在 1.6m 以上；成年人的身体宽度按 0.5m 估算，即可通过 3 股疏散人流。如果疏散出口处每股人流通过能力按 40 人/min 计算，则 250 人需要的疏散时间为 $250/(3 \times 40) = 2.08$min，与规定的控制疏散时间基本吻合。所以对于一个需要容纳人数为 2000 人的剧场，则至少需要 8 个疏散出口才能满足疏散要求。而如果剧场或电影院的容纳人数大于 2000 人，则需要考虑增加疏散门的数量或增加疏散门的宽度。如一座容纳人数为 2400 人的剧场，按规定需要的疏散门的数量为：$2000/250 + 400/400 = 9$ 个，则每个疏散门的平均疏散人数为：$2400/9 \approx 267$ 人，按 2min 控制疏散时间计算出每个疏散门期望通过的人流股数为：$267/(2 \times 40) \approx 3.3$ 股。此时，一般宜按 4

股通行能力来考虑设计疏散门的宽度，即采用 $4 \times 0.55 = 2.2m$ 较为合适。

5.1.3 出口的尺寸设置要求

公共建筑内的疏散门和安全出口的净宽度不应小于 0.90m，疏散走道和疏散楼梯的净宽度不应小于 1.10m。

人员密集的公共场所、观众厅的疏散门不应设置门槛，其净宽度不应小于 1.40m，且紧靠门口内外各 1.40m 范围内不应设置踏步。"人员密集的公共场所"主要指营业厅、礼堂、电影院、剧院和体育场馆的观众厅，公共娱乐场所中出入大厅、舞厅、候机（车、船）厅及医院的门诊大厅等面积较大、同一时间聚集人数较多的场所。本条规定的疏散门为进出上述这些场所的门，包括直接对外的安全出口或通向楼梯间的门。

人员密集的公共场所的室外疏散通道的净宽度不应小于 3.00m，并应直接通向宽敞地带。

5.1.4 出口的其他设置要求

一、二级耐火等级公共建筑内的安全出口全部直通室外确有困难的防火分区，可利用通向相邻防火分区的甲级防火门作为安全出口。在计算建筑总的疏散出口宽度时，不计入通往相邻防火分区的防火门宽度。为确保不同出口的疏散利用率，这些防火门的宽度应不大于连接防火分区通往室外出口的宽度的 30%。考虑到三、四级耐火等级的建筑，不仅建筑规模小、建筑耐火性能低，而且火灾蔓延更快，故不允许三、四级耐火等级的建筑借用相邻防火分区进行疏散。

5.2 疏散通道出口的研究现状

疏散出口作为典型的空间断面收缩处，常被视作行人疏散的瓶颈区域。疏散过程中人群在通过狭窄的出口时，不可避免会发生局部拥堵的现象。在拥堵发生后，大量行人不得不依次通过，从而导致通行效率显著下降。突发情况下，这种拥堵会导致严重的后果，一方面，瓶颈使得场景的通行能力下降，后方行人在不了解情况的前提下继续强行跟行，导致拥堵的范围和烈度进一步恶化。另一方面，在人群处于极度恐慌情绪时，会在瓶颈处造成严重的争抢，这种争抢对总体的疏散过程是不利的，极易引发挤伤踩踏等意外事故，继而使得疏散条件更加恶劣，导致行人难以逃生，当遭遇火灾、爆炸、烟气和恐怖袭击等灾害时，事故后果会非常严重。近年来，人群疏散事故频频发生，例如：2001 年 7 月 21 日，日本明石市的烟火大会由于步行桥上行人大量聚集，在楼梯、桥拐角处发生多人踩踏的群众性事故。2010 年 7 月 24 日，德国杜伊斯堡"爱的大游行"中，人群在地下通道逆向合并的 T 形路口发生拥堵，引发踩踏事故导致 19 人死亡、342 人受伤[1]。2014 年 12 月 31 日，很多外地游客和当地市民聚集在上海外滩进行跨年，黄浦江观景平台的通道阶梯处有人失稳发生摔倒，从而致使多人连续跌倒不断叠压，发生严重的踩踏事故，使 36 人死亡，49 人受伤[2]。同时，这也吸引了大量研究人员对疏散出口的关注。Helbing 认为，出口拥堵是由于疏散过程中行人的不耐烦造成的[3]。行人的堵塞意味着延误，试图更快地移动可能会导致较低的平均离开速度。Parisi 和 Dorso 认为这种"越快越慢"的效应与人群通过建筑出口形成的拱形流动结构密切相关[4]。他们还建议保持合理的疏散速度，可以有效地避免出口的拱形行人流[5]。

为了缓解拥堵，学者们通过优化出口结构总结出了许多有益的结论。这些主要考虑了最佳出口位置[6]、最佳出口数量[7,8]、最佳出口尺寸[9]等。

5.2.1 出口尺寸

Song[10] 和 Seyfired[11,12] 等学者认为行人流量与出口宽度呈线性增长关系，当宽度在 0.4 米至 0.7 米之间时线性斜率随宽度增加而减少，当宽度大于 0.7 米时线性关系斜率不变。Zhang[13] 提出行人会根据自身与前一个行人的距离调节速度，而且行人在瓶颈中的自组织形成队列的数量和瓶颈的宽度存在关系。Tian 等人[14]通过研究出口宽度对疏散时间的影响，得出出口宽度与疏散时间呈负指数幂律关系。Lin[15] 基于颗粒流动态模型研究了封闭区域密集人群的运动模式和不同尺寸出口的流率，发现出口宽度和人员流速间表现为指数关系。宋卫国[16] 根据社会力模型研究了出口宽度、厚度和期望速度对疏散时间的影响，发现期望速度与疏散时间的关系呈现一个谷形，即存在最佳期望速度。Saloma[17] 将老鼠置入水池中让老鼠通过不同宽度的出口逃生，其实验结果与元胞自动机模拟的结果相一致，且其时间间隔遵循幂律分布。Zhang 等[18]也通过刺激老鼠模拟行人的疏散行为，发现如果出口宽度能同时容纳两个人通过，可以有效避免"越快越慢"的效应。Zuriguel 等人[19]研究了出口半径与颗粒半径的比值情况，结果发现随着比例的增大，阻塞现象越难发生。Gago[20]的颗粒流实验采用不同斜面角度来实现人流的不同期望速度，发现两种出口宽度在系统中产生不同的状态：连续流动和间歇流动。对于窄出口，期望速度越快疏散效率越低；而对于宽出口，期望速度越快疏散效率越高。

5.2.2 出口位置

刘天扬[21]针对不同出口位置和不同出口形式对小白鼠进行逃生实验，研究发现角落出口的逃生效率高于中间出口，漏斗形出口的逃生效率高于一般出口。Tavares[7]研究了方形房间出口的最佳位置。他们发现在拐角处设置出口比平面出口更好。在有两个出口的情况下，设置两个相邻出口的疏散效果最好；对称出口是第二种；不对称出口是最糟糕的。还有一些研究者[22]研究了蚂蚁在恐慌条件下的逃逸，提出了一种基于动物动力学的研究人群恐慌的数学模型。他们对蚂蚁进行了一系列的实验，以研究出口位置对非人类群体运动模式的影响，实验中考虑了两种情况：蚂蚁从方形房间的中间和角落出口逃生。此外他们还利用生物学中的尺度概念，将模型参数从蚂蚁实验扩展到人类场景中，并针对行人的正常和紧急状态进行了验证[23]。

5.2.3 多出口情况

在多出口房间方面，Wang 等[24]对恐慌情况下人群疏散行为进行了研究。研究发现，在恐慌中大规模人群疏散的情况下，行人的一致性很强。它们几乎不改变目标出口，其他替代出口可能被忽略。肖含仪[25]进行双出口恐慌小鼠的逃生实验，研究不同出口设置下的疏散情况，实验发现出口使用不均等的现象。在双出口不同相对位置中，邻侧出口的逃生效率最高；在不同出口间距下，总时间随间距的增大先上升然后下降最后逐渐趋于平稳，出口位于角落时疏散效果最佳。Ha 和 Lykotrafitis[26]研究了多房间建筑中的行人疏散行为特征，发现房间出口宽度对整体疏散效率也有一定的影响。这种效应随着主出口宽度的增加而减小。

5.3 出口疏散能力的对比研究

在密集人群逃生中,尤其是在紧急事件下,由于人群堵塞现象极易发生在流速突降的区域,建筑物不合理的疏散出口设置更容易引发严重的踩踏事故。因此本节的目的是通过出口几何布局的调整,重点研究不同出口位置和角落出口不同角度下的行人疏散规律,找到建筑出口构型的细微调整对瓶颈处疏散能力的作用机制和影响规律,为建筑的性能设计和行人管控提供参考。

5.3.1 不同出口的人员疏散实验

许多学者利用行人的受控实验对行人疏散动力学开展了研究工作,尽管受控实验和真实场景并不完全一样,行人的运动可能与实际情况存在一定的差距,但研究某个因素对人群逃生的影响难以根据视频观测来完成,在现实的逃生过程中,有大量外界因素都会干扰人员的逃生过程,比如建筑规模、出口宽度、障碍物情形、行人属性、视线条件等,而开展受控实验,利于探讨某个固定参数对行人流的作用,具有较强的可控性和目的性。

由于疏散实验需要确保志愿者的安全,同时出于时间和金钱成本的考量,以人类作为对象的大规模人群实验难以进行。因此,为了验证不同出口设置和角落出口障碍物对行人流量的作用,本节介绍了小规模的人员疏散实验,并在实验方案设计时注意下面两个原则:

(1)对照原则:设置对照实验,对照实验是通过比较控制与非控制因素下的结果差异来减小实验误差。本节在研究出口布局和障碍物条件对行人疏散的作用时各设计了空白对照组。

(2)重复原则:由于不同个体间的差别,同一控制条件对不同行人的影响效果不同,会对整体实验结果造成一定的影响。虽然统计分析需要更多的重复实验,但考虑到资源和成本的限制,3-5次的重复已经足够进行受控实验的相关分析。同时,随着重复次数的增加,参与者可能会产生学习行为。为提高受控实验数据的可靠性,每组工况均进行3次重复实验。

5.3.1.1 实验设计

实验选择在南京工业大学安全科学与工程学院的室外中庭进行，该空地道路平坦、视野开阔，且没有来往车辆和无关行人的干扰，具备搭建场景开展行人疏散实验的条件。本次实验的主要目的是通过小规模人员实验来验证仿真中发现的不同建筑结构（出口位置和障碍物布局）对瓶颈处人流的作用。

图 5.1 是实验场景的示意图，共设计两个场景，均为 $8m \times 8m$ 的单出口房间，灰色区域为行人的等候区。图 5.1（a）为没有障碍物的不同出口布局的场景，用来观测不同出口布局对疏散时间的影响，因为出口角度的设置属于建筑的微观调整，过宽的出口宽度会削弱角度对瓶颈流量的影响，所以在该场景下，综合考虑章节 5.1 相关规范，我们将出口宽度设定为 0.9m；图 5.1（b）为存在障碍物的 30° 角落出口场景，用来考察 30° 角落出口前的障碍物对人流的影响，为了避免障碍物和狭窄瓶颈叠加造成的过度拥堵，在该场景下调整出口宽度为 1.2m，D_{oe} 表示障碍物到出口的距离，W_o 表示障碍物的宽度，L_o 表示障碍物的长度。

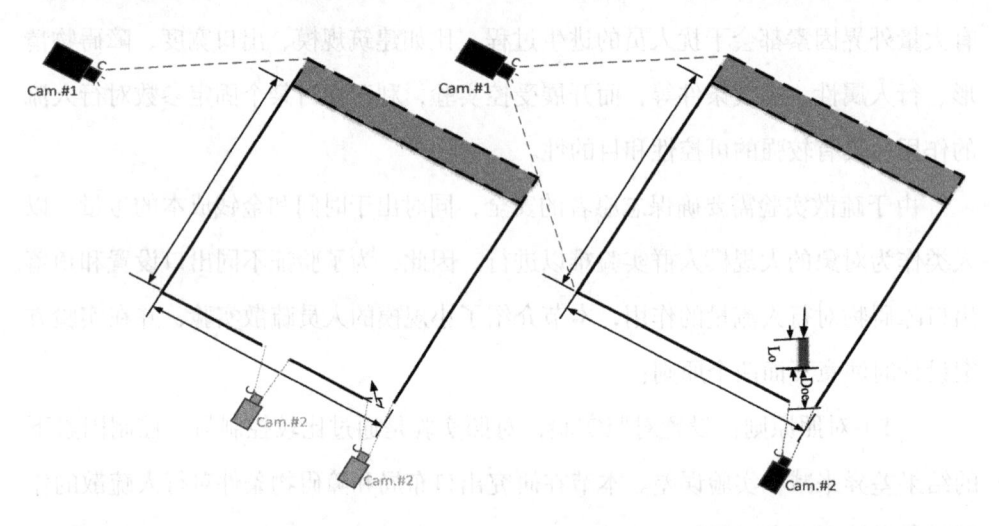

（a）不同出口位置布局　　　　（b）有障碍物的 30° 角落出口

图 5.1　实验场景

场景 1 选取两个控制变量：出口位置和角度，工况设置见表 5.3。场景 2 选取两个控制变量：障碍物的长度和其到出口的距离，将无障碍物的工况作为对照组，实验设计见表 5.4。

表 5.3 场景 1 的实验设计

工况	出口位置		（角落）出口角度	
	中间	角落	0°	30°
1	●			
2		●	●	
3		●		●

表 5.4 场景 2 的实验设计

工况	障碍物宽度 W_o / m		障碍物长度 L_o / m		障碍物到出口距离 D_{oe} / m	
	0.24		0.5	1	0.6	1.4
1	●		●			
2	●		●			●
3	●			●	●	
4	●			●		
5	×		×		×	

5.3.1.2 实验过程

本次实验共有 76 名志愿者参加，他们是来自不同学院、不同年级的学生，这在一定程度上能够确保人员间的陌生性，复制现实生活中的场景，个人属性信息如表 5.5 所示。整个实验过程中志愿者被要求戴上彩色帽子来提高软件自动提取视频数据的鲁棒性。在每次实验前，志愿者们在等候区随机分散，他们被告知行走的期望速度和出口位置，在听到指令后，大家立即向出口撤离。因为本研究是基于突发事件下的人员疏散，同时基于伦理和安全因素的考虑，不可能再现火灾、爆炸或恐怖袭击等真实的紧急事件，所以实验中要求志愿者假设发生了此类突发事件，他们需要跑步撤离现场。每个志愿者从出口离开实验场地后，需要继续往前跑一段路程，避免在出口处停留对后方的行人造成堵塞。现场共设置两台相机来记录实验，相机 1 架设在 17m 高的廊道上，用来追踪行人轨迹和拍摄实验全景，相机 2 放置在出口前，用来捕捉出口处行人的行为。

表 5.5 行人信息统计

个人属性	年龄	体重 / kg	身高 / cm	肩宽 / cm
平均值	24	64	173	48
标准差	1.58	10.14	6.74	5.82

5.3.2 出口的疏散能力改进

5.3.2.1 工况设置

虽然前人对出口位置（中间出口和角落出口）已经开展了一系列的研究，但关于角落出口的研究多为固定的45°角，且大多数结论暂时停留在定性分析上。这里我们提出的通过设置角落出口的不同角度（图5.2）来研究建筑构型的细微调整对瓶颈处流量的影响规律。

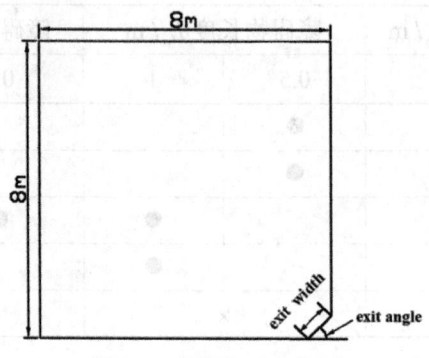

图5.2 角落出口示意图

根据出口位置（中间出口、角落出口）和角落出口角度（0°、15°、30°、45°、60°、75°、90°），我们共设计了8个模拟场景，其平面布局如图5.3所示。整个场景是一个边长为8米的正方形，出口宽度固定设置为0.9m，出口分别开设在中间和角落处，人流将从图中上侧的入口涌入，从场景下侧的出口疏散。

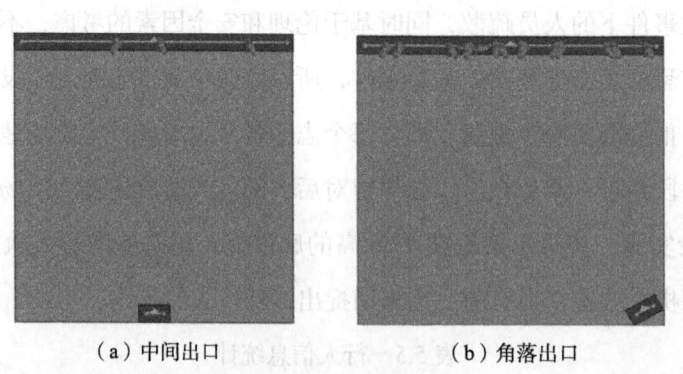

（a）中间出口　　（b）角落出口

图5.3 模拟场景平面图

基于前人对45°角落出口的研究，我们在此基础上扩充了角落出口的角度，模拟中分别设置100人、200人、300人在25秒内均匀出现，对应的人流量为

30p/(min·m)、60p/(min·m)、90p/(min·m)，根据表 5.6[27]研究不同拥挤程度下各个角落出口的疏散情况，每个工况模拟 10 次，统计出不同出口角度下的平均疏散时间，结果如表 5.7 所示。

表 5.6 人流量的分级描述

等级	人流量	描述
A	<23	行人自由的阈值，方便通行
B	≥23，<33	较小的冲突，通过和速度受限
C	≥33，<49	拥挤但保持移动，穿行和逆行困难
D	≥49，<66	严重的冲突，间歇性的缓慢移动
E	≥66，<82	缓慢行走，穿行和逆行十分困难
F	>82	临界密度，行人相互接触

表 5.7 不同出口角度下的平均疏散时间

人数	疏散时间						
	0°	15°	30°	45°	60°	75°	90°
100	59.8s	51.8s	49.2s	51.4s	48.8s	52.6s	58s
200	93.2s	83s	79.8s	84.4s	80.6s	82s	91.6s
300	126s	114.4s	112s	117.2s	113.8s	115.6s	124.8s

由表 5.7 可知，出口角度为 30°和 60°时疏散时间最短；最低的疏散效率是在 0°角和 90°角，现实场景中常见的出口布局多为该种情形；前人模拟和实验中选用的 45°角相比日常出口确实缩短了疏散时间，但并不是最优的出口角度。随着疏散总人数的增加，45°角的疏散优势逐渐减弱，15°角的疏散优势在逐渐增加。疏散时间随出口角度的变化大致关于 45°角对称。这一影响规律与模拟的总人数无关，即在不同疏散人数下，均有这样的趋势。

同时，我们也获得了第 98 秒时不同出口布局下的行人分布，如图 5.4 所示，箭头指向代表行人的期望运动方向。从图中可以发现，在中间出口下，远离出口的外围行人往往会倾向于从两侧绕到出口附近，而不是在后面排队等候。在 0°角和 30°角角落出口下，行人的期望方向均指向角落，但 0°角下行人的转向行为明显多于 30°角的情况。

(a) 中间出口　　　　　　(b) 0° 出口　　　　　　(c) 30° 出口

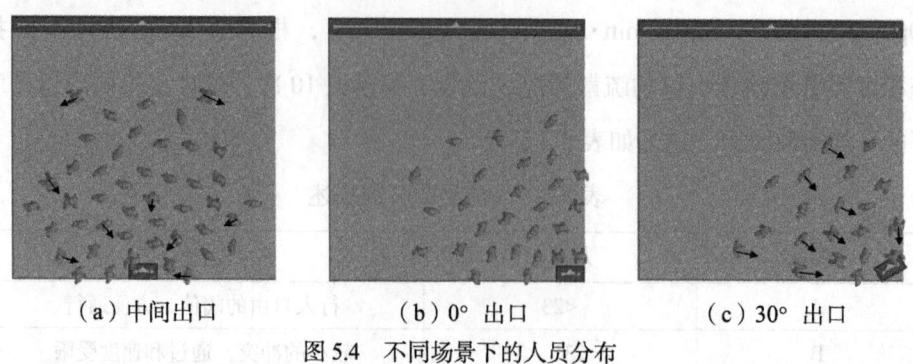

图 5.4　不同场景下的人员分布

此外，我们开展了相应的小规模人员疏散实验来观察不同出口布局下人流的情况，实验设计见图 5.1（a），场景的尺寸和仿真尺寸一致。在实验中我们选取出口位置和角度这两个因素为控制变量，共设计 3 个实验工况，见表 5.2，每个工况重复 3 次，共计 9 次实验，部分实验过程如图 5.5 所示。

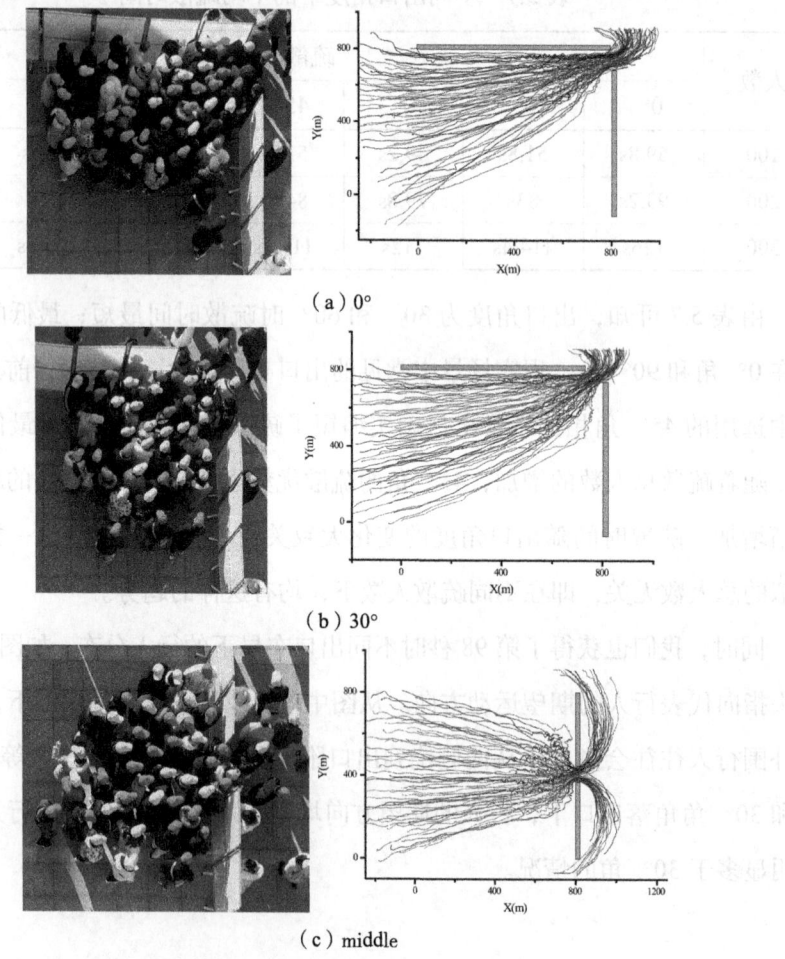

(a) 0°

(b) 30°

(c) middle

图 5.5　实验快照和行人轨迹

各工况得到的平均疏散时间如表 5.8 所示。从表中发现，各个场景疏散时间的差异很小，中间出口用时最长，角落出口用时相对较短，30°的角落出口下疏散时间要快于 0°角落出口（现实场景中常见的出口）的用时。鉴于这一发现，下文将选取 0°、30°、45°这 3 个具有代表性的角落出口和中间出口进行对比分析。

表 5.8 不同工况下的疏散时间

工况	中间出口	角落出口	
		0°	30°
平均疏散时间（s）	29.67	28.67	27

5.3.2.2 时间间隔的分析

相邻两个个体通过出口的时间间隔能从微观角度反映瓶颈的通行情况。当大量行人竞争通过出口时可能形成断断续续的通行现象，每两个连续通过出口行人的时间间隔会间断性地出现较大数值，代表出口的间断堵塞。图 5.7 为时间间隔的分布图，通过统计分析发现，本次研究中行人逃生的时间间隔都在 1.8s 内，虽然 30°角落出口下连续通过（时间间隔为 0s）的行人数略低于其他工况，但其较长时间间隔（≥1s）内累计通过的人数要明显低于其他工况，说明大部分相邻行人能在 1s 内通过出口，30°角下时间间隔的平均值为 0.412s，与其他工况相比，时间间隔最大能缩短 10%。现有的紧急瓶颈研究表明时间间隔的指数分布遵循幂法则，互补累积分布函数 $P(t>\Delta t)$ 的表达式为：

$$P(t>\Delta t) = \int_{\Delta t}^{\infty} p(x)\mathrm{d}x = \left(\frac{\Delta t}{t_c}\right)^{-\alpha+1} \quad (5-1)$$

其中，$-\alpha+1$ 为双对数坐标系下的斜率，表示堵塞下降的速度，可以定量反应出口的堵塞情况，α 越大表示堵塞下降越快，逃生越顺利。因此，在统计各个时间间隔发生次数的基础上，计算其出现的频率，并得到相应的互补累计频率，从而画出时间间隔的互补累计概率曲线并进行相应的幂律函数拟合，如图 5.8 所示。

如果时间间隔越短，并且短间隔发生的次数越多，则该情形下疏散越通畅，反之则拥堵会越严重。从图 5.7 可以发现，中间出口和 0°角落出口时间间隔都是最长的，但中间出口其较长时间间隔发生的概率大，短时间间隔发生的概率小，说明相较于 0° 角落出口，中间出口的堵塞程度更大，这一结果与一些仿真模型和实验研究相一致，即出口设计对提高行人流量存在有益影响[8,23,28]。

在双对数坐标下进行线性拟合，计算得出 0°、30°、45° 角落出口和中间出口的拟合斜率 k=-α+1 分别为 -3.96968、-4.52388、-3.93969 和 -3.83319，由此可知 α>2，场景处于间断堵塞而非完全堵塞。同时由斜率值可知，30° 角下

图 5.6 不同出口布局下的时间间隔分布图

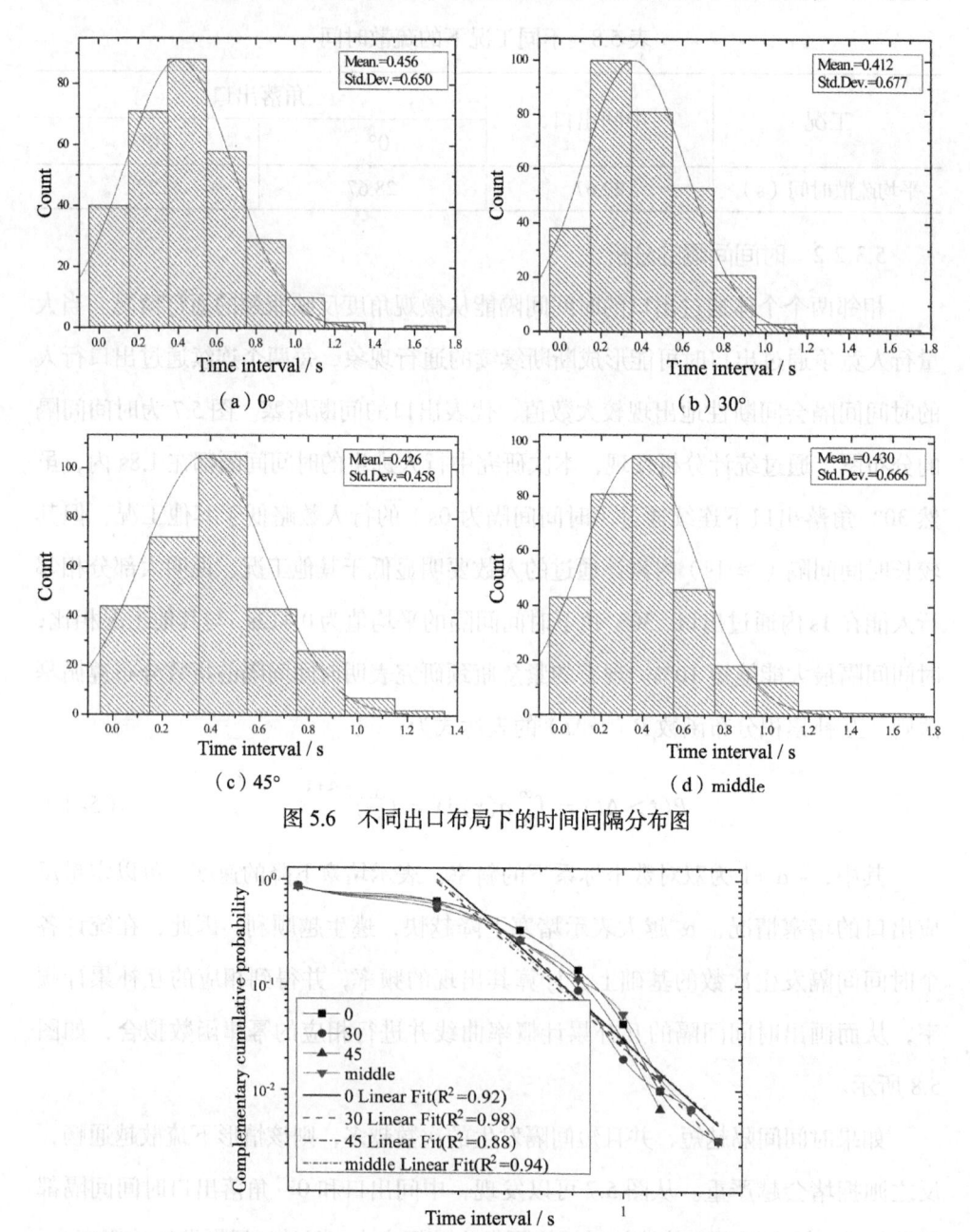

图 5.7 逃生时间间隔的互补累计概率曲线及其幂律拟合

出口拥挤概率下降最快，超过最慢下降速度的 18%。

5.3.2.3 行人速度的分析

通过分析相邻两个行人逃生的时间间隔，发现中间出口下疏散的阻塞程度大于角落出口，而相对于其他角度的角落出口设置，30°角是最优的，由此猜测出口布局的细微调整可能对出口附近行人的实际速率产生影响。为了深入研究出口附近行人实时速率的变化，仿真中将出口附近 8 米长的通道等分为 8 个区间，见图 5.8 红色方框区域，然后取每个区间内行人的平均瞬时速率，得到速度与位置的关系图，如图 5.9 所示。

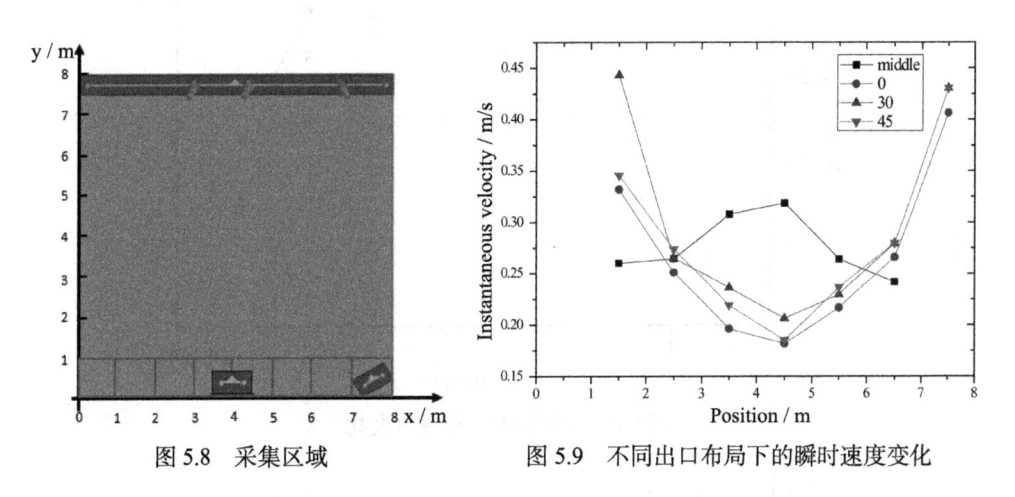

图 5.8 采集区域　　图 5.9 不同出口布局下的瞬时速度变化

从图 5.9 可以看出：在角落设置出口时，4~5m 位置处行人的速度最低，随着人员向出口处不断移动，速度渐渐增加，30°角下出口处行人的速度要高于其他两个角落出口；而当出口设置在中间时，瞬时速度随位置的变化刚好和角落出口的变化趋势相反，出口两侧的速度较慢。另外，从图中还发现，角落出口在 0~1m 处没有行人通过，中间出口在 0~1m 和 7~8m 处都没人经过，这表明疏散通道可能存在无效行走区域。产生这些现象的原因有以下几点：（1）出口位于中间时，沿出口两侧墙壁疏散的人员到出口时需要改变他们的运动方向，此时他们会和径直向出口逃跑的人员发生争抢，极易产生交叉或超车行为，导致逃生途中的碰撞点更多，使得出口两侧的速度较低。（2）出口位于角落时，沿着出口一侧墙壁逃生的人员在前期由于相互间的间距较大、拥挤较小，此时速度相对较快；随着沿墙角侧壁疏散的人员渐渐趋近出口，他们同样需要完成转向才能疏散出去，这使得他们与径直向出口疏散的人员间的冲突增强，各自的行为受到限制，疏散速度也逐渐变慢，沿墙角侧壁疏散的人员大都在4～5m处完成转向，随后加速通过出口，和中间出口对比，行人在角落出口的转向行为发生在出口前几米的位置，而不是在出口处。（3）由于出口是单一且固定的，所有人的疏散路线基本上是一个方向，当前方出现拥堵时，即使一些行人会绕道寻找其他路径，但大部分也只会在固定的前进方向上等待徘徊。

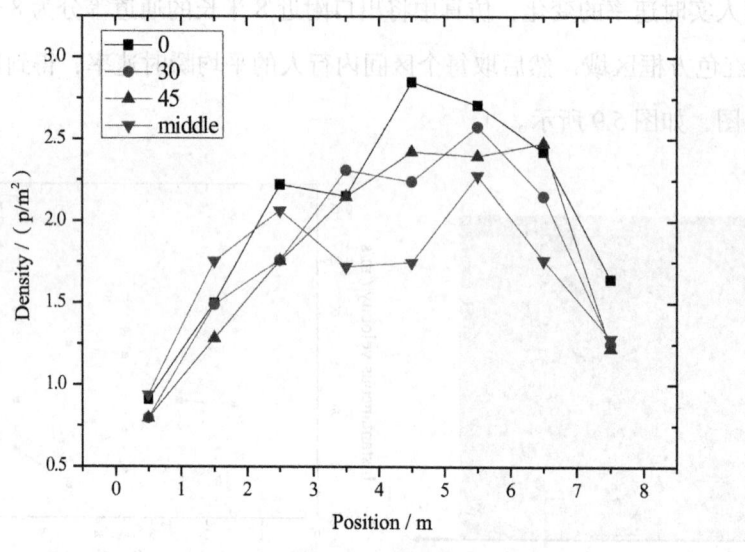

图 5.10　不同出口下的密度变化

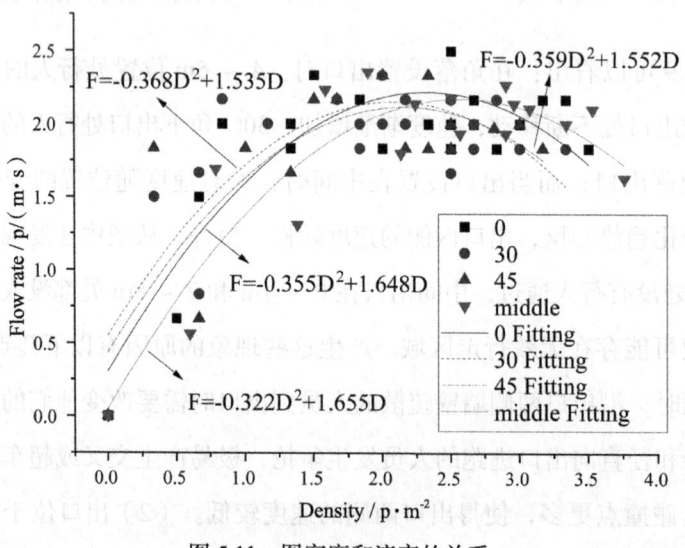

图 5.11　图密度和流率的关系

相应地，我们也提取了这些区域的人员密度，如图 5.10 所示。角落出口附近不同位置的密度也不同，总体趋势是先增大后减小。0°角下的人员密度显著高于30°和45°角下的人员密度。同时，随着瓶颈角度的增大，人员密度的最大区域逐渐向出口移动，这是由于在相同宽度的角落出口下，随着出口角度的逐渐增加，出口的水平直角边不断缩短，行人的高密度区域逐渐向出口靠近。中间出口两侧的密度大体上对称，这与图5.9中瞬时速度变化是一致的。两边的人在2~3m和5~6m处转弯，此时人员速度小，密度大。

基于本研究的仿真结果，以5s作为时间步长对出口流率和人员密度进行计数，得到密度—流率图，如图5.12所示。通过对数据的二项拟合，得到了两者之间的关系。可以发现模拟结果基本符合SFPE消防手册中的方程式，即当人员密度为$0.54p/m^2$~$3.8p/m^2$时，出口流率和人员密度满足方程：

$$F=-0.3724D^2+1.4D \tag{5-2}$$

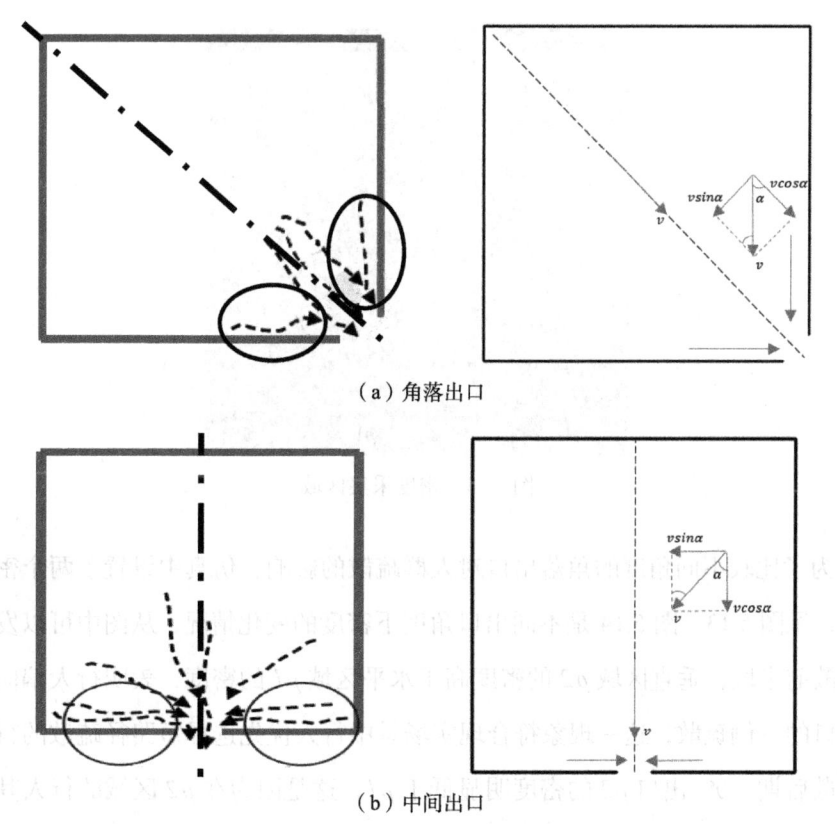

（a）角落出口

（b）中间出口

图5.12 疏散轨迹及速度示意图

图5.12是不同出口布局下的行人轨迹[29]和速度示意图。当行人位于出口的中轴线上时，其速度方向和中轴线的夹角为0°，人员会沿着中轴线向目标出口移动，这是最理想的疏散状态。当人员运动方向与出口的中轴线存在夹角α时，

其速度可以分解为平行于中轴线的分速度 $v_1=v\cos\alpha$ 和竖直于中轴线的分速度 $v_2=v\sin\alpha$，如果 α 越大，则 v_1 会越小，也就是说沿平行于中轴线的有效分速度越小[30]。

在中间出口，沿墙壁逃跑行人的速度方向与出口中轴线成 90° 夹角，其有效分速度为 0，到了出口处需要改变运动方向才能疏散出去，所以他们在出口发生转向行为，与径直走向出口的行人冲突很大，导致此时出口两侧行人的速度较低；在角落出口，沿侧壁疏散行人的速度方向与出口中轴线间的夹角小于 90°，相同速度下，其有效分速度要大于中间出口该处的速度，不需要过多地改变他们的移动方向就能逃出，使得角落出口处的行人冲突要小于中间出口。

5.3.2.4 区域密度分析

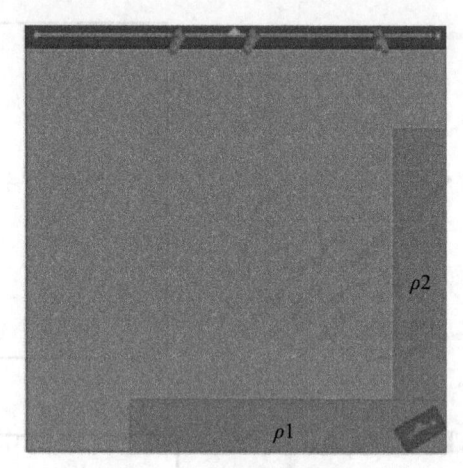

图 5.13　密度采集区域

为了比较不同角度的角落出口对人群疏散的影响，仿真中设置了两个密度采集区，见图 5.13。图 5.14 是不同出口角度下密度的变化情况，从图中可以发现，在疏散前半段，垂直区域 $\rho 2$ 的密度高于水平区域 $\rho 1$ 的密度，表明行人偏向沿接近出口的一侧疏散，这一现象符合现实场景中行人优先选择短路径疏散的行为。在疏散后期，0° 出口 $\rho 2$ 的密度明显低于 $\rho 1$，这是因为在 $\rho 2$ 区域的行人其运动方向正对出口，能够径直离开，而位于 $\rho 1$ 的行人需要转向才能离开出口，人群之间的压力较大，此时行人会放缓自己的步行速度，使得该区域的密度相对较大。在 30° 和 45° 出口下，$\rho 2$ 和 $\rho 1$ 区域行人的转向角度都比较小，所以在疏散后期，两个区域的密度相当。

(a) 出口角度为 0°

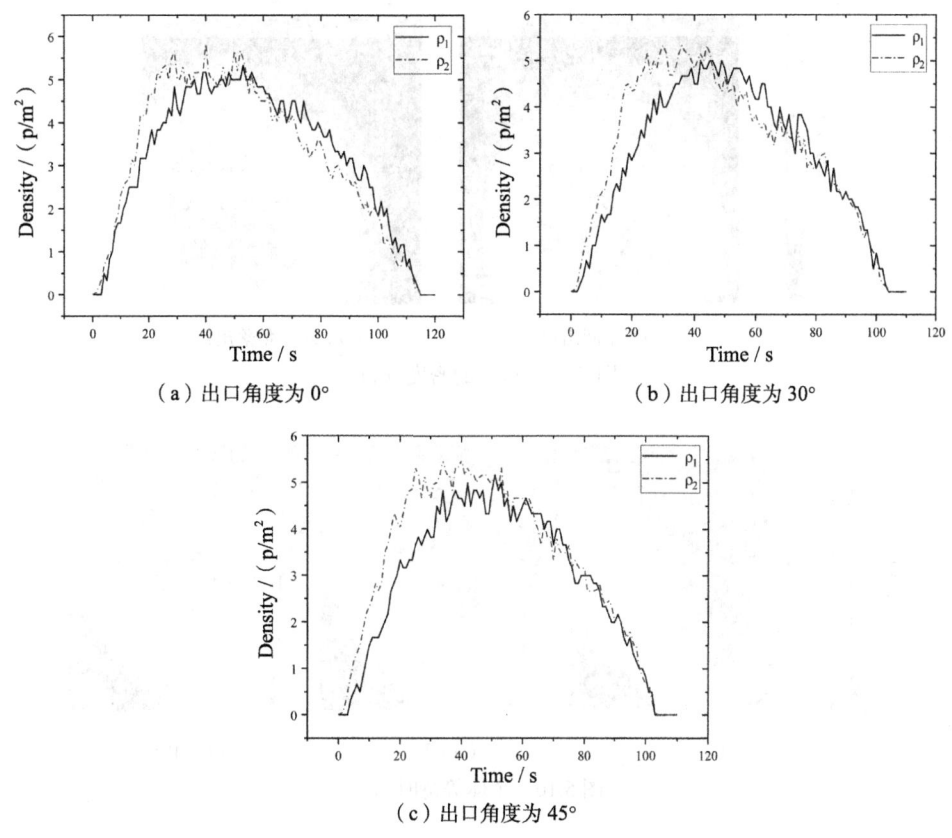

(b) 出口角度为 30°

(c) 出口角度为 45°

图 5.14 不同出口角度下区域密度的变化

图 5.15 是 57s 时的瞬时密度分布图，该模型重现了"出口呈拱"的现象[3]。出口在中间时，高密度区域主要发生在出口正前方，当出口位于角落时，行人倾向于选择靠近出口的一侧进行逃生，导致低密度区域主要集中在远离出口的一侧，同时由于墙壁的限制，人群分布形态发生变化，高密度区域和出口形成一定夹角，在垂直于出口方向上的密度范围有扩大趋势。因此在建筑出口布局上需要关注建筑结构对行人的导流作用。

同时，我们也采用个人等待时间来比较不同出口角度的差异，个人等待时间代表行人离开某点所耗费的时间成本，也是衡量安全疏散的一个关键指标，不同区域的等待时间用不同颜色表示[31]。图 5.16 是各个出口角度下的个体等待时间，从图中发现，相比 30° 和 45° 出口，0° 出口下红色区域最大，说明该种角落出口设置下，相当大的区域内人员等待逃离的时间过长，期望的时间成本较高，这也增加了该区域的风险。

(a)中间出口　　　　　　(b)30°角落出口

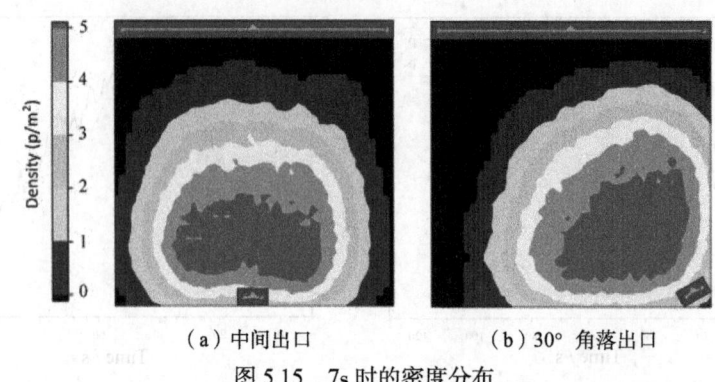

图 5.15　7s 时的密度分布

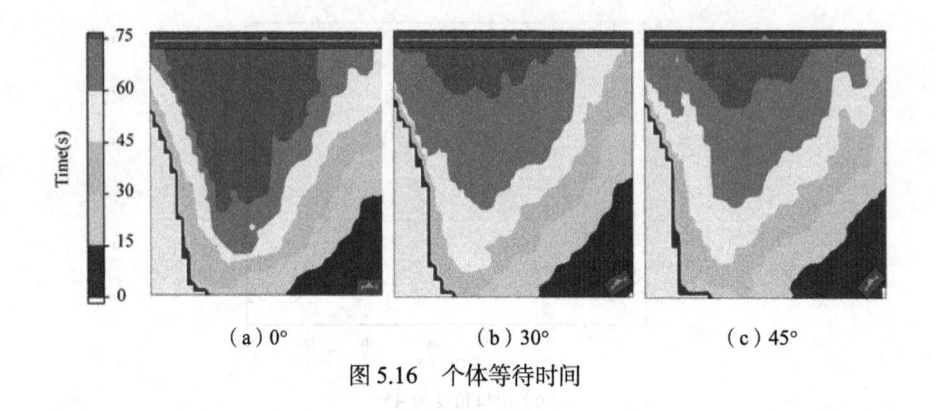

(a)0°　　　　　(b)30°　　　　　(c)45°

图 5.16　个体等待时间

5.3.2.5　尺寸效应

根据上文的研究发现，30°角落出口下人员的逃生效率最高。在此基础上，我们将模型大小与人员数量按照以下比例关系进行等比例放大，即场景长度∶场景宽度∶出口宽度∶人员数量 =8∶8∶0.9∶300。疏散时间与建筑物尺寸放大倍数的关系如图 5.17 所示，对数据点进行拟合得到二者的关系为：$y=55.37+71.03x-9.058x^2$，拟合系数为 0.98。尺寸效应分析发现，随着建筑尺寸成倍地增加，疏散时间也在不断增加，这是显而易见的，因为随着建筑规模的扩大，行人的疏散距离也随之增加，导致疏散时间的延长。但同时能从图中观察到，随着建筑规模的继续扩大，不同建筑尺寸下疏散时间的差异变得越来越小，存在逐渐趋于平稳的趋势，这表明建筑规模和人员数量之间存在一个饱和值。

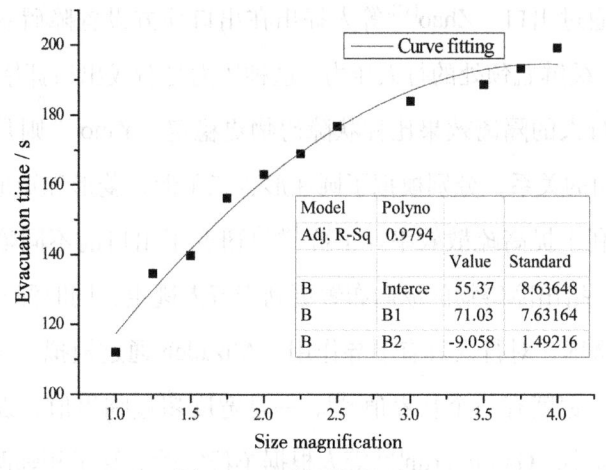

图 5.17 疏散时间的关系

5.3.3 小结

本节主要介绍了实验场景、工况设计、志愿者属性和实验过程。实验主要考察出口设置和障碍物对人员逃生的影响，实验分为两个场景：出口布局场景和角落出口障碍物场景。人员疏散实验是对现实场景的模拟，是获得突发事件下人员运动数据的有效手段，下文将对两个场景分别进行扩展模拟研究，并对实验中利用视频收集的人员运动轨迹和行走数据进行分析，从安全和效率两个层面探讨建筑物的不同出口布局和障碍物设置对行人运动参数的作用。

5.4 角落出口障碍物的布置优化

在紧急情况下，由于疏散出口的吸引和其他人员或障碍物的排斥，为了防止碰撞，人员会有意地调整行走速度和改变运动方向。同时由于出口宽度有限，在出口处行人间的相互作用会增加，导致出口处产生拥挤现象，行走速度变缓，疏散效率降低。近些年来，世界各地时常发生人员的公共安全事故，因此如何进行人员疏散引导和优化配置建筑结构，提升建筑内人员的逃生速率与安全性是至关重要的。

最近的研究表明，在瓶颈处合理地设置障碍物可以管控局部的疏散过程。Helbing[32]等人和 Yanagisawa[33]等人就在瓶颈入口前放置一个障碍物，发现障碍物能够有效提高瓶颈内部的行人流量，障碍物在出口前形成了一个等候区域，有助于行人顺利通过出口。Zhao[34]等人提出在出口前方设置障碍物可以准确分离高密度的人流，缓解瓶颈处的行人压力，这种压力是造成出口拥堵的原因。此外，平板障碍物对行人的隔离效果比柱状障碍物更稳定。Yano[35]则是研究了障碍的形状与疏散时间的关系，分别模拟了圆柱形、三角形、菱形和矩形，发现圆柱体的障碍物最有利于提高疏散效率。王群[36,37]研究了出口前不同障碍物设置对人员逃生的影响，指出障碍物的纵向布置更利于行人逃生，同时漏斗状出口可以降低人员的碰撞概率，对行人具有引导作用。Alizadeh通过模拟一个有障碍物的疏散场景得知出口宽度有一个临界值[38]。一旦宽度超过临界值，设置障碍物对疏散时间的影响很小。Garcimartin[39]等人根据羊群实验计算了相邻两头羊通过出口的时间间隔，并采用幂律分布来量化堵塞，同时借用颗粒物理学和统计力学的概念，评估了增加门尺寸的效果和在门前面放置障碍物的性能。Shi[8]等人进行了一系列的行人实验来研究不同的出口几何布局对行人流量的影响。结果发现，在相同障碍物条件下，角落出口的性能优于中间出口。这一现象符合一些研究人员基于仿真模型的预测和非人类生物实验的结果，即建筑的调整和出口附近的障碍物对出口流量的有益作用。刘依文[40]开展受控实验来研究不同出口布局对行人逃生的作用，根据出口位置和障碍物参数共设计14种实验工况，利用获得的宏观与微观指标，综合分析各工况的疏散效率和安全性能。结果发现，角落出口下行人的逃生速率更高，合适设置障碍物可以增加出口流量，减少出口前的人群压力。Zuriguel[41]给出了在筒仓出口上方放置障碍物对堵塞过程影响的实验结果，认为堵塞减少的物理机制是出口拱形区域压力的降低。Lin[42]使用小鼠进行了障碍物对流量影响的实验，研究表明障碍物的促进或抑制作用取决于出口的几何形状。Lozano[43]深入研究了障碍物位置对拱形区域流量和几何特征的影响，障碍物效应随出口尺寸的增加而增加。

尽管十多年来前人在这方面做了大量的工作，人们也对出口前障碍物的有益作用有普遍的共识，但在哪些情况下可以观察到障碍物的积极作用却存在很大的不确定性。因此，需要更深入探究障碍物在提高出口疏散能力时的优化布置以及关键参数敏感性，从而通过设计障碍物来增强公共空间人群的逃离动力。

5.4.1 仿真场景

针对前人关于出口等瓶颈附近建筑性能调整的研究，结果发现就行人流量而言，出口位于拐角而非中间的情况下，疏散更为顺畅。同时根据障碍物对中间出口流量存在的有益效果，又必须进一步研究障碍物的设置对角落出口行人流量的作用。在固定角落出口为30°下，参照Shi[8]等人的实验场景，考虑障碍物长度（L_o）、障碍物宽度（W_o）、障碍物到出口距离（D_{oe}）这3个变量。D_{oe}和L_o都以0.2m为增量从0.6m增加到1.4m，W_o以0.1m为增量从0.2m增加到0.6m，场景的具体尺寸如图5.18所示，整个场景是一个边长为8米的正方形，出口宽度（W_e）固定设置为1.2m，人流将从图中上侧的入口涌入，从场景下侧的出口离开。

模拟中设置300人在25秒内均匀出现，考虑到火灾等突发事件下，行人的期望速度都比较高，仿真中将行人初始速度统一设定为3m/s。

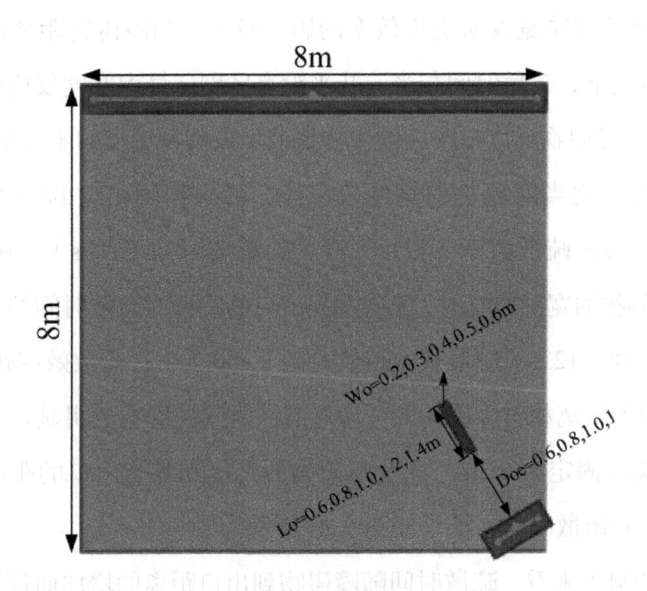

图 5.18 模拟场景

5.4.2 结果对比

5.4.2.1 疏散时间的分析

固定障碍物长度为1m，改变障碍物宽度和其与出口的距离，统计出不同工况下的平均疏散时间，结果如图5.19所示。

红色直线表示无障碍物的疏散结果，我们发现障碍物的设置并不一定会提

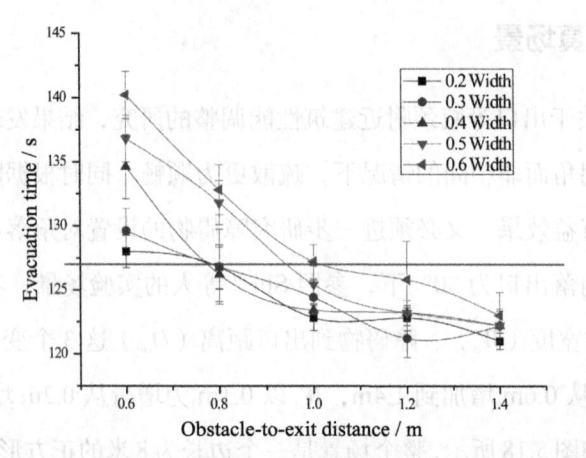

图 5.19　不同宽度下疏散时间与障碍物到出口距离的关系

高疏散效率,它取决于障碍物的大小和障碍物到出口的距离。从整体趋势上看,障碍物到出口距离的增加越远,疏散时间越短;当障碍物距离出口较近时,障碍物宽度越大,越不利于行人的疏散。最大宽度相较于最小宽度,疏散时间慢了 9.5%,此时障碍物宽度对逃生效率的影响较大;当障碍物距离出口较远时,不同障碍物宽度下,疏散时间相当,几乎没有区别,最大宽度仅比最小宽度慢了 1.65%,此时,障碍物到出口距离的优势抵消了障碍物宽度的不利影响。

同时我们发现当障碍物的宽度较窄时,障碍物到出口的距离对疏散时间的影响较小,最短疏散时间(121s)较最长疏散时间(128s),疏散效率快了 5.47%。当障碍物的宽度较宽时,障碍物到出口的距离对疏散时间的影响较显著。最短的疏散时间(123s)较最长的疏散时间(140.2s),疏散效率快了 12.27%。障碍物和出口的距离相对障碍物的宽度对疏散时间的影响更明显。

障碍物宽度固定为 0.2m,改变障碍物的长度和其与出口的距离,统计出不同工况下的平均疏散时间,结果如图 5.20 所示。

从整体趋势上来看,疏散时间随障碍物到出口距离的增加而逐渐缩短;当障碍物到出口的距离超过 1.2m 时,障碍物的长度对疏散时间的影响变得不明显。当障碍物与出口的距离小于 1.2m 时,不同障碍物长度下的疏散时间差异显著。换句话说,障碍物离出口越远,障碍物长度对逃生效率的优势不显著;障碍物离出口越近,障碍物长度对疏散效率的优势更明显,在短距离下,可以增加障碍物的长度来缩短总疏散时间,从而提高逃生效率。

5.4.2.2 瞬时密度的分析

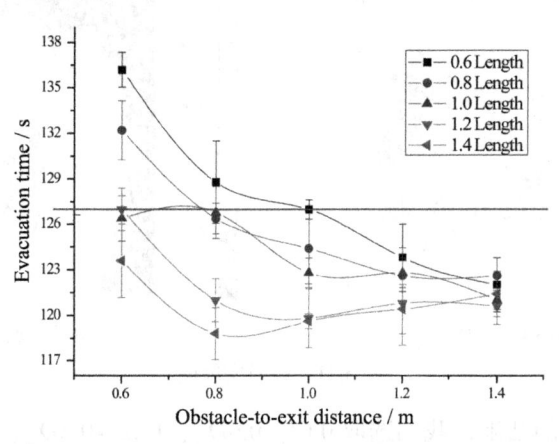

图 5.20 不同长度下疏散时间与障碍物到出口距离的关系

基于图 5.20 的结果，我们选择 $0.2W_o$–$0.6D_{oe}$、$0.6W_o$–$0.6D_{oe}$、$0.6W_o$–$1.4D_{oe}$ 这 3 个差异较明显的工况进行对比研究，通过统计各个位置行人的停留人数，然后生成热力图，得到第 60s 时不同障碍物的宽度和到出口距离的瞬时密度云图，如图 5.21 所示，障碍物的长度固定为 1m。比较图 5.21（b）（c）发现，当障碍物距离出口较近时，出口前的密度小，障碍物前的密度大，这是因为障碍物的设置虽然在一定程度上对行人进行了分流，但由于距离出口较近，出口附近的可用空间少，如图 5.21（a）（b）所示，如果此时障碍物的宽度更大，行人只能利用出口两侧的空间进行疏散，垂直和水平方向上每次只能通行 1 人，大量的行人拥堵在障碍物前方；由图 5.21（c）可知，当障碍物距离出口较远时，出口前行人的密度增加，相应的障碍物前高密度区域缩小，障碍物的分流效果更显著，同时因为出口前留有足够的空间让分散的行人聚集，整个出口都可以被利用，在一定程度上减小了容量下降现象，提高了出口流量。

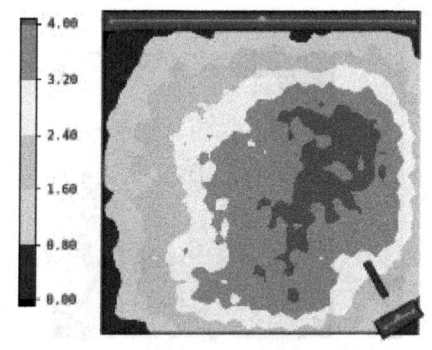

（a）$0.2W_o$–$0.6D_{oe}$

（b）$0.6W_o$–$0.6D_{oe}$

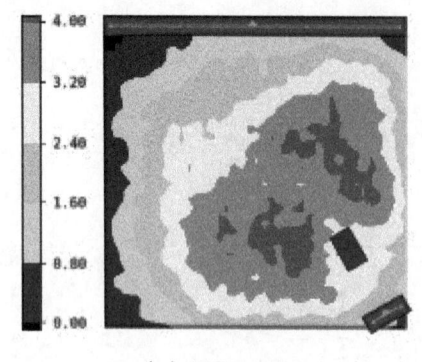

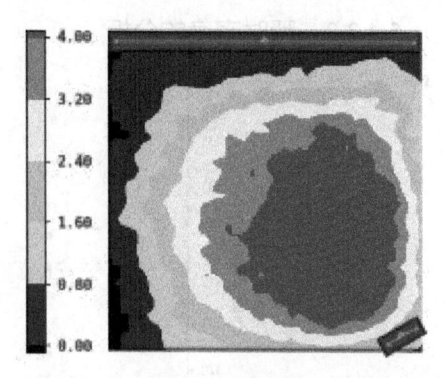

(c) $0.6W_o$–$1.4D_{oe}$　　　　　　　　(d) 无障碍物

图 5.21　瞬时密度图

根据图 5.20 的结果，我们选取 $0.6L_o$–$0.6D_{oe}$、$1.4L_o$–$0.6D_{oe}$、$0.6L_o$–$1.4D_{oe}$ 这 3 个工况进行对比分析，得到第 58s 时不同障碍物长度和到出口距离下的瞬时密度云图，如图 5.22 所示，障碍物的宽度固定为 0.2m。当障碍物距离出口较近时，出口前的人员密度小，障碍物前的密度大，这是因为障碍物距离出口较近，出口附近的可用空间小，出口的利用率较低，如果此时增加障碍物的长度，能看到障碍物前的密度要明显低于障碍物长度为 0.6m 时的密度，竖直方向狭长的密度分布逐渐趋向于水平方向，这是因为较长的障碍物使得行人能够提前进行分流，而不是在出口附近进行分流，避免了在出口瓶颈处的拥挤；当障碍物的长度为 0.6m，到出口距离为 1.4m 时，能观察到此时的行人密度最低，出口前行人的密度增加，相应的障碍物前高密度区域缩小，障碍物的分流效果更显著，同时出口前留有足够的空间让分散的行人聚集，整个出口都可以被利用，分散的行人能够在出口前有序排队，提高了出口流量。因此，障碍物设置对提高人员疏散效率应该从行人分流和出口利用率两方面进行考虑，能够同时提高行人分流效果和增加出口利用率的障碍物设置情形是最有利于疏散的。

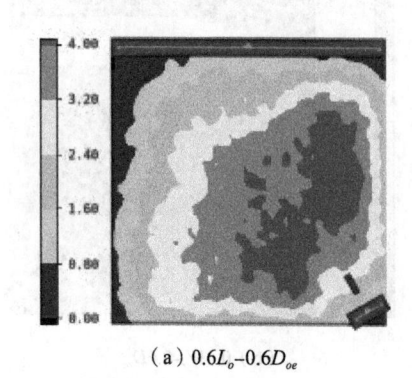

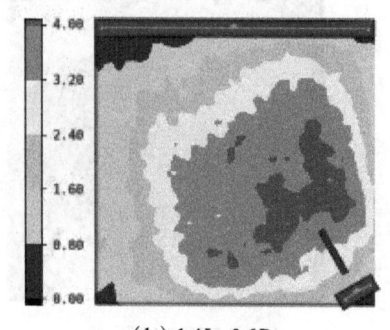

(a) $0.6L_o$–$0.6D_{oe}$　　　　　　　　(b) $1.4L_o$–$0.6D_{oe}$

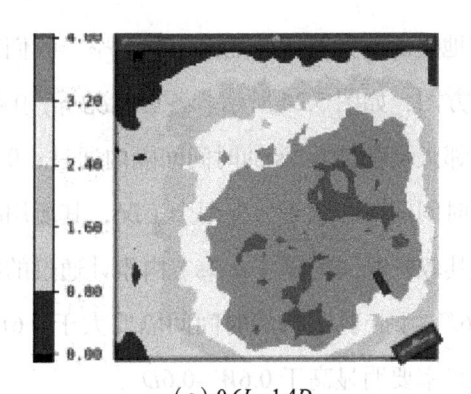

(c) $0.6L_o$–$1.4D_{oe}$

图 5.22 瞬时密度图

5.4.2.3 时间间隔的分析

为了观察出口处流量的波动情况,利用 SPSS 软件得到了不同障碍物宽度、障碍物到出口不同距离下时间间隔的箱形图,如图 5.23 所示。通过箱线图的整体位置以及每条线的位置,可以反映出时间间隔的总体分布情况。从图中发现,前两个工况存在多个极端和温和异常值,第 3 个工况异常值相对较少;3 种工况四分位间距差不多,但从上下边缘的间距来看,障碍物在 0.6m 宽、到出口 1.4m 的距离下,上下限的间距更小,数据更为集中。3 种工况的时间间隔均值和标准差如表 5.9 所示,结果表明 $0.6W_o$–$0.6D_{oe}$ 下时间间隔的离散度和偏度是最高的。每个工况的中位数都偏向于下限值,分布偏态性较强,且异常值都分布在较大值一侧,呈右偏态分布。

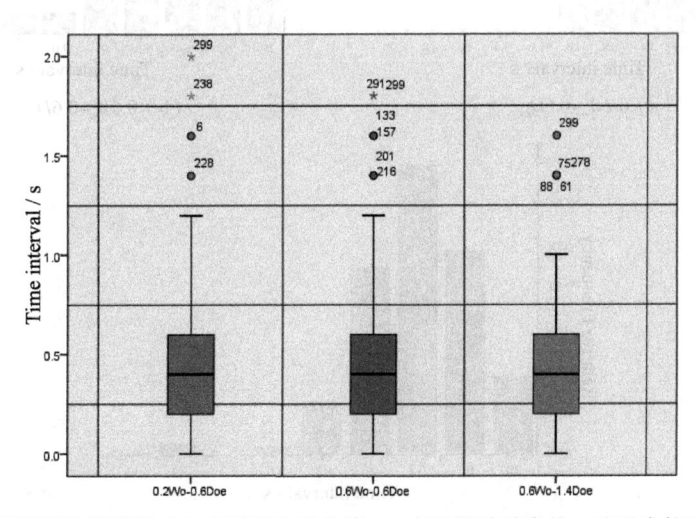

图 5.23 时间间隔的箱形图(○表示温和异常值,*表示极端异常值,从垂直箱形图的底部到上部,每条横线分别代表下限值、下四分位数、中位数、上四分位数、上限值)

同时，为了详细地显示不同时间间隔出现的频率，我们得到了相应工况下时间间隔的频率分布直方图，如图 5.24 所示。各个工况下，0.4s 的时间间隔发生的频率最高，大部分相邻人员都能在 1s 的时间间隔内通过；$0.6W_o$–$1.4D_{oe}$ 下，相邻两人通过出口的最大时间间隔相较于另外两个工况，其所用时间最短且发生短间隔的频率更高，同时其较长时间间隔（≥ 1s）内累计通过的频率要低于其他两个工况；虽然 $0.2W_o$–$0.6D_{oe}$ 下，其最长的时间间隔要大于 $0.6W_o$–$0.6D_{oe}$ 的 1.8s，但其短时间间隔发生的频率要明显高于 $0.6W_o$–$0.6D_{oe}$。

表 5.9 时间间隔的均值及标准差

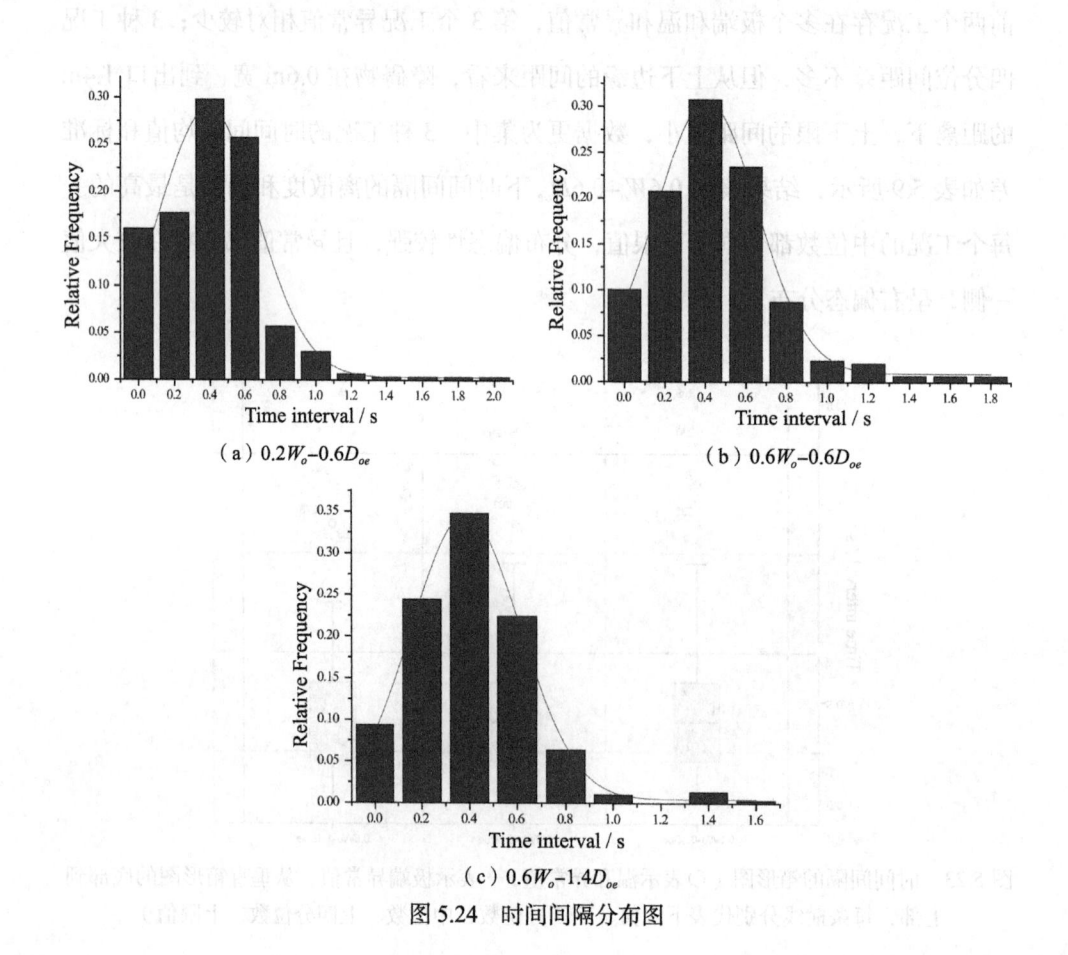

工况	均值	标准差
$0.2W_o$–$0.6D_{oe}$	0.4154	0.01741
$0.6W_o$–$0.6D_{oe}$	0.4542	0.01789
$0.6W_o$–$1.4D_{oe}$	0.4074	0.01484

(a) $0.2W_o$–$0.6D_{oe}$

(b) $0.6W_o$–$0.6D_{oe}$

(c) $0.6W_o$–$1.4D_{oe}$

图 5.24 时间间隔分布图

从时间间隔的互补累计概率曲线（图5.25）也发现，$0.6W_o$-$1.4D_{oe}$下其时间间隔明显最短，且长时间间隔发生的概率也最小，疏散最通畅；时间间隔在0.6s内时，各个工况的累计曲线重合较多，说明在短时间间隔各个工况拥堵产生的次数和概率较为接近；在$0.6W_o$-$0.6D_{oe}$下，互补累计概率曲线进一步向外延伸，长时间间隔发生的概率也更高，说明$0.6W_o$-$0.6D_{oe}$下出口的间断堵塞最严重，$0.2W_o$-$0.6D_{oe}$次之，$0.6W_o$-$1.4D_{oe}$工况下出口的间断堵塞程度最低。

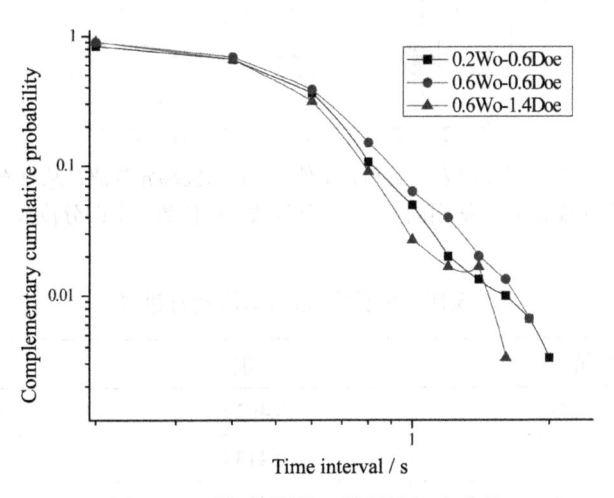

图 5.25　时间间隔的互补累计概率曲线

同样，为了观察出口处流量的波动情况，我们得到了不同障碍物长度、障碍物到出口不同距离下时间间隔的箱形图，如图5.26所示。从上下边缘的间距来看，障碍物在0.6m长、到出口1.4m的距离下，上下限的间距更小，数据更为集中。3种工况的时间间隔均值和标准差如表5.10所示，结果表明$0.6L_o$-$0.6D_{oe}$下时间间隔的离散度是最高的。每个工况的中位数都偏向于下限值，分布偏态性较强，且异常值都位于较大值一侧，呈右偏态分布。

为了详细地显示不同时间间隔出现的频率，我们得到了各个工况下时间间隔的频率分布直方图，如图5.27所示。各个工况下，0.4s的时间间隔发生的频率最高，大部分相邻人员都能在1s的时间间隔内通过；$0.6L_o$-$1.4D_{oe}$下，相邻两人通过出口的时间间隔相较于另外两个工况，其发生短间隔的频率更高，同时其较长时间间隔（≥1s）内累计通过的频率要低于其他两个工况，相较于$0.6L_o$-$0.6D_{oe}$，$1.4L_o$-$0.6D_{oe}$下较长时间间隔的发生频率更低，其短时间间隔发生的频率也更高，说明$0.6L_o$-$0.6D_{oe}$下出口的间断堵塞最严重，$1.4L_o$-$0.6D_{oe}$次之，$0.6L_o$-$1.4D_{oe}$工况下出口的间断堵塞程度最低。

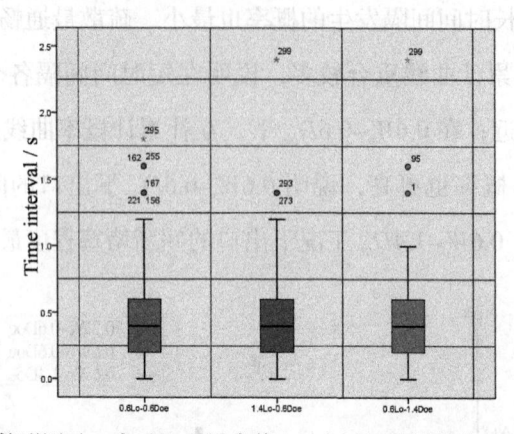

图 5.26 时间间隔的箱形图（○表示温和异常值，＊表示极端异常值，从垂直箱形图的底部到上部，每条横线分别代表下限值、下四分位数、中位数、上四分位数、上限值）

表 5.10 时间间隔的均值及标准差

工况	均值	标准差
$0.6L_o$–$0.6D_{oe}$	0.4629	0.01910
$1.4L_o$–$0.6D_{oe}$	0.4134	0.01650
$0.6L_o$–$1.4D_{oe}$	0.4007	0.01538

从时间间隔的互补累计概率曲线（图 5.28）发现，$0.6L_o$–$1.4D_{oe}$ 下其长时间间隔发生的概率最小，疏散最通畅；时间间隔在 0.6s 内时，各个工况的累计曲线重合较多，说明在短时间间隔各个工况拥挤产生的次数和概率较为接近；在 $0.6L_o$–$0.6D_{oe}$ 下，互补累计概率曲线进一步向外延伸，长时间间隔发生的概率也更高，疏散最为拥挤。

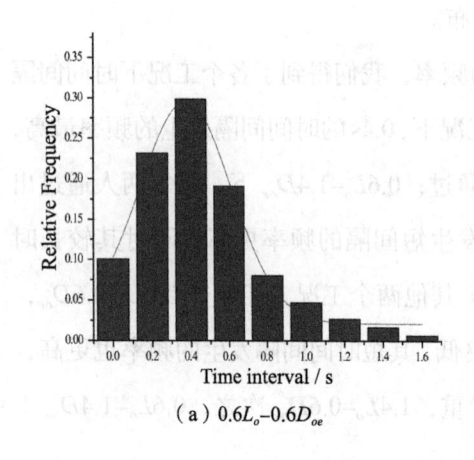

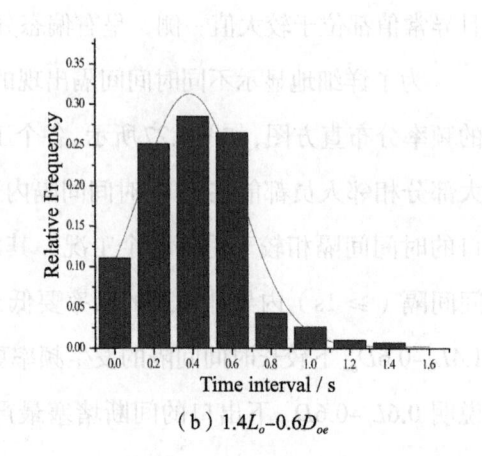

（a）$0.6L_o$–$0.6D_{oe}$

（b）$1.4L_o$–$0.6D_{oe}$

（c）$0.6L_o$-$1.4D_{oe}$

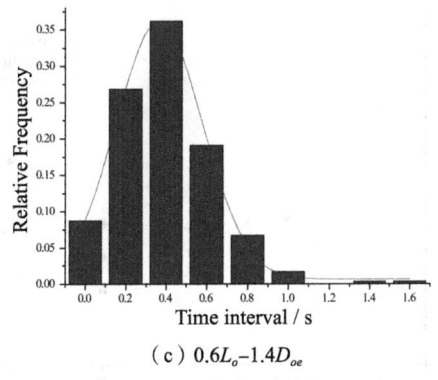

图 5.27 时间间隔分布图

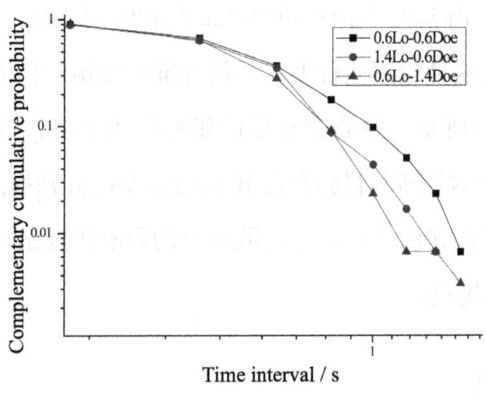

图 5.28 时间间隔的互补累计概率曲线

5.4.2.4 敏感性分析

上述研究发现，在出口恰当地设置障碍物可以提高逃生效率，障碍物的尺寸和障碍物到出口的距离对疏散效率的影响也各不相同。为了定量分析不同障碍物对逃生时间的影响，对障碍物宽度、长度、障碍物到出口距离等3种参数进行敏感性分析。通过计算因素对输出结果变化的敏感性程度，考察每种因素对行人疏散的作用程度，从而有针对性地采取一些措施来指导人员安全疏散。假设每个影响因素的变化值分别为 –40%、–20%、0、20%、40%，得到各因素指标下疏散时间的波动变化，因素的敏感性贡献如图 5.29 所示。可以发现，障碍物宽度和疏散时间之间存在明显的正相关，而障碍物长度及其到出口距离与疏散时间是明显的负相关；疏散时间对障碍物到出口距离的变动最为敏感，对障碍物长度的敏感性次之，当障碍物的长度增加 40% 时，疏散时间将缩短 3.7%，障碍物宽度对疏散结果的波动相对较小，尤其是宽度变化幅度在 ±20% 时，疏散时间几乎没有变化。

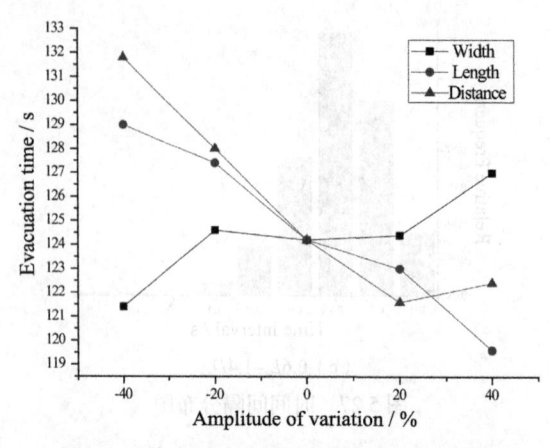

图 5.29　各因素不同变化区间下的疏散时间

同时，为了量化这种敏感性程度，采用标准差来衡量各因素的敏感性，得到因素敏感性如图 5.30 所示。障碍物长度的敏感值为 7.41，障碍物到出口距离的敏感值为 8.51，两者相对于障碍物宽度的敏感值 3.98，分别提高了 0.86 和 1.14 倍。因此我们发现，障碍物到出口距离对疏散效果的影响程度最大，其次是障碍物长度，最后是障碍物的宽度。

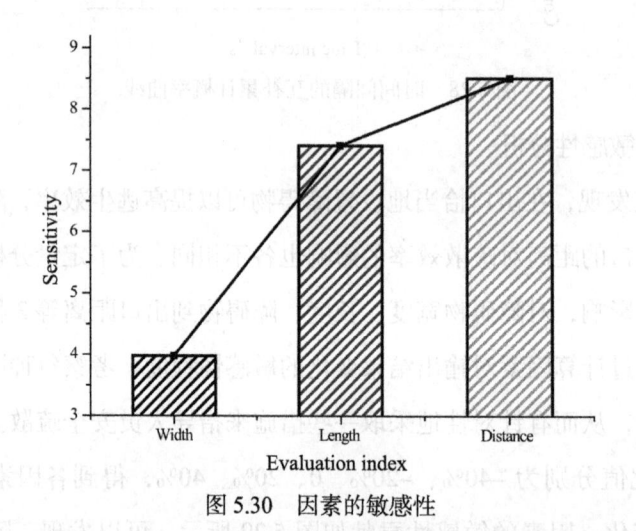

图 5.30　因素的敏感性

鉴于对障碍物尺寸和位置的敏感性分析发现，障碍物的长度和其到出口的距离对疏散的影响程度更显著，本研究开展了小规模的人员疏散实验来进行验证，实验设计见 5.3.1.1 节，图 5.1（b）为实验示意图，表 5.4 为实验工况，每个工况重复 3 次，共计 15 次实验。图 5.31 是实验过程的部分快照以及通过 Petrack 软件提取的行人轨迹。

第 5 章 人群集聚场所安全疏散通道设计优化

各工况得到的平均疏散时间如表 5.11 所示。从表中发现，障碍物对疏散的有益作用取决于障碍物的尺寸和位置，根据工况 1、2，工况 3、4 发现，在障碍物宽度和长度一定时，随着障碍物到出口距离的增加，疏散逐渐缩短；工况 2 相较于工况 1 时间缩短 5s，工况 4 相较于工况 3 时间缩短 1.5s，当障碍物长度增加时，障碍物到出口距离的优势减弱；比较工况 1 和 3，当障碍物离出口较近时，增加障碍物的长度缩短疏散时间，这是因为当障碍物靠近出口时，出口前的可用空间变得窄小，再加上障碍物的长度过短，会导致障碍物前发生大量的人员聚集，拥挤的人群不能及时地撤离，这使得障碍物的存在反而阻碍了疏散。如果此时增加障碍物的长度，人员经过有效的分流会从障碍物的两侧逃离，避免了障碍物前人群的聚集，同时又能从出口两端排队疏散出去，一定程度上提高了疏散效率。比较工况 2 和 4，当障碍物距离出口较远时，增加障碍物的长度反而延长了疏散时间。

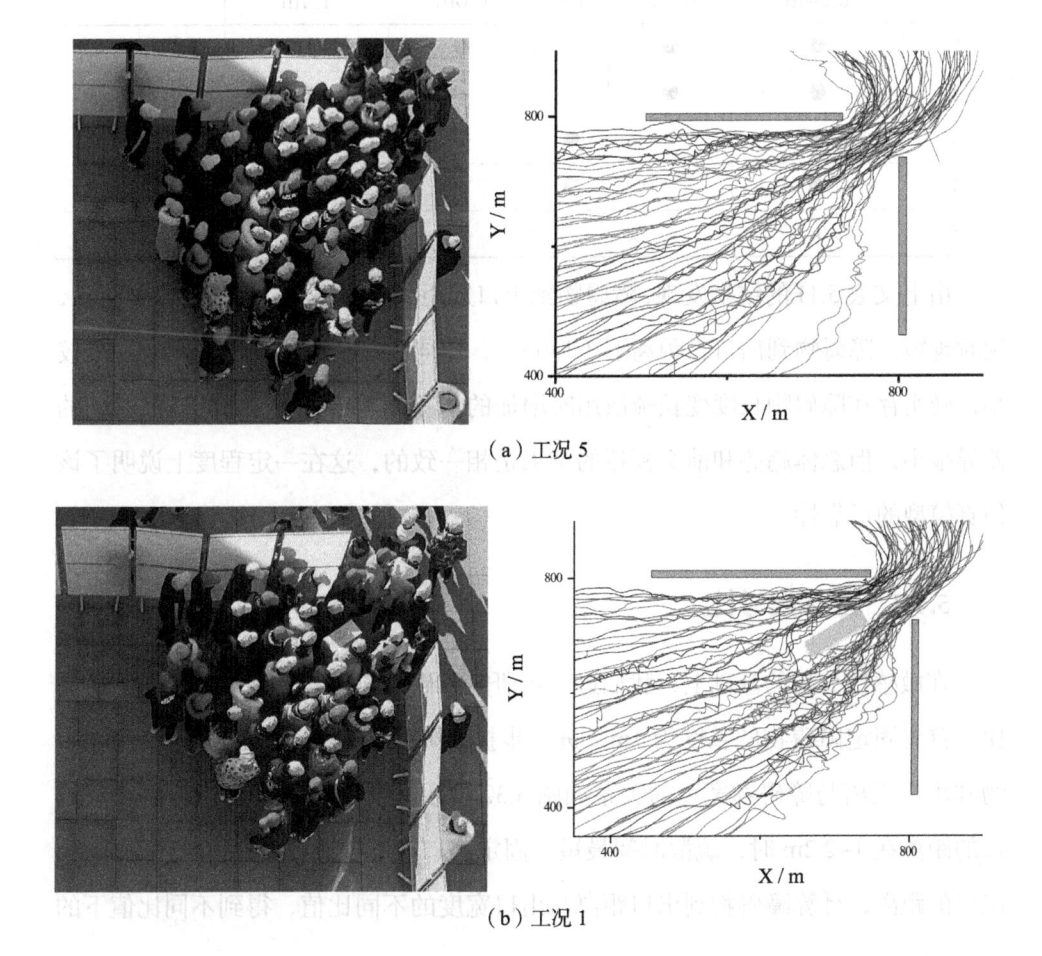

(a) 工况 5

(b) 工况 1

(c) 工况 4

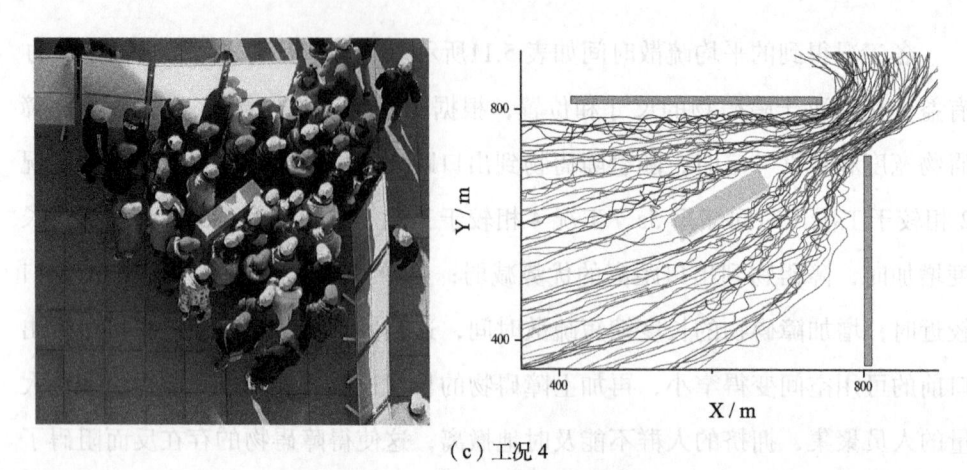

图 5.31 实验快照和行人轨迹

表 5.11 不同工况下的疏散时间

工况	障碍物宽度 W_o	障碍物长度 L_o		障碍物到出口距离 D_{oe}		疏散时间 / s
	0.24m	0.5m	1m	0.6m	1.4m	
1	●	●		●		28.5
2	●	●			●	23.5
3	●		●	●		27.5
4	●		●		●	25
5	×	×		×		27

由上文表5.11的结果发现，障碍物到出口短距离下(0.6m)，障碍物长度越长，用时越短，障碍物到出口长距离下（1.4m），不同长度的障碍物之间用时差距较小，确实存在障碍物长度变长疏散用时增加的情况。虽然各工况之间疏散时间的差异很小，但总体趋势和前文模拟的结果是相一致的，这在一定程度上说明了该仿真模型的可靠性。

5.4.3 最优尺寸比

在敏感性分析的基础上，我们进一步研究障碍物长度与其到出口距离的最优比。首先固定障碍物的长度为1m，进一步扩大障碍物到出口的距离，得到障碍物到出口距离与障碍物宽度的关系如图5.32所示。从图中发现，当障碍物到出口的距离在1~2.2m时，疏散时间最短。固定出口的宽度为1.2m，改变障碍物到出口的距离，计算障碍物到出口距离与出口宽度的不同比值，得到不同比值下的疏散时间，如图 5.33 所示，红色水平线为不放置障碍物时的疏散时间。当两者比值为 0.5 时，可以发现障碍物的放置是明显阻碍疏散的，当比值大于 0.5 时，障碍物的设置是有益于疏散的；随着比值的增加，疏散时间逐渐缩短，但当两者的比值增加到 1.5 时，疏散时间又开始渐渐增加，障碍物放置的有利作用被逐渐削弱，不同障碍物宽度下大体都呈现这样的趋势，只有当两者比值为 1 时，不同宽度下疏散时间波动性变化。从图中还发现，当两者比值小于 1.25 时，不同障碍物宽度下，疏散时间的差异较大，尤其是在比值为 0.5 时，最大宽度比最小宽度慢 9.5%；当两者比值大于 1.25 时，不同宽度下疏散时间几乎持平。从整体趋势上来说，当障碍物到出口距离与出口宽度比值在 1.25 时，当前的工况下疏散效果是最佳的。

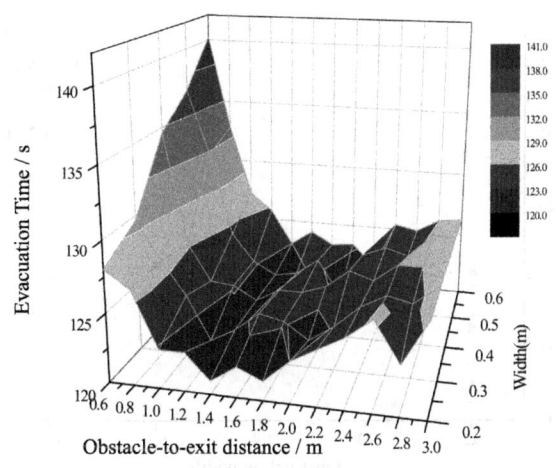

图 5.32 障碍物到出口距离与障碍物宽度的关系

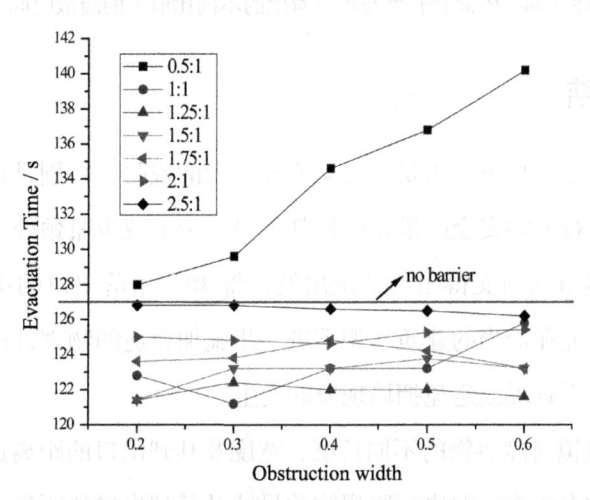

图 5.33 障碍物到出口距离与出口宽度的不同比值下的疏散时间

在得到障碍物到出口距离与出口宽度的最优比下,改变障碍物的长度,得到障碍物长度与出口宽度不同比值下的疏散时间,如图 5.34 所示。当障碍物距离出口 1.5m 时,无论障碍物的长度如何变化,和未设置障碍物相比,障碍物的存在都能够提高疏散效率;当障碍物长度与出口宽度比值从 0.5 增加到 1 时,障碍物越长越有益于疏散,且不同宽度下疏散时间的变化趋势和幅度基本一致,但当两者的比值继续增加时,不同宽度下疏散时间的变化幅度相对较大,且变化趋势杂乱无章,这说明当障碍物长度与出口宽度比值大于 1 时,障碍物宽度对疏散效率的影响程度较大,但总体上不同出口宽度下疏散时间的差异较小,据此我们推断,当障碍物到出口距离、障碍物长度和出口宽度满足下式时,疏散效果是最优的。

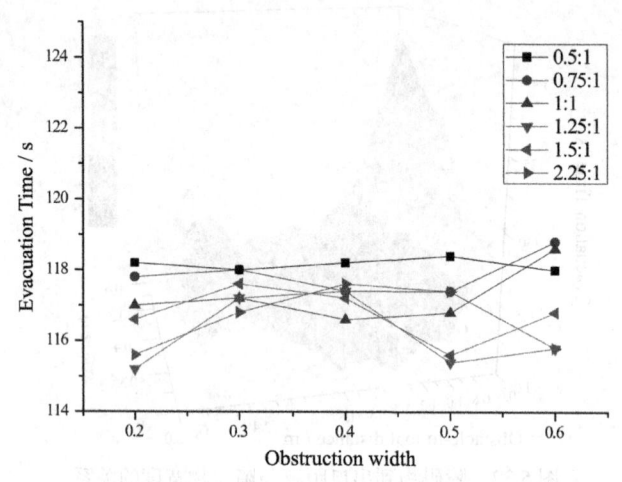

$$D_{oe} : L_o : W_e = 1.25 : 1 : 1 \tag{5-3}$$

图 5.34 障碍物长度与出口宽度的不同比值下的疏散时间

5.4.4 小结

在火灾等紧急事件下,人员的安全面临巨大的威胁,特别是针对人员密度很大的公共建筑,行人的安全疏散显得极其重要。为了减少瓶颈处的行人碰撞,提高逃生效率,本节从前文得出的结论出发,将 30°角落出口的优势和障碍物的性能相结合,研究在恰当的建筑构型下进一步施加合适的物理外部干预,提供最优的结构设计从而减缓或避免拥堵现象的发生。

通过仿真模拟对障碍物的不同长度、宽度及其到出口的距离进行研究,发现障碍物对疏散的有益作用取决于障碍物的尺寸及其到出口的距离,当障碍物距离出口较远时，障碍物到出口的距离优势能够抵消障碍物过宽的不利影响。敏感性分析发现障碍物到出口距离对疏散的影响程度最大，其次是障碍物长度，最后是宽度，然后开展了相应的角落出口障碍物下的人员疏散实验，逃生时间的一致趋势验证了仿真模型的可靠性。实验和仿真均表明，在短距离下，可以增加障碍物的长度来缩短疏散时间，从而提高疏散效率。同时障碍物到出口距离、障碍物长度和出口宽度这三者的比值存在最优比。

5.5 凸面出口的优化设计

在紧急情况下，采用设置障碍物的策略来提高疏散效率是可行的。然而，在正常情况下，障碍物通常会阻碍行人通过。在出口前设置障碍物的积极效果只有在行人以更高的期望速度移动时才能实现。这已被众多研究证实[31,9,44]。在实际应用中，通常需要临时设置障碍物，引导行人也是必不可少的。一方面，工作人员是否有足够的时间和耐心在紧急情况下准备一个有利的有障碍的疏散现场是一个问题。另一方面，障碍物是否稳定到足以承受行人的碰撞也是一个不确定的问题。这两个方面还有待研究。Garcimmartin[45]及王群[37]等人甚至质疑在出口前设置障碍减少疏散时间这一违反直觉的特征。因此，有必要寻找另一种疏散设计策略来缓解出口拥堵。

一些学者提出了一些新颖的建筑物出口结构模型，并通过仿真或实验验证了其可行性。Mu等[46]专门研究了楔形出口对疏散效率的影响。他们在考虑行人数量和期望速度等因素的情况下，设计了最优出口楔角和出口宽度。Pan等人[47]研究了漏斗形出口瓶颈对行人动力学的影响。研究发现，当漏斗角为45°时，排烟效率最优。Tavana等人[48]通过改变瓶颈的长度、大宽度和坡度，研究了不同角度的漏斗形瓶颈对行人出口流微观和宏观特性的影响。结果表明，最佳瓶颈在角度上有一定的变化趋势，以26.6°为最佳。为了研究不同的建筑调整对出口流量的影响。Imanishi等[49]提出了在出口增设侧壁的瓶颈结构，并进一步讨论了侧壁长度和出口宽度对疏散时间的影响。研究发现，出口侧墙的安装减少了行人流量，只有出口宽度在一定范围内时，侧墙长度对疏散能力才有明显的影响。这些设计策略相比设置出口障碍物更容易被接受和应用于实践。

本节提出了凸面出口的结构，并通过仿真模型验证了这种新设计对缓解行人拥挤的可行性。同时，直接优化出口结构也弥补了出口前设置障碍策略的不足。此外，我们还试图从行人速度、密度、流量等因素分析瓶颈拥堵的深度机制，并提出解决拥堵的对策。

5.5.1 平面出口与凸面出口

为了探索凸面出口的设计优势，使用 MassMotion 在同一场景中创建平面出口模型和凸面出口模型。模型的 3D 和 2D 原理图如图 5.35 至图 5.38 所示。尺寸参数如表 5.12 所示。Agents 从建筑内的 portal 出现并撤离。两组模型的出口宽度和 Agents 的移动距离是一致的。所以，模型具有可比性。

如图 5.35 和图 5.37 所示，灰色部分表示地板；蓝色半透明空心物体代表建筑。地板相对于建筑有明显的延伸。这样做是为了使模拟更符合实际情况。现实中，行人必须和危险源保持一定距离才能保证安全。模拟开始时，Agents 从建筑内部的绿色 portal 中出现，到达建筑外部的 portal 后消失。Agents 从出现到消失代表其完成了疏散任务。平面出口模型和凸面出口模型的详细尺寸如表 5.12 所示。

表 5.12　模型的尺寸参数

尺寸名称	平面出口模型	凸面出口模型
建筑尺寸	长=11m，宽=5m，高=3m	长=9.5m，宽=5m，高=3m
通道尺寸	—	长=1.5m，宽=1.5m，高=2m
通道处的瓶颈宽度	—	1.5m
出口尺寸	宽=1m，高=2m	宽=1m，高=2m
Floor size	长=15m，宽=10m	长=15m，宽=10m
建筑出口到建筑内部 portal 的距离	11m	11m
建筑出口到建筑外部 portal 的距离	4m	4m

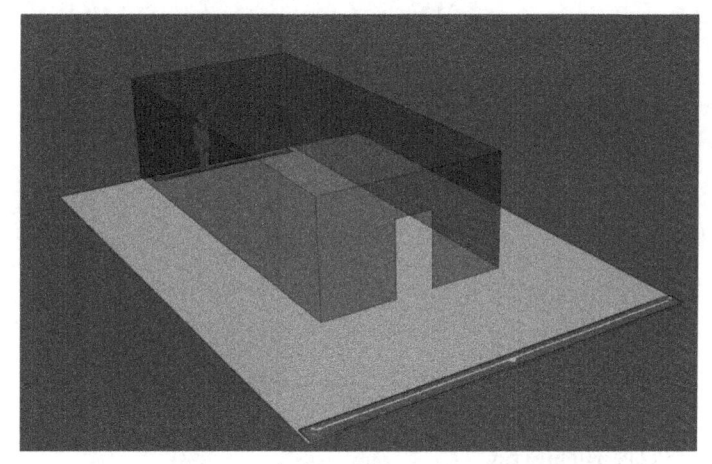

图 5.35 平面出口模型示意图（3D）

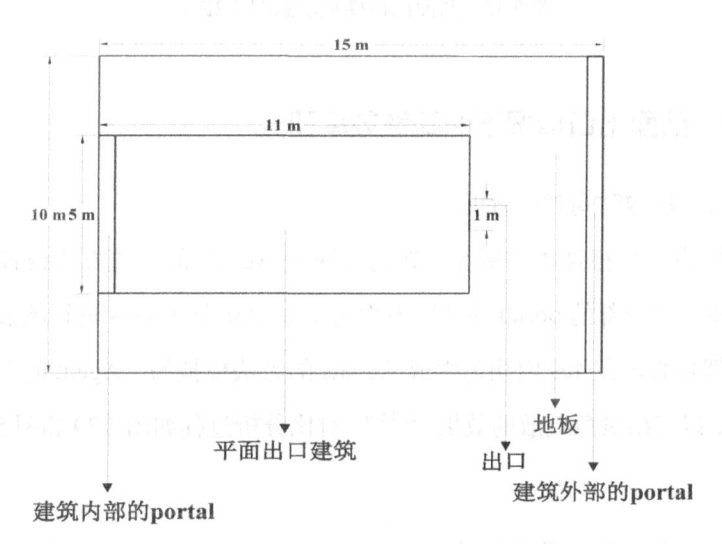

图 5.36 平面出口模型示意图（2D）

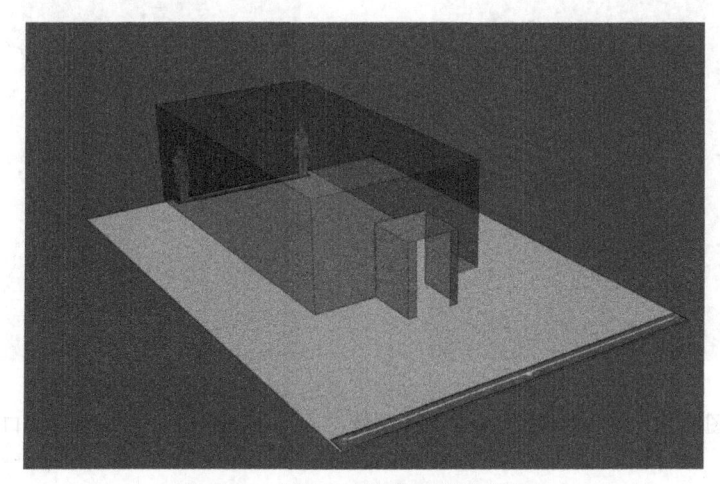

图 5.37 凸面出口模型示意图（3D）

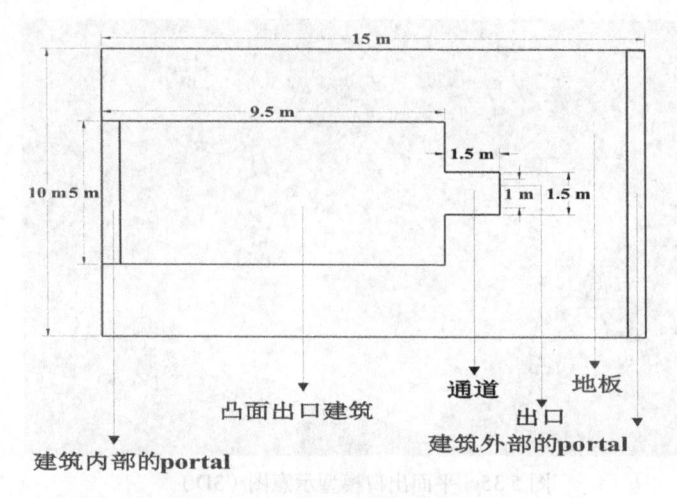

图 5.38　凸面出口模型示意图（2D）

5.5.2　凸面出口情况下的疏散效率研究

5.5.2.1　疏散时间对比分析

为了使模型更符合实际情况，在仿真时把 Agents 的生成方法设置为人流的形式，即建筑物内部的 portal 在 40s 内均匀生成 200 个 Agents 进行疏散。所有后续的分析都是通过在 40s 内均匀生成 Agents 的方法模拟的。Agent 的期望速度设置为 4m/s，以突出紧急疏散的效果[26,31,50]。对比分析过程如图 5.39 和图 5.40 所示：

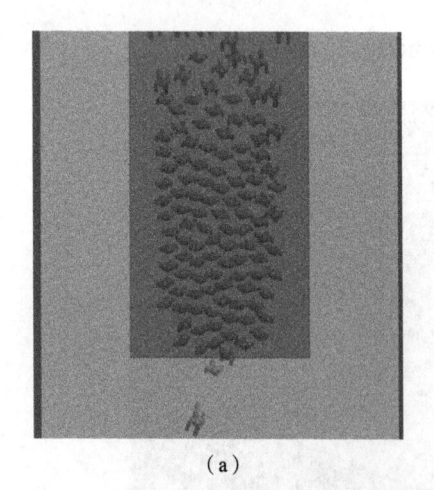

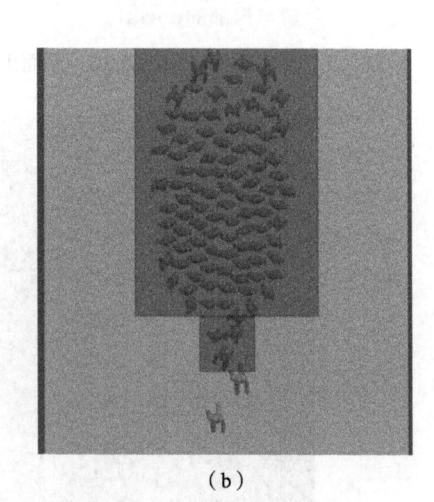

图 5.39　30 秒时模拟场景的静止图像：（a）平面出口；（b）凸面出口

（a）　　　　　　　　　　　　　（b）

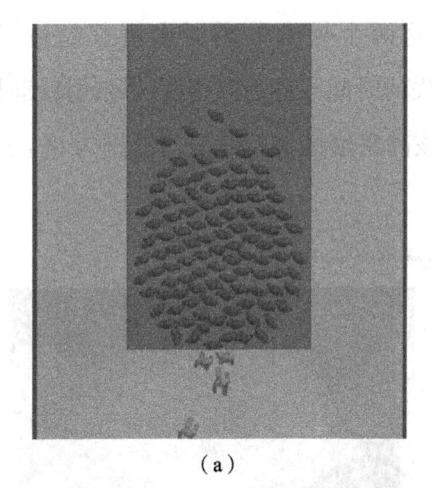

图 5.40　60 秒时模拟场景的静止图像：（a）平面出口；（b）凸面出口

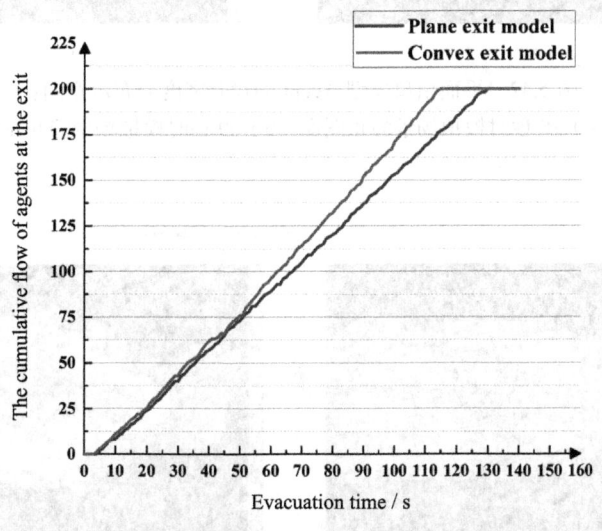

图 5.41　两种情况下出口累计流量对比

由图 5.41 可知，凸面出口模型疏散时间为 115s，平面出口模型疏散时间为 130s。从图 5.39 和图 5.40 可以看出，这两种模型的瓶颈效应在模拟开始后 30s 就出现了。疏散 60 秒后，这两种情况都可以看到大量的 Agents 拥挤在出口。通过观察图 5.40 中出口处 Agent 的流量以及图 5.41 整体疏散时间，可以大致判断行人在凸面出口模型中疏散造成的拥塞程度是较低的。

5.5.2.2　Agent 密度对比分析

在图 5.42 和图 5.43 中，我们使用了 Agent 的瞬时密度分布示意图来表示行人的拥堵程度。这些图中点密度的计算方法是：在点周围画一个面积为 $3.25m^2$ 的圆圈，计算圆圈内的 Agents 的数量，然后除以这个圆圈的面积。

对比这两个图可以看出：疏散时，这两个模型的瞬时密度都超过了 5ped/m²。如果将图中红色区域从出现到消失的时间段称为高密度区域的持续时间，那么平面出口模型和凸面出口模型的该高密度区域持续时间分别为 89s 和 72s。

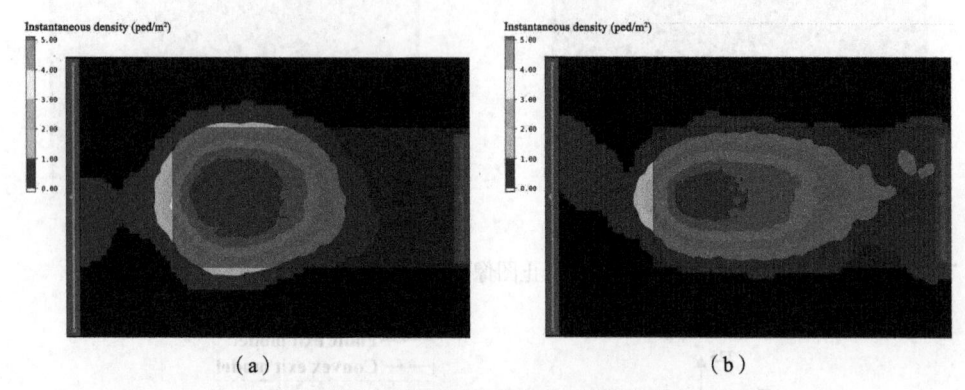

图 5.42 平面出口模型 Agent 的瞬时密度分布示意图：
（a）30 秒时模拟场景静止图像（b）60 秒时模拟场景静止图像

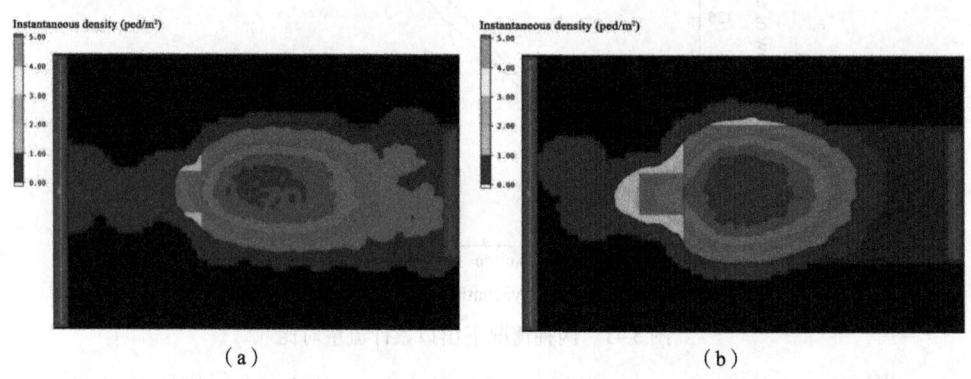

图 5.43 凸面出口模型 Agent 的瞬时密度分布示意图：
（a）30 秒时模拟场景静止图像（b）60 秒时模拟场景静止图像

进一步分析出口前的高密度区域，如图 5.44 所示。棕色矩形是被选择进行密度对比的区域。这种选择是根据瞬时密度分布示意图所示的高密度区域的范围来进行的。如图 5.45 所示，这两个棕色矩形的面积是相同的，即 2.5m×2m。棕色矩形区域内 Agent 的瞬时密度计算公式为：

$$\rho_i = P / S_i \tag{5-4}$$

式中，P 表示每个仿真帧中所选测量区域中存在的 Agent 数量；S_i 表示出口模型的实测棕色矩形面积。

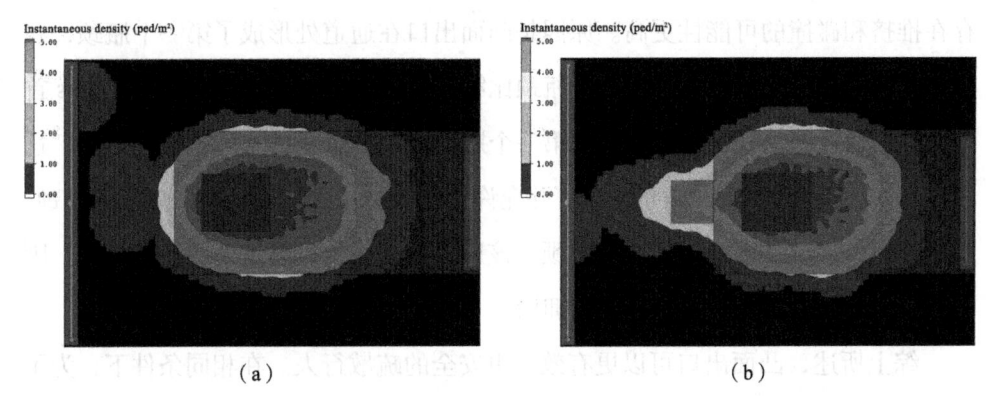

图 5.44 密度区域划分示意图（48 秒时模拟场景的静止图像）：
(a) 平面出口 (b) 凸面出口

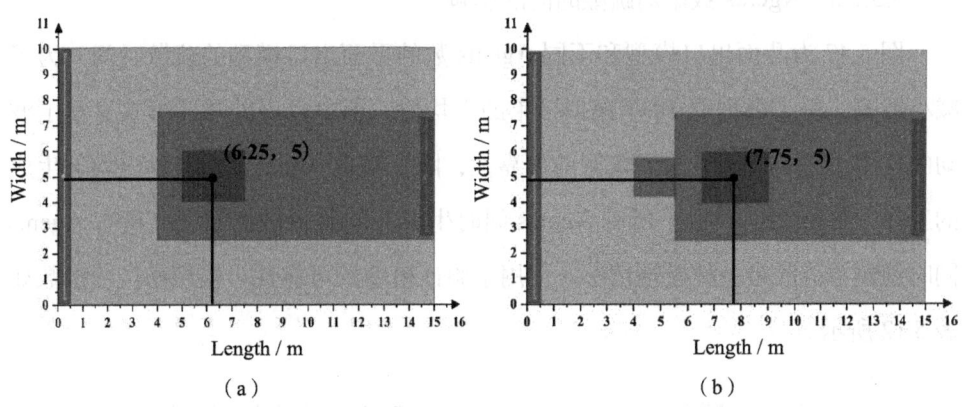

图 5.45 棕色矩形区域的中点坐标：(a) 平面出口 (b) 凸面出口

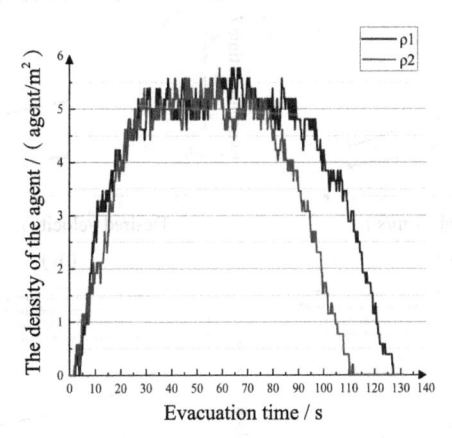

图 5.46 棕色区域内 Agent 的瞬时密度对比图
（$\rho 1$ 是平面出口的瞬时密度；$\rho 2$ 是凸面出口的瞬时密度）

由图 5.46 可知，当 Agents 从平面出口疏散时，密度大于 $5ped/m^2$ 的持续时间要比凸面出口模型长。这说明凸面出口模型不仅在疏散时间上有优势，而且出口处的拥挤程度也得到了一定程度的缓解。相比之下，从平面出口疏散时，人群存在推挤和碰撞的可能性更高。原因是凸面出口在通道处形成了第一个瓶颈，在出口处形成了第二个瓶颈。第一个瓶颈比第二个更宽。在疏散过程中，Agents 首先会减速通过通道处的瓶颈。通过第一个瓶颈后，Agents 的实际速度会下降。这进一步削弱了"越快越慢"的效应，并允许它们以更快的速度通过出口处的瓶颈。对平面出口来说，出口是唯一的瓶颈。该瓶颈比凸面出口通道处的瓶颈更窄。因此，在平面出口则会造成更严重的拥堵。

综上所述，凸面出口可以更有效、更安全的疏散行人。在相同条件下，为了缩短平面出口的建筑物的疏散时间，有必要对其结构进行优化。

5.5.2.3 Agents 数量对疏散时间的影响

图 5.47 为凸面出口模型和不同 Agents 数的平面出口模型的疏散时间。为了减小偏差，每个数据取 10 个模拟结果的平均值。图中以误差棒的形式显示了波动的程度。为了进一步验证模型的可靠性，除了模拟 Agents 在 40 秒内均匀生成的工作条件外，还模拟了所有 Agents 同时生成并同时疏散的情况。所有 Agents 同时创建并疏散是一种极端情况，仅用于验证模型的可靠性。模型的尺寸参数如表 5.12 所示。

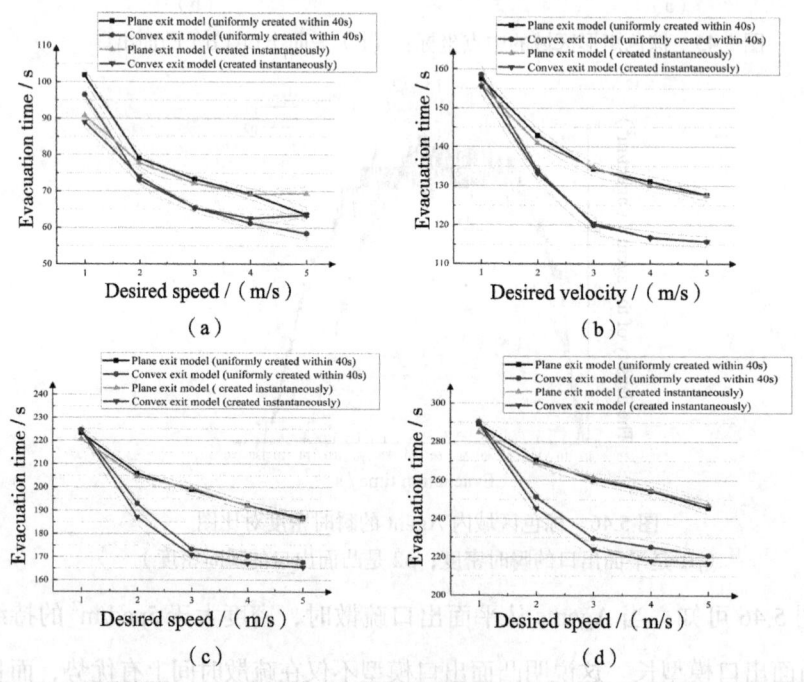

图 5.47 不同数量 Agents 的疏散时间和期望速度的对比图：（a）Agents 的数量为 100；（b）Agents 的数量为 200；（c）Agents 的数量为 300；（d）Agents 的数量为 400

所有工况下都可以看出，在期望速度大于 1m/s 时，凸面出口模型的疏散时间均比平面出口模型的疏散时间短。凸面出口由于其特殊的结构在人群疏散方面表现出了明显的优势。

在瞬间创建 Agents 的工作条件下，当设置 Agents 数量为 100 时，以 4m/s 的期望速度得到最短的疏散时间。设置期望速度为 5m/s 时，无论是凸面出口还是平面出口，疏散时间都会延长。该模型再现了"快即慢"的效应，图中误差棒的波动范围也在 ±1.8s 内，因此该模型是可靠的。

"越快越慢"效应是由于不耐烦而产生的。由于拥堵导致延迟，试图移动得更快会导致离开的平均速度更小。但如图 5.47（a）所示，在 40 秒内均匀生成 Agents 的工作条件下，不存在"越快越慢"的效应。因为在这种情况下，出口的拥堵并不严重。在图 5.47（b）（c）（d）中，"越快越慢"的效应并不明显，这是由于模型中建筑物的宽度较窄，Agents 的数量较多。如果出口周围楼层聚集了过多的 Agents，导致出口流量减小，则期望速度对疏散时间的影响就会减小。

当期望速度为 1m/s 时，两种模型的疏散时间相似。这证明了凸面出口在正常情况下并不妨碍行人的移动。通过比较两种出口模型疏散时间随 Agents 数量增加的变化趋势，可以发现当期望速度大于 3m/s 时，凸面出口的疏散优势越来越明显。因此，凸面出口在处理突发情况下大规模人群疏散时更有优势。这也反映出凸面出口结构可以为紧急疏散提供安全保障。

5.5.2.4　凸面出口模型通过通道连接出口的优势

凸面出口采用双瓶颈策略，使得疏散时间更少，行人的安全性更高。同时，这两个瓶颈通过一条通道连接起来。图 5.48 显示了通道对行人疏散的重要性。这里通道的大小与表 5.12 中凸面出口的大小一致。无通道模型如图 5.49 所示。其大小如表 5.13 所示。Agents 的总数设置为 300。因为由图 5.47 可得，当 Agents 数量达到 300 时，凸面出口的优势明显，而且整体的疏散时间也并不长。Agents 仍然以更接近实际行人流量的方式生成。

表 5.13　无通道的双瓶颈模型的尺寸

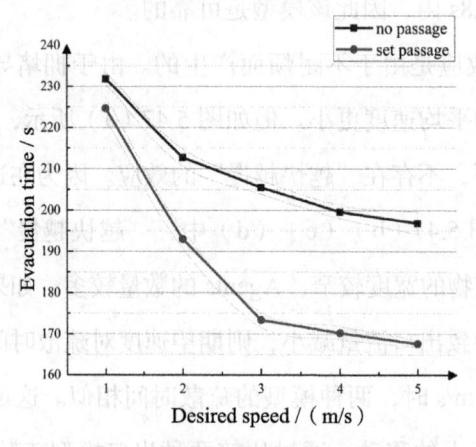

建筑尺寸	第一个(通道处)瓶颈的宽度	第二个(出口处)瓶颈的宽度	建筑出口到建筑内部 portal 的距离	建筑出口到建筑外部 portal 的距离
长 =11m 宽 =5m 高 =3m	1.5m	1m	11m	4m

图 5.48　通道对疏散时间的影响对比图

图 5.49　无通道的双瓶颈模型示意图（3D）

从图 5.48 可以清楚地看出，带有通道的凸面出口模型中，Agents 的疏散时间更短。造成这种现象的原因是通道宽度足够窄，防止行人形成拱形疏散结构。在通道内的 Agents 会有秩序地排好队向前移动以退出。在这种情况下，它们几乎没有表现出竞争行为。因此，通道对确保疏散人员的安全，提高疏散效率起着至关重要的作用。

5.5.3 凸面出口的设计优化

5.5.3.1 通道尺寸优化

5.5.2 节比较了特定尺寸的凸面出口与平面出口模型的疏散效率，发现凸面出口的疏散效率更高。为了量化凸面出口的优势，需要首先对通道尺寸进行分析，以获得一个合理的范围。我们首先按照每组值增加 1m 的方式，测试了从 1m 到 5m，共 5 组通道宽度值，以及从 0m 到 10m，11 组通道长度值。结果如表 5.14 和图 5.50 所示（这里我们始终保持通道处的瓶颈宽度与通道宽度一致）。由 5.5.2.3 节可知，当期望速度较高时，Agents 从凸面出口模型中撤离具有明显的优势。由于主要考虑的是行人在紧急情况下的疏散，所以在优化凸面出口尺寸时，把期望的速度设置为 4m/s。Agents 总数设置为 300 人。

表 5.14 不同通道尺寸下的疏散时间

通道长度	疏散时间				
	通道宽 1m	通道宽 2m	通道宽 3m	通道宽 4m	通道宽 5m
0m	192s	192s	192s	192s	192s
1m	248s	184s	197s	191s	192s
2m	240s	180s	195s	188s	192s
3m	242s	179s	196s	189s	192s
4m	245s	177s	195s	195s	192s
5m	243s	174s	197s	187s	192s
6m	243s	172s	192s	193s	192s
7m	241s	170s	198s	190s	192s
8m	220s	169s	191s	193s	192s
9m	195s	174s	200s	193s	192s
10m	170s	177s	199s	191s	192s

结果表明：当通道宽度大于 3m 时，通道长度的变化对疏散时间几乎没有影响；通道宽度小于 3m 且大于 1m 时所用疏散时间相对较少。通道越长，疏散时间越短。当通道宽度为 1m，通道长度大于 6m 时，增加通道长度对疏散时间有显著影响。设置通道宽度为 2m 时，得到的疏散时间最短，通道长度对疏散时间的影响更强烈。

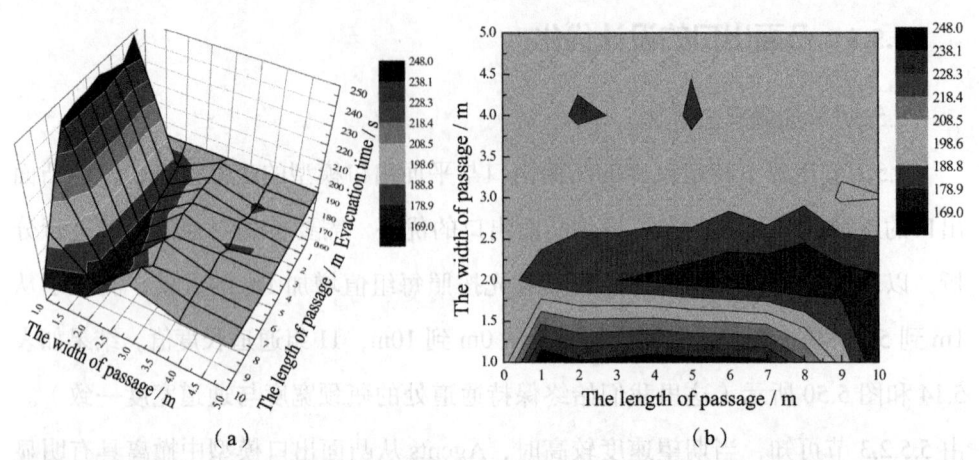

图 5.50 疏散时间作为通道尺寸的函数：（a）3D 图；（b）图 16（a）的等高线（黑色粗体线的交点为实际测试点，颜色条表示不同测试点所处的时间间隔，下同）

进一步分析通道宽度限制在 1m 至 3m 时通道尺寸对疏散时间的影响。按照每组值增加 0.25m 和 1m 的方式，测试了从 1m 到 3m，9 组通道宽度以及 1m 到 10m，10 组通道长度的值。结果如表 5.15 和图 5.51 所示。研究发现，当通道宽度在 1m 至 2m 时，疏散时间最短。通道长度在 2m 至 7m 时，疏散时间可控制在 170s 以下。这一发现可用于进一步的研究。

表 5.15 通道宽度限制在 1m 至 3m 时不同通道尺寸下的疏散时间值

通道长度	疏散时间								
	通道宽 1.0m	通道宽 1.25m	通道宽 1.5m	通道宽 1.75m	通道宽 2.0m	通道宽 2.25m	通道宽 2.5m	通道宽 2.75m	通道宽 3.0m
1m	248s	178s	171s	170s	184s	188s	201s	196s	197s
2m	240s	179s	172s	170s	180s	187s	193s	192s	195s
3m	242s	182s	168s	169s	179s	186s	193s	197s	196s
4m	245s	181s	170s	169s	177s	189s	196s	194s	195s
5m	243s	177s	165s	164s	174s	192s	195s	190s	197s
6m	243s	180s	159s	158s	172s	187s	191s	198s	192s
7m	241s	174s	168s	167s	170s	193s	194s	191s	198s
8m	220s	173s	170s	170s	169s	190s	189s	195s	191s
9m	195s	175s	172s	174s	174s	184s	192s	195s	200s
10m	170s	169s	173s	171s	177s	187s	192s	200s	199s

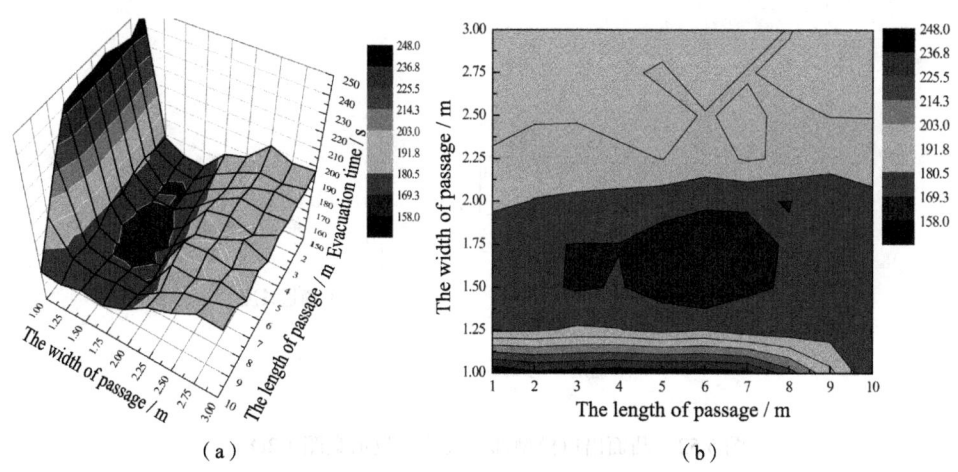

图 5.51 当通道宽度限制在 1m 至 3m 时，疏散时间作为通道尺寸的函数：
(a) 3D 图；(b) 图 17 (a) 的等高线

5.5.3.2 凸面的几何优化

继续将 Agents 总数设置为 300。图 5.53 讨论了通道长度对疏散时间的影响。我们按照每组增加 0.5m，测试了从 0m 到 4m，8 组通道长度的值。为了更有效地比较实际建筑尺寸，之后会以比例的形式对模型的尺寸进行分析。表 5.16 列出了凸面出口模型需要优化的几何尺寸参数。其余的模型大小与表 5.12 一致。这些尺寸参数的含义参考图 5.52。W_e 恒为 1m。

表 5.16 凸面出口模型需要优化的几何尺寸参数

参数	参数含义	参数的值
L	通道长度	待优化
W	通道宽度	待优化
W_p	通道处瓶颈的宽度（第一个瓶颈）	待优化
W_e	出口处瓶颈的宽度（第二个瓶颈）	1m

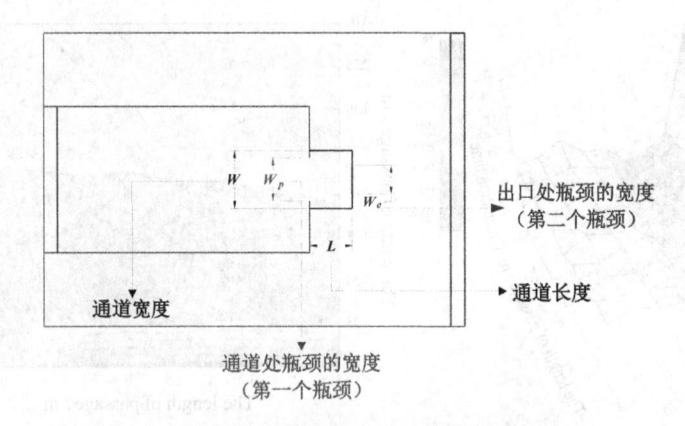

图 5.52　凸面出口模型部分尺寸参数示意图（2D）

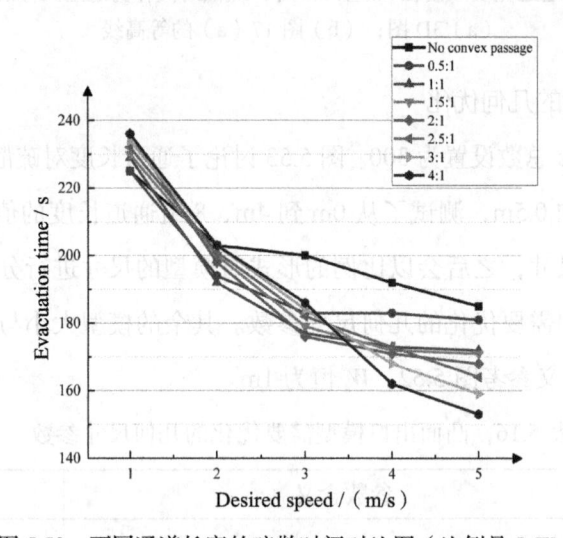

图 5.53　不同通道长度的疏散时间对比图（比例是 $L:W_e$）

与平面出口模型相比，将疏散出口设计为凸面对疏散时间是有显著影响的。这种影响主要集中在期望速度达到 4m/s 时。

当 $L:W_e$ 为 1:1 至 2:1 时，随着期望速度的增加，各模型的疏散时间没有显著差异。当 $L:W_e$ 大于 2:1，且期望速度大于 4m/s 时，疏散时间随着 L 的增大而相对平稳地减小。产生这种现象的原因是 W 的值较小，不足以导致模型中的 Agents 产生拱效应。Agents 在通道内有秩序地排队通过出口。但是，如果 L 过小，使得 Agents 在通过第一个瓶颈后立即离开出口，那么通道的作用就不能得到有效的利用。因此，当 $L:W_e$ 为 1:1 至 2:1 时，不同期望速度下的疏散时间变化相对不显著。理论上，如果给 W 一个合理的值，通道长度越长，疏散时间越短。这是因为通道限制了 Agents 的移动方向和超车行为。在这一特殊的通道中，Agents 只能保持稳定的速度且有序的排队匀速运动。这使得出口的瓶颈效应很小，Agents 可以轻松地通过。

5.5.3.3 瓶颈宽度优化设计

瓶颈宽度是影响瓶颈效果的关键因素，设置合适的宽度可以有效缩短疏散时间。在本小节中，我们仍然将 Agents 的总数设置为 300。图 5.54 分析了不同期望速度下，W_p 和 W_e 的比值对疏散时间的影响。分析时，L 设为 2.5m。原因在于图 5.53 中，$L：W_e$ 大于 2：1 的折线变化趋势与其他折线有明显差异。在这些模型中，W_p 的值限制在 1m 至 2.5m，W 限制在 1.5m 至 2.5m。在各工况下部分参数的取值见表 5.17，其余参数值同表 5.12。为了确保获得足够的数据，表 5.17 没有严格限制模型的大小变量。

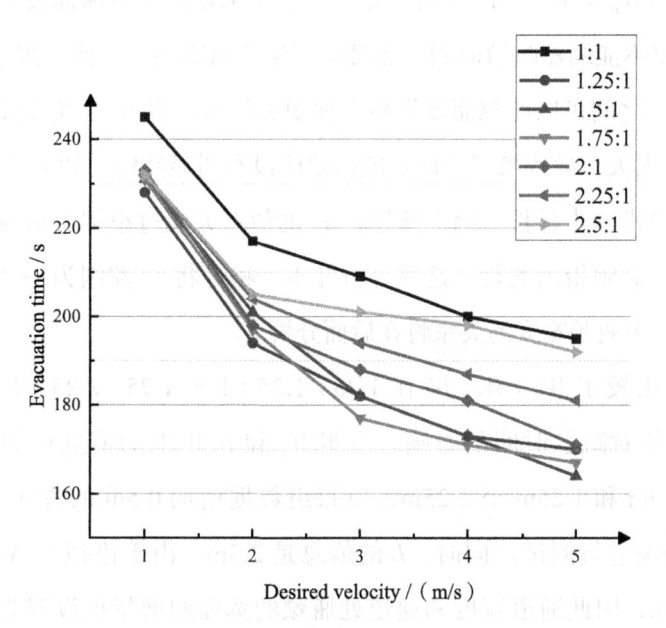

图 5.54 不同通道处的瓶颈宽度的疏散时间对比图（比例是 $W_p:W_e$）

表 5.17 各工况下凸面出口模型部分尺寸参数的值

工况编号	尺寸参数			
	W_p	W	W_e	L
1	1.25m	1.5m	1m	2.5m
2	1.25m	1.5m	1m	2.5m
3	1.5m	1.5m	1m	2.5m

续表

工况编号	尺寸参数			
	W_p	W	W_e	L
4	1.75m	1.75m	1m	2.5m
5	2m	2m	1m	2.5m
6	2.25m	2.25m	1m	2.5m
7	2.5m	2.5m	1m	2.5m

研究发现，当期望速度大于3m/s时，W_p和W_e的比例对疏散时间有显著影响。也就是说，建筑出口的凸形设计适用于紧急疏散。当$W_p:W_e$为1∶1时，疏散时间最长；当$W_p:W_e$大于1∶1且小于2∶1时，疏散时间急剧下降。$W_p:W_e$大于2∶1时，疏散时间再次延长。产生这种现象的原因在于凸面出口的"双瓶颈"策略。当$W_p:W_e$为1∶1时，相当于在1米宽的出口前面设置了1米宽的瓶颈。这不仅不能缩短疏散时间，而且会产生负面影响。因此，限制$W_p:W_e$在1∶1和2∶1之间可以使双瓶颈策略发挥积极作用。当$W_p:W_e$为2.25∶1时，由于W_p的值太大，导致第二个瓶颈的拱效应没有明显减弱。如果继续增加W_p，疏散时间还会进一步延长。综上所述，W_p的值过大或过小都会对疏散产生强烈的负面影响。必须指出的是，这些分析并不严格地将W控制为一个常数值。通道宽度与第一个瓶颈宽度的关系将在后面分析。

图5.55比较了$W_p:W:W_e$在1.25∶1.25∶1至1.75∶2.25∶1范围内，不同通道宽度值对疏散时间的影响。三组W_p和五组W的值进行测试，分别从1.25m至1.75m和1.25m至2.25m，以每组数据增加0.5m的方式选择三组W_p和五组W的值进行测试。同时，L的值总是2.5m。由于模拟中Agents的半径设置为0.25m，因此通道宽度和通道处瓶颈的宽度的增量也设置为0.25。这样便于分析。

由图5.55（a）可知，当$W_p:W:W_e$为1.25∶1.75∶1时，疏散时间最短。一旦通道宽度超过2m，疏散时间将显著延长。由图5.55（b）可知，当$W_p:W:W_e$为1.5∶1.75∶1时，疏散时间最短。图5.55（c）的试验结果与图5.55（a）和图5.55（b）的试验结果基本一致，因此可以推断，当$W:W_e$为1.75∶1时，疏散时间最短。

（a）　　　　　　　　　　　　　　　（b）

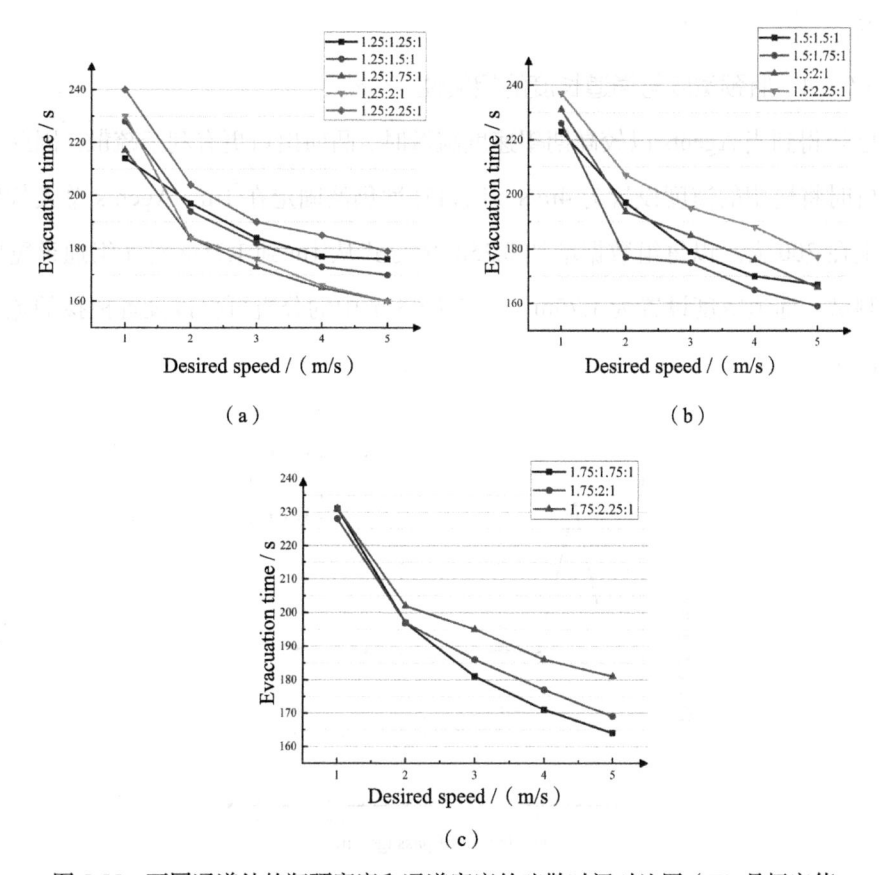

（c）

图 5.55　不同通道处的瓶颈宽度和通道宽度的疏散时间对比图（W_p 是恒定值。比例是 $W_p : W : W_e$）：（a）W_p 恒为 1.25m；（b）W_p 恒为 1.5m；（c）W_p 恒为 1.75m

图 5.56 继续比较了 W 为 1.75m 时，W_p 对疏散时间的影响。结果表明 $W_p : W : W_e$ 在 1.25 : 1.75 : 1 和 1.75 : 1.75 : 1 之间时，模型具有较高的疏散效率。原因是疏散通道较长，可以缓解瓶颈处的流量差。因此，在一定范围内改变 W_p 的值对疏散时间的影响很小。有必要进一步分析瓶颈宽度与通道长度

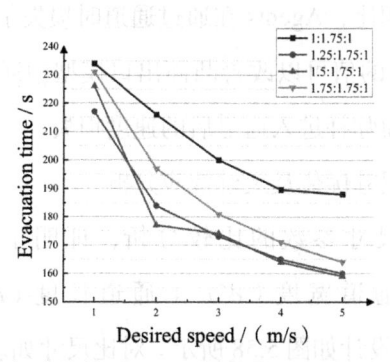

图 5.56　在通道宽度恒定的情况下，不同通道处的瓶颈宽度的疏散时间对比图
（比例是 $W_p : W : W_e$）

的关系。

5.5.3.4 瓶颈宽度与通道长度的相关性

已经得到当Agents以较高期望速度疏散时，凸面出口更有利于疏散。因此，在分析时将期望的速度设置为4m/s。出口宽度仍然固定在1m，Agents总人数仍然固定在300人。以每组数据增加0.25m的方式从1m到1.75m对4组通道宽度进行测试。通道宽度设置为1.75m（在5.4.3.3节中的分析可得该设置模拟的疏散时间最短）。

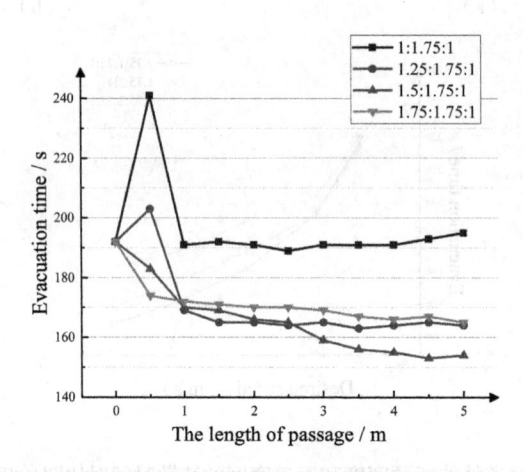

图 5.57　在通道宽度恒定的情况下，不同通道长度的疏散时间对比图（比例是 $W_p : W : W_e$）

分析结果如图5.57所示。观察 $W_p : W : W_e$ 等于 1.5 : 1.75 : 1 的折线可得，当 L 大于3.5m时，疏散时间最短。当 $W_p : W : W_e$ 设置为 1 : 1.75 : 1 或 1.25 : 1.75 : 1 且通道长度设置为0.5m时，疏散时间的折线发生突变。出现这种现象的原因是通道太窄。通过后，Agents在通过第一个瓶颈后中并没有加速通过出口。与平面出口相比，Agents在通过通道时损失了部分速度，导致疏散时间增加。另外，增大 W_p 的值可以改善凸面出口模型中通道过窄的缺陷，因为这可以减弱瓶颈效应，从而弥补进入通道后的速度损失。

5.5.3.5 凸面出口尺寸优化及尺寸效应分析

通过对凸面出口尺寸参数的比较分析，证明了最佳尺寸比为通道处的瓶颈宽度（W_p）：通道宽度（W）：通道长度（L）：出口宽度（W_e）=1.5 : 1.75 : 3.5 : 1。设计如图5.58所示。对比尺寸如表5.12的两种出口模型，从图5.59可以看出，对于不同规模的模型，Agents的数量与疏散时间几乎是线

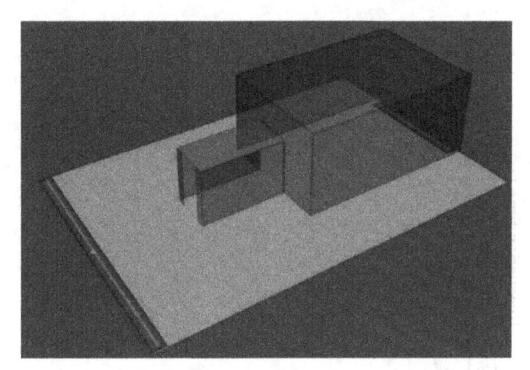

第 5 章　人群集聚场所安全疏散通道设计优化

图 5.58　尺寸优化后的凸面出口示意图（3D）

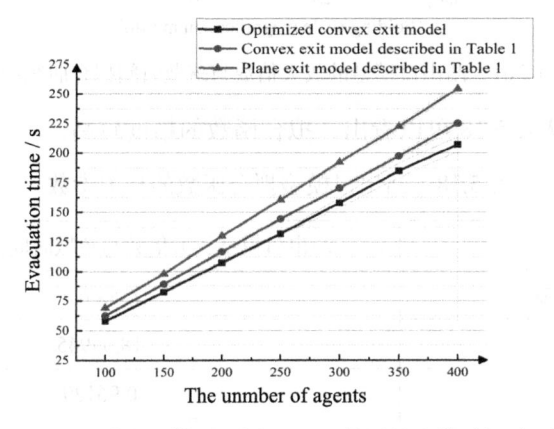

图 5.59　三种出口模型不同 Agents 数量的疏散时间对比图

性相关的。最佳尺寸的凸面出口模型曲线斜率最小，即模型具有最高的疏散效率。

凸面出口模型的尺寸参数和 Agents 数量根据通道处的瓶颈宽度（W_p）：通道宽度（W）：通道长度（L）：出口宽度（W_e）=1.5：1.75：3.5：1 进行放大。分析模型尺寸参数放大倍数与疏散时间的关系，如图 5.60 所示。测试点拟合如图 5.61 所示。结果表明，随着凸面出口模型放大倍数的增大，疏散时间逐渐增

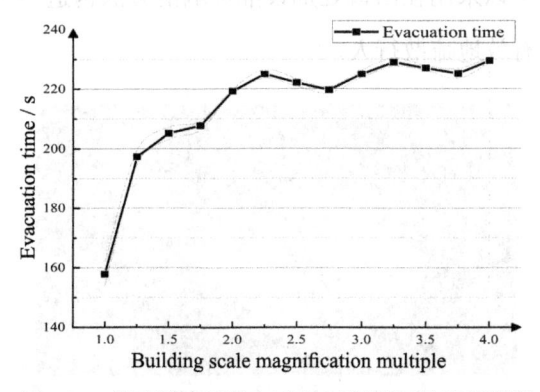

图 5.60　模型放大系数与疏散时间的相关性折线图

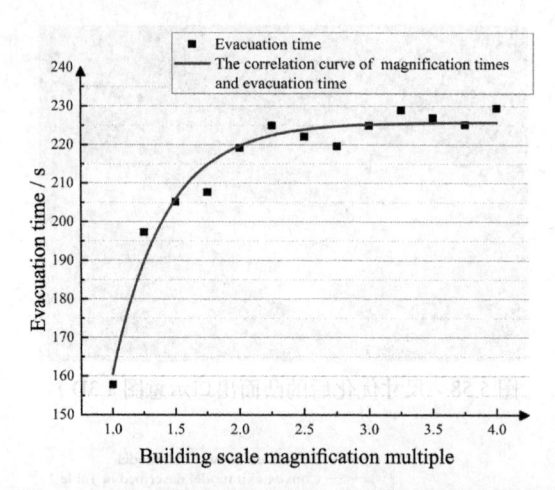

图 5.61　凸出口模型的放大倍数与疏散时间拟合曲线图

加并趋于稳定。从表 5.18 可以看出，拟合函数的精度较高。

表 5.18　凸出口模型拟合函数的相关参数

模型		凸出口模型放大倍数与疏散时间的相关性函数	
函数公式		$Y=a-b \cdot c^x$	
χ^2_{red}		18.09945	
R^2_{adj}		0.96129	
		取值	标准差
Y（疏散时间）	a	225.8133	1.72205
	b	696.21017	250.0001
	c	0.09371	0.0319

5.5.3.6　凸面出口策略在疏散场景中的应用

凸面出口的设计策略可以进一步设计为建筑内部的结构。在不改变建筑整体架构的情况下，可以采用在出口处加设隔离墙的方法构造一个凸出口，图 5.62 所示。这样可以更有效地疏散行人。

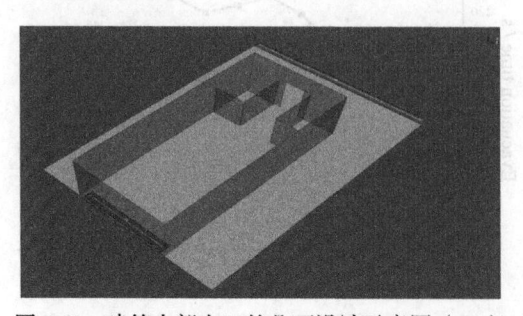

图 5.62　建筑内部出口的凸面设计示意图（3D）

由于建筑出口为一个凸面，在通道处设置两个侧边出口可以进一步提高疏散效率，如图 5.63 所示。需要注意的是，设置侧边出口时需要预留一部分通道。这对提高疏散效率至关重要。如果取消预留的通道，则会破坏凸出口结构，无法达到预期效果。这也印证了凸面结构中通道的重要性。

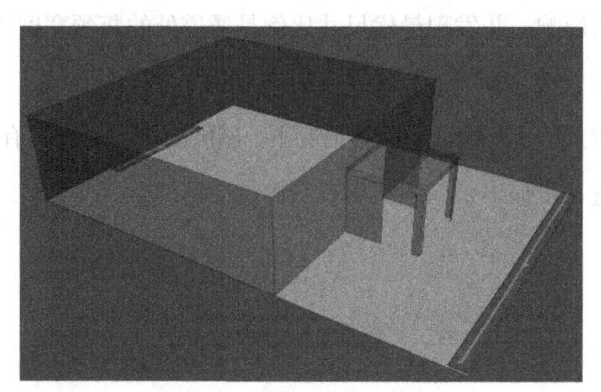

图 5.63 带有侧边出口的凸面出口模型示意图（3D）

凸面出口设计策略也适用于角落出口。本章 5.3 节已经说明了角落出口的疏散效率更高。相信将角落出口与凸面出口设计策略相结合会进一步提高建筑的疏散效率。设计如图 5.64 所示。

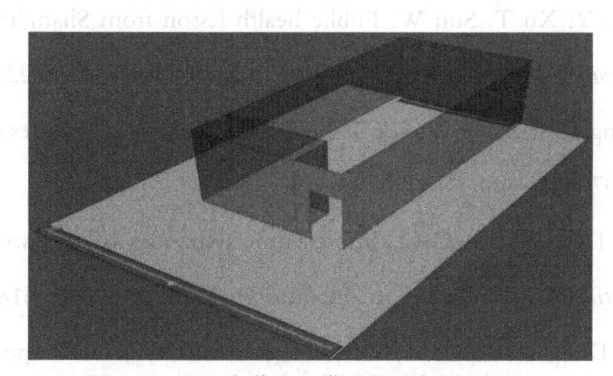

图 5.64 凸面角落出口模型的示意图（3D）

5.5.4 小结

本节提出的凸出口结构不仅可以提高行人在紧急情况下的疏散效率，而且可以保证在正常情况下不会削弱行人的疏散效率。利用基于社会力的软件 MassMotion 进行仿真实验，以人群密度、行人速度、疏散时间等数据为基础，分析了瓶颈处凸面出口缓解拥堵的深层机理。

研究发现，以通道连接两个瓶颈的策略是提高疏散效率的关键。该策略不仅可以缩短疏散时间，还可以缓解疏散过程中的拥堵。通过多次仿真实验得出，当行人以较高的期望速度移动时，凸面出口的疏散效率更高，并且随着人数的增加，疏散时间的优势也越来越明显。这说明凸面出口更适合于大规模行人在紧急情况下的疏散。为了优化凸面出口的几何结构，本节进一步分析了四个相关的尺寸参数对疏散时间的影响，并发现最优尺寸比例是通道处的瓶颈宽度（W_p）：通道宽度（W）：通道长度（L）：出口宽度（W_e）=1.5：1.75：3.5：1。而且，在建筑尺寸均匀放大、行人数量加倍的情况下，该尺寸比例仍然具有良好的适应性。在此基础上，进一步提出了一些凸出口结构的应用前景。

参考文献

[1] Lian L, Song W, Ma J, et al. Correlation dimension of collective versus individual pedestrian movement patterns in crowd-quakes: A case-study. *Physica A: Statistical Mechanics and its Applications*, 2016, 452: 113-119.

[2] Huang Y, Xu T, Sun W. Public health lesson from Shanghai New Year's Eve stampede. *Iranian Journal of Public Health*, 2015, 44(7): 1021-1022.

[3] Helbing D, Farkas I, Vicsek T. Simulating dynamical features of escape panic. *Nature*, 2000, 407: 487-490.

[4] Parisi D R, Dorso C O. Microscopic dynamics of pedestrian evacuation. *Physica A: Statistical Mechanics and its Applications*, 2005, 354: 606-618.

[5] Parisi D R, Dorso C O. Morphological and dynamical aspects of the room evacuation process. *Physica A: Statistical Mechanics and its Applications*, 2007, 385(1): 343-355.

[6] Khamis N, Selamat H, Ismail F S, et al. Optimized exit door locations for a safer emergency evacuation using crowd evacuation model and artificial bee colony optimization. *Chaos Solitons & Fractals*, 2019, 131: 109505.

[7] Tavares R M. Finding the optimal positioning of exits to minimise egress time: A study case using a square room with one or two exits of equal size. *Building*

Simulation, 2009, 2(3): 229−237.

[8] Shi X M, Ye Z R, Shiwakoti N, et al. 2019, Examining effect of architectural adjustment on pedestrian crowd flow at bottleneck. *Physica A: Statistical Mechanics and its Applications*, 2019, 522: 350−364.

[9] Haghani M, Sarvi M. Simulating pedestrian flow through narrow exits. *Physics Letters A*, 2019, 383(2−3): 110−120.

[10] Song W, Lv W, Fang Z. Experiment and modeling of microscopic movement characteristic of pedestrians. *Procedia Engineering*, 2013, 62:56−70.

[11] Seyfired A, Passon O, Steffen B, et al. New insights into pedestrian flow through bottlenecks. *Transportation Science*, 2009, 43(3):395−406.

[12] Rupprecht T, Klingsch W, Seyfried A. Influence of geometry parameters on pedestrian flow through bottleneck. *Pedestrian and Evacuation Dynamics*, 2011: 71−80.

[13] Fang Z, Song W, Zhang J, et al. Experiment and modeling of exit-selecting behaviors during a building evacuation. *Physica A: Statistical Mechanics and its Applications*, 2010, 389(4):815−824.

[14] Tian H H, Dong L Y, Xue Y. Influence of the exits' configuration on evacuation process in a room without obstacle. *Physica A: Statistical Mechanics and its Applications*, 2015, 420: 164−178.

[15] Lin P, Lo S M, Yuen K K, et al. A granular dynamic method for modelling the egress pattern at an exit. *Fire Safety Journal*, 2007, 42(5): 377−383.

[16] 宋卫国, 于彦飞, 陈涛. 出口条件对人员疏散的影响及其分析 [J]. 火灾科学, 2003, 12(02): 100−104.

[17] Saloma C, Perez G J, Tapang G, et al. Self-organized queuing and scale-free behavior in real escape panic. *Proceedings of the National Academy of Sciences*, 2003, 100(21): 11947−11952.

[18] Zhang Y C, Ma J, Si Y L, et al. Required width of exit to avoid the faster-is-slower effect in highly competitive evacuation, *Chinese Physics B*, 2017, 26(8):084504.

[19] Zuriguel I, Pugnaloni L A, Garcimartín A, et al. Jamming during the

discharge of grains from a silo described as a percolating transition. *Physical Review E*, 2003, 68(3):030301.

[20] Gago P A, Parisi D R, Pugnaloni L A. "Faster is slower" effect in granular flows. *Traffic and Granular Flow'11*, 2013: 317-324.

[21] 刘天扬. 非理性条件下出口位置及形式对群集疏散的影响实验 [D]. 西南交通大学, 2017.

[22] Shiwakoti N, Sarvi M, Rose G, et al. Biologically inspired modeling approach for collective pedestrian dynamics under emergency conditions. *Transportation Research Record*, 2010, 2196(1): 176-184.

[23] Shiwakoti N, Sarvi M, Rose G, et al. Animal dynamics based approach for modeling pedestrian crowd egress under panic conditions. *Procedia-Social and Behavioral Sciences*, 2011, 17: 438-461.

[24] Wang J H, Zhang L, Shi Q Y, et al. Modeling and simulating for congestion pedestrian evacuation with panic. *Physica A: Statistical Mechanics and its Applications*, 2015, 428: 396-409.

[25] 肖含仪. 基于小鼠实验的双出口紧急疏散研究 [D]. 中国科学技术大学, 2019.

[26] Ha V, Lykotrafitis G. Agent-based modeling of a multi-room multi-floor building emergency evacuation. *Physica A: Statistical Mechanics and its Applications*, 2012, 391(8): 2740-2751.

[27] Fruin J J. *Pedestrian planning and design*. 1971.

[28] Shiwakoti N, Sarvi M. Enhancing the panic escape of crowd through architectural design. *Transportation Research Part C: Emerging Technologies*, 2013, 37: 260-267.

[29] Shiwakoti N, Sarvi M, Burd M. Using non-human biological entities to understand pedestrian crowd behaviour under emergency conditions. *Safety Science*, 2014, 66: 1-8.

[30] 李成龙, 李元洲, 孙焕, 祁鑫鑫. 不同形状出口处的人员拥挤研究 [J]. 安全与环境学报, 2014, 14(01): 137-141.

[31] Wang J, Jin B, Li J, et al. Method for guiding crowd evacuation at exit: The buffer zone. *Safety Science*, 2019, 118: 88−95.

[32] Helbing D, Buzna L, Johansson A, et al. Self-organized pedestrian crowd dynamics: Experiments, simulations, and design solutions. *Transportation Science*, 2005, 39(1): 1−24.

[33] Yanagisawa D, Kimura A, Tomoeda A, et al. Introduction of frictional and turning function for pedestrian outflow with an obstacle. *Physical Review E*, 2009, 80(3): 036110.

[34] Zhao Y X, Li M F, Lu X, et al. Optimal layout design of obstacles for panic evacuation using differential evolution. *Physica A: Statistical Mechanics and its Applications*, 2017, 465: 175−194.

[35] Ryosuke Y. Effect of form of obstacle on speed of crowd evacuation. *Physical Review E*, 2018, 97(3):032319.

[36] 王群, 王江川. 障碍墙对人员疏散影响的数值模拟研究 [J]. 中国安全生产科学技术, 2014(01): 53−58.

[37] 王群, 王江川, 王林. 障碍物对人员疏散影响的分析 [J]. 工业安全与环保, 2014, 40(08): 16−17.

[38] Alizadeh R. A dynamic cellular automaton model for evacuation process with obstacles. *Safety Science*, 2011, 49(2): 315−323.

[39] Garcimartín A, Pastor J M, Ferrer L M, et al. Flow and clogging of a sheep herd passing through a bottleneck. *Physical Review E*, 2015, 91(2): 022808.

[40] 刘依文. 出口条件对行人疏散的影响研究 [D]. 东南大学, 2017.

[41] Zuriguel I, Janda A, Garcimartín A, et al. Silo clogging reduction by the presence of an obstacle. *Physical Review Letters*, 2011, 107(27): 278001.

[42] Lin P, Ma J, Liu T Y, et al. An experimental study of the impact of an obstacle on the escape efficiency by using mice under high competition. *Physica A: Statistical Mechanics and its Applications*, 2017, 482: 228−242.

[43] Lozano C, Janda A, Garcimartín A, et al. Flow and clogging in a silo with an obstacle above the orifice. *Physical Review E*, 2012, 86(3):031306.

[44] Zhao Y X, Lu T T, Fu L B, et al. Experimental verification of escape efficiency enhancement by the presence of obstacles. *Safety Science*, 2020, 122: 104517.

[45] Garcimartín A, Maza D, Pastor J M, et al. Redefining the role of obstacles in pedestrian evacuation. *New Journal of Physics*, 2018, 20: 123025.

[46] Mu H L, Lo S M, Song W G, et al. Impact of wedge-shaped design for building bottlenecks on evacuation time for efficiency optimization. *Simulation*, 2015, 91(11): 1014-1021.

[47] Pan H L, Zhang J, Song W G. Experimental study of pedestrian flow mixed with wheelchair users through funnel-shaped bottlenecks. *Journal of Statistical Mechanics: Theory and Experiment*, 2020, 2020(3): 033401.

[48] Tavana H, Aghabayk K. Insights toward efficient angle design of pedestrian crowd egress point bottlenecks. *Transportmetrica A: Transport Science*, 2019, 15(2): 1569-1586.

[49] Imanishi M, Jo A, Sano T. Effects of pedestrian motivation and opening shape on pedestrian flow rate at an opening. *Fire Safety Journal*, 2020, 120:103056.

[50] Zuriguel I, Parisi D R, Hidalgo R C, et al. Clogging transition of many-particle systems flowing through bottlenecks. *Scientific Reports*, 2014, 4(1): 7324.

第6章 突发事故下人群拥堵踩踏风险防控

6.1 人群拥堵踩踏事故机制及其防控策略

6.1.1 拥堵情况下的人群震荡失稳

当密集人群在通道中推挤跟随前进时，流量、速度和密度的状态变量中出现的任何不连续现象都有可能产生冲击波导致人群震荡[1]。人群震荡是群体社会行为中一种常见的形式，它不仅可能会导致人群失稳发生踩踏事故，并且可能在事故发生之后加剧人群拥挤和事故的严重性。

6.1.2 震荡失稳机制研究

6.1.2.1 人群震荡再现实验

人群震荡是一种非常常见的人群社会现象。但是前人并未有对其进行明确的定义，其中部分学者将人群震荡现象直接看作为交通流中起停播进行研究分析。尽管在宏观上车流与行人流有一定相似性，但其运动特征有较大的差异性。人群震荡相比更为复杂且无序。本节认为人群震荡指的是行人间剧烈的相互作用力在时空上的传播，一旦发生人群震荡，人群将会失稳。

为了研究人群震荡现象，我们首先开展了密集人群小尺度实验，来再现并试图解析人群在行进过程中受扰动影响下的震荡规律。实验地点位于南京工业大学江浦校区安全科学与工程学院学科楼负一楼前的一块空地，图6.1为实验场地示意图。该场景并非实际建筑场景，而是为了研究由扰动造成的人群震荡现象人为搭建。实验通道长16m，宽2m，通道两侧的围栏高1.2m，通道左端设置一宽为0.9m出口充当造成震荡的扰动因素，通道右侧为行人等待区。实验过程通过两台摄像机及一台无人机进行俯拍，并记录相关视频数据。参与此次实验共有 137 名志愿者，皆为在校大学生，年龄分布于 20~25 周岁。每个实验参与者都按要求穿戴红色帽子和白色 T 恤。实验开始前所有行人于等待区进行准备，现场工作人员在每个实验前为实验参与者演示每个工况下运动的期望速度；随后参与者在听到现场指挥人员移动指令后，全员向前移动，并通过通道及瓶颈，通过瓶颈后继续前进以免阻碍后方行人行进；当所有人通过瓶颈后，一次实验结束。

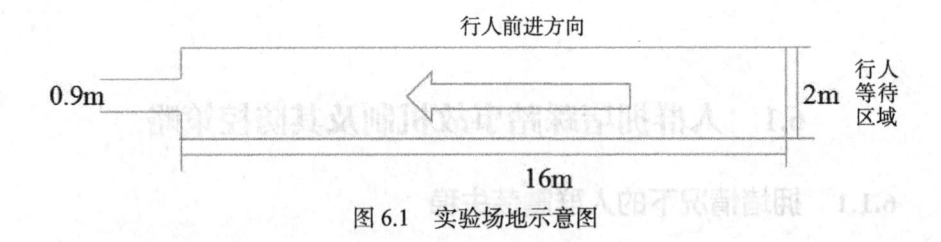

图 6.1 实验场地示意图

实验中，我们采取不同的初始条件分别进行实验，要求行人在未遇到不可抗拒条件的情况下分别保持低期望速度、中期望速度以及高期望速度状态进行移动，以此将行人期望速度作为变量进行实验。表 6.1 为行人在不同工况下的平均速度，从中我们可以发现，行人平均速度随着我们设定的期望速度的增大而增大。

表 6.1 不同实验工况下的行人平均速度

设定的期望速度	行人平均速度 / m/s
慢速	0.631
中速	0.732
高速	0.872

实验过程中我们发现当行人维持高期望速度进行移动时，可以发现明显的人群震荡现象，如图 6.2 所示。该工况下人流在拥挤且保持较高移动速度下，由于扰动产生冲击波导致行人间产生剧烈的相互作用力，且这种相互作用力持续往后传播并使得后方人员产生碰撞。

图 6.2 实验过程中的震荡现象

图 6.3 为人群震荡的示意图，人流 A 从右向左行进，在最左端由于局部扰动导致震荡向人流后方传递。虽然人群震荡的传递过程我们可以在视频图像中展现，但对于如何定量分析人群震荡的传递过程这一问题却鲜有相关的文献研究。

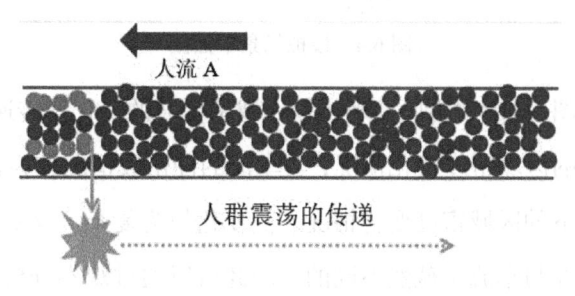

图 6.3 人群震荡示意图

6.1.2.2 人群震荡模型

由于进行大规模高密度人群震荡再现实验的危险性较高，我们将建立了一个可以再现人群震荡现象的大尺度人群运动模型。正如前文所介绍，前人通过车流波理论对人群震荡研究是有局限性。因为车流波理论是一个仅考虑车流宏观特征的宏观模型，它无法模拟微观运动特征。只有当行人拥有低期望速度且有序的行进时，才会与车流的运动具有一定相似性。然而，行人的运动易受到周围行人的影响，随机性较大。一旦行人流中出现扰动，人群震荡将会出现，且比车流波更为复杂，非常容易导致人群踩踏事件的发生。因此我们需要选择更为合适的模型对人群震荡进行研究，根据前文对各类模型的比较分析，本节将选用社会力模型进行建模。

本节基于社会力模型设计了一个人群震荡模型，其平面布局图如图 6.4 所示。该模型考虑了与实验场景的对照和扩充，并尽可能模拟出人群较为极端的拥堵情况。人群将在图 6.4 的右侧绿色虚线区域出现，并向左侧通道行进，随后遭遇瓶颈（外部扰动）人群运动状态被迫改变，出现堵塞。最后通过瓶颈行进至最左侧绿色实线处消失。为了方便通过分析不同区域的密度波变化及传递情况来研究人群震荡的相关性质，我们将图 6.4 中的通道划为 16 个区域，并记录分析每个区域的密度变化情况。同时设定 d 为每个区域的长，$v_{desired}$ 为行人期望速度。

考虑到人群震荡的传递必然伴随着堵塞的传递，因此随着震荡的传递，人群密度会发生变化。如图 6.5 所示，图 6.5（b）（c）是图 6.5（a）中区域 1~5 的

行人消失区域　　　　　　　　　　　　　　　行人出现区域

扰动

图 6.4　模拟场景平面图

密度随时间变化图。从图中可以发现相邻区域密度波的变化及传递。其中图 6.5（b）为低期望速度下的区域密度变化情况，与车流的冲击波情况较为相似，图 6.5（c）为较高期望速递下的区域密度变化情况，其变化较为复杂，反映出人群震荡时的人群密度变化情况与车流是截然不同的。因此可以通过观察分析不同区域的密度波变化及传递，从而定量的分析人群震荡现象及其相关性质。

为了研究人群震荡现象及其相关性质，本节以 d 和 $v_{desired}$ 为变量共设计了 28 组工况进行模拟，见表 6.2。其中 d 从 2m~5m 中每隔 1m 选取一个值，$v_{desired}$ 从 0.67m/s~1.34m/s 中等分选取 7 个值。为了模拟所得结果的准确性，每组工况均模拟了 7 次。

（a）人群震荡传递示意图

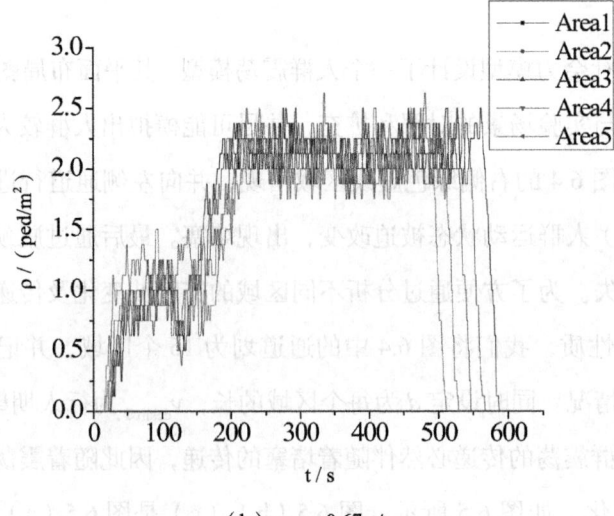

（b）$v_{desired}$=0.67m/s

(c) $v_{desired}=1.005$m/s

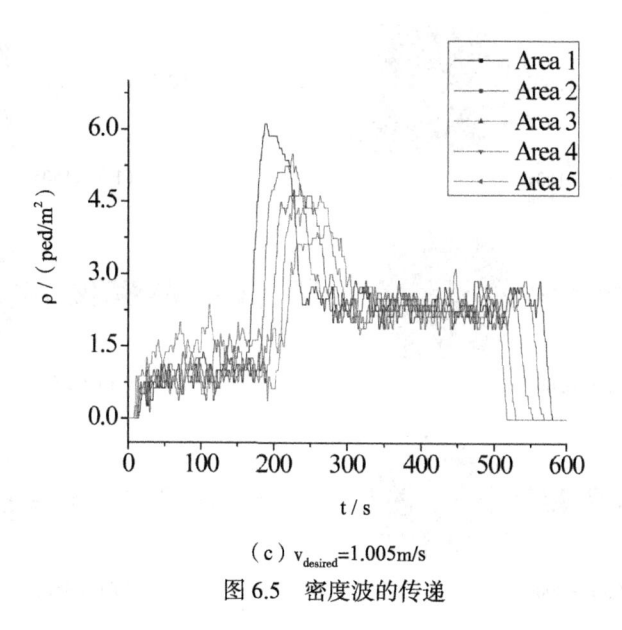

图 6.5 密度波的传递

表 6.2 模拟工况设置

set	d/m	$v_{desired}$/(m/s)	set	d/m	$v_{desired}$/(m/s)
1	2	1.34	15	15	1.08875
2	3	1.34	16	16	1.08875
3	4	1.34	17	17	1.005
4	5	1.34	18	18	1.005
5	2	1.25625	19	19	1.005
6	3	1.25625	20	20	1.005
7	4	1.25625	21	21	0.8375
8	5	1.25625	22	22	0.8375
9	2	1.1725	23	23	0.8375
10	3	1.1725	24	24	0.8375
11	4	1.1725	25	25	0.67
12	5	1.1725	26	26	0.67
13	2	1.08875	27	27	0.67
14	3	1.08875	28	28	0.67

图 6.6 为模拟过程中 $v_{desired}=1.1725$m/s 时不同时刻的模拟情景及密度分布图，从中我们可以发现明显的人群震荡及传递现象，即从瓶颈处产生的人群震荡随着时间不断传播到后方。

(a) $t=100s$　　　　　　　　　　　(b) $t=150s$

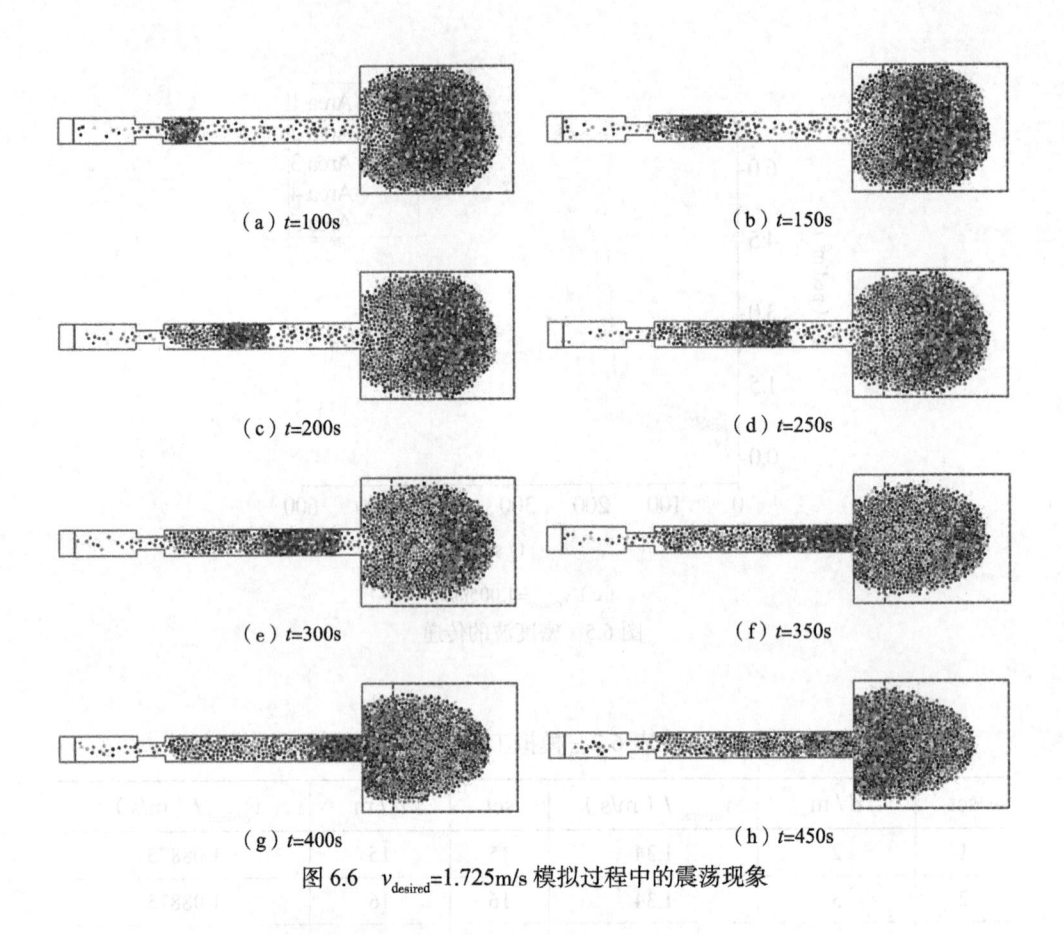

(c) $t=200s$　　　　　　　　　　　(d) $t=250s$

(e) $t=300s$　　　　　　　　　　　(f) $t=350s$

(g) $t=400s$　　　　　　　　　　　(h) $t=450s$

图 6.6　$v_{desired}$=1.725m/s 模拟过程中的震荡现象

6.1.2.3　人群震荡的定义及因素

在上海外滩踩踏事故中，由于楼梯的尽头部分行人逆行行走，导致扰动产生，并且现场由环境混乱，行人较为慌乱，有较高的期望速度，从而导致人群震荡的产生并引发人群踩踏事故的发生。而车流波产生的原因则是由于一些车流的突然减速等原因导致车流量减小而产生。而在我们的实验中，则可以发现行人的期望速度越高，人群震荡现象越明显。通过对两者的分析，我可以发现明显的相似性。

综上分析，我们认为人群震荡是一种由于密集人群的社会心理行为或外部客观环境相互作用而产生的突发性扰动所导致的物理现象，并且随着行人期望速度的增大而增强。其中扰动包括人群自身产生的内部扰动以及外部环境产生的外部扰动。内部扰动包括行人间的推挤、骚乱以及摔倒等情况，外部扰动包括障碍物、危险源等。而行人的期望速度的高低则决定了震荡的剧烈程度。

6.1.2.4 结果分析与讨论

（1）密度波震幅变化规律

通过模拟我们获得了不同区域的密度波变化情况。人群震荡的剧烈程度可以通过不同区域密度波的震幅来进行量化。图 6.8 为不同工况下各区域密度波的峰值，即密度极大值。

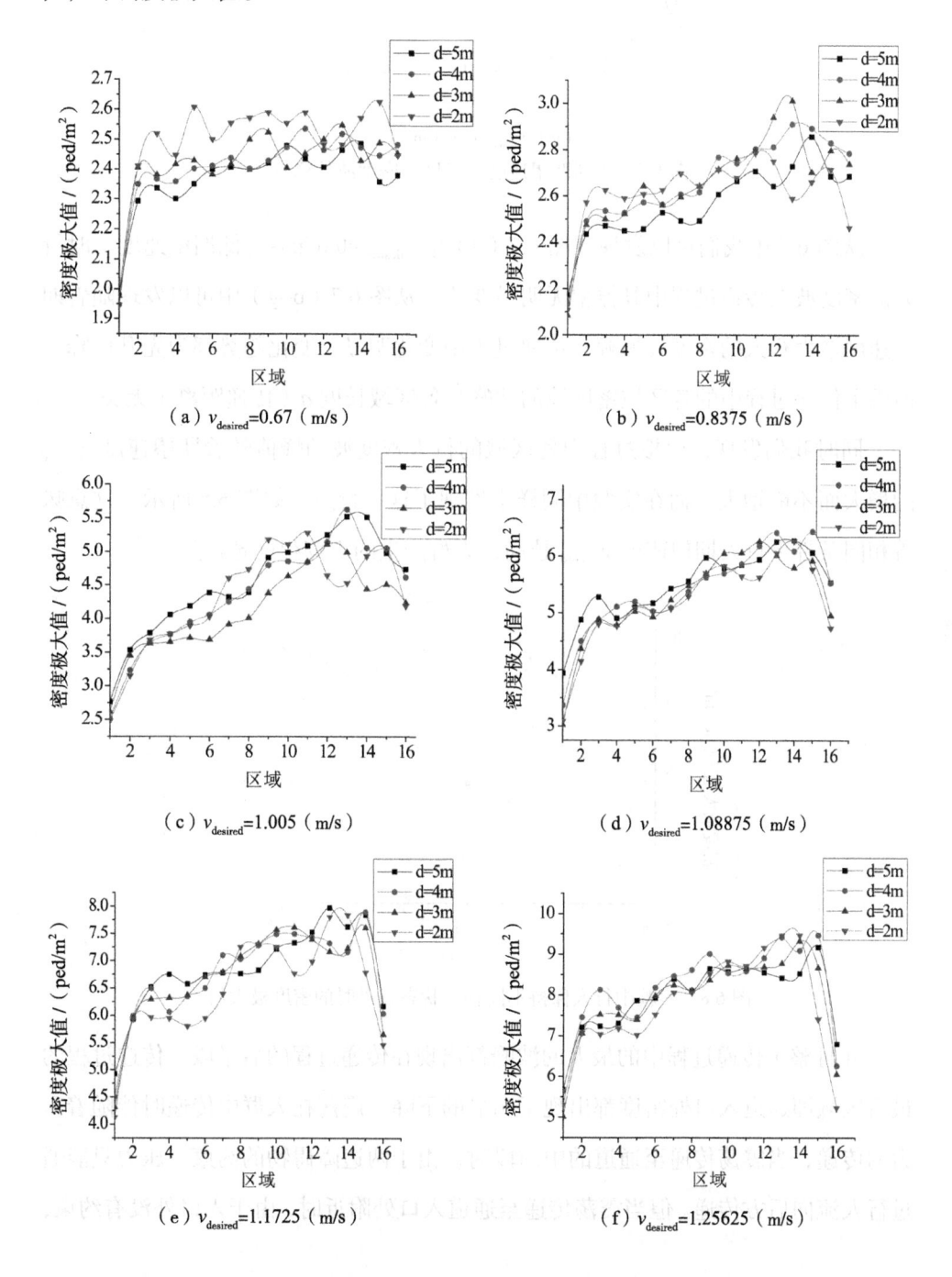

(a) $v_{desired}$=0.67（m/s）

(b) $v_{desired}$=0.8375（m/s）

(c) $v_{desired}$=1.005（m/s）

(d) $v_{desired}$=1.08875（m/s）

(e) $v_{desired}$=1.1725（m/s）

(f) $v_{desired}$=1.25625（m/s）

(g) $v_{desired}$=1.34（m/s）

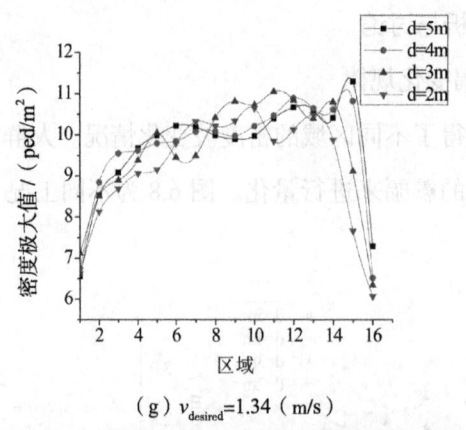

图 6.7 不同期望速度下各区域密度波的峰值

从图 6.7 中我们可以发现在图 6.7（a）中 $v_{desired}$=0.67m/s（低期望速度）时行人的密度波在传递过程中其振幅无明显变化；从图 6.7（b-g）中可以发现随着期望速度增大行人的密度波振幅在传递过程中变化明显，变化趋势都为先升后降。但整个传递过程中的各区域密度波的波峰与各区域长度 d（传递距离）无关。

同时我们发现，模拟过程中各区域的行人密度波的峰值随着期望速度 $v_{desired}$ 的增大而不断增大。而在实验中同样也发现了这一特点，如图 6.8 所示。这意味着相同条件下行人期望速度 $v_{desired}$ 越高，人群产生的震荡程度越剧烈。

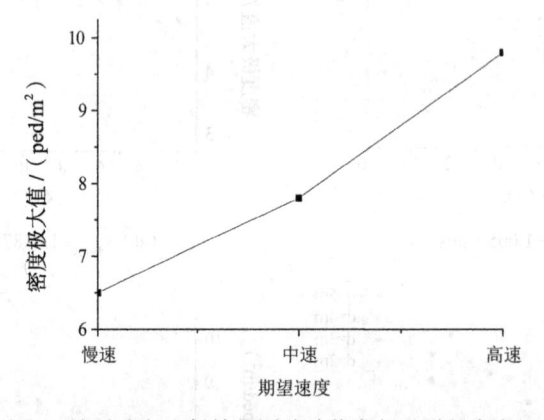

图 6.8 实验中行人保持不同移动状态行进时的密度极大值

并且整个传递过程中的最大的波峰都出现在传递过程的后半段，传递过程的最后区域即通道入口处密度都出现了明显的下降。震荡在人群中传递时伴随着压力的传递，当震荡传递至通道的中前段时，由于两边障碍物的约束，压力只能通过行人流向后方传递。但当震荡传递至通道入口处附近时，由于入口外没有约束，压力更为容易随着人群向后方发散式传递，相当于进行了泄压（图6.9），从而大大减缓了正后方行人受到的压力。

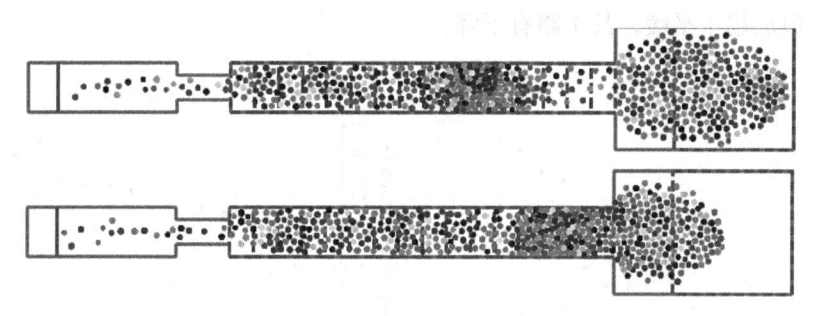

图6.9 出口处的泄压作用

（2）人群震荡的持续时长

除了震荡剧烈程度，每个区域震荡持续的时长也决定了该区域行人由于震荡而产生的危险性。震荡持续时间越长，行人失稳产生危险事故的可能性越大。当震荡传递至某一区域时必定会导致该区域的密度上升，同时震荡结束时，该区域密度也会逐渐下降并趋于稳定。因此如图6.10所示，本节将各区域密度波的起始时间点和结束时间点之间的时间段作为震荡持续的时长进行研究。

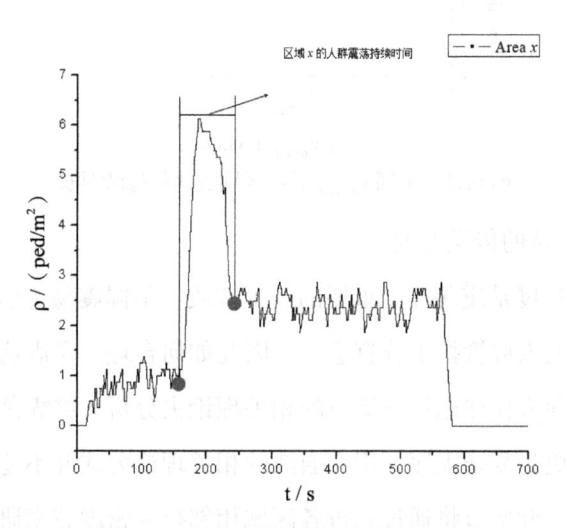

图6.10 区域 x 的震荡持续时长示意图

我们研究了各区域在不同期望速度下的震荡持续时长，发现具有非常相似的规律。这里选取三组不同期望速度 $v_{desired}$ 下的震荡时长进行展示，如图6.11所示。通过统计分析我们发现随着传递距离的增加震荡持续时长不断增加。这是由于后一区域堵塞解除的前提是前一区域堵塞已经彻底解除，然而人群运动较为主观和复杂，前一区域堵塞还未解除，就已经传递至下一区域，导致后续区域堵塞时长不断增大。同时当震荡传递至出口，由于泄压现象，加速震荡消除，因此震荡时长会在最后趋于平缓，甚至略有下降。

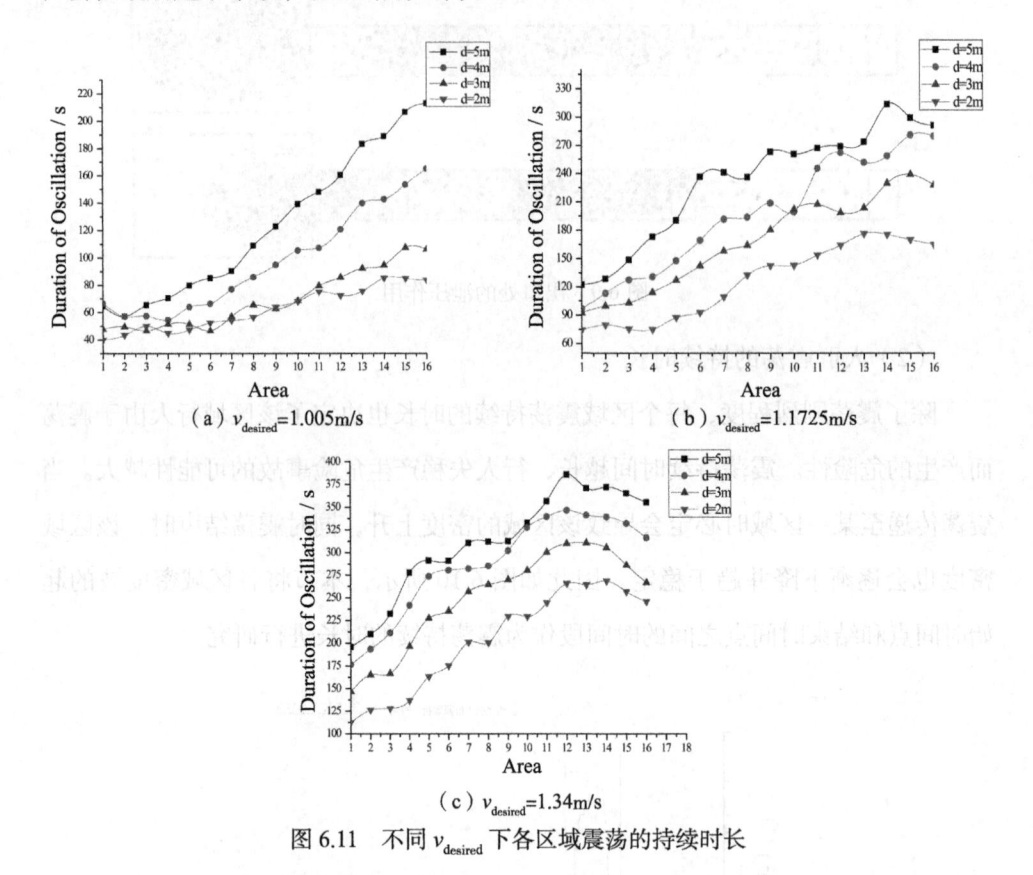

(a) $v_{desired}=1.005$m/s

(b) $v_{desired}=1.1725$m/s

(c) $v_{desired}=1.34$m/s

图 6.11　不同 $v_{desired}$ 下各区域震荡的持续时长

（3）人群震荡的传递速度

震荡的传递速度是震荡非常重要的一个性质，掌握震荡传递速度的规律对于我们进行针对性的人群管控十分有意义。因此如何合理定义震荡的传递速度是首先需要解决的。前人往往通过车流波的相关理论去分析人群震荡的传递速度，但人群运动较车辆更为复杂无序，用交通波的相关理论公式并不适合去分析人群震荡的传递速度。因此本节将通过分析各区域相邻行人密度波来研究人群震荡的传递速度。我们将相邻两区域 x 和 y 的震荡起始（密度波突变上升）时间差作为震荡由区域 x 传递至区域 y 的时长 Δt，如图 6.12 所示。因此震荡传递速度 v 可以定义为：

$$v = \frac{d}{\Delta t} \tag{6-1}$$

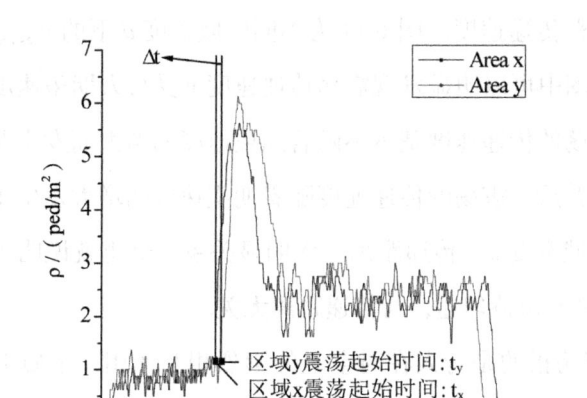

第 6 章 突发事故下人群拥堵踩踏风险防控

其中 d 为各区域的宽度；Δt 为相邻两区域震荡起始时间差。

图 6.12　震荡起始时间差示意图

通过对各个工况下 Δt 的统计分析，我们发现各工况下的 Δt 基本上都服从正态分布，图 6.13 为其中 4 组工况的 Δt 分布图。

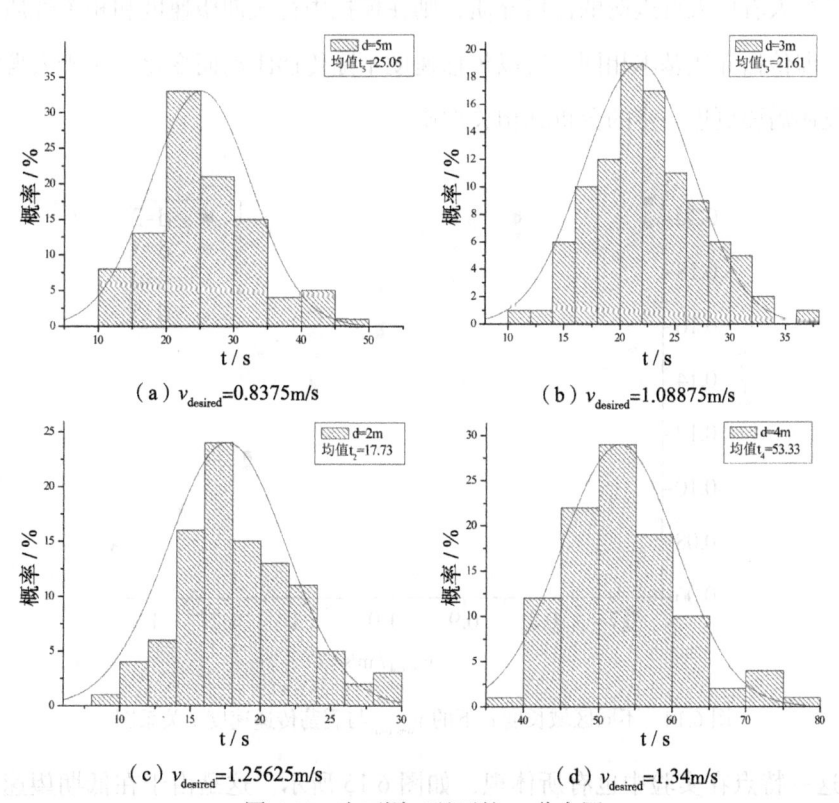

（a）$v_{\text{desired}}=0.8375\text{m/s}$

（b）$v_{\text{desired}}=1.08875\text{m/s}$

（c）$v_{\text{desired}}=1.25625\text{m/s}$

（d）$v_{\text{desired}}=1.34\text{m/s}$

图 6.13　为不同工况下的 Δt 分布图

所以可以通过公式（6-1）我们对各工况下的震荡传递速度 v 进行计算，得出各工况下的震荡传递速度。图 6.14 为不同区域长度 d 下的 $v_{desired}$ 与震荡传递速度 v 关系图，从图中可以明显发现震荡传递速度 v 受行人期望速度影响明显，在低期望速度下震荡的传递速度基本不随着期望速度的增大而发生明显变化，但当期望速度不断上升后，震荡的传递速度随着期望速度的增大发生了明显下降。但传递速度 v 与区域宽度 d（传递距离）无明显关系，这也就说明了震荡传递速度 v 在传递过程中基本保持匀速，与传递距离无关。

因为人群震荡指的是行人在时空上的剧烈相互作用，本质上是力的传递。在社会力模型中，行人的社会心理通过行人间的相互作用力进行反映[2-5]。例如行人越害怕，行人间力越大。本节将 $v_{desired}$ 作为一个变量从而反映行人的心理慌张程度，通过分析可以发现 $v_{desired}$ 对震荡传递速度 v 有着非常明显的影响。因此 $v_{desired}$ 可以间接反映行人心理效应对于人群震荡的影响。同时我们发现传递距离与传递速度无明显关系。对于这一现象，本节认为这可能是一种心理影响，如果我们将行人看作人群震荡的传播介质，则在模拟中行人期望速度和相关性质基本相似，即传播介质基本相同，所以传播速度不随传递距离而变化。对于人群震荡的研究还需要更进一步的分析其相关性质。

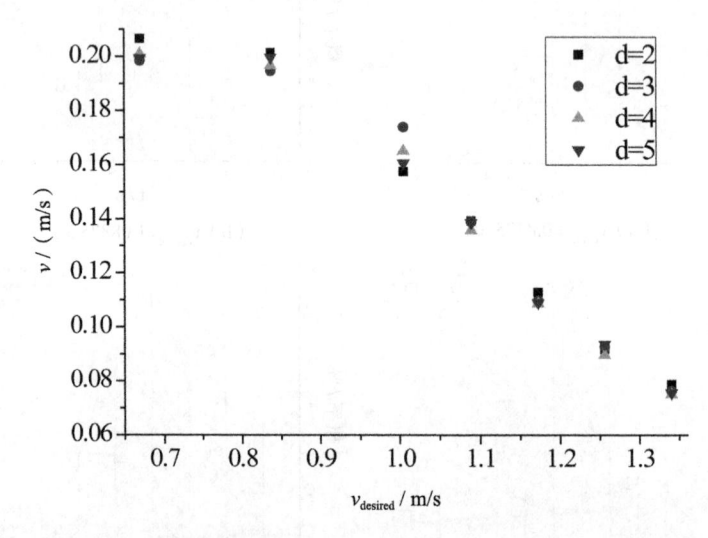

图 6.14　不同区域长度 d 下的 $v_{desired}$ 与震荡传递速度 v 关系图

这一特点在实验中也有所体现，如图 6.15 所示。这是由于在低期望速度下行人基本上处于自由流状态，速度和密度都较低，行人间距较大，出现突发情况时，人群能够在不发生严重堵塞的情况下主动有序迅速地调整运动状态。但随着期望速度的增大，人群密度开始上升，行人间距较小，人群逐渐由主动有序变为被动的调整运动状态。在这样的情况下震荡传递相同的距离所要经过的行人数量更多，花费的时间也更多，因此传递速度变慢。同时模拟较实验情形更为极端，行人更为密集，间距更小，调整更为被动，因此模拟过程的传递速度较实验更小。

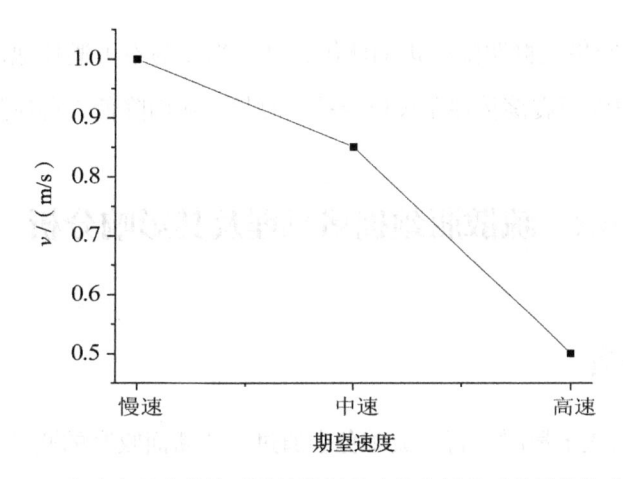

图 6.15　实验中行人保持不同的期望移动状态行进时的震荡传递速度

6.1.3 失稳防控策略

对人群震荡进行研究，分析人群震荡性质以及运动特点，对于提出相应的人群管控措施消除潜在危险因素有着重要的意义。在本节中，我们通过小尺度密集人群实验再现人群震荡现象，同时通过仿真模型建立人群震荡模型，模拟了不同情况下的行人震荡现象，基于所获取的区域密度波等数据对人群震荡进行研究。通过分析我们首先提出了导致人群剧烈震荡的两个因素（扰动和过高的期望速度），获得了人群震荡的相关性质并对其进行了机理分析。我们发现：

（1）传递过程中震幅随期望速度的增大而增大，且与传递距离无关；

（2）震荡持续时长随着传递距离的增加不断增加；

（3）震荡传递速度 v 随着期望速度 $v_{desired}$ 的增大而下降，在期望速度保持不变的情况下传递过程中基本保持匀速，与传递距离无关。

研究结论有利于对密集人群疏散进行管控，削弱甚至消除人群震荡，建议如下：

（1）在密集人群疏散过程中严格控制行人逃生速度，防止由于行人期望速度过高遇到突发情况无法及时调整自身运动状态，对前方行人产生剧烈冲击，发生相互作用，造成震荡。

（2）在密集人群疏散过程中尽量消除可能产生扰动的因素，如清除逃生通道上的障碍物（外部扰动），预防瓶颈的产生，以及引导行人有序不争抢的疏散（内部扰动）。

（3）缩短密集人群跟随推进的队伍长度，当震荡不可避免地产生时，较短的队伍长度可以缩短震荡传递距离以及持续时长，从而降低人群风险。

6.2 疏散瓶颈拥堵机理及其影响分析

6.2.1 引言

在大规模行人疏散时，行人流难免会通过一些断面收窄的瓶颈。在通过瓶颈时，疏散通道的突然收窄，可能会导致大面积的行人拥堵。而建筑出口作为瓶颈效应的典型案例，是造成疏散拥堵的重要建筑结构之一。通过前期对出口拥堵机理的文献调研发现，行人流在疏散至出口处时会堆积并形成拱状的疏散结构。大量的研究表明，出口处的拥堵与行人形成的拱形结构息息相关。然而现有对拱结构的形成机理以及拱效应的强弱程度的研究较少。本节阐述了行人流拱效应对出口拥堵机制的影响，并对中间出口和角落出口结构工况的行人流疏散特性以及出口拥堵的深层机理做了进一步的分析，进而提出了缓解出口拥堵的合理建议。

6.2.2 场景建模

基于 MassMotion 软件对场景建模，将场景设置为 $10m \times 10m$ 的方形结构。综合考虑《建筑设计防火规范》（GB50016-2014）相关条款，我们选择在方形一边设置一个宽 1m 的出口，分为角落出口和中间出口两种工况。具体如图6.16。橙色智能体从建筑内的绿色条形区域中出现并开始疏散。当其行进至出口处的绿色区域中并消失代表疏散完成。这里将建筑内的绿色区域称作智能体的流入区域，出口处的绿色区域称作智能体的流出区域。

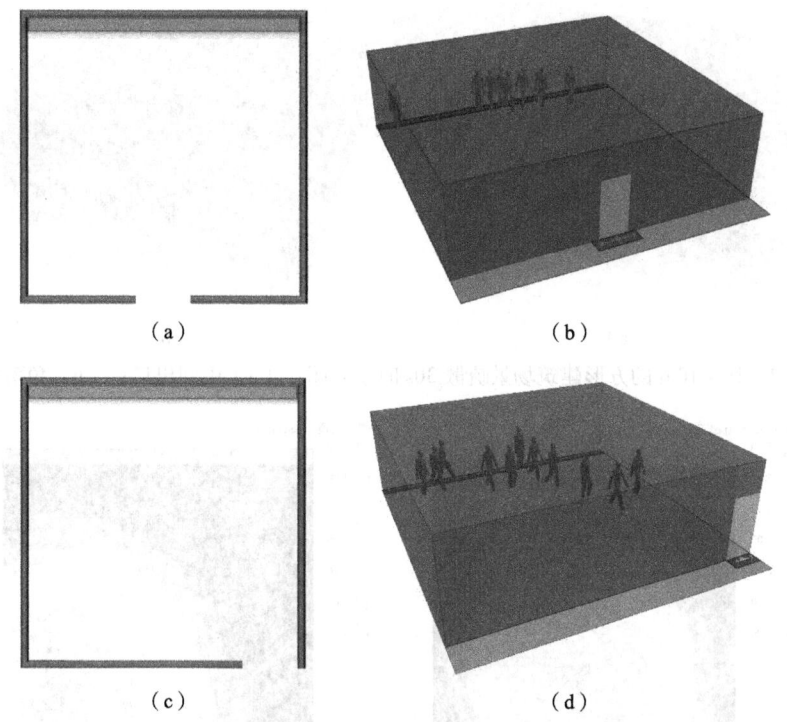

图 6.16 10m×10m 的方形建筑场景模型示意图：（a）中间出口 2D 俯视图；
（b）中间出口 3D 透视图；（c）角落出口 2D 俯视图；（d）角落出口 3D 透视图

智能体的数量设置为 200、期望速度均为 4m/s；将智能体的体积等价为半径 2.5m、高 1.73m 的圆柱体，用以模拟突发情况下的行人应急疏散行为[6,7]。若无特殊说明，本节及后续分析均以此工况为基本场景。智能体从流入区域中瞬间出现并同时开始疏散。实际情况中，大量行人从建筑内的某一区域同时开始疏散的概率是比较小的。通常行人都是以一个相对稳定的流率在场景中走动。而本次建模的目的在于制造拥堵环境，所以需要刻意选择一种极端的疏散环境。

图 6.17 可以观察到在疏散到第 30s 时，中间出口和角落出口的工况均出现了较为严重的拥堵现象，智能体聚集在出口并形成了类似拱状的疏散结构。图 6.19 是疏散 30s 时智能体的瞬时密度云图。云图中点密度的计算方法是：在点周围画一个面积为 3.25m² 的圆圈，计算圆圈内智能体的数量，然后除以这个圆圈的面积。云图中可以发现越靠近拱结构的中心，行人的瞬时密度就越高。这说明疏散时大量的智能体会在出口处聚集。因此，模型可以充分证明，出口处的瓶颈效应会造成严重的疏散拥堵。对比两种工况的密度区域可以发现，角落出口结构内智能体的瞬时密度高于 5.5ped/m² 的区域范围略小于中间出口。

（a） （b）

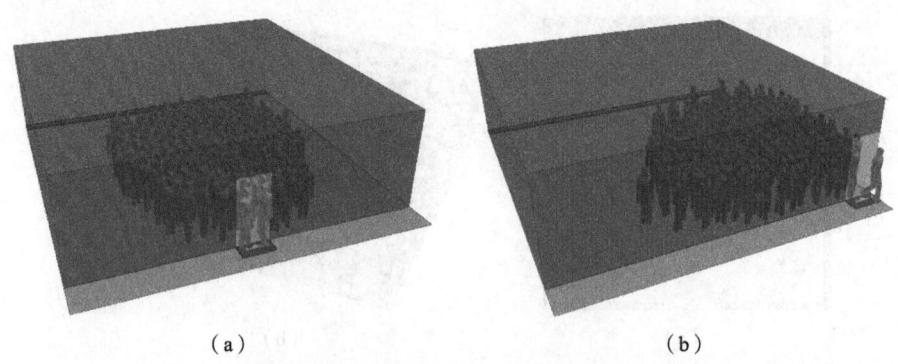

图 6.17 10×10m 的方形建筑场景疏散 30s 时示意图：（a）中间出口；（b）角落出口

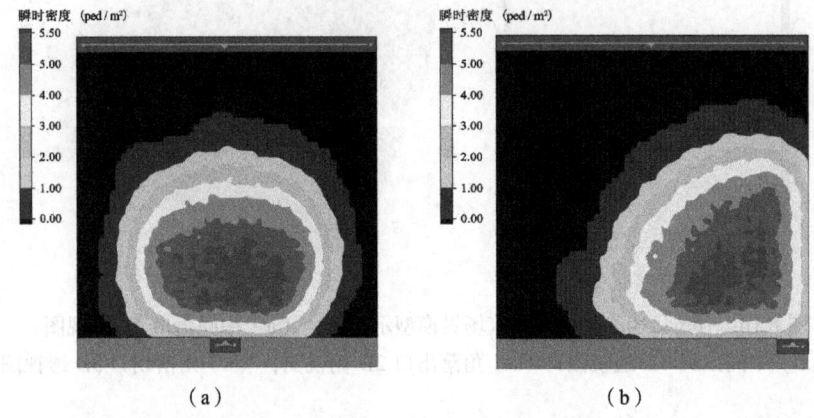

（a） （b）

图 6.18 模拟 30s 时智能体的瞬时密度分布示意图（"ped"代表疏散人数，在模型中指代智能体）：（a）中间出口；（b）角落出口

6.2.3 出口处行人流局部区域拥堵分析

6.2.3.1 局部区域行人流宏观分析

行人疏散通过出口时，难免会出现拥堵。拥堵是由大量行人堆积导致的。图 6.19 将相同状态条件的智能体的流入区域均匀分为五等份。用不同颜色表示每个流入区域出现的智能体。每种颜色的智能体各设置 40 个。图 6.20 为不同区域内智能体的累计出口流量。从整体的视角来观察，角落出口的疏散时间比中间出口更短。

中间出口的工况下，橙色智能体以及蓝色智能体全部疏散所用时间最少。黑色智能体的疏散时间最多。图 6.21 单独分析了黑色和绿色智能体群体的出口累计流量随疏散时间的变化关系，得到黑色智能体群体在疏散开始的 90s 以内的出口流率很低。其在第 45s 左右甚至出现了疏散停滞，这种停滞状态一直持续到第 80s。在疏散的第 70s 左右时，绿色智能体群体的疏散出口流率突然增加，并一直持续到疏散结束。红色与绿色智能体群体的出口累计流量变化趋势基本相同。相对而言，橙色和蓝色智能体群体的出口流率则基本保持不变。

角落出口的工况下，橙色智能体的疏散用时最少。蓝色智能体群体在疏散前期的出口流率最高。在疏散的前20s内，其累计流量已经超过了20个。图6.22针对蓝色智能体群体累计流量变化趋势进行分析。得到在疏散开始的第17s之前，其出口流率是最高的。而在第17s后，其出口流率突然降低，且基本不再变化，直至疏散结束。可以预见，若蓝色智能体群体能一直保持前17s的出口流率，一定是最先完成疏散的。其出口流率骤降后，流率是所有颜色智能体群体中最低的。最终，丧失优势的蓝色智能体群体几乎和绿色、黑色、红色智能体同时疏散完毕。而绿色、黑色、红色智能体群体的出口流率基本保持稳定。

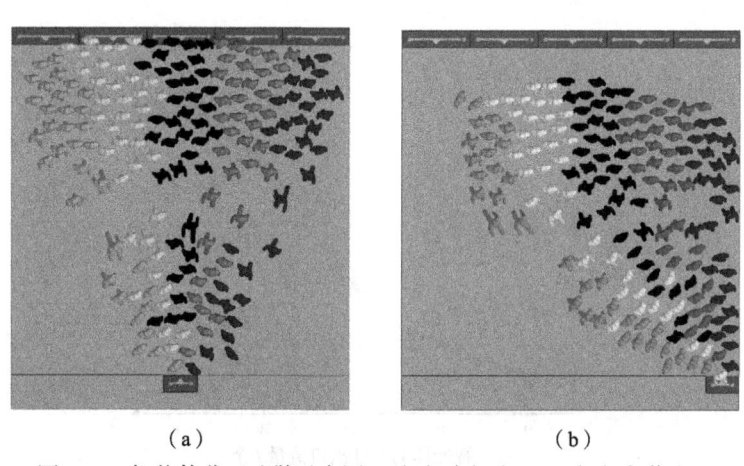

图6.19 智能体分区疏散示意图：(a)中间出口；(b)角落出口

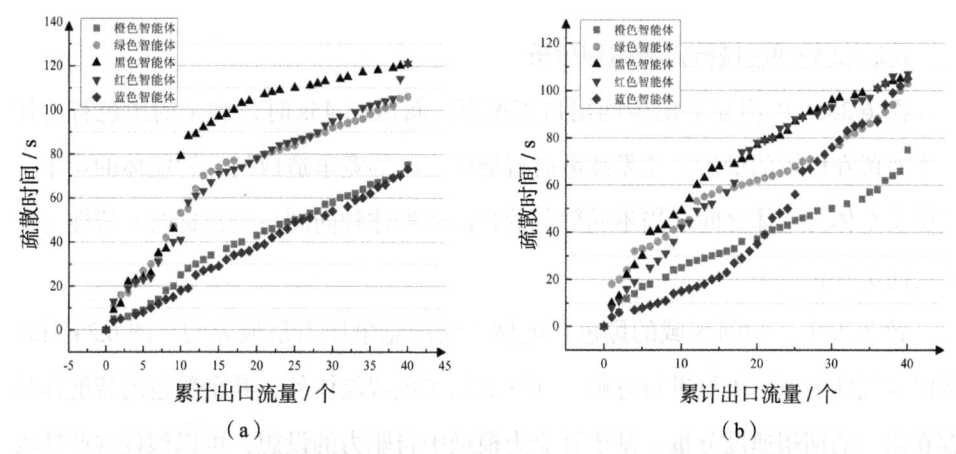

图6.20 不同颜色智能体的累计出口流量与其疏散时间的对比图：
(a)中间出口；(b)角落出口

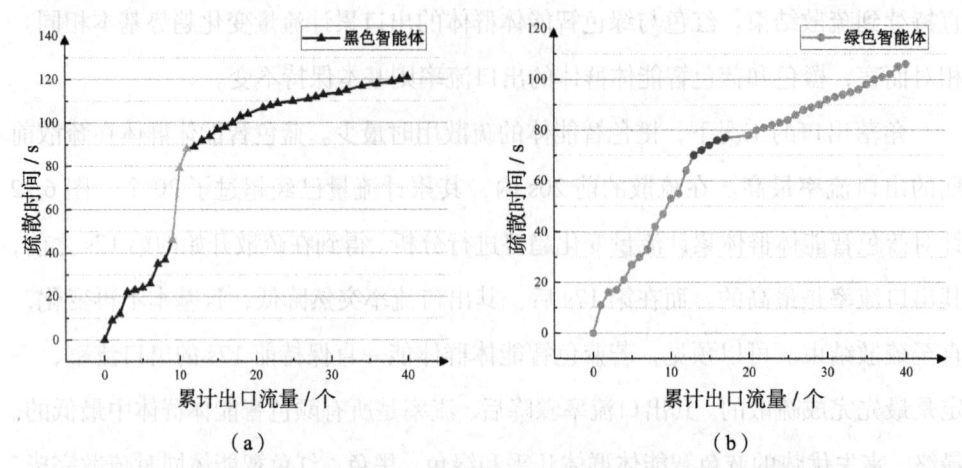

图 6.21　中间出口智能体的累计出口流量随疏散时间的变化关系图
（出口流率突变处做特殊标注，下同）：（a）黑色智能体；（b）绿色智能体

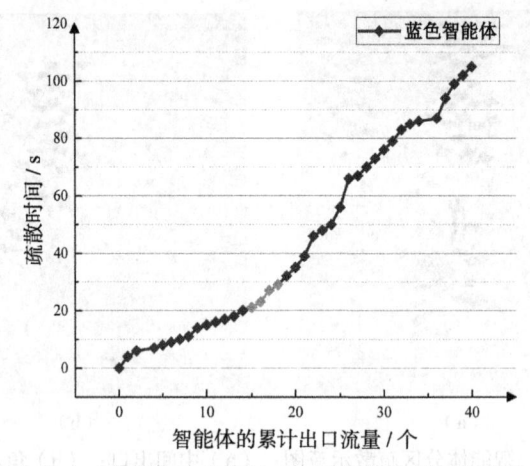

图 6.22　角落出口蓝色智能体累计出口流量随疏散时间的变化关系图

6.2.3.2 局部区域行人流微观分析

图 6.23 可以明显看出中间出口工况下，疏散第 45s 时，剩余的黑色智能体基本滞留在群体的最后。这是疏散时智能体之间的竞争造成的。智能体的竞争不仅限于个体与个体之间。当不同颜色的智能体群体驶向同一个目标时，群体与群体之间也存在竞争。

该工况下，中间区域的黑色智能体承受的竞争压力是最大的。图 6.24 对疏散时智能体的速度矢量进行分解，观察到除黑色智能体外，其余颜色的智能体均存在向内的期望速度分量。基于社会力模型中自驱力的设想，可以假设这些速度分量都会对黑色智能体造成疏散竞争压力。当建筑越宽或个体的期望速度越大时，

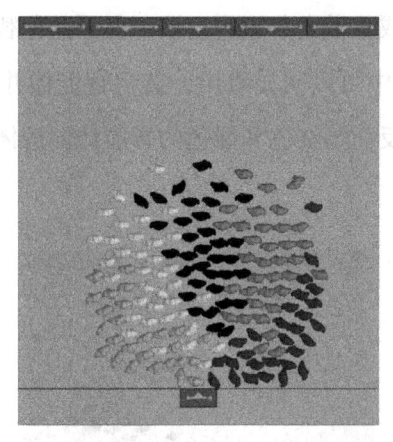

图 6.23 中间出口智能体分区疏散示意图（模拟开始的第 45s）

黑色智能体所承受的竞争压力就越大。若黑色智能体不能承受这些压力，则其就会被排挤到整个疏散群体的最后。堆积在末尾的群体会进一步向区域密度较低的两边分散，最终形成稳定的拱形疏散结构。依据图 6.18，疏散时越拱结构的中心，智能体的密度就越大。智能体密度越大则拥堵程度越严重。相反，靠近建筑边缘墙壁出现的智能体疏散就相对就更容易。所以在该工况下橙色和蓝色智能体的疏散效率是最高的。

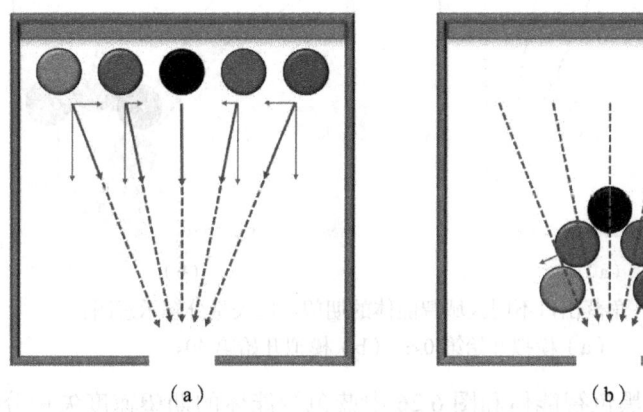

（a）　　　　　　　　　　（b）

图 6.24　中间出口不同区域智能体期望速度矢量分解示意图：
（a）模拟开始第 0s；（b）模拟开始第 45s

从图 6.25 中也能看出，在角落出口工况下，虽然蓝色智能体群体前期的出口流率很高，但其在疏散后期也出现了群体滞留的现象。不过滞留程度相较中间出口工况的黑色智能体会轻一些。通过图 6.26 对该工况下智能体的期望速度进行矢量分解可得，除蓝色以外的智能体群体都存在向右的期望速度分量。这些分量均会对蓝色智能体造成疏散竞争压力。该工况下蓝色智能体无疑承受的竞争压力最大。然而从图 6.25 中可以明显看出，蓝色智能体并没有因竞争压力而被排挤在疏散群体的最后。反而是红色和绿色的智能体向群体的两边分散，最终形成了稳定拱形瓶颈结构。

图 6.25 角落出口智能体分区疏散示意图：模拟开始的第 40s

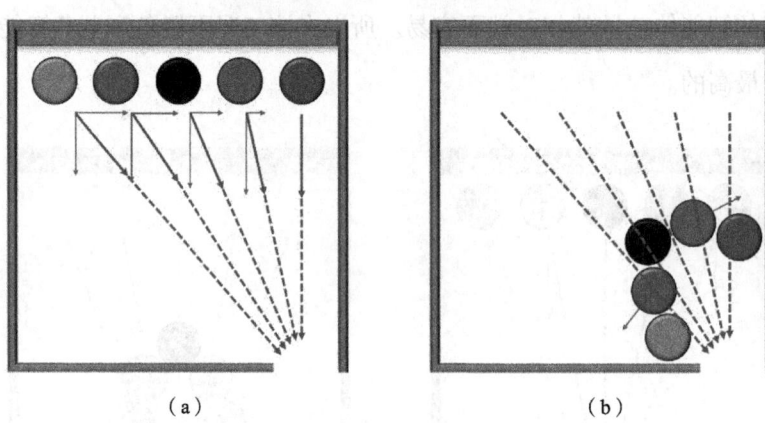

（a） （b）

图 6.26 角落出口不同区域智能体的期望速度矢量分解示意图：
（a）模拟开始第 0s；（b）模拟开始第 40s

对比图 6.24 中黑色智能体和图 6.26 中蓝色智能体的期望速度矢量分解结果可得，角落出口的蓝色智能体受到的横向疏散压力分量的大小是大于中间出口的黑色智能体的。蓝色智能体仅受到向右的力，而黑色智能体受到的力是来自左和右两个方向。从图 6.20 中，两个区域智能体的疏散结果中也容易看出，角落出口的蓝色智能体群体仅在疏散后期才出现了出口流率降低的情况，而中间出口的黑色智能体群体则直接出现了长达 35s 滞留现象。造成这种差异的原因在于，图 6.18（b）已经展示了角落出口的智能体疏散密度云图，图中不难看出，在出口处，只有越靠近智能体成拱拱结构的中心，智能体的瞬时密度才越高。而角落出口工况下，蓝色智能体正处在拱结构右侧的低密度区。因此蓝色智能体受到的竞争压力劣势与拱结构边缘处的低密度优势两者相抵。最终使其能够在克服疏散滞留情况下疏散完毕。而黑色智能体群体正处在出口处的高密度区，且还要承受其他智能体给予的疏散压力。双重劣势之下，导致其疏散停滞。

对比图 6.20 中各个颜色智能体群体的累积出口流率。两种工况下橙色、绿色和红色智能体群体的出口流率变化趋势基本相同。造成角落出口比中间出口疏散用时更短的原因在于角落出口工况在稍微影响蓝色智能体疏散效率但不影响整体疏散进度的情况下，解决了黑色智能体因拥堵而产生的疏散停滞问题。

通过以上分析发现，疏散时解决行人流局部区域拥堵的关键在于减少高密度区域的期望速度方向冲突。期望速度的方向冲突会导致疏散竞争压力。竞争压力越大就越容易产生冲突。而疏散时，行人聚集的高密度区往往在出口前行人成拱拱结构中央区域，将行人的竞争压力向建筑的边缘引导是解决冲突的一种方法。该方法可以通过调整出口位置的手段实现。而角落出口则是通过这一方法实现减轻疏散拥堵的经典案例。这在 Khamis 等人的研究中也都得到了验证[8,9]。

6.2.4 基于拱结构的拥堵量化分析

6.2.4.1 拥堵成拱区域的密度分析

疏散时，有三个参数可以反映行人在出口处的拥堵程度：第一是出口区域的行人密度，第二是出口处高密度区域的持续时间，第三是高密度区域的范围。定义这三个参数时，选择一个合适的容量区域去测量出口处的行人瞬时密度是非常重要的。已经得知疏散拥堵时，行人会在出口处呈拱形结构分布。因此，可以在出口处选择合适的拱形区域去测量区域内的行人密度，或者也可以通过对比不同拱形区域内行人的最大瞬时密度，得到行人瞬时密度较高区域的范围。这样可以更精确量化出口处行人的拥堵程度。

图 6.27 模拟了中间出口工况下智能体的疏散轨迹。将智能体的疏散轨迹带入坐标轴中，得到智能体运动轨迹的宽度范围。

图 6.28 提取了该工况下智能体疏散时最外侧的轨迹。观察可得，在建筑长度为 7m~9m 的部分，智能体的移动轨迹宽度范围几乎不变，大约为 6m。可以将

智能体疏散时形成的拱形结构类比为半圆拱,把建筑长度为 9m 处智能体的疏散轨迹宽度的范围定义为半圆拱的平均弦长,具体如图 6.29 所示,图中棕色区域为假想半圆拱。

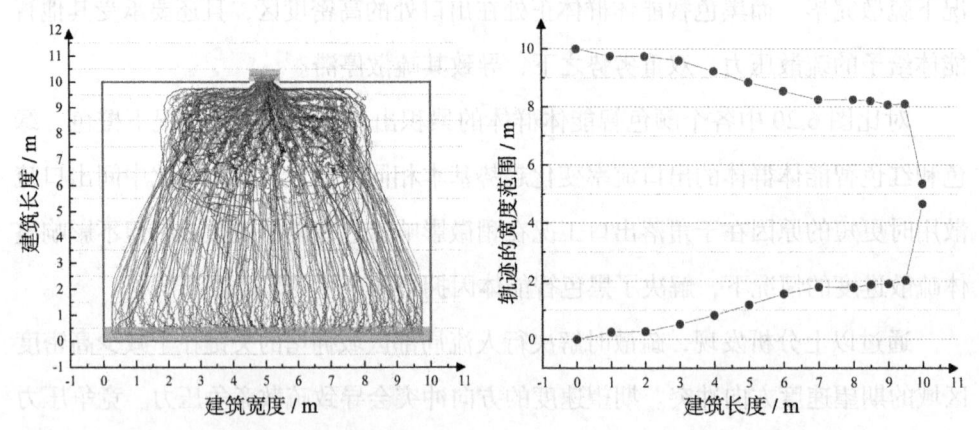

图 6.27　中间出口智能体的疏散轨迹示意图　　图 6.28　中间出口智能体疏散的轨迹宽度范围示意图

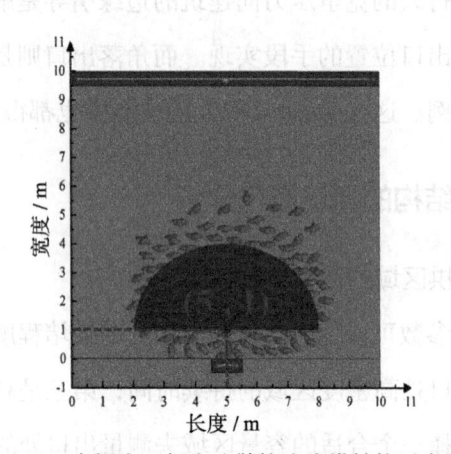

图 6.29　中间出口行人疏散轨迹成拱结构示意图

图 6.30 继续对比疏散时不同弦长拱形区域内智能体的瞬时容量密度。当拱形平均弦长为 2m 时,区域内的容量密度波动较大,不具有参考意义。当平均弦长为 4m 和 6m 时,均可以反映容量区域内智能体的瞬时密度最大值大约为 5.5ped/m^2。而平均弦长为 8m 时反映的容量区域密度就有偏差。这进一步证明将拱形平均弦长定义为 6m 时,可以反映出该工况下智能体疏散时出口处区域密度的最大值。后续的分析也会以拱形的平均弦长去判断出口处高密度区域的范围。拱形的平均弦长越长,则高密度区域的范围就越大,行人的拥堵程度也越严重。

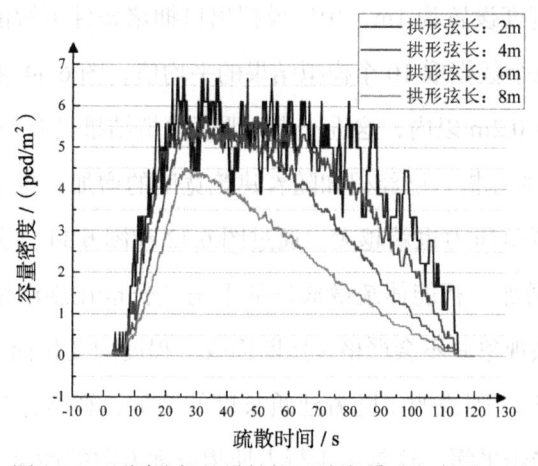

图 6.30 不同弦长的拱结构区域内瞬时密度对比图

6.2.4.2 建筑结构对智能体成拱机制的影响

在利用出口拱效应所构成拱形区域的平均弦长去判断行人拥堵区域范围大小的基础上，需要进一步分析建筑结构对其平均弦长的影响。尽可能地减小平均弦长的长度，才能使行人拥堵区域范围减小，从而缓解出口拥堵情况。

建筑出口是造成瓶颈效应的关键因素。前人的研究已经充分说明了不同出口宽度会显著影响行人的疏散时间[10-12]。分析不同出口宽度下智能体的疏散情况如图 6.31 所示。随着出口宽度增加，三种工况下的行人疏散轨迹宽度范围并没有明显变化。也就是说出口宽度对行人的拥堵区域范围并无明显影响。需要进一步考虑疏散人数和其他建筑结构尺寸对成拱现象的影响。

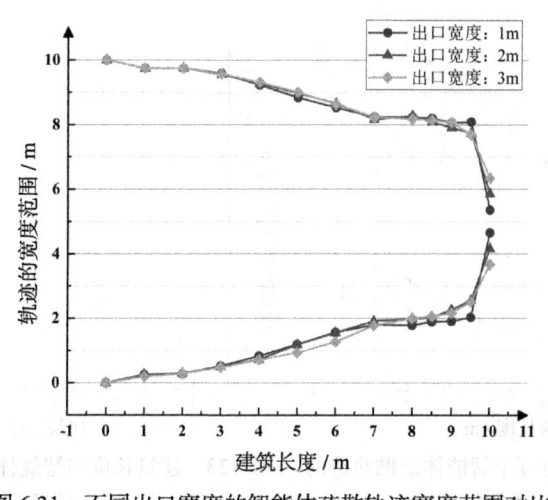

图 6.31 不同出口宽度的智能体疏散轨迹宽度范围对比图

依旧将出口宽度设置为 1m，用以模拟出口拥堵条件下智能体的疏散情况。为了减小偏差，每个数据取 10 个模拟结果的平均值。图 6.34 和图 6.33 中的测试数据的误差均在 ±0.2m 以内，这进一步证明了模拟结果具有一定的可靠性。

通过 6.2.3 节的分析，已经得知随着建筑宽度的增加，位于建筑中间的群体受到周围群体的竞争压力也就越大。通过图 6.32 和图 6.34 的分析也可以得到，随着建筑宽度的增加，智能体疏散成拱的平均弦长也在逐渐增加。也就是说，出口处行人的成拱现象并不会严格按照断面收窄程度的变化而变化，而是仅与建筑宽度有关。图 6.33 则说明了随着建筑长度的增加，智能体疏散的成拱平均弦长会先减小，再趋于平缓。这是由于行人期望速度方向的冲突导致的，具体如图 6.35 所示。若两个行人的期望速度大小和方向相同且指向同一目标，则这两个行人的行动趋势就不会产生冲突。若两个行人的期望速度指向同一目标且期望速度的方向存在夹角，则其前进趋势就会存在冲突。夹角越大，则冲突越严重。相应的，人群疏散时也就越容易产生拥堵。也就是说，行人之间的冲突程度与其期望速度方向夹角有关。该工况下，行人的期望速度方向指向相同目标，即疏散出口。随着建筑长度值的增加，在建筑两个角落出现的智能体的期望速度的夹角在逐渐减小。因此行人的疏散冲突也逐渐减小，出口处的成拱现象也相对缓解。然而随着建筑长度的进一步扩大，智能体期望速度夹角的变化率也在逐渐变小，这从图 6.35 中也可以看出。因此，当建筑长度在 8m 以上时，该因素对出口前行人拥堵区域范围的影响就不明显了。

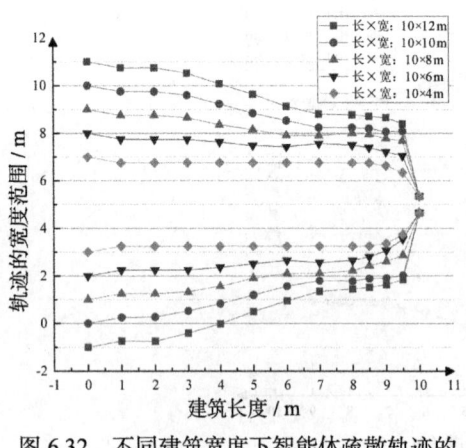

图 6.32 不同建筑宽度下智能体疏散轨迹的宽度范围对比图

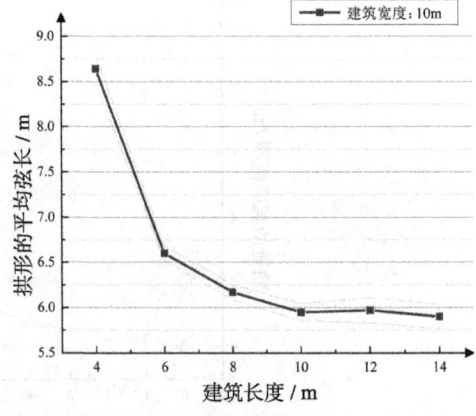

图 6.33 建筑长度与智能体成拱的平均弦长的关系图

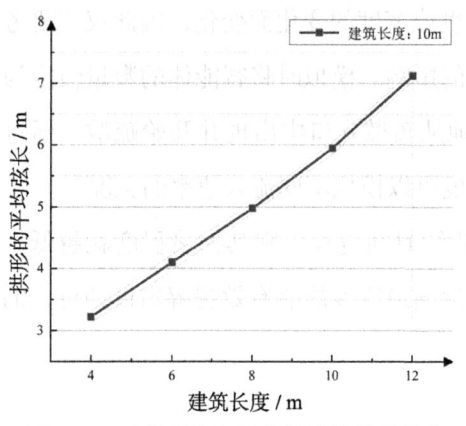

图 6.34 建筑宽度与智能体成拱的平均弦长的关系图

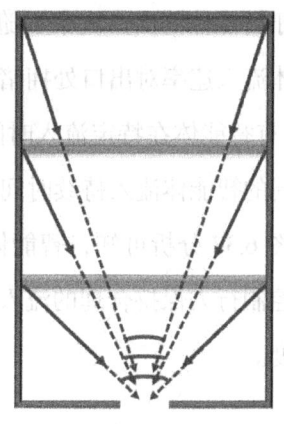

图 6.35 智能体期望速度的夹角随建筑长度的变化关系图

6.2.4.3 行人流率对成拱现象的影响

作为典型的断面收缩处，建筑出口限制了行人的通行速率。这导致行人的流入速率大于其流出速率。最终造成出口处形成拥堵。因此，疏散时行人的流入流出速率和出口处的拥堵程度以及出口处形成的拱形疏散结构存在一定关联。

依据文献，在行人特征参数相同时，出口流率与出口宽度存在线性相关关系[13]。图 6.37 分析了建筑的长度和宽度对智能体出口流率的影响。可以发现，随着建筑尺寸的变化，出口流率几乎不变。也就是说，出口流率仅与出口结构有关，与建筑的长度和宽度无关。

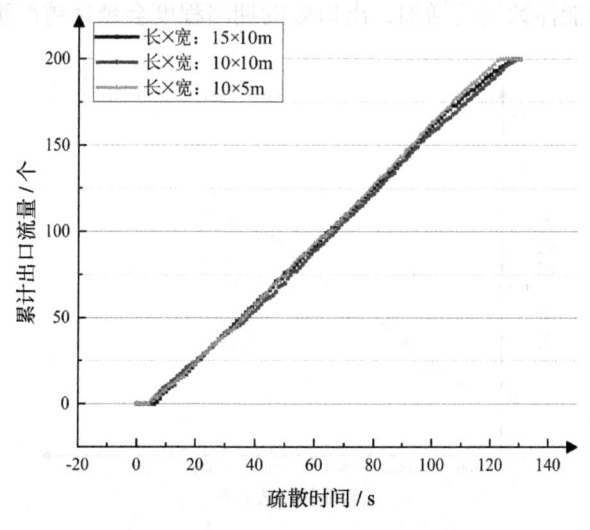

图 6.36 不同建筑长度和宽度下智能体的疏散时间与其累计出口流率对比图

由于智能体的出口流率不随建筑的长度或宽度的变化而变化，因此仅需要考虑智能体流入速率对出口处拥堵区域范围的影响。模拟时将智能体的数量恒定为200，所有智能体在特定流入时间内均匀地从疏散入口中出现并开始疏散。通过设置不同的智能体流入持续时间和建筑宽度可以模拟不同流入速率的工况。

由图 6.37 分析可知，智能体流入的持续时间越长，则其拥堵程度就越低。因此，控制行人保持合理的流入速率和疏散通道宽度能够有效缓解出口处行人的拥堵程度。

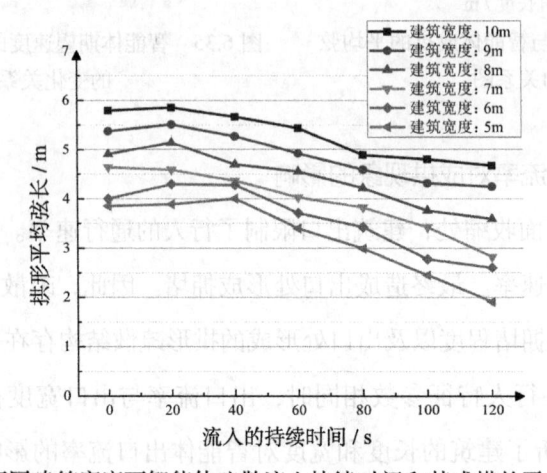

图 6.37　不同建筑宽度下智能体疏散流入持续时间和其成拱的平均弦长对比图

在应急疏散时，会有各种突发情况发生。维持秩序并让行人保持合理的流入速率疏散是一件很困难的事。图 6.39 分析了智能体的数量对成拱平均弦长的影响。可以发现随着智能体数量的增加，出口处的拥堵程度会越来越严重。

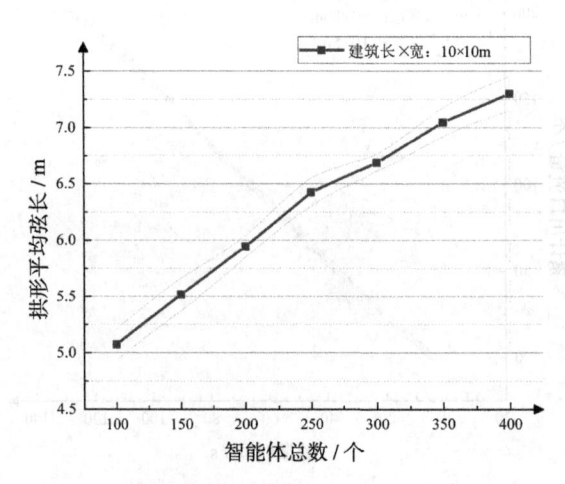

图 6.38　智能体数量与其成拱的平均弦长对比图

图 6.39 分析了不同期望速度的情况下，智能体数量的变化对其成拱平均弦长的影响。这里仅分析突发情况下的行人非理性应急疏散场景，所以选取的期望速度范围为 3~6m/s。可以发现，智能体成拱的平均弦长在其数量为 80 以上时的变化趋势放缓。造成该现象的原因在于，随着成拱区域的不断扩大，要使拱形区域进一步扩大需要的疏散人数也就越多。只有当疏散人数增加到一定数量才能使成拱区域进一步扩大。

还可以观察到，随着期望速度的增加，智能体的成拱平均弦长越来越短。期望速度较低时，智能体对出口的渴望程度不高，个体与个体的间距也会变得相对宽松，因此其形成的拱形区域就会更大。从图 6.40 也能反映这一点，图中智能体的数量为 100；棕色的半圆代表由智能体运动轨迹组成的成拱区域。其中，期望速度为 3m/s 时，智能体的成拱区域的平均弦长为 6m；期望速度为 4m/s 时，平均弦长为 5m。期望速度为 5m/s 和 6m/s 时，智能体成拱平均弦长的变化趋势基本相同，且智能体数量在 70~100 时，其成拱的平均弦长都在 4m 左右。这是因为该工况下智能体的数量是固定的，且其体积无法压缩。因此，智能体聚集时的占地面积存在最小值。在期望速度超过 5m/s 时，智能体形成的拥堵区域范围达到最小值。也就是说，仅考虑智能体数量为 100 的情况，当出口区域智能体的瞬时密度达到最大值时，其成拱的平均弦长大约为 4m。因此，在讨论更大规模的行人应急疏散工况时，可以把使出口处的高密度区域保持在相对合理的范围内的最大行人成拱的平均弦长初步确定为 4m。

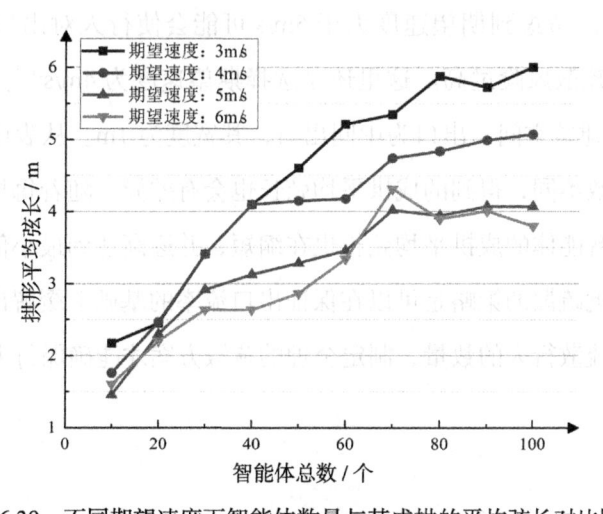

图 6.39 不同期望速度下智能体数量与其成拱的平均弦长对比图

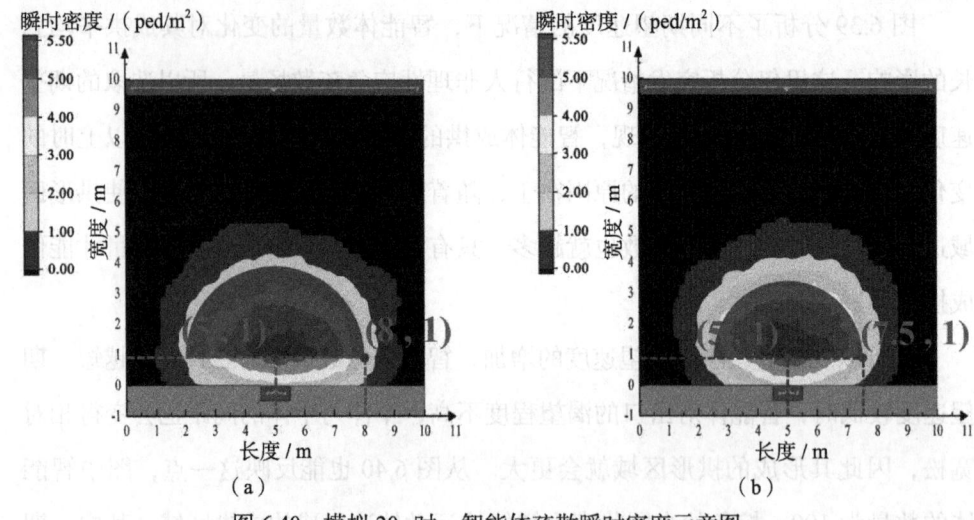

图 6.40 模拟 20s 时，智能体疏散瞬时密度示意图：
（a）智能体期望速度为 3m/s；（b）智能体的期望速度为 4m/s

6.2.5 大规模人群疏散时的行人分批疏散管控策略

基于上述分析结果，在制定大规模人员疏散的应急管控措施时，可以利用行人分批疏散的方式控制行人的流入速率。将百人以上的行人合理划分为百人以内的不同批次进行分批疏散。

表 6.3、表 6.4、表 6.5 分别给出了分批疏散时，不同分批条件下智能体成拱的平均弦长。基于 Cornes 等人的研究，高期望速度下，造成出口拥堵所需的集群人数至少为 15 人[14]。因此这里分别列出了每批次的智能体数量为 20、40、60 这三种情况。考虑到期望速度大于 5m/s 可能会使行人对出口的渴望程度过高，从而导致疏散风险过高。这里还是选择期望速度为 4m/s[10]。疏散工况依旧是 10×10m 的建筑空间，出口为中间出口，其宽度为 1m。从表中也可以看出，设置的疏散人数不同，得到的成拱平均弦长也会有差异。随着每批次疏散的间隔时间的延长，智能体的成拱平均弦长也在缩短，并逐渐达到最小值。因此，执行大规模行人分批疏散的策略是可以在保证出口流率的基础上缓解出口拥堵的。需要针对建筑内疏散行人的数量，制定合理的疏散方案才能确保行人的疏散安全。

表 6.3 智能体分批疏散的成拱平均弦长（a）

每批次疏散间隔时间 /s	智能体成拱的平均弦长 /m （每批疏散数量：20）			
	总数：100	总数：200	总数：300	总数：400 人
0	5.05825	5.79349	6.51613	6.91231
8	4.50415	5.24801	5.42654	5.68109
10	4.37478	4.99071	4.99684	5.41513
12	4.01493	4.43033	4.67862	4.83899
14	3.74556	4.22331	4.36195	4.36195
16	3.25717	3.34883	3.34883	3.63878
18	3.2468	3.39219	3.39219	3.39219

表 6.4 智能体分批疏散的成拱平均弦长（b）

每批次疏散间隔时间 /s	智能体成拱平均弦长 /m （每批疏散数量：40 人）			
	总数：100	总数：200	总数：300	总数：400
0	5.05825	5.79349	6.51613	6.91231
15	4.6722	5.32765	5.70774	5.99626
20	4.49287	5.04929	5.04929	5.35627
25	4.21237	4.45104	4.54315	4.66525
30	4.09863	4.32935	4.34836	4.43982
35	4.08959	4.16513	4.16513	4.2905

表 6.5 智能体分批疏散的成拱平均弦长（c）

每批次疏散间隔时间 /s	智能体成拱平均弦长 /m （每批疏散数量：60 人）			
	总数：100	总数：200	总数：300	总数：400
0	5.05825	5.79349	6.51613	6.91231
25	4.57012	5.28995	5.49636	5.88958
30	4.56293	4.93418	5.11211	5.28945
35	4.44183	4.71284	4.81273	4.92717
40	4.36481	4.55803	4.60663	4.6617
45	4.36481	4.60663	4.60663	4.60663

6.2.6 小结

瓶颈处的行人拥堵是目前人群疏散领域研究的重点，但是对于拥堵时局部区域内的行人疏散特性和如何量化瓶颈处的拥堵程度尚缺乏系统的研究。在本节中，首先分析了中间出口和角落出口结构的局部区域行人流疏散特性。通过对局部区域内行人流的宏观和微观特性分析，发现行人无论从中间出口还是角落出口结构疏散都存在速度方向的冲突。中间出口结构的速度方向冲突在建筑结构的中轴线附近较为严重，而角落出口结构在建筑结构靠近出口那一侧的边缘较为严重。出口处拥堵程度最严重的部位在拥堵区域的中心。角落出口相对能缓解出口处拥堵的原因在于其减少了行人在拥堵区域中心附近的期望速度方向冲突。

本节还针对出口瓶颈的拥堵机理进行分析，阐述了拥堵时行人形成拱状疏散结构的原因。基于行人的疏散轨迹，提出了可以用其疏散时的轨迹宽度范围近似确定出行人拥堵区域的范围，并把这一参数定义为行人成拱的平均弦长。进一步分析得到行人成拱的平均弦长与建筑宽度、疏散人数以及行人的期望速度有关。建筑宽度越窄，行人成拱的平均弦长就越短，行人拥堵区域的范围也越小。基于百人以内工况下的出口拥堵区域范围分析，将更大规模应急疏散时行人成拱平均弦长在 4m 以下初步定义为合理的高密度区域范围。最后提出行人分批疏散的策略，将行人的流入速率控制在合理的范围内，从而达到缓解出口拥堵的目的。

6.3 疏散瓶颈的缓冲区作用机制

6.3.1 缓冲区模型的设计

6.3.1.1 人群疏散实验

为了再现缓冲区中的疏散现象，我们分别考虑有无缓冲区的不同条件，开展了小规模的疏散实验。实验于 2018 年 7 月 7 日在南京工业大学进行。共 150 余名本科生和研究生被邀请参加，他们的平均身高是 170.3 厘米，年龄在 20 到 25 之间。

图 6.42 是实验的示意图。场景长 10 米，宽 5 米。为了满足标准中建筑物出口的最低要求，出口设置为 0.9 米。该实验设计为有缓冲区和无缓冲区两种情况。缓冲区由志愿者组成的人墙构成，位于出口前方 1 米处，长度为 2 米，间隔为 1.175 米。整个走廊标有间距为一米宽的标尺以方便收集数据。

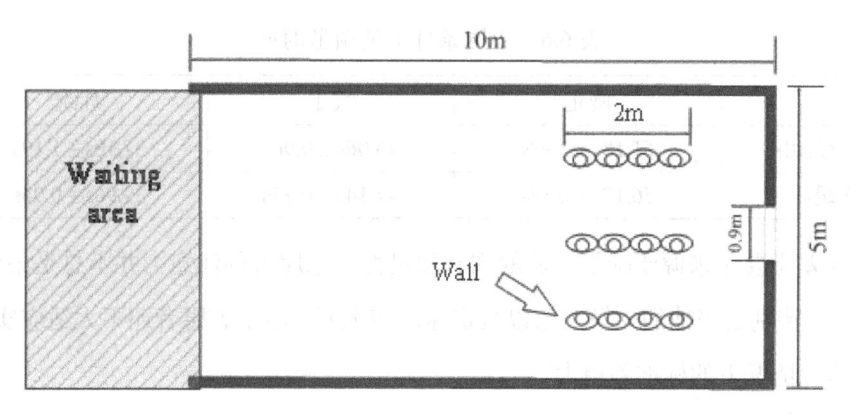

第 6 章 突发事故下人群拥堵踩踏风险防控

图 6.41 实验场景

共有 150 名志愿者参加了这项实验。他们被要求分别以慢走，快走和奔跑的速度撤离。在实验开始之前，组织了三次训练让志愿者了解并适应实验过程。每组实验之前，志愿者都留在等候区内。随着信号的发出，志愿者向出口疏散。在实验中设置了三台摄像机来记录疏散过程，每种工况重复三次。考虑到在实验过程中准确控制志愿者的逃生速度非常困难，我们采取的替代措施是引导志愿者尽可能地想象自己处于真实的场景。在慢走的情况下，我们要求他们在正常情绪下自由行走；在快走的情况下，要求志愿者想象时间是比较紧张，希望在安全的情况下尽快离开；在奔跑的情况下，参与者必须假设发生了诸如火灾，爆炸或恐怖事件等类似事故，试图立即逃生。实验过程见图 6.42。

（a）缓冲区　　　　　　　　　　（b）没有缓冲区

图 6.42 实验过程

在实验后，我们手动收集实验视频中的数据。由于发生了一些难以避免的情况，例如一些志愿者不专心的行为和视频的晃动，仅记录了每组实验中前 135 名逃生的志愿者（占总数的 90%）。从各组工况获得的平均疏散时间和标准差如表 6.6 所示。

表 6.6 不同条件下的疏散时间

	慢走	快走	奔跑
有缓冲区	61.18s ± 2.98s	46.06s ± 0.96s	37.10s ± 1.19s
无缓冲区	56.17s ± 0.88s	47.14s ± 0.25s	39.96s ± 0.94s

误差主要是来源于疏散实验的固有随机性。志愿者的注意力并不总是集中在实验上，特别是当他们在第一组以慢走速度疏散时，由于志愿者还不太适应实验，因此这种情况下的标准差更大。

从疏散时间上发现，当志愿者处于慢走状态时，缓冲区延长了撤离时间。在这种情况下，出口前方的缓冲区起到阻碍作用，占据出口周围的空间并改变走廊中行人的路径，又未能在出口附近形成有利于疏散的"等候区"，导致撤离时间延长。然而，当要求志愿者通过奔跑状态离开出口时，缓冲区的疏散时间略有减少，这表明其可能对疏散效率有潜在积极影响。从结果可以看出，当没有缓冲区时，志愿者陷入了严重的争抢和挤压。如果志愿者准备离开出口，他很容易遭受其他方向的拥挤和碰撞。为了其自身的安全，他倾向于先保持稳定，避免摔倒，然后通过出口，这严重影响了出口处的通行效率；而设置缓冲区后，人墙起到了隔离作用，控制了出口处挤压的程度和频率，但因为参与者人数不足，这一现象反映的并不明显。疏散时间小幅减少的原因可能是因为缓冲区限制了人群挤压的传播。一方面，缓冲区将人群隔开，压缩了挤压可以传递的空间，从而保护出口处的行人。另一方面，挤压波传递到墙壁时得以消散。当行人通过快走离开时，两种情况下的时间差距并不明显，这是因为低期望速度下缓冲区的负面影响与高期望速度下的正面影响相互抵消。

6.3.1.2 缓冲区疏散模型

根据实验设置，在 MassMotion 中建立仿真模型，场景见图 6.43。智能体将从起点生成，然后从出口离开。场景和参数设置完全参考实验。智能体的半径为 0.25 米。

对比实验与模拟出口处人员的累计流量，可以得出实验中累积流量的变化趋势接近模拟结果，但由于疏散模拟不能完全反映行人疏散心理和状态，差异很难避免，因此疏散时间的差距比较明显。比较三种情况下有无缓冲区的区别（见图 6.44），可以看出：（a）低期望速度反映了平稳的状态，并且智能体不急于离开，

图 6.43 模拟场景

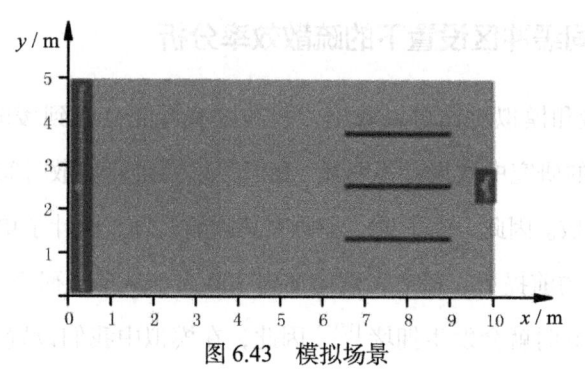

因此缓冲区不起作用，甚至是有微弱的消极影响；（b）当智能体以中等速度移动时，有无缓冲区的情况大致相同；（c）如果智能体以高期望速度试图立即离开时，缓冲区起到了微弱的作用。尽管缓冲区看上去对疏散有潜在的作用，但目前的研究数据仍然不足以确认缓冲区对瓶颈疏散具有明显的积极影响。因此，考虑到实验和模拟中人数和工况比较有限，我们有必要模拟更多工况来研究其作用机制。

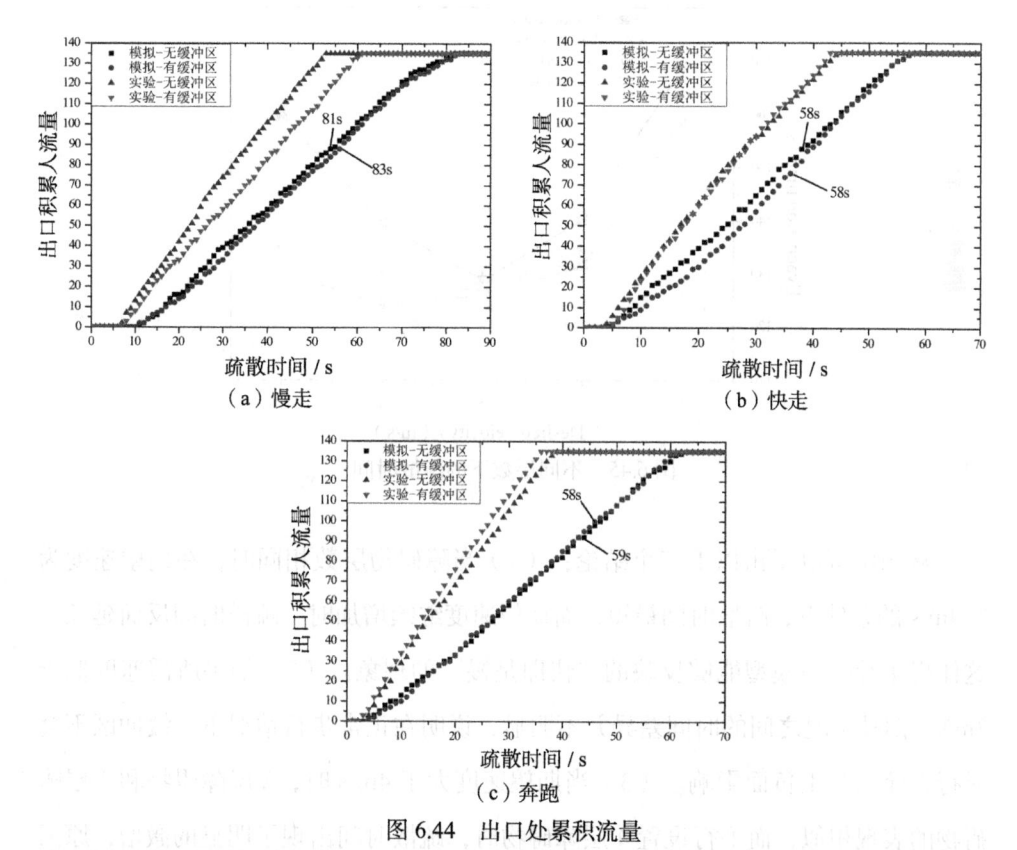

（a）慢走

（b）快走

（c）奔跑

图 6.44 出口处累积流量

（SL 表示从模拟中获得的数据；Expt 表示从实验中获得的数据。"Normal"是无缓冲区的情况；"Buffer"是有缓冲区的条件）

6.3.2 不同缓冲区设置下的疏散效率分析

从上述实验和模拟对比可以看出，缓冲区有可能会起到缓解出口拥挤的作用，但在现阶段的研究中效果并不明显。我们不仅要研究疏散时间和累积人流量，还要考虑其他参数。因此，为了进一步研究其影响机理，设计了更多的疏散工况，在保持场景不变的前提下，疏散人数增加到 300 人。从前人研究中可知，当人流量大于 82p/min/m 时就会发生拥堵[15]。因此，在模拟中我们设置在 40s 内从起点均匀地生成 300 个智能体，相当于 90p/min/m，以确保在瓶颈处会发生堵塞。为了分析缓冲区影响机制时减少多余变量，有必要事先确定缓冲区的层数，所以根据工况中缓冲区长度的中值 2m 来决定合适的缓冲区层数。在模拟中分别设置了四种不同的条件，即没有屏障，两层，三层和四层屏障，相同条件下重复 10 次模拟并计算每种情况的疏散平均时间和标准偏差。疏散时间结果见图 6.45。

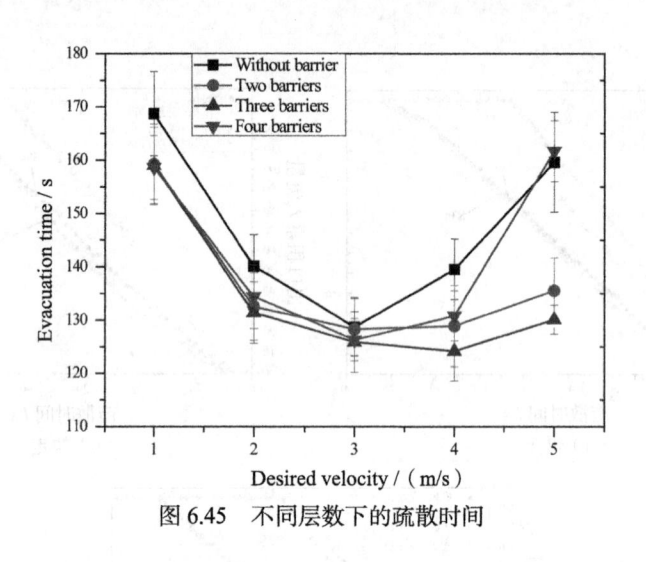

图 6.45　不同层数下的疏散时间

从图中可以得出以下三个结论：（1）当障碍物层数相同时，在期望速度为 3~4m/s 的条件下，疏散时间最短，而期望速度继续增加时，疏散时间反而延长，这体现了社会力模型能够反映的"快即是慢"的现象。（2）如果所需速度低于 3m/s，四种工况之间的时间差异并不明显，说明在正常步行情况下，缓冲区不会对行人流动产生负面影响。（3）当期望速度大于 4m/s 时，2 层障碍物和 3 层障碍物的表现相似，而平行设置 4 层障碍物时，疏散时间出现了明显的激增，原因在于当我们设置了 4 层障碍物时，受限于通道 5m 的宽度导致缓冲区的间距仅有

0.92 米，只能保证一个行人通过，而如果期望速度过高，行人之间发生争抢，以至于人员甚至都难以进入缓冲区，大多数人拥挤在缓冲区前方，而出口处的行人密度过低导致出口通行能力的浪费。因此，在接下来的仿真中不予考虑4层障碍物的情况，另外，考虑到在需要突出缓冲区的影响，在下一步模拟中将采用3层障碍物来形成缓冲区。

（1）缓冲区长度与疏散时间之间的关系

基于上述的研究，我们认为对缓冲区的态度应当是在一般情况下不应对正常通行产生负面影响，但在紧急情况下可以明显优化疏散过程，以避免人员密集区域发生踩踏事故。基于这种原则，我们改变缓冲区长度，模拟了不同期望速度下的疏散时间，重复10次模拟得出了平均疏散时间和标准差。如图6.46所示。

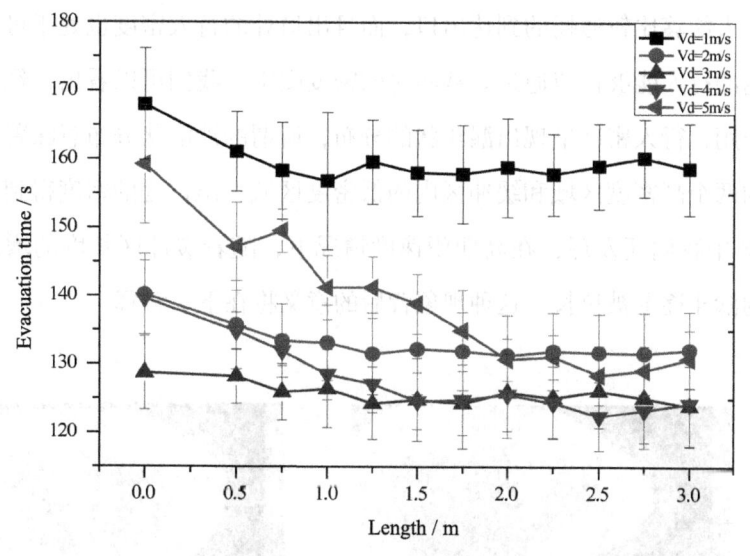

图6.46　不同缓冲区长度和期望速度下的疏散时间

从图6.46中可以看出，除了当期望速度为1m/s，疏散时间趋于稳定。在其他情况下，疏散时间都呈现出趋于缩短的趋势。尤其是在期望速度大于4m/s的情况下，时间缩短的趋势更加明显。该结果符合我们利用缓冲区优化人群疏散的意图。造成这种现象的原因有以下几点：

①当期望速度较低时，虽然相对拥挤，但智能体可以依次有序离开出口。在这种情况下，密度分布相对均匀，全局疏散时间基本稳定，见图6.47。缓冲区没有能够起到分隔出口处的密度的作用。

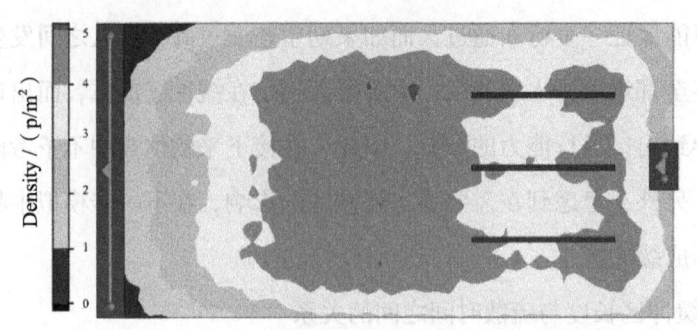

图 6.47　当期望速度为 1m/s 时的密度分布

②当处于高期望速度下时，行人因为急于通过出口而产生了碰撞，而缓冲区使得争夺现象并没有发生在出口处，而发生在较宽的通道内，避免行人过于拥挤于一点。与此同时，争抢现象使得同一时间只有部分行人能够顺利进入缓冲带，这部分行人能够比较通畅的到达出口，而且出口处的行人密度也处于可控的状态下，到达的行人能够快速通过。从实时的密度图中，我们可以看出，经过缓冲区的分隔作用，行人密度呈现出漏斗状的分布，所谓的沙漏状分布意味着存在缓冲区前后的两个高密度区域和缓冲区内的低密度区域，出口处的密度得到了降低。在图 6.48 中我们还发现，在高期望速度情况下，随着缓冲区长度的增加，密度图像上的漏斗逐渐被拉长，这种现象背后的意义将在下文解释。

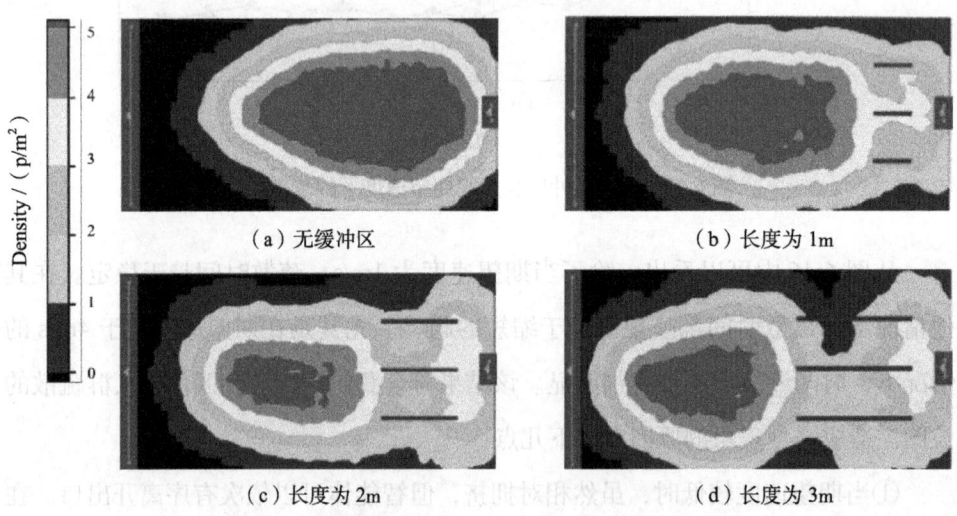

(a) 无缓冲区　　(b) 长度为 1m

(c) 长度为 2m　　(d) 长度为 3m

图 6.48　当期望速度为 5m/s 时，第 80 秒的密度分布图

为了进一步研究缓冲区对于分隔行人密度的作用，我们在仿真中分别在缓冲区前后设置了两块密度采集区域，用于探测缓冲区前后密度的变化趋势。如图6.49 所示，ρ_1 是缓冲区前面的密度，ρ_2 是缓冲区后面（即出口前面）的密度。

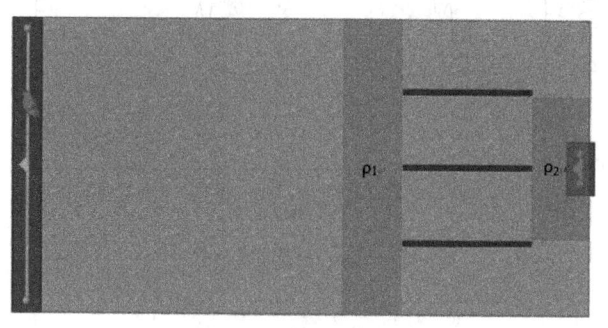

图 6.49　密度采集区域

图 6.50 显示了当期望速度为 5m/s 时两区域密度曲线的比较。可以看出，当未设置缓冲区时，行人密度在两个区域出现了两个错开的峰，这体现了伴随行人前进的同时行人密度波向前传递，并且在过程中两个区域密度都一度达到 $5p/m^2$，这是一个显著的拥堵。而当设置了缓冲区后可以明显看到两区域密度都维持了一定时间的平稳，达到了恒稳态状态，并没有出现激增的状况。ρ_1 的最大值低于 $4p/m^2$，这正是 Hughes 研究得出的疏散中产生压力波的临界密度[16]。这表明缓冲区对紧急条件下的疏散起到了有效的控制作用。此外，当没有缓冲区时，ρ_1 较高，这是因为没有缓冲区时，人群的疏散是无序并且充满碰撞的。在更高的期望速度下，容易在缓冲区前中产生极高的密度。设置缓冲区后，行人可以在缓冲区之前调整它们的方向和速度，以便可以尽快地进入缓冲区，继而减缓了缓冲区前的密度。图 6.51（a）（c）也可以说明这个结果。通过这种分析可以得出，沙漏状密度分布可以减轻拥挤环境中出口附近密度波的激发传递，从而降低人群挤压和践踏的风险。

(a)无缓冲区

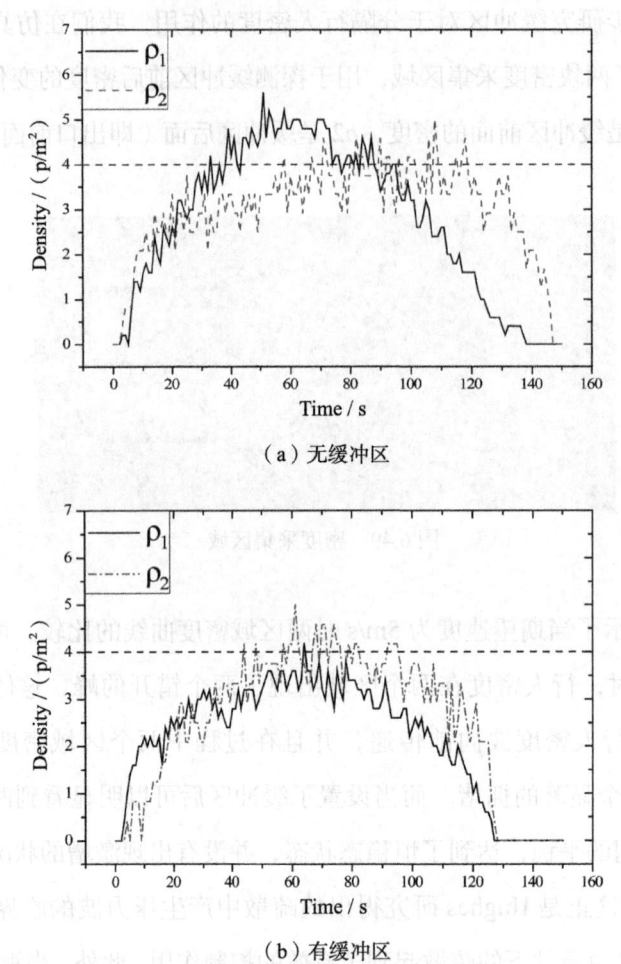

(b)有缓冲区

图 6.50　设置缓冲区前后密度变化对比

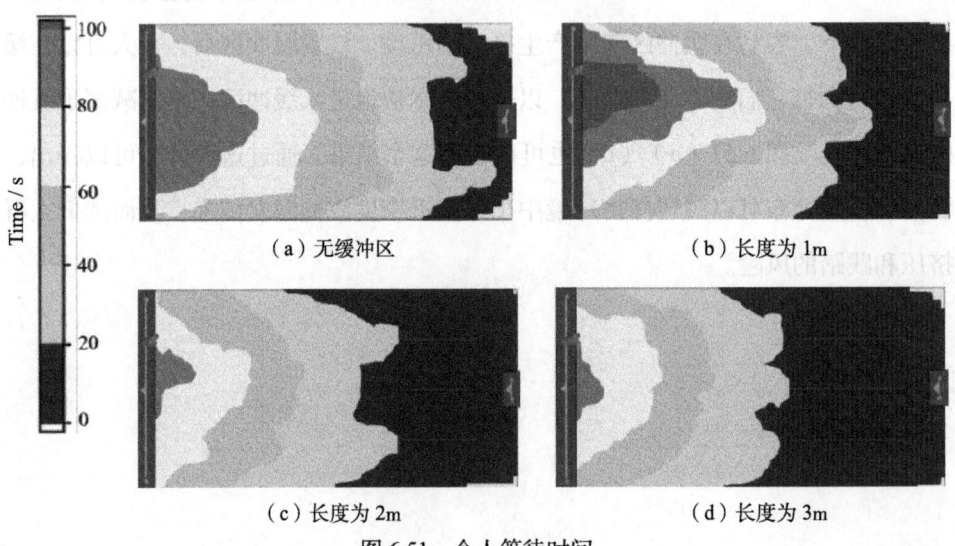

(a)无缓冲区

(b)长度为 1m

(c)长度为 2m

(d)长度为 3m

图 6.51　个人等待时间

个人等待时间代表该区域行人离开场景所需的时间，这也是疏散效率的重要指标之一。图 6.51 显示了不同缓冲区长度下的个人等待时间。不同的颜色代表不同的时间区间。可以发现缓冲区基本上被蓝色区域覆盖，且蓝色区域面积随着缓冲区长度同步增加，较大的蓝色区域说明更大范围内的行人可以尽快离开。结合图 6.46 和图 6.51 表明，缓冲区长度延长，不仅全局疏散时间减少，而且每个行人个体在疏散过程中能快速逃脱。

（2）缓冲区长度与瞬时速度之间的关系

根据前文的结果可以得知，设置缓冲区可以缩短疏散时间，且随着缓冲区长度的增加，时间下降得更加明显，因此我们预测缓冲区中的行人运动速度也可能会提高。为了研究缓冲区内行人瞬时速度的规律，我们得到每个智能体的位置和瞬时速度。10 米长的走廊被分成 10 个相等的间隔，计算每个间隔内所有行人的平均瞬时速度。结果如图 6.53 所示。

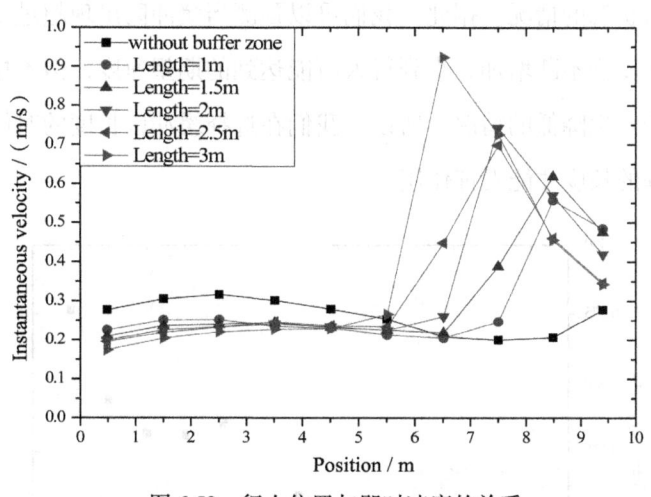

图 6.52 行人位置与即时速度的关系

由于在图 6.46 中发现设置缓冲区的作用在高期望速度下尤为明显，因此这里我们着重研究了期望速度设置为 5m/s 的情况。在图 6.52 中看到，当设置了缓冲区后，行人会出现一个明显的加速过程，加速出现在缓冲带的入口位置，此时，行人经过争抢之后进入的相对通畅的缓冲区域，开始主动加速，移动一段距离后略微减速排队离开出口，因为出口相对的低密度，使得即使是在排队的状态，行人的速率也能比在无缓冲的情况下高。另外可以看到，随着缓冲带的延长，发生加速的位置跟随着缓冲区入口逐渐提前，使得总体上的加速距离得到了延长，这一点即解释了上文中密度分布呈现出的漏斗形被拉长的情况。并且缓冲区越长，行人可以达到的速率越大，当缓冲区长度设置为 3m 的时候，行人最大速率达到了 0.92 米每秒，相比设置为 1m 时的 0.56 米每秒，提升了至少 64%，而疏散时间缩短了 11 秒；相对于不设置缓冲带时，最大速率提升了 192%，疏散时间缩短了 22 秒。可以说明密集人群在紧急状况下疏散，设置缓冲带可以有效地管控人群，缩短疏散时长。

（3）缓冲区长度与平均速度之间的关系

经过研究之后，我们希望为大规模密集人群疏散管控提供指导，不仅要考虑全局疏散时间，还要考虑平均速度。所以在得出区域瞬时速度之后我们继而得出了行人的平均速度。图 6.53 中，缓冲区长度的延长提高了疏散的平均速度，这与前面的分析一致。原因是缓冲区延长之后，行人可以获得的加速区域更长，因此可以得到更高的最大速率，而如果缓冲区域太短，行人就会出现还没有开始加速就处于排队状态的情况。据此，我们可以预测当缓冲区出现超过 3 米以上的情况时，平均速度会不断增加，直到行人所能达到的期望速度，但不排除在具体的疏散场景中会发生降低的情况。所以，我们在选择缓冲区长度的时候，需要根据需要设置合理的长度才能发挥作用。

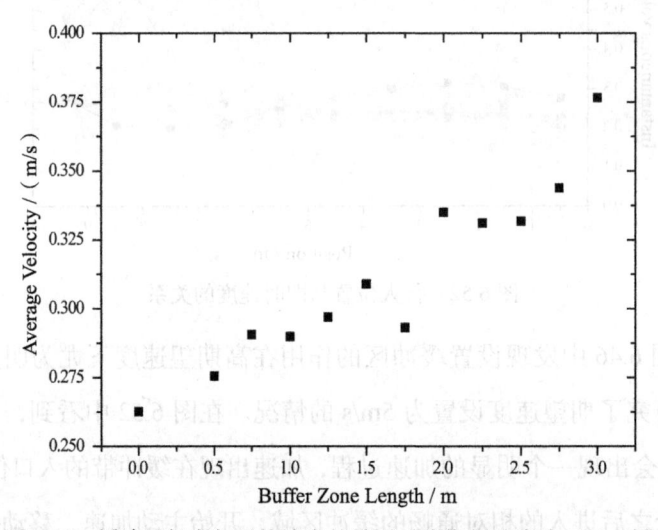

图 6.53　缓冲区长度与平均速度的关系（当期望速度为 5m/s 时）

6.3.3　缓冲区在某大规模人群地铁疏散场景的应用实例

对于缓冲区在实际场景中的应用需要根据现实情况灵活调整，基于不影响正常通行和有益于快速避险疏散的原则，合理选择缓冲区的位置、长度、层数等参数，利用缓冲区营造出"等候区"来缓解瓶颈处的争抢和拥堵。针对地铁场景，重点考虑在造成明显拥挤的地点，如闸机、楼梯、电梯等处布置缓冲区。因此将地铁站的人群疏散策略与缓冲区的瓶颈优化措施相结合，在施加具体的疏散路径引导情况下，设置缓冲区来进一步改善疏散过程。

在图 6.54 中，可以看到在发生节点失效下的密度分布图中，人群拥堵主要出现在了闸机和两处扶梯处，以此经过反复调试，针对这三处拥堵区域合理设置缓冲区，如图 6.54 中红色圈中所示。

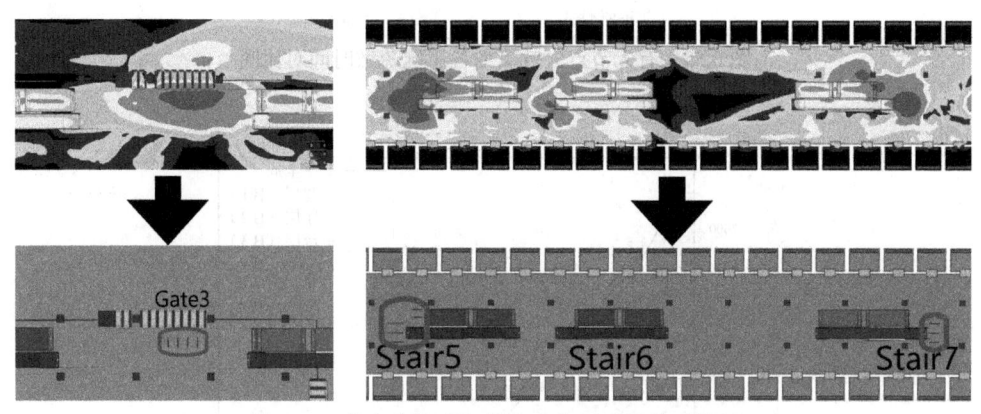

图 6.54 节点失效下拥堵发生位置及缓冲区设置

在拥挤多发的站厅层和站台层，Gate3、Stair5 和 Stair7 附近高密度面积相对更大，因此对这三处拥挤区域进行优化，其中 Gate3 处设置四层缓冲区，长度 1 米；Stair5 处电梯前设置三层缓冲区，长度为 2 米，扶梯前设置两层缓冲区，长度为 1.5 米；Stair7 处设置三层缓冲区，长度为 1.5 米。疏散策略按照第三章中施加引导指定出口进行疏散的原则，分别模拟了有无节点失效的两种情况。

基于上述设置对布置缓冲区后地铁疏散场景进行模拟，然后同样得出站内人数和密度分布，与第三章中指定出口疏散策略下所获得的数据进行对比。

（1）站内人数波动及清空时间对比

从疏散时间上看（图 6.55），各情况下的用时基本相当。布置缓冲区后时间有轻微的增加，但仍满足六分钟内清空人群的标准；而从车站内人数变化的角度看（图 6.56），变化趋势与前文得出的结果基本一致，行人的清空速率始终保持稳定，并没有明显的突变，可以认为从全局的疏散时间上看缓冲区对地铁疏散的

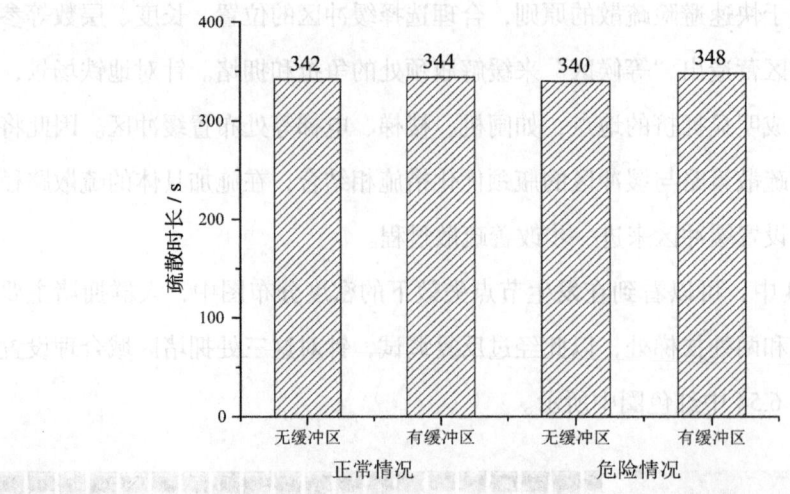

图 6.55 有无节点失效下的各工况疏散时间对比图

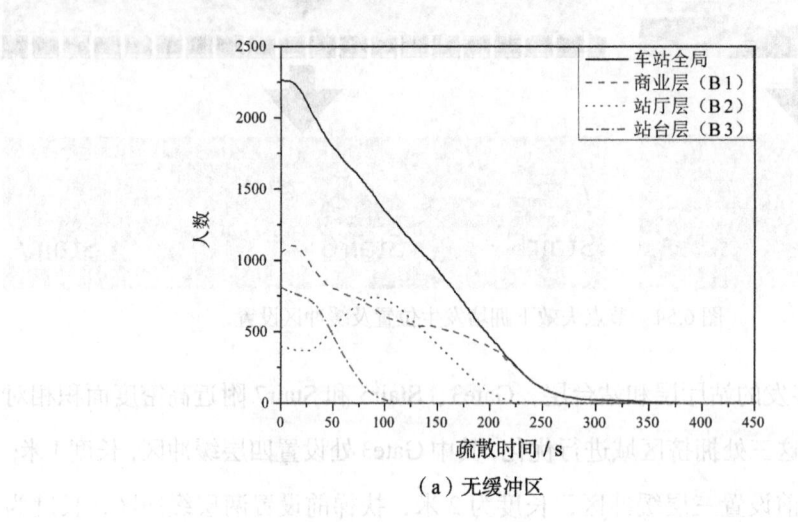

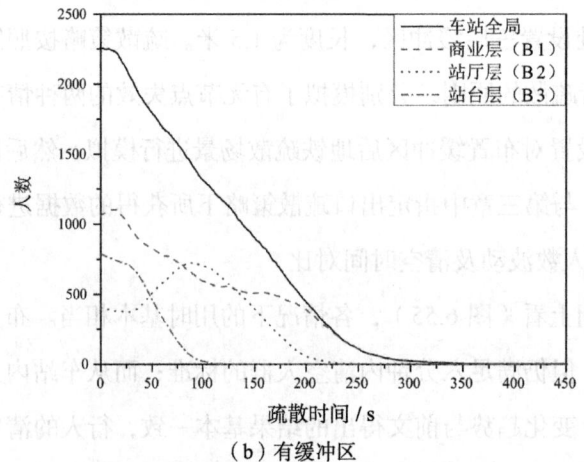

(a) 无缓冲区

(b) 有缓冲区

图 6.56 节点失效下地铁站内各层人数变化

影响不大。

（2）经验密度分布及拥堵规模

从前两章的研究中可以发现地铁站内关键区域的密度水平对疏散过程而言是更为重要的指标，因此继续分析设置缓冲区后局部区域的经验密度变化。

图 6.57 是在节点失效情况下布置缓冲区后经验密度分布情况，可以比较发现闸机处和扶梯前呈现为红色的高密度区域在设置缓冲区的情况下出现明显缩小，表现出缓冲区对控制局部大规模拥堵起到了控制作用。但是，与此同时也在其他局部区域出现新的小规模拥堵，所以同样使用 Photoshop 软件提取图片中的红色区域像素个数进行比较（如图 6.58）。

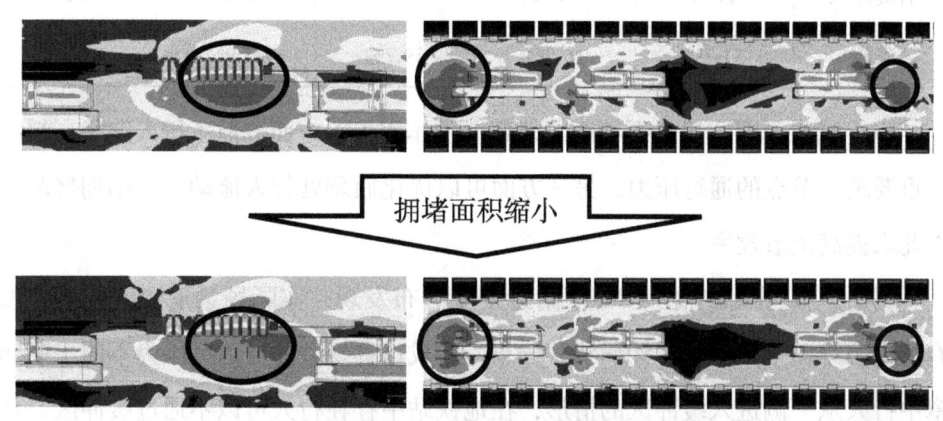

图 6.57　设置缓冲区后经验密度分布及拥堵面积变化

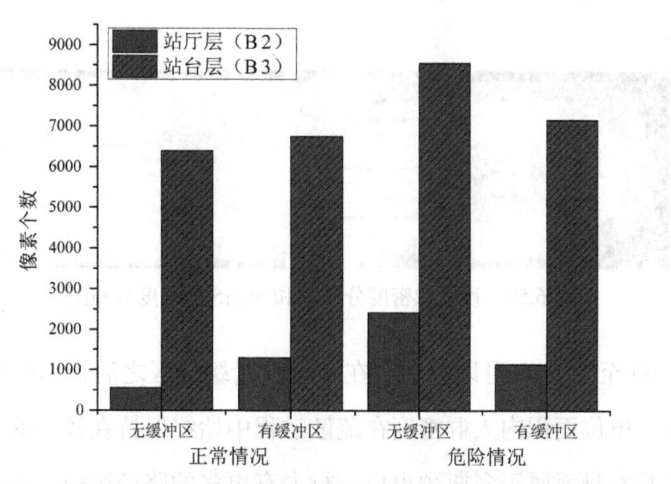

图 6.58　四种工况下站台层和站厅层的拥挤区域像素个数对比图

从图 6.58 中可以看出，当设置有缓冲区时，在无节点失效的情况下站台层和站厅层的拥挤面积均稍有增加，但增加幅度几乎可忽略不计，而且正常状态下小规模拥挤不会对地铁站内的安全疏散造成影响。但在存在节点失效的危险情况下，缓冲区对缩小高密度区域面积的作用显而易见。高密度区域面积的缩小在设置缓冲区的节点处反映得更加明显，经计算，在节点失效下有无缓冲区的地铁高密度拥挤范围见表 6.7 所示。

表 6.7 各层拥挤区域像素个数及缓冲区效果

	站厅层	站台层	Gate3	Stair5	Stair7
无缓冲区	2413	8550	1297	5302	1614
有缓冲区	1174	7140	523	3399	1324
降幅	51.3%	16.5%	59.7%	35.9%	18.0%

以上结果说明，通过缓冲区的外部干预作用，一方面分散了行人路径，缓解了重要疏散节点的通行压力，另一方面可以优化瓶颈处行人流动，缩小拥挤范围以此来提高疏散效率。

另外，从图 6.59 观察 Stair5 附近密度分布发现，实际场景下密度分布并没有呈现出第四章提及的"沙漏状"分布。造成这种现象的原因是因为不同于第四章中行人从一侧进入缓冲区的情形，在地铁站中存在行人可以不通过缓冲区，从缓冲区侧面插队绕行进入楼梯的情况，因此需要深入分析在疏散过程中缓冲区附近的密度波动，是否出现明显的激增影响瓶颈处的安全通行。

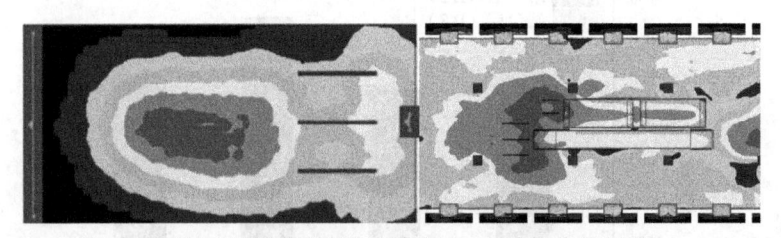

图 6.59 沙漏状密度分布图和 Stair5 处密度分布图

从图 6.60 至图 6.62 可以看到，在合理设置缓冲区之后，不仅拥挤区域的面积得到缩小，单位面积内人群密度在疏散过程中始终保持在较低的水平。自动售票闸机由于其本身就属于多瓶颈出口，行人有更多的路径选择，因此缓冲区的积极作用不如扶梯等类似的单瓶颈出口明显,但在第 50 秒之后始终保持在低于原始情况的密度水平,依然发挥了控制区域密度的积极作用。

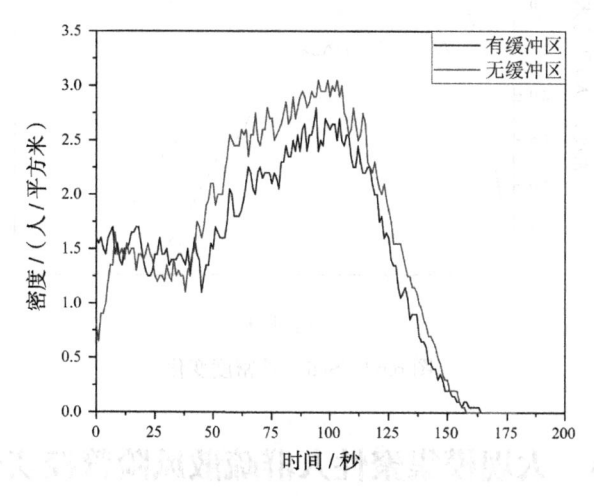

图 6.60　Gate3 处密度变化

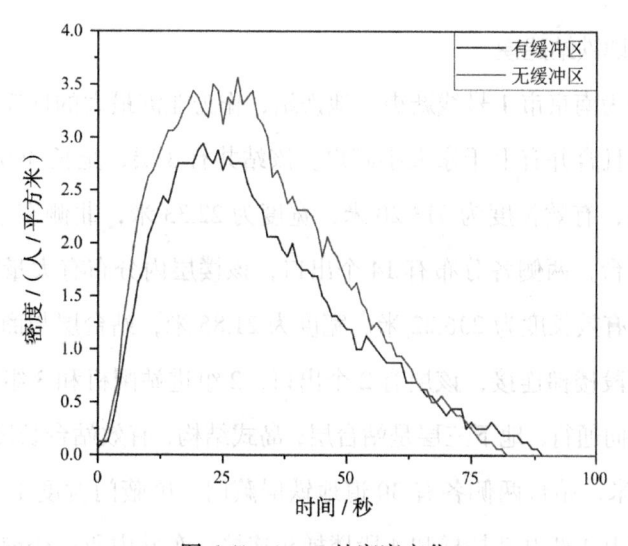

图 6.61　Stair5 处密度变化

图 6.62 Stair7 处密度变化

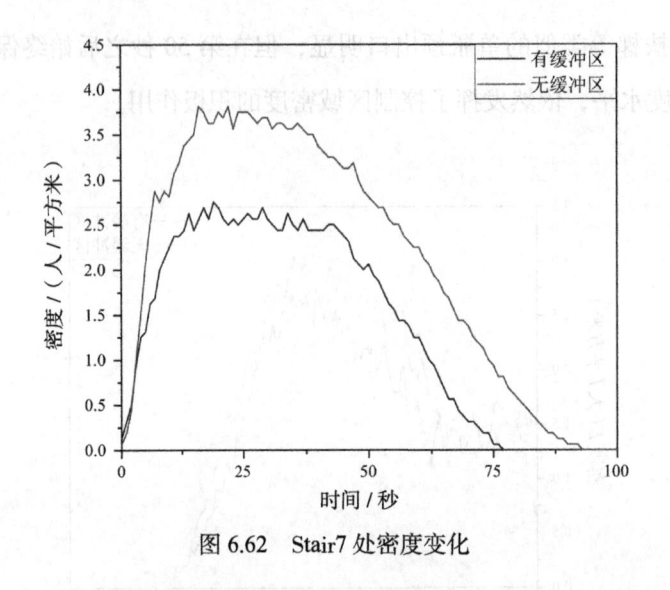

6.4 大规模集聚性人群疏散风险管控实例

6.4.1 多灾种耦合导致节点失效情况分析

6.4.1.1 地铁站建模

研究对象为南京市 1 号线新街口地铁站，作为亚洲最大的地铁站，其结构复杂，出口众多且合并有上千家大小商户。该站共有 3 层，全长 360.414 米。地下一层为商业层，有效长度为 313.20 米，宽度为 22.33 米，北侧有一直径为 50 米的圆形换乘平台，两侧各分布有 14 个出口，该楼层内分布有大量店铺；地下二层为站厅层，有效长度为 236.22 米，宽度为 21.85 米，站台层与商业层通过 3 部电动扶梯和 4 段楼梯连接，该层有 2 个出口，2 组进站闸机和 3 组出站闸机，在正常情况下单向通行；地下三层是站台层，岛式结构，有效站台长度为 140.70 米，宽度为 14.12 米，站台两侧各有 30 道地铁屏蔽门，屏蔽门宽度 1.60 米，站台层和站厅层之间由 4 部电动扶梯和 4 段楼梯相连接；车站内所有楼梯和扶梯的断面宽度全部一致，楼梯为 2.40m，扶梯为 1.57m，扶梯的速度设置为 0.65m/s。由此，建立的该站台疏散模型见图 6.63 和图 6.64。

图 6.63 新街口 1 号线地铁站布局

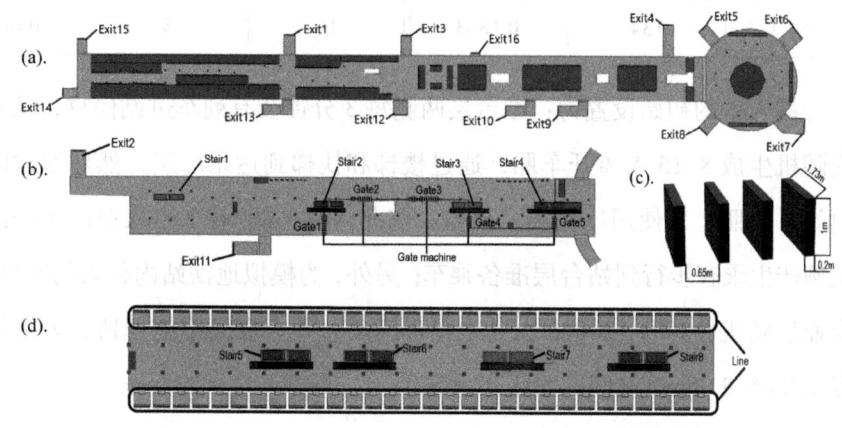

图 6.64 地铁站各层结构：（a）商业层；（b）站厅层；（c）进站闸机；（d）站台层

6.4.1.2 初始设置

在地铁站内的行人大致分为三类：（1）打算乘车的行人；（2）准备出站的行人；（3）在商业层购物的行人。地铁站出口数量众多，分布在新街口商业区的各个区域，出口的使用频率与出口在地面所处的位置有较大关系。经过实地测量，记录每个出站口 2 分钟内经过的人数和的对应出口的使用率 r_i，得到表 6.8 中的出口使用比例：

$$r_i = \frac{P_i}{\sum_{i=1}^{m} P_i} \quad (m=16) \tag{6-2}$$

表 6.8 十六个出口通行人数及使用率

编号	通行人数	比例	编号	通行人数	比例
1	27	0.0317	9	31	0.0426
2	2	0.0027	10	37	0.0509
3	22	0.3026	11	11	0.0151
4	9	0.0124	12	83	0.1142

续表

编号	通行人数	比例	编号	通行人数	比例
5	52	0.0715	13	10	0.0137
6	27	0.0317	14	90	0.1238
7	121	0.1664	15	66	0.0908
8	134	0.1843	16	5	0.0069

疏散人群的初始设置为：站台层两侧每3分钟会有列车进站停靠，从每个车厢内随机生成8~15人离开车厢，通过楼梯和扶梯到达站厅层，然后通过闸机检票出站，按照上表使用比例离开出口；与此同时，从16个出入口内也按照相同的比例产生乘客步行到站台层准备乘车；另外，为模拟地铁站内行人的购物行为，在商业层随机分布有1200人在其中循环运动，并会在商铺前逗留。人员的步行速度在0.65~2.05m/s之间，呈正态分布。

6.4.1.3 工况设置

在地铁站进行大规模的人员疏散时，站内电气设施和狭窄瓶颈很有可能会因为事故蔓延、人群踩踏和部件超压超温而失效，此时就给行人增加了很大的疏散风险。许多行人在面临熟悉的路径无法通行时会反映出不安情绪，此时人们不得不放弃原先设想的路径并重新规划逃生路线，这种行为一定程度上会迟滞疏散时间。在开展模拟前，本节预先验证了模型在正常情况下运行的稳定性，在过程中可以发现拥堵大多出现在楼梯、电梯或闸机等瓶颈处。因此，本节将这些存在高风险的节点设置为失效节点来迫使行人寻找新的路径，以此研究节点失效下不同疏散策略对疏散过程的影响。图6.65描述了模拟中行人的主要疏散路径及其失效节点与开始失效时间。

在模拟中，地铁站仿真模型运行到第12分钟的时候，站内人群基本处于稳定的饱和状态，地铁站各层都均匀分布了大量的行人，此时开始疏散。疏散的逻辑（或策略）分为三种：（1）根据最短路径逃生；（2）进站人员从自己进入的出口逃生，下车的乘客按照最短路径逃生；（3）所有乘客被要求从指定出口疏散（3、4、5、8、9、10号出口），如表6.9所示。因为在商业层只有4组上行扶梯，所以选择了比较靠近的6个出口用于疏散，对比最短路径的逻辑，行人

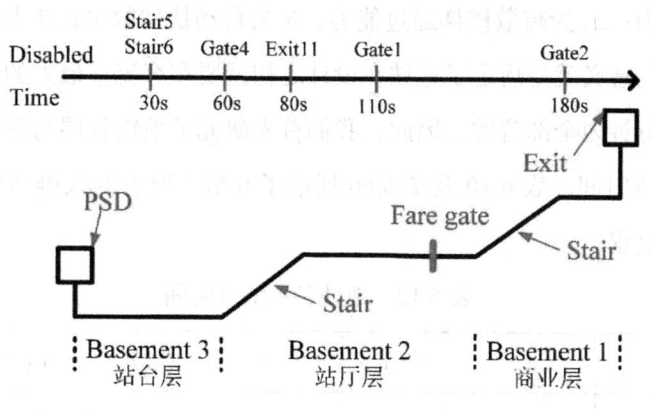

图 6.65 行人逃生路线及失效节点设置

可以根据疏散条件的变化有更多的选择。对于这三种疏散策略同时考虑了正常情况和危险情况，正常情况下，在疏散时地铁站内部结构是完整的，即不考虑节点失效；而危险情况下考虑节点失效，即按图 6.65 设置出现某些节点失效干扰行人疏散的场景。共设计 6 组工况开展模拟，如表 6.9。

表 6.9 模拟工况设置

	疏散策略	节点状态
工况 a	最短路径疏散	节点正常
工况 b	最短路径疏散	节点失效
工况 c	原始入口疏散	节点正常
工况 d	原始入口疏散	节点失效
工况 e	指定出口疏散	节点正常
工况 f	指定出口疏散	节点失效

6.4.2 不同策略下疏散瓶颈演变规律

6.4.2.1 疏散时间及人数变化

《地铁设计规范》（GB50157-2013）[17] 中规定了疏散时间要求的计算公式：

$$T = 1 + \frac{Q_1 + Q_2}{0.9[A_1(N-1) + A_2 B]} \leqslant 6\min \quad (6-3)$$

式（6-3）中：Q_1 为客流控制期中超高峰小时 1 列进站列车的最大客流断面流量；Q_2 为客流控制期中超高峰小时站台上的最大候车乘客；A_1 为 1 台自动扶

梯的通过能力；A_2 为疏散楼梯通过能力；N 为自动扶梯数量；B 为疏散楼梯的总宽度。该式的意义就是规定了地铁在设计之初就要在客流量最大的情况下保证行人能够在6分钟内全部疏散。因此，我们首先研究了地铁各层与整个地铁内的人数变化和清空时间。表6.10及图6.66展示了6组工况下的人群清空时间和各层的人数变化过程。

表6.10　地铁各层清空时间　　　　　　　　　　　　　单位：s

区域	（a）	（b）	（c）	（d）	（e）	（f）
商业区（B1）	242	368	388	409	342	340
站厅层（B2）	239	333	281	304	250	252
站台层（B3）	124	151	136	174	112	135

疏散开始时，地铁站内人数共2228人。从图6.66可以看出，在六种工况下行人基本都可以在6分钟内完成疏散。如果行人向原出口逃生，就必须面对相对更长的疏散距离，因此在正常情况下选择原出口相比选择最短路径多耗时145秒。但是，当发生节点失效后，由于位于最短路径上的节点被切断，选择最短路线逃生的乘客需要重新选择新的最短路线，导致时间延长，对比正常情况下多用时83秒；而对比选择从原入口撤离的情况，总体疏散时间和效率并没有太大的差异，这说明，当行人分散目标点逃生时对地铁站内部节点失效的影响不敏感。

从图6.66（e）和图6.66（f）可以看出，当要求乘客通过指定出口逃生时，正常情况和节点失效下的总体疏散时间几乎相同，尽管比正常情况下依照最短路径疏散用时长，但对比其他情况用时更短。结合实际情况，由于行人具有明显的从众效应，当一群人面对同一目标出口不能达到时，很难像模拟中的智能体那样能够立即找到新的出口，现实情况是大量的人群在慌乱中对前方形势不确定，失效节点旁的行人很难将情况立即传达给后方的行人，且需要应对来自后方人群巨大的挤压力，在这样的情况下，想要立刻找的新的逃生路线并不实际，而且很容易造成大规模人群的拥挤踩踏事故。因此，节点失效情况下的最短路径疏散策略并不是最优的，存在较大的局部风险。

通过站内人数变化可以计算出各个工况下的已疏散人员比例并进行比较，见图6.67。结果发现，无论是在正常情况下还是危险情况下，乘客选择原出口时，

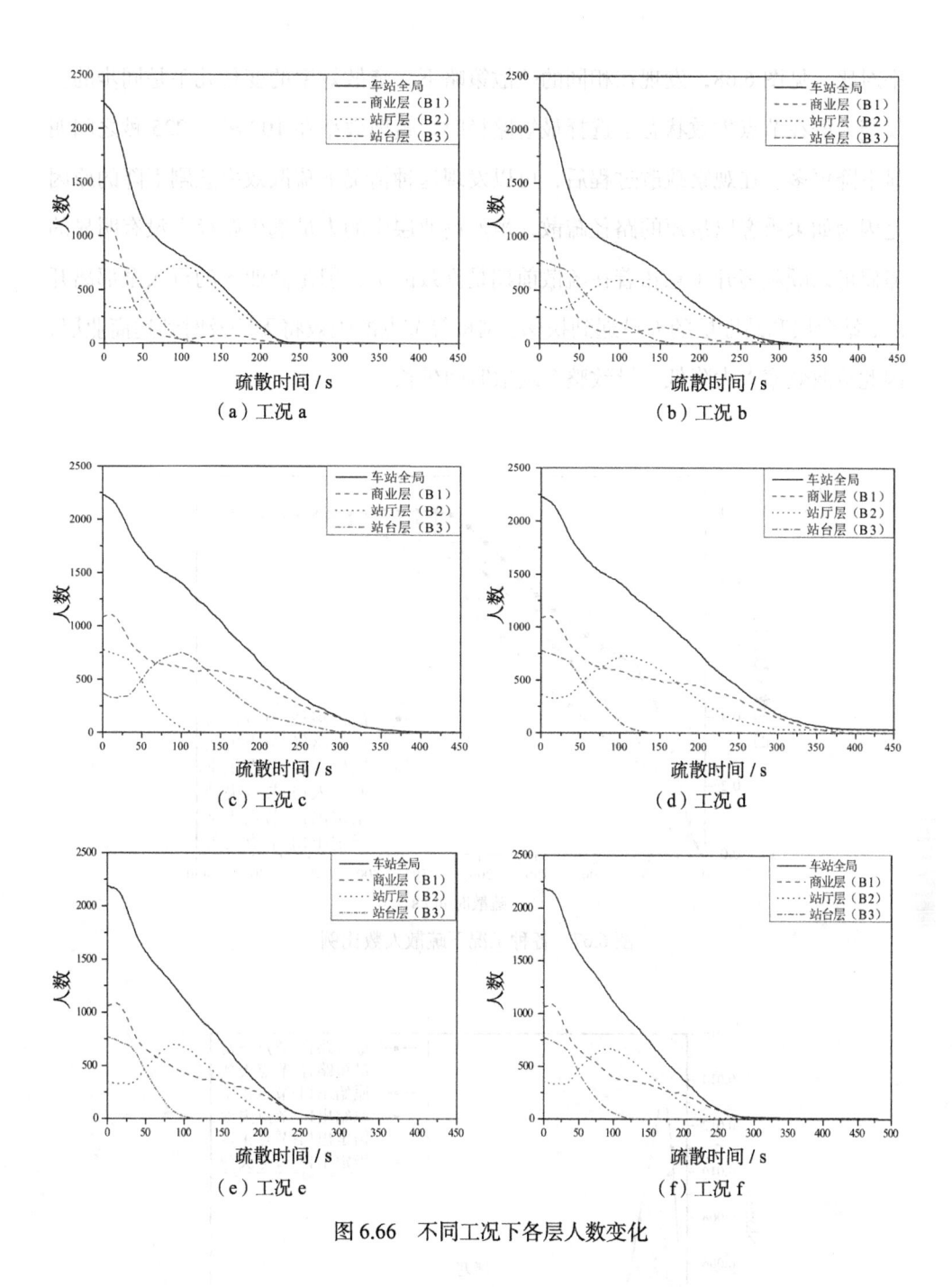

第 6 章　突发事故下人群拥堵踩踏风险防控

图 6.66　不同工况下各层人数变化

时间成本最大。当要求乘客撤离到合理的指定出口时，时间大大缩短。这两种策略都不对节点失效不敏感，人群疏散效率相对同步。如果选择最短路径，虽然在正常情况下花费的时间最短，但是一旦节点发生失效，整个疏散过程将明显延长，并且比其他情况花费更长的时间。为了进一步分析这种现象，通过疏散效率的斜率对比，见图 6.68，发现在相同的疏散策略下，疏散效率的变化几乎是同步的。仅当人群在节点失效状态下选择最短路径时，疏散效率在 100 秒至 225 秒之间明显下降更多。在观察疏散过程后，可以发现这种情况下疏散效率急剧下降的原因是因为如果乘客以最短的路径疏散，虽然商业层中的人员逃生路径上没有明显的障碍可以顺利离开（意味着在疏散前期是高效的），但是商业区的行人全部离开后，站台层和站厅层的人员遇到扶梯、闸机等节点的失效将无法及时到达商业层，因此疏散效率大大降低，导致整个疏散时间延长。

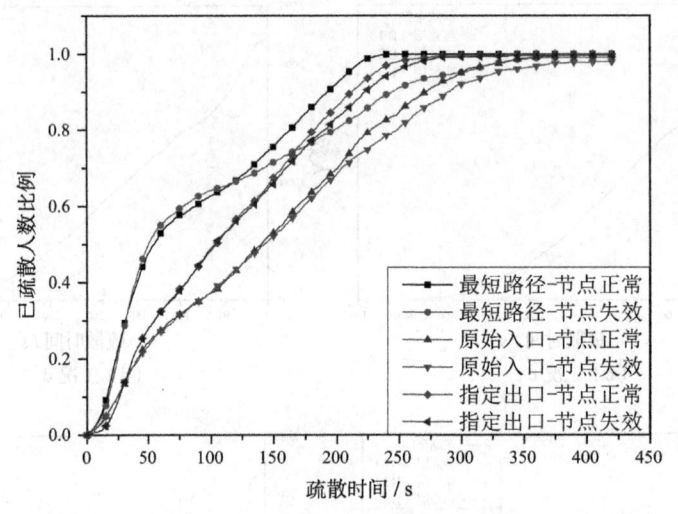

图 6.67　各种工况下疏散人数比例

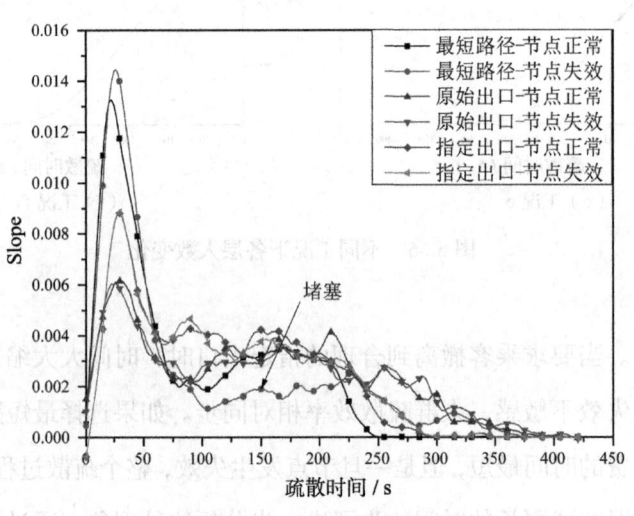

图 6.68　各种工况下疏散效率

此外，在真实的突发事故环境下，地铁内行人通常会感到紧张和不安。在这种情况下，如果站内人群过于密集，将导致人与人之间难以承受的挤压和慌乱，并导致扶梯等设备超出载荷。因此，地铁站疏散过程中，人群的密度分布也是需要重点分析的对象。

6.4.2.2 大规模人群密度分布

地铁内部广泛的存在各种瓶颈极易导致局部大量人群拥堵，继而引发踩踏等事故，因此人群密度也是考虑的重点。在分析人群密度时一般采用平均密度，但平均密度对于较长时间和大场景的模拟就存在很大的局限，当一段长时间的模拟过程中出现了短暂的密度激增时，这短时间产生的高密度会由于全局时间过长而不能如实反映在平均密度图中，因此需要引入经验密度图的概念，运用加权算法在长时间内获取局部的短暂密度激增。

利用 MassMotion 仿真模拟软件可以得到经验密度分布图。经验密度是将所有乘客所身处的全局过程中平均密度，以加权平均值计算，公式如下：

$$\text{LOS}(t) = \frac{\sum_{n=1}^{t} \text{density}(n)^2}{\sum_{n=1}^{t} \text{density}(n)} \tag{6-4}$$

该公式来源于空间上的加权平均值，来显示长时间内拥挤程度的巨大波动，可以从加权平均值的方程推导得出：

$$\bar{x} = \frac{\sum_{i=1}^{n} w_i x_i}{\sum_{i=1}^{n} w_i} \tag{6-5}$$

在公式中，x 代表具体的数据，w 是每个数据的权重，$\bar{x}$ 是加权后得出的平均值，n 是全局的持续时间，i 代表时间间隔。为了将式（6-5）转化为密度公式，需要定义以下参数：代表行人的智能体数量 N、区域面积 A、智能体的密度 D 或 N/A；时间区间 t_1；时间区间 t_2；时间间隔 i，在 MassMotion 中代表一个仿真帧。所以，针对密度加权的算术平均值可以表示为：

$$\bar{x} = \frac{\sum_{i=t_1}^{t_2} N_i D_i}{\sum_{i=t_1}^{t_2} N_i} \tag{6-6}$$

将 D_i 替换为 N_i/A，然后分子和分母同时除以 A，可以将它们分别表示为密度形式：

$$\bar{x} = \frac{\sum_{i=t_1}^{t_2} \frac{N_i^2}{A^2}}{\sum_{i=t_1}^{t_2} \frac{N_i}{A}} \tag{6-7}$$

可得：

$$\bar{x} = \frac{\sum_{i=t_1}^{t_2} D^2}{\sum_{i=t_1}^{t_2} D} \tag{6-8}$$

以此可以代表行人在每个点经历的加权密度平均值。从而避免短时间内突增的瞬时密度被疏散时长抵消，从而忽视模拟过程中密度数值的激增。密度在示意图上用颜色表示，其值取自标准 Fruin 映射，如表 6.11 所示。

表 6.11 服务水平对应颜色及数值

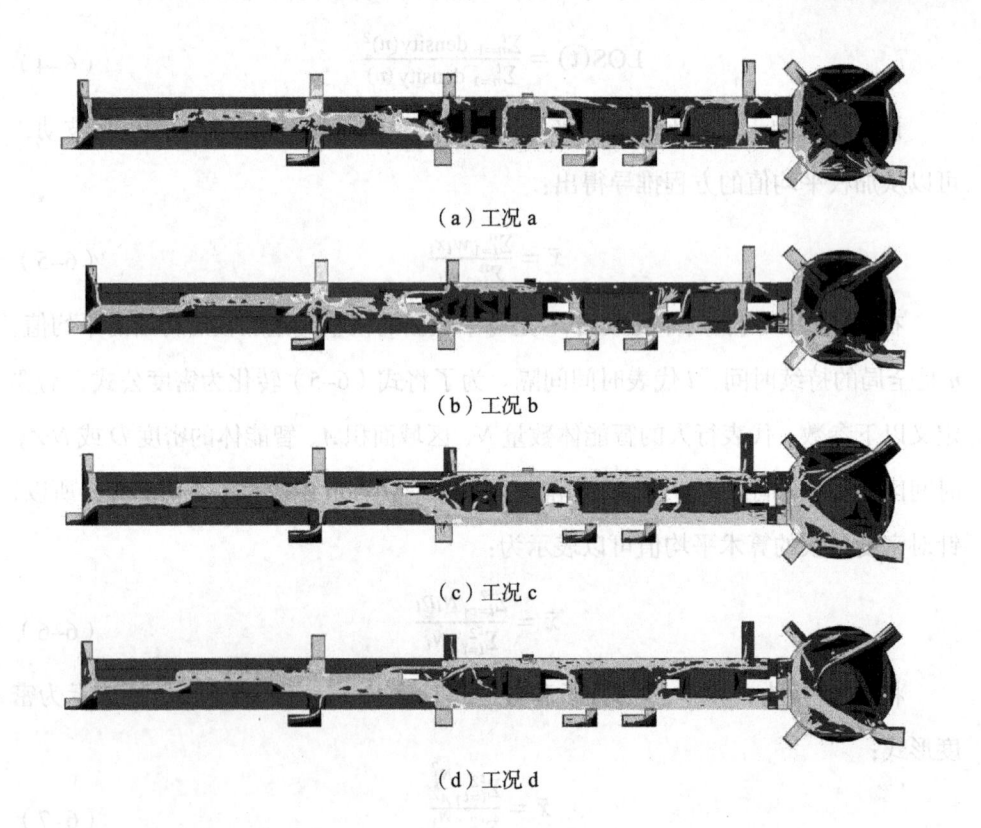

服务水平	密度 /（人/平方米）	空间 /（平方米/人）	颜色
A	$x \leq 0.309$	$x \geq 3.24$	
B	$0.309 < x \leq 0.431$	$3.24 > x \geq 2.32$	
C	$0.431 < x \leq 0.719$	$2.32 > x \geq 1.39$	
D	$0.719 < x \leq 1.075$	$1.39 > x \geq 0.93$	
E	$1.075 < x \leq 2.174$	$0.93 > x \geq 0.46$	
F	$2.174 < x$	$0.46 > x$	

(a) 工况 a

(b) 工况 b

(c) 工况 c

(d) 工况 d

(e) 工况 e

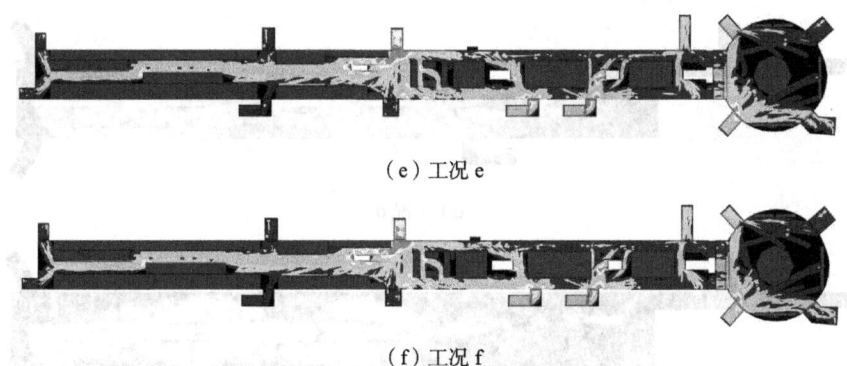

(f) 工况 f

图 6.69　商业层（B1）密度分布图

经验密度图可以显示出疏散过程中服务水平发生突增的区域。从图 6.70 中可以看出，如果行人分散目标逃生，图中密度相对较高的黄色和橙色区域明显减少，这说明各个出口的利用率得到了增加，乘客的密集拥挤现象得以缓解。然而，如果行人按照指定出口疏散，局部的拥堵情况相比行人寻找最短路线疏散在商业层并没有得到明显的改善。

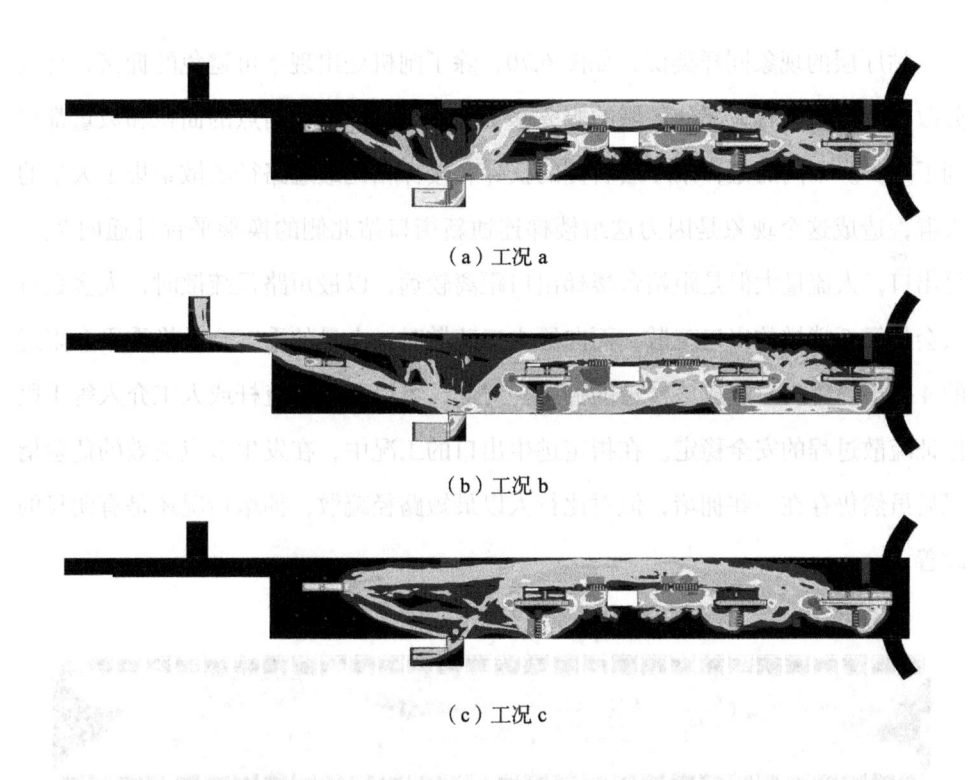

(a) 工况 a

(b) 工况 b

(c) 工况 c

(d) 工况 d

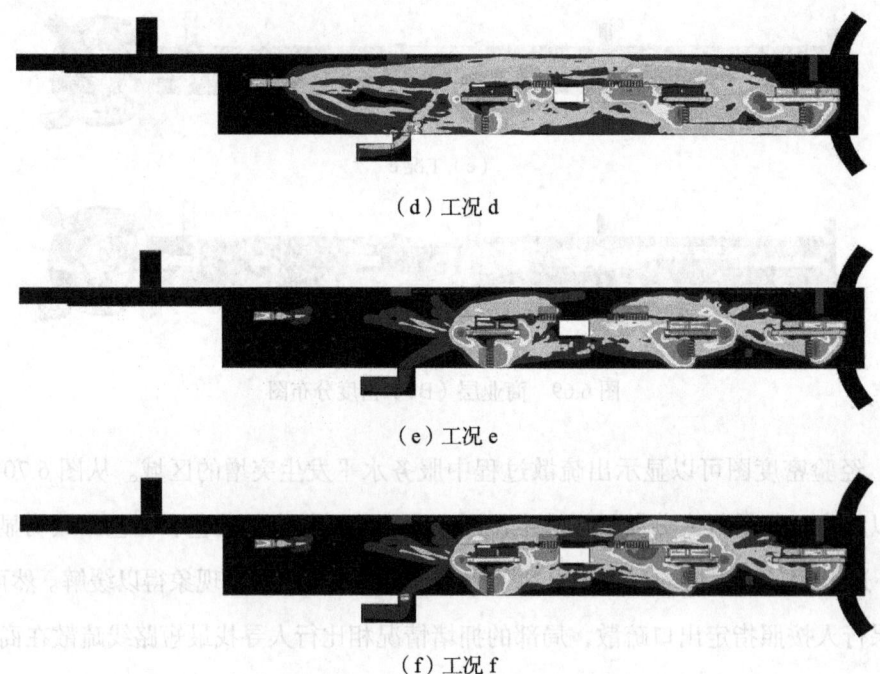

(e) 工况 e

(f) 工况 f

图 6.70　站厅层（B2）密度分布图

站厅层的现象同样类似，如图 6.70，除了闸机处出现不可避免的拥挤，行人分散了逃生路径后大部分区域的服务水平都发生了降级，堵点的面积和数量都得到了减少。不同的是，站厅层右侧的扶梯和楼梯相比最短路径疏散聚集了大量的人群，造成这个现象是因为这组楼梯连通新街口站北侧的换乘平台且通向7、8号出口，人流量大但是距站台楼梯出口距离较远，以最短路径疏散时，大多数行人会从靠近楼梯的出口疏散，而向原入口疏散时，大量的乘客会从换乘平台附近的4个出口逃生，造成该楼梯的拥堵。对此，可以采用导流杆或人工介入等手段保证疏散过程的安全稳定。在指定逃生出口的工况中，在发生节点失效的危险情况后虽然仍存在一些拥堵，但对比行人以最短路径疏散，拥堵情况还是有明显的改善。

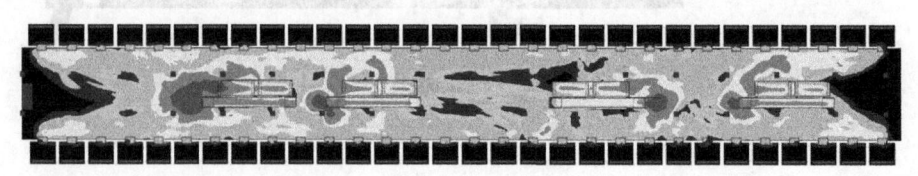

(a) 工况 a

(b) 工况 b

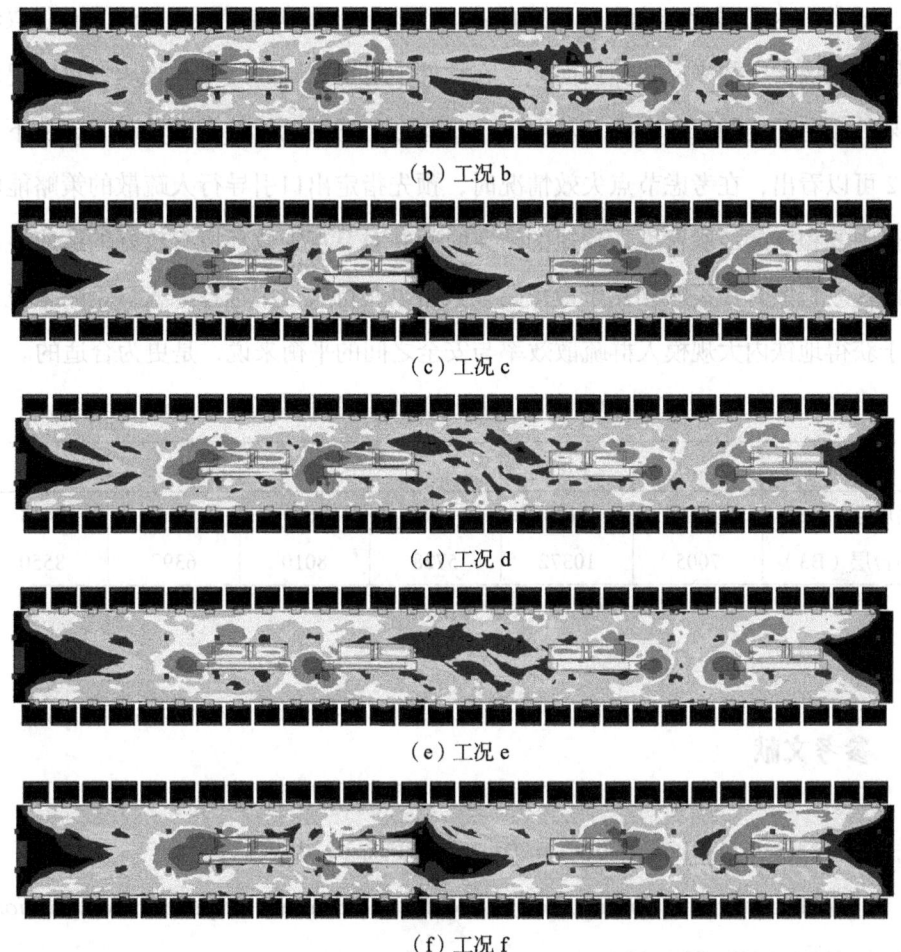

(c) 工况 c

(d) 工况 d

(e) 工况 e

(f) 工况 f

图 6.71 站台层（B3）密度分布图

站台层拥堵则全部出现在扶梯处，如图 6.71 所示，在（a）图与（b）图中，由于很大一部分乘客规划的最短路径是一致的，因此在最左侧的扶梯造成比较严重的拥堵，而在（c）图与（d）图中，行人分散了目标出口，使得四个扶梯前的高密度区域均相应缩小。当关键节点失效后，第二个扶梯附近的乘客改变了路径，转向右侧扶梯，在这种情况下，可以看出如果行人以最短路径疏散时，同一范围内的大量人群朝向同一出口，某一部扶梯的通行压力会突然增大，非常容易导致人群失控，且导致疏散效率低下；但如果乘客分散疏散，局部区域的人员会对应分摊到其他扶梯。总的来说，选择最短路径会导致严重的局部拥挤，而分散出口则使得拥挤范围降至最小。预先指定疏散出口的方案从密度分布的角度来看介于这两种情况之间。

此外，为了量化密度图上出现的高密度区域，本研究使用 Photoshop 获取红色区域的像素个数来反映拥挤面积。在软件中对于相同的尺寸和画质，可以提取出某种颜色准确的像素个数，从而进一步验证上述结论。结合疏散时间，从下表 6.12 可以看出，在考虑节点失效情况时，预先指定出口引导行人疏散的策略能够获得中等程度的经验密度、较短的清空时间并对节点失效环境有较好的适应性，因此这一疏散管控策略相比于最短路径策略以及行人自主选择原入口策略来说，对于获得地铁内大规模人群疏散效率与安全之间的平衡来说，是更为合适的。

表6.12 拥堵区域红色像素个数

Case	(a)	(b)	(c)	(d)	(e)	(f)
站厅层（B2）	177	4120	526	1607	554	2413
站台层（B3）	7005	10372	5728	8010	6397	8550

参考文献

[1] May A D. *Traffic flow fundamentals*. Pearson, 1990.

[2] Helbing D. A mathematical model for the behavior of pedestrian. *Behavioral Science*, 1991,36(3): 298-310.

[3] Helbing D, Vicsek T. Optimal self-organization. *New Journal of Physics*, 1999,1(1): 13.

[4] Helbing D, Farkas I, Vicsek T. Simulating dynamical features of escape panic. *Nature*,2000, 407(6803):487-490.

[5] Helbing D, Buzna L, Johansson A, et al. Self-organized pedestrian crowd dynamics: Experiments, simulations, and design solutions. *Transportation Science*, 2005,39(1):1-24.

[6] Lin P, Ma J, Lo S. Discrete element crowd model for pedestrian evacuation through an exit. *Chinese Physics B*, 2016, 25(3): 034501.

[7] Zuriguel I, Parisi D R, Hidalgo R C, et al. Clogging transition of many-particle systems flowing through bottlenecks. *Scientific Reports*, 2014, 4(1): 7324.

[8] Khamis N, Selamat H, Ismail F S, et al. Optimized exit door locations for a safer emergency evacuation using crowd evacuation model and artificial bee colony optimization. *Chaos, Solitons & Fractals*, 2020, 131: 109505.

[9] Haghani M, Sarvi M. Simulating pedestrian flow through narrow exits. *Physics Letters A*, 2019, 383(2-3): 110-120.

[10] Chu G, Sun J, Wang Q, et al. Simulation study on the effect of pre-evacuation time and exit width on evacuation. *Chinese Science Bulletin*, 2006, 51: 1381-1388.

[11] You L, Zhang C, Hu J, et al. A three-dimensional cellular automata evacuation model with dynamic variation of the exit width. *Journal of Applied Physics*, 2014, 115(22).

[12] 蒋桂梅. 建筑物出口条件对人员疏散的影响分析[J]. 计算机仿真，2010，27（06）:212-215+229.

[13] Seyfried A, Passon O, Steffen B, et al. New insights into pedestrian flow through bottlenecks. *Transportation Science*, 2009, 43(3): 395-406.

[14] Cornes F E, Frank G A, Dorso C O. Microscopic dynamics of the evacuation phenomena in the context of the Social Force Model. *Physica A: Statistical Mechanics and its Applications*, 2021, 568: 125744.

[15] Fruin J J. *Pedestrian Planning and Design*. Metropolitan Association of Urban Designers & Environmental Planners, 1971.

[16] Hughes R L. A continuum theory for the flow of pedestrians. *Transportation Research Part B*, 2002, 36(6):507-535.

[17] 《地铁设计规范》GB50157-2013.

第 7 章
集聚性人群安全疏散风险评估量化模型

7.1 基于排队论的聚集人群疏散风险研判

大规模疏散时,人群的从众性很大,一旦在疏散过程中出现不可预知的危险状况,人群中极易产生惊慌、逃窜甚至踩踏等事故,严重影响疏散的效率。通常在大规模疏散中,疏散引导起着至关重要的作用。一方面,疏散引导可以一定程度上稳定大规模人群的焦急或恐慌情绪;另一方面,疏散引导可以通过合理安排各种疏散措施(如疏散通道口的秩序维护、疏散人群的方向引导等),保证乃至提高整个人群的疏散效率。本节在讨论疏散策略时,主要关注疏散引导措施(如通道口数目的设置和调整)在不同密度的人群疏散时,所表现出的有效性程度。为简化分析,假设当人群尚可以流动时,不考虑恐慌等非理性因素,认为人群可以按照秩序排队通过疏散通道。因此,本节在分析疏散策略在不同密度人群情况下的有效性时,采用经典的排队理论作为分析手段。

7.1.1 排队论简介

排队论基于这样的假设:人群形成的过程,是一个行人按照某种概率分布到达服务台、按照某种排队规则接受服务并离开的过程。通常采用负指数分布、Possion 分布等概率分布形式来描述行人的到来,采用先来先服务(FCFS)、先来后服务(FCLS)等排队规则进行模拟。通过对排队系统的运行效率进行分析,可以获取系统参数的最优值,进而设计改进措施。所以,建立一个排队模型,必须首先确定一系列可用于判断排队系统服务效率的基本数量指标,这些数量指标通常有队长、逗留时间、等待时间、服务时间、忙期等。

队长：指排队系统中的顾客数，其期望值记为 L。

系统中的顾客数 = 等待服务的顾客数 + 正被服务的顾客数

因此，队长越大，说明服务效率越低。

逗留时间：指一个顾客在排队系统中的停留时间，即顾客从进入服务系统到服务完毕的整个时间，其期望值记为 W_0。

等待时间：指一个顾客在排队系统中等待服务的时间，其期望值记为 W。

逗留时间 = 等待时间 + 服务时间

忙期：指从顾客到达空闲服务机构起到服务机构再次为空闲这段时间长度，即服务机构连续工作的时间长度。它关系到服务员的工作强度、忙期的长度和一个忙期中平均完成服务的顾客数，这些都是衡量服务效率的指标。

要计算以上这些指标必须知道系统状态的概率，所谓系统状态，即时刻 t 时排队系统中的顾客数。如果时刻 t 时排队系统中有 n 个顾客，就说系统的状态是 n，其概率一般用 $P_n(t)$ 表示。求 $P_n(t)$ 的方法，首先要建立含 $P_n(t)$ 关系式，因 t 为连续变量而 n 只取非负整数，所以建立的 $P_n(t)$ 的关系式一般是微分差分方程，这时要求方程的解是不容易的，有时即使求出也很难利用。因此，往往只求稳态解 P_n，求 P_n 并不一定求 $t \to \infty$ 时的 $P_n(t)$ 极限，而只需由 $P_n'(t)=0$，用 P_n 代替 $P_n(t)$ 即可。

对于一些典型的排队系统，如单通道等待制排队系统、多通道等待制排队系统、系统容量有限的排队系统等，在很多专著中都有详细介绍[1,2]，这里不作赘述。

7.1.2 聚集人群的特征密度

在排队论中，人流到达强度是一个重要的指标，本文认为，人群密度是影响排队通行效果的一个主要因素，密度越高，到达疏散通道口处的人群越多，即人流的到达强度越高。因此，本文中为简化计算，认为人流到达强度正比于人群密度。为便于建立模型，本文假设了一种无限人流过桥的情景。某桥具有一定的宽度，在桥的入口处可以设置一定数目的通道口，以利于人群在桥上的有序运动。大规模人群在疏散中需要通过该桥到达安全地点，不同密度的人群到达该桥入口处时的到达强度不同。

本文对该无限人流过桥模型进行如下假设：

（1）桥梁入口处有 n 条人为组织的排队队伍（通道）；

（2）人流无限，且单独到来相互独立；

（3）到达桥梁入口的人流符合泊松分布，到达强度为 λ；

（4）人群对通道无特别偏好；

（5）先来先服务原则，且人可在队列间自由移动，并总向较短的队列进行转移，没有人会因为队列过长而离去；

（6）每个人通过桥梁的时间符合指数分布，平均每人的过桥时间为 1.5 个单位时间（1 单位时间为 60s）。

基于以上假设，建立该无限人流过桥模型的系统效率指标计算公式如下所示。

人流到达强度 λ：为简化计算，认为 $\lambda=\rho$

每个人的平均过桥时间：$\bar{t}$

过桥通道服务能力：

$$\mu = \frac{1}{\bar{t}} \tag{7-1}$$

过桥系统服务强度，即平均每单位时间内系统可以为人服务的时间比例：

$$\theta = \frac{\lambda}{n\mu} \tag{7-2}$$

系统的空闲概率：

$$P_0 = \left[\left(\sum_{i=0}^{n}\frac{\theta^i}{i!}\right) + \frac{\theta^{n+1}}{n!(n-\theta)}\right]^{-1} \tag{7-3}$$

系统中排队人的平均数：

$$L = \frac{\theta^{n+1} P_0}{n \cdot n!\left(1-\frac{\theta}{n}\right)^2} \tag{7-4}$$

平均排队时间：

$$W = \frac{L}{\lambda} \tag{7-5}$$

平均逗留时间：

$$W_0 = W + \bar{t} \tag{7-6}$$

7.1.3 聚集人群疏散效率与风险分析

7.1.3.1 大规模密集人群的疏散效率

一般情况下，系统中的平均排队人数可以作为衡量该系统效率的一个重要指标。图 7.1 所示为不同人群密度时疏散通道数目对疏散入口处平均等待人数以及平均排队时间的影响。可以看到，随着人群密度的增加，对通道口数目的要求将越来越大；在通道口数量一定的情况下，密度越大的人群疏散时，平均排队人数越多，平均排队时间越长。这些是与现实相符合的。

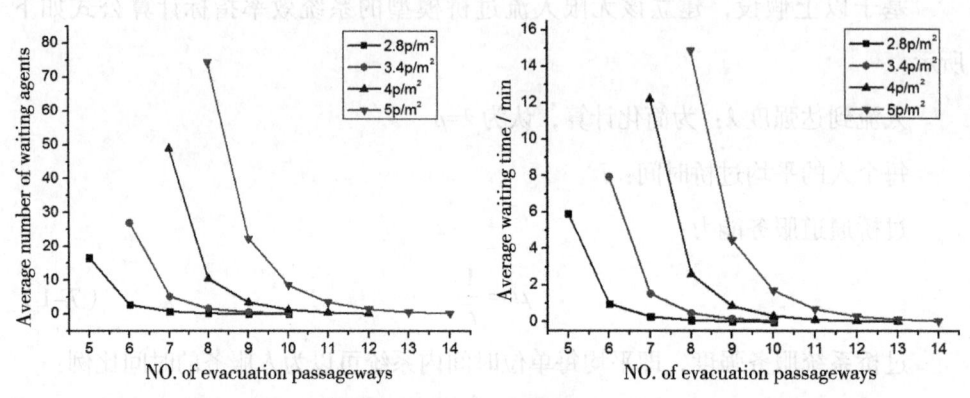

图 7.1 不同人群密度时疏散通道数目与平均等待人数及平均排队时间的关系

当人群密度在 5 人/m² 以下时，通过调整疏散策略，即增加通道口的数目，可以显著影响平均等待人数和平均排队时间。以密度为 4 人/m²（人群中开始产生压力波）为例，当疏散通道数目为 7 时，平均等待人数约为 50，平均排队时间约为 12.2 个单位时间；当增加一个疏散通道数目时，平均等待人数显著降低到约 10 人，平均排队时间也降低为 2.6 个单位时间；若继续增加疏散通道数目，则平均等待人数的降低变得不明显。因此，假设每增加一个通道的成本是固定的，那么，当人群密度为 4 人/m² 时，将疏散通道数目设置为 8 个，可以获得最优的疏散效率。

需要说明的是，图中每条曲线的起始点并不位于相同数目的疏散通道情况，这是因为排队论模拟时，以密度为 4 人/m² 为例，当疏散通道数目在 7 以下时，模拟发现此时基本不产生人群的流动，即排队论失效，只有当疏散通道数目设置为 7 时，才开始形成人群的流动，因此，密度为 4 人/m² 时，所获得的疏散效率曲线是从通道数目为7开始的，其他曲线的情况类似。事实上，这个现象也可以通过前面所建立的系统效率指标方程进行数学推导得到论证。对于一个排队系统来说，要满足稳态概率条件的要求是，系统的服务强度 $0 \leq \theta \leq 1$，否则将导致队列长度趋于无穷。因此，一个有效排队流的通道数目 n 就必须满足 $n \geq \lambda \cdot \bar{t}$，这就是为什么当通道数目低于某个临界值时排队模型失效的内在原因。由此可知，人群密度越大，有效疏散所需要的最低通道数目越多。当疏散策略没有把握该最低需求时，很有可能导致疏散从一开始就陷入拥挤乃至停滞。

7.1.3.2 最优疏散效率的分析

最低通道数目能够确保人群从一开始就得到有效的疏散，但是我们依然需要寻找一个最优的疏散通道数目，以促进疏散达到某种最优的效率。在模型建立之初，我们就进行了如下假设，即人群能够有序通过疏散通道而不存在诸如恐慌等可能导致伤亡的非理性情绪。因此，抛开人群可能的伤亡风险，我们在分析最优通道效率时，主要考虑疏散引导策略的经济成本。为此我们引入经济学中广泛运用的一个概念——"成本效益（Cost Benifit）"。成本效益是一个相对指数，用于比较每个行动或者决策的预期成本与期望效益之间的匹配程度。成本效益分析则是通过比较行动或者决策的全部成本和效益来评估行动或者决策价值的一种方法，其基本原理是：针对某项目标，提出若干实现该目标的方案，运用一定的技术方法，计算每种方案的成本和收益，通过比较并依据一定的原则，选择出最优的决策方案[3]。借鉴成本效益分析的思想，我们假设每增设一个疏散通道的成本是固定的，定义"疏散成本效益（Evacuation cost benifit）"为：

$$ECB = \frac{\Delta p}{\Delta n} \qquad (7-7)$$

这里的 Δp 代表平均等待时间（或平均等待人数）降低的百分比，Δn 代表所增加的疏散通道数目。图 7.2 所示为当疏散引导方人为增加 1 至 9 个疏散通道数目时不同密度人群的疏散成本效益曲线（Δp 的计算基于平均等待时间）。可以看到，对于不同密度人群，当在最低通道数目需求基础上增加一个通道时，疏散成本效益值最大。因此，结合图 7.1 和图 7.2，就可以得到不同密度人群有效疏散时所需要的最优通道数目。

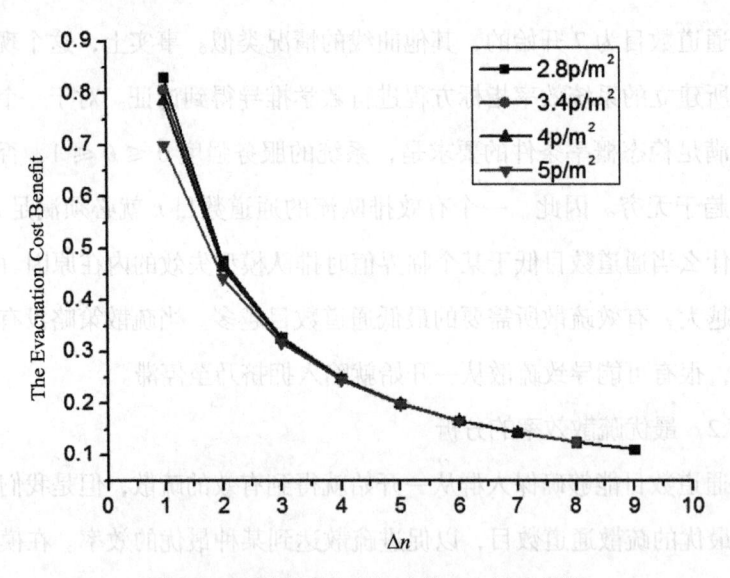

图 7.2 不同密度人群的疏散成本效益曲线

图 7.3 所示为不同密度人群在所需最少通道数目及最优通道数目情况下，平均排队时间的比较。可以看到，不同密度的人群在通道口数目增加至最优之后，平均排队时间均获得显著降低，即疏散效率显著增强，且密度小的人群疏散效率的增强比密度大的人群更加明显，达到 80% 以上。由此可知，在确保有效疏散前提下，通道口数目的增加对于疏散效率的提高，与人群密度也是密切相关的，人群密度越小，通过这种疏散策略获得的疏散效率的提高越明显。

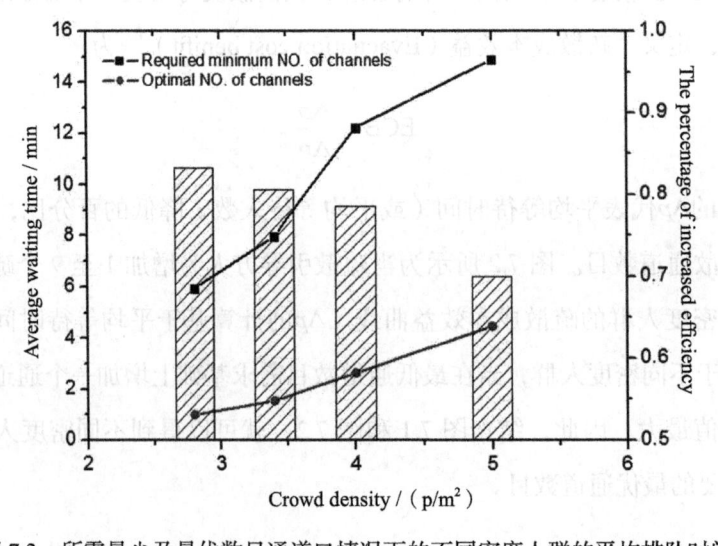

图 7.3 所需最少及最优数目通道口情况下的不同密度人群的平均排队时间

此外，模拟发现当密度大于 5 人 /m² 时，无论设置多大的疏散通道数目，均无法产生人群的流动，即排队论失效。之前已经提到，数学模型分析中，当 ρ_{max} 等于 5.6 人 /m² 时，人群流量为零，而实际上当密度大于 5 人 /m² 时，人群流量已经降到很低的程度，可以视作是非常拥挤的状态，此时人群的流量很低，甚至几乎不移动，一旦人群中产生突发情况，或是外界环境发生不可预知的变化，人群疏散极易崩溃；而若是此时能够通过调整或加强疏散引导，则即使此时人群流量很低，人群也能得到有效疏散。因此，通过排队模拟获得的该"失效密度" 5 人 /m²，可以认为是在实际疏散中，判断疏散措施能否继续产生作用的一个标准。

7.1.3.3 疏散策略有效性分析

基于以上分析，本研究提出一个在大规模疏散中判断疏散策略（例如不同疏散通道数目设置）能否产生作用，即能否提高疏散效率的"人群密度风险轴"，如图 7.4 所示，随着密度轴的向右延伸，人群疏散的风险将逐渐增大。

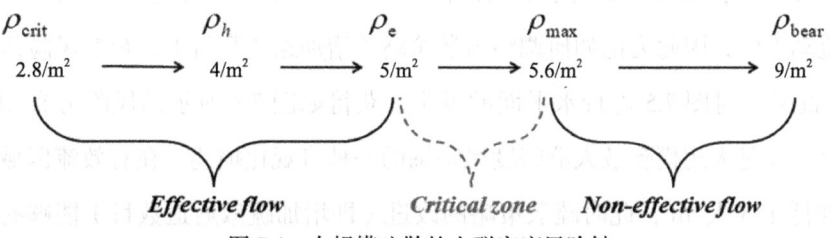

图 7.4 大规模疏散的人群密度风险轴

该图中，ρ_{crit} 为理论模型的临界密度，即人群流量达到最大时的密度，此时可认为疏散效果最好，最有效；ρ_h 为 Hughes 连续人群流动模型中提到的，人群密度大于 4 人 /m² 时会产生压力波；ρ_e 为本研究基于连续人群流动理论及排队论模拟获得的疏散措施失效时的人群密度；ρ_{max} 为理论模型的人群最大密度，即人群运动速度为零时的人群密度；ρ_{bear} 为人群在拥挤场景下发生挤压窒息事故的判断标准（最大忍受密度）。在人群密度风险轴上的三个区间分别代表大规模疏散时，针对疏散策略而言的三种不同特征的人流：

Effective flow 表示可以通过疏散出口数目的设置等人为干预措施来改善疏散效率；

Non-effective flow 表示人群无法运动，常规的疏散干预措施已无法产生作用，拥挤状态下极易产生事故；

Critical zone 代表疏散干预策略从有效到失效的一个缓冲，是理论模型与实际模拟的差值，在缓冲区到来前或者缓冲区内进行紧急的强有力的疏散干预措施，或许可以避免后面的失效阶段。

为了更为直观地阐述上文所提出的大规模疏散的人群密度风险轴，我们进一步假设人群疏散的风险（更确切的含义是失效风险）为 0~1 之间的数值，那么对于不同密度人群在不同疏散策略（这里体现为对疏散通道数目的设置）下的疏散效果，可以通过平均等待时间来表征，而平均等待时间越长，说明人群必须在危险中经历更久，拥堵形成的可能性越大，则疏散的风险越高。因此，将上文中计算得到的各工况（人群密度与疏散策略匹配的不同情形）下的平均等待时间进行归一化处理，就可以从疏散风险角度进行定量对比。图 7.5 所示为计算得到的疏散风险三维分布图，风险值高于 0.7 的认为是高疏散风险区域，风险值低于 0.3 的则认为是低疏散风险区域。高低风险区域在图 7.5 中有明显的区分。在高风险区域中存在的平台部分，是由于当人群密度大于 5.6 人 $/m^2$ 时，上文分析认为此时人群流动失效，因此无论如何调整疏散策略（增加通道数目），疏散风险值都等于 1。此外，对图 7.5 进行水平面的投影，获得如图 7.6 所示的风险分布图，该图实际上就是大规模疏散人群密度风险轴的一种直观化描述。在有效流区域，人群密度低于 5 人 $/m^2$，此时疏散策略的改进（即增加疏散通道数目）能够有效地将疏散风险降低至相当低的水平，即低于 0.3；在无效流区域，人群密度高于

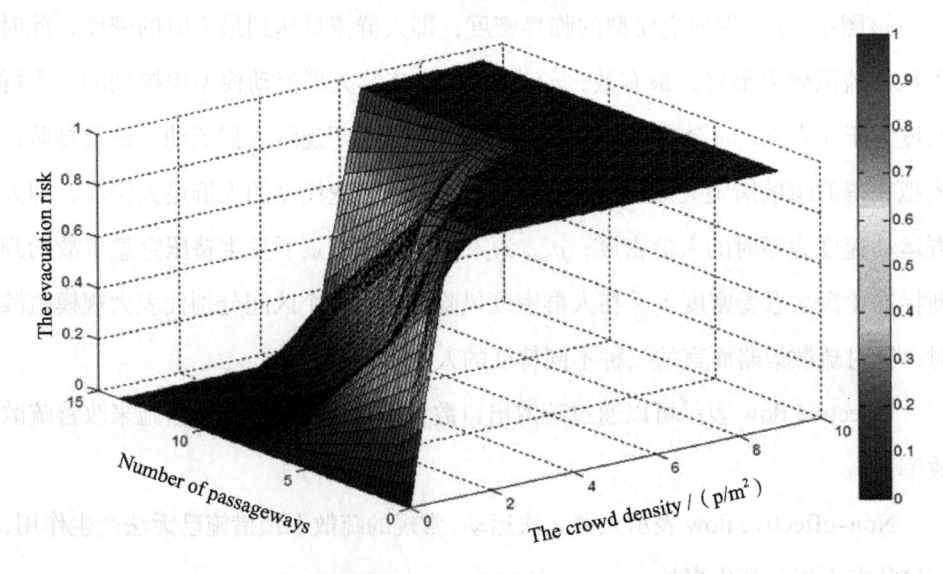

图 7.5　不同密度人群在不同疏散策略下的疏散风险分布

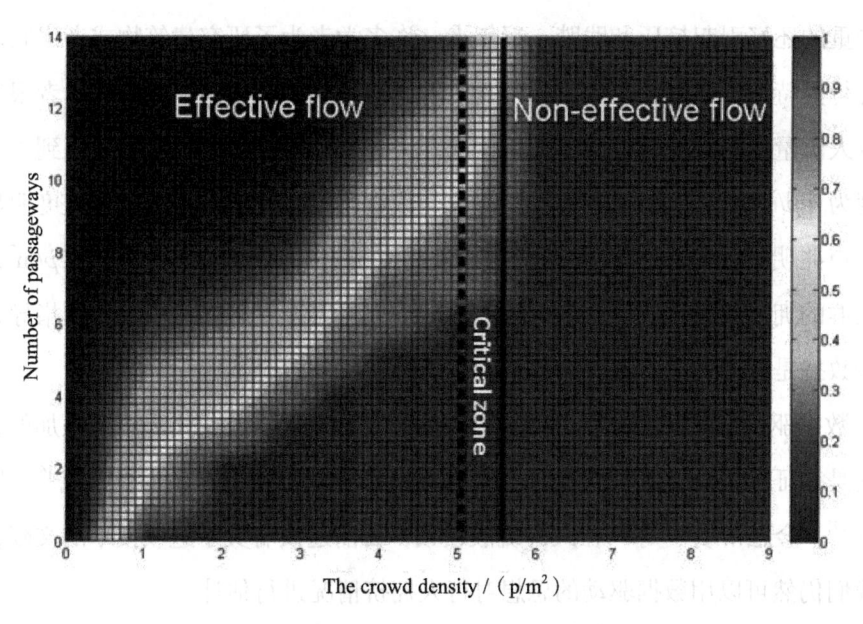

图 7.6　大规模人群疏散的三个风险分区

5.6 人 /m², 此时无论如何增加通道数目, 人群均无法有效流动, 疏散风险保持在一个相当高的水平, 即高于 0.8。而在缓冲区域, 尽管难以将疏散风险降低至有效流区域那样低的程度, 但通过疏散引导策略的调整, 仍然有可能将疏散风险进行一定程度的降低, 即降低至 0.5 左右; 反之, 如果不及时采取有力的疏散引导, 同样有可能导致疏散过程转变到失效阶段。

我们提出了一个大规模疏散的"人群密度风险轴", 以人群密度风险轴上的三个区间代表大规模疏散时针对疏散策略有效性而言的三种不同特征的人流, 即有效流、临界流和无效流, 通过判断疏散策略能否有效保持或提高疏散效率, 来衡量大规模人群的疏散风险。为了更清晰地展现这个人群密度风险轴的含义, 我们基于对疏散风险（失效风险）定量数值的合理假设, 将各工况下的平均等待时间与疏散风险进行数值匹配, 获得了大规模人群疏散的三维风险分布, 并定量化地诠释了本节所提出的人群密度风险轴。

7.2　疏散瓶颈处的人群拥堵风险量化

随着公共场所人数的增加, 人们的聚集程度越来越高, 风险也在不断增加。密集人群的一个明显的风险是, 一旦行走过程中遇到一些瓶颈, 人们可能会拥挤,更严重的还好引起挤压和践踏。近年来，许多学者为了研究建筑物或者房间内行人的行为特征，进行了一些模拟仿真或者现场调查和实验等。大多数学者根据实时行人流量情况估算行人流量拥挤情况，例如，Kholshevnikov[4]等人提到当人口密度为 4 p/m^2 或更大的"停滞"情况，与人群密度较小时相比，步行速度明显下降。卢兆明等人[5]研究结果表明，人口速度接近 0.1m/s，密度大于 4.2p/m^2，表示人群的拥挤状况。然而，尽管这些数据为人群安全管理提供了重要的指导，但这些数据是静态和非概率化的。

数据驱动意味着活动的进展是由数据而不是通过直觉或个人经验强加的，因此它是循证决策的基础。目前，数据驱动技术已被应用于工业工程领域[6]，网络工程[7]，金融市场[8]等。在人群疏散领域，目前还没有关于这项技术的文献，但是我们仍然可以用数据驱动的思想对行人拥挤情况进行估计。

众所周知，正常和紧急情况下的行人运动规律是不同的。在 Wang[9]等人的研究中，撤离过程也分为两种：正常撤离和拥堵撤离。在正常的撤离过程中，人们只需要尽快到达出口处。在拥挤疏散过程中，有些人想要通过拥挤其他人从而快速移动到出口，然后通常会出现超车和伤亡现象。有时，如果沿撤离路线存在一些瓶颈，正常撤离可能会演变成拥挤撤离[10]。因此，预测从正常到拥挤的转变是更重要的，基于此可以实现人群事故的预警。

7.2.1 数据驱动方法介绍

核密度估计（kernel density estimatin, KDE）是基于概率密度函数的一类非参数估计。它从数据样本本身研究数据分布的特征。基本思想是基于已知的历史数据估计未知人口的概率密度函数，以使估计密度函数和实密度函数之间的均方误差最小化。KDE 不是用复杂的数学工具建立的，而是从直方图开发出来的。KDE 的应用与各种工程技术领域有关，适合任意分配数据。它的表达式如下：

$$f(x) = \frac{1}{nh^d} \sum_{i=1}^{n} K\left(\frac{x-X_i}{h}\right) \qquad (7-8)$$

其中 $(X_1, X_2, ..., X_n)$ 是从具有未知密度的一些分布中抽取的独立和相同分布的样本；$f(x)$ 是核密度估计器；n 是样本数量；h 是称为窗宽的平滑参数；d 是维度的数量；本章中 $d=1$；$K(x)$ 是内核函数。最常用的内核函数之一是高斯核函数，表示为：

$$K(x)=\frac{1}{\sqrt{2\pi}}e^{-\frac{x^2}{2}} \qquad (7-9)$$

因此，基于核密度估计行人流量拥塞概率的过程如下。

（1）数据预处理。

原始实时数据归一化为

$$x_i = \frac{x_i - x_{\min}}{x_{\max} - x_{\min}} \qquad (7-10)$$

这里 $x_{\min}$ 和 $x_{\max}$ 分别是原始数据的最小值和最大值。

（2）计算最佳窗宽 h。

窗宽 h 是 KDE 中非常重要的参数。其大小直接影响估计结果的准确性。目前，最有效的方法是基于最小二乘法差异的思想。当积分均方误差最小时，窗宽是最佳的。一维最佳窗宽计算表达式为：

$$h = 1.059\sigma n^{-\frac{1}{5}} \qquad (7-11)$$

其中：

$$\sigma = \left[\frac{1}{n}\sum_{i=1}^{n}\left(\hat{x}_i - \bar{x}\right)^2\right]^{\frac{1}{2}} \qquad (7-12)$$

（3）拥堵概率的估计。

使用高斯型的核函数计算每个采样点的概率密度值作为纵坐标，采样点为横坐标，则可以获得具有核密度法的过程参数的概率密度函数曲线如图 7.7 所示。具有实线的曲线是楼梯中数据的分布，虚线曲线是通道中数据的分布。

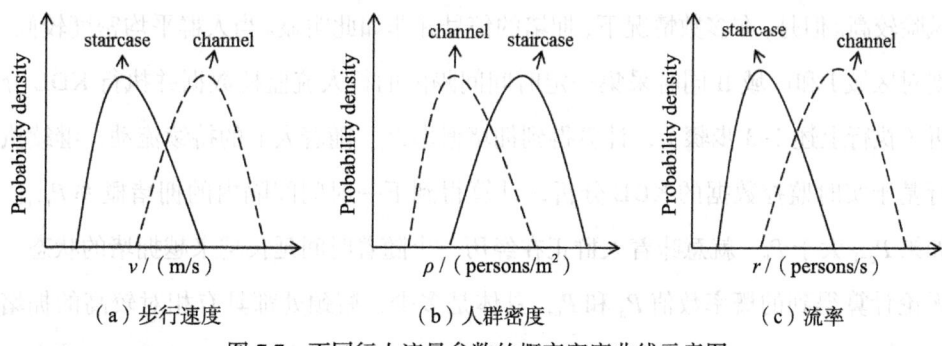

（a）步行速度　　　　（b）人群密度　　　　（c）流率

图 7.7　不同行人流量参数的概率密度曲线示意图

$f(x)$ 和 $g(x)$ 分别表示通道和楼梯中行人流量参数的概率密度分布。对于步行速度,$g(v_s)$ 大于 $g(v_s)$ 的积分区域的左侧是楼梯拥挤的概率表示。因此,由步行速度推导的拥挤概率可以表示为:

$$P_1 = \int_{\min v_s}^{u_v} g(v_s) - \int_{\min v_c}^{u_v} f(v_c) \tag{7-13}$$

当 $f(v_c)$ 和 $g(v_s)$ 相等的时候 u_v 是横坐标值。如果 $f(x)$ 和 $g(x)$ 有更多的交点,可以应用类似的想法来计算 P_1 的值。

类似地,对于人群密度和流量,拥挤概率可以由 $g(\rho_s)$ 大于 $f(\rho_c)$ 的积分区域的右侧推导出。$f(r_c)$ 整体区域的右侧大于 $g(r_s)$,因此,我们得出:

$$P_2 = \int_{u_\rho}^{\max \rho_s} g(\rho_s) - \int_{u_\rho}^{\max \rho_c} f(\rho_c) \tag{7-14}$$

$$P_3 = \int_{u_r}^{\max r_s} f(r_c) - \int_{u_r}^{\max r_s} g(r_s) \tag{7-15}$$

当 $f(\rho_c)$ 和 $g(\rho_s)$ 相等的时候 u_ρ 是横坐标值。当 $f(r_c)$ 和 $g(r_s)$ 相等的时候 u_r 是横坐标值。那么行人流量拥塞的最终概率决定于:

$$P_3 = 0.41 \tag{7-16}$$

该式全面考虑了行人流的关键参数,完全是数据驱动的结果。

7.2.2 瓶颈处人群拥堵风险预测模型

针对某个连接两个区域的疏散瓶颈,如图 7.8(b)所示,构建基于上述提出的拥堵概率综合计算方法的疏散拥堵风险预测模型,如图 7.8(a)所示。当人群平均密度 ρ_n 高于 4 人 $/m^2$ 时,沿用文献数据,认为此时人群已经达到拥堵状态,风险较高。但是,在多数情况下,拥堵的信号并非如此明显。当人群平均密度较低,则对区域 I 和区域 II 同时采集一定时间间隔内的行人流监控数据并执行 KDE 分析(执行上述 1~3 步骤),计算得到拥堵概率 P_n。随着人群的持续流动,继续执行基于实时监控数据的 KDE 分析,计算得到下一时间间隔内的拥堵概率 P_{n+1}。如果 P_{n+1} 大于 P_n,就意味着人群正在经历一个随着时间延长越来越拥堵的状态。无论计算得到的概率数值 P_n 和 P_{n+1} 具体是多少,瓶颈处都具有相对较高的拥堵风险,因此,这种情况下建议应该采取一些干预措施以控制人群的流动。反之,如果计算得到的拥堵概率 P_{n+1} 不大于 P_n,就意味着人群目前情况下能够相对比较流畅地行走，瓶颈处的拥堵风险被较好地控制住，因此，这种情况下建议继续监测人群流动的实时数据（速度、密度和流量）并在下一个时间间隔执行KDE分析，从而动态更新瓶颈处的拥堵风险。

这个基于拥堵概率估计的瓶颈处人群疏散风险预测方法完全是数据驱动的，不依赖于任何先验数据假设。基于这个方法，可以描绘疏散瓶颈处拥堵风险随时间的动态变化。进一步的，对于像地铁站或其他人群大量聚集的城市区域，也可以应用本节提出的方法描绘不同位置疏散瓶颈处的动态拥堵风险，从而构建大规模场景下人群拥堵风险的动态热点地图，这将对人群疏散管控，尤其是突发情况下的人群疏散管控提供重要的技术支持。

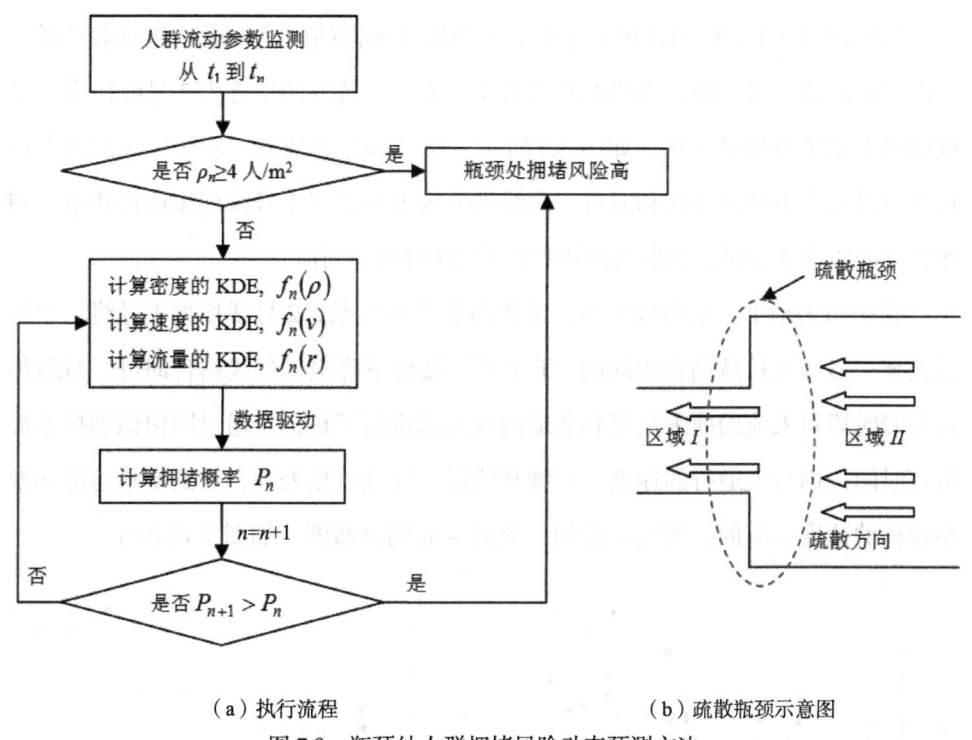

（a）执行流程　　　　　　　（b）疏散瓶颈示意图

图 7.8　瓶颈处人群拥堵风险动态预测方法

7.2.3　实例分析

以下将结合南京地铁的人流观测数据对该方法进行进一步说明与验证。图 7.9 是南京新街口地铁站 2 号线换乘 1 号线站台通道以及楼梯平面示意图。

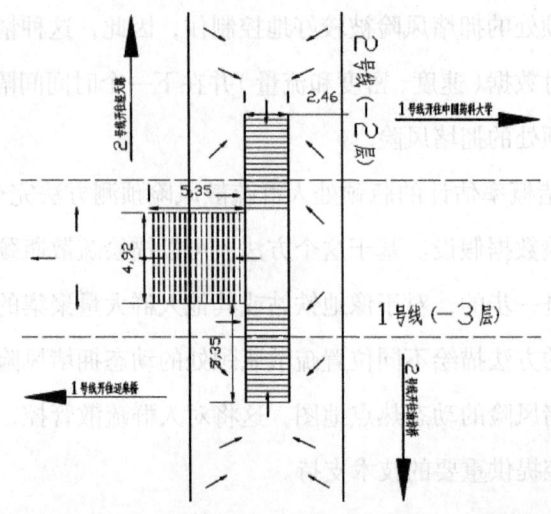

图 7.9 新街口地铁站 2 号线换乘 1 号线站台通道以及楼梯平面示意图

以晚高峰（17:30—18:30）对南京市新街口地铁站的换乘通道和换乘楼梯口人群实时流动参数为例，说明本发明的实施方式。选取的位置为 2 号线换乘 1 号线的换乘通道及换乘楼梯，如图 7.9 所示。实线部分为地下二层 2 号线的列车运行轨道以及向下换乘楼梯和通道，虚线部分为地下 3 层 1 号线列车运行轨道。列车到站间隔为 3 分钟，因此观测周期内有 20 趟列车到达。

新街口为地下三层岛式车站，采用岛岛 T 形换乘，2 号线换乘 1 号线：二号线换乘一号线直接从站台中间的"T 字形"楼梯下降至一号线站台即可。对新街口高峰时段行人流的换乘情况和通道内行人流进行了拍摄，通过图像识别技术提取该时间段内行人通行的速度、密度和流量。经过数据处理，得到换乘通道和换乘楼梯的速度－时间、密度－时间、流量－时间分布图，如图 7.10 所示。

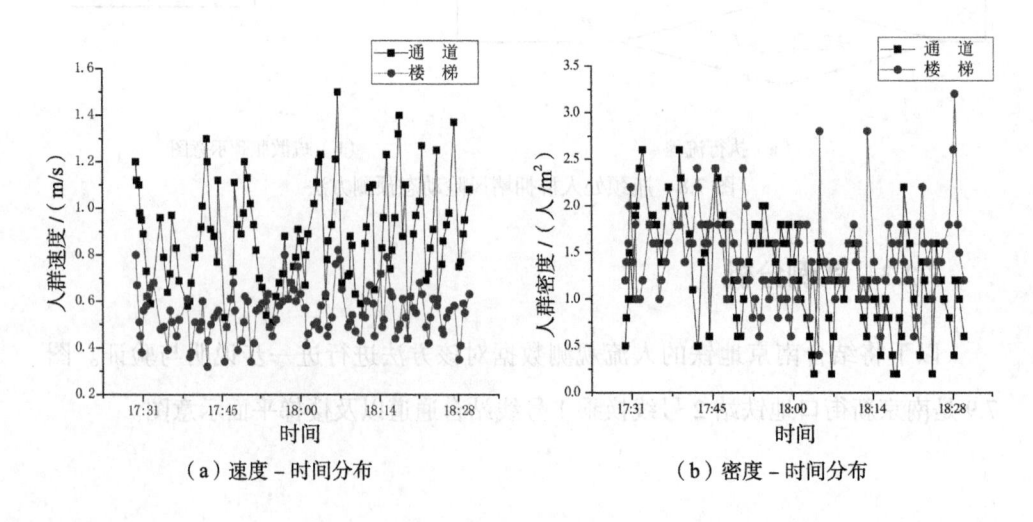

（a）速度－时间分布　　　　（b）密度－时间分布

(c)流量 – 时间分布

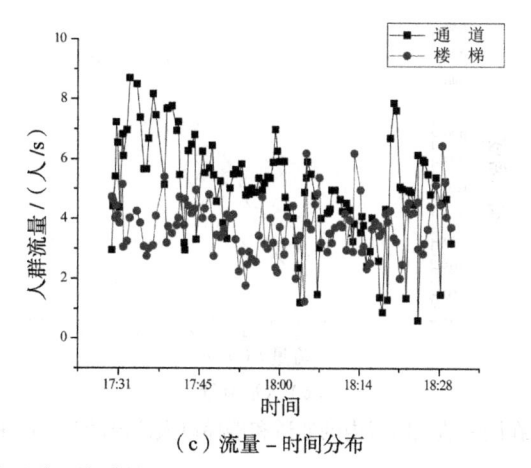

图 7.10　换乘通道和换乘楼梯的速度 – 时间、密度 – 时间、流量 – 时间分布图

基于上述分析流程，如图 7.11 所示为通道和楼梯中行人流参数实时数据的核密度估计。根据前面介绍的方法，首先通过步行速度、人群密度和人群流量的 KDE 曲线分别计算拥堵的概率，即 $P_1=0.67$，$P_2=0.06$，$P_3=0.41$，那么该区域行人流拥堵的综合概率为：

$$P_{\text{congestion}} = \max(P_1, P_2, P_3) = 0.67 \tag{7-17}$$

结果可以解释如下。较小的 P_2 值意味着从目前人群密度数值的角度考虑，人们从通道走向楼梯时不太可能发生拥堵，这也符合人群密度在楼梯上没有增加的实际情况。但与此同时，步行速度的下降是值得注意的，同时也可以观察到楼梯上的流量也是下降的，这意味着目前的行动状态下，从通道向楼梯移动的人流可能会拥挤。而 P_1 和 P_3，特别是 P_1 的值越大，越能定量验证了这一解释。大多数时候，人群密度被用作拥堵的表征，则拥挤概率容易被低估，这对于人群风险评估和安全管理是负面的。因此，本章所提出的人群拥堵综合概率的计算方法可

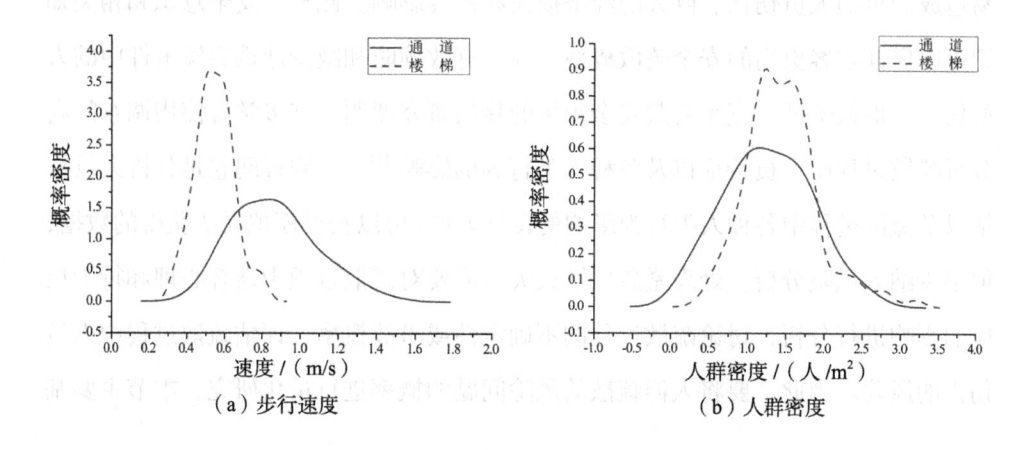

(a)步行速度　　　　　　　　(b)人群密度

(c) 人群流量

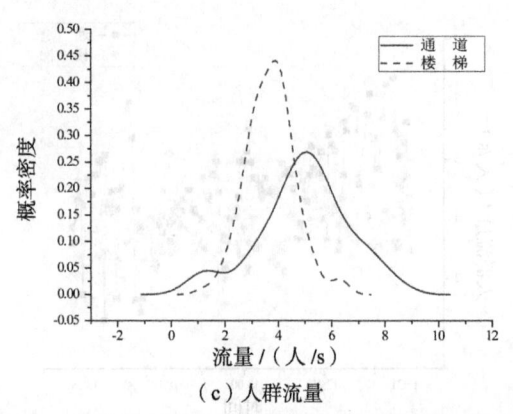

图 7.11　在同一监测时段内的通道和楼梯口人群流动参数的 KDE 曲线

以有效弥补这一不足。

若继续对人群进行监测，例如获取 18:30~19:30 这一时间段内的行人流基本参数，则可以继续计算得到该换乘通道 - 楼梯的瓶颈区域内相应的行人流拥堵综合概率，与前一时间段内计算得到的 $P_{congestion}$ 做比较，则可判断该瓶颈区域的拥堵风险变化趋势，从而指导地铁站高峰时期的行人管控。这里关于时间区间的选择仅是作为示例，在实际应用本节所述技术对具体区域进行拥堵风险预测时，可根据实际情况进行时间区间的设置。

7.3　疏散风险评估的贝叶斯模型：以地铁为例

随着世界经济的快速发展和人口的激增，地铁已经成为城市公共交通的重要组成部分。然而，地铁是一个高度拥挤的公共场所，一旦发生火灾等事故，很容易造成严重的人员伤亡、巨大的经济损失和社会影响。此外，安全意识和相关知识可以保证乘客更高的安全疏散概率。为了有效预防和减少地铁突发事件中的人员伤亡，地铁疏散一直是公共安全领域的热门研究课题。许多学者使用调查问卷分析疏散过程中人员特征以及各种人类行为的影响[11,12]，调查问卷是分析人员特征以及疏散过程中各种人类行为影响的良好方法，可以获得模拟无法获得的数据，但很少纳入风险分析。处理紧急地铁火灾时需要对疏散过程中乘客心理和行为反应的影响进行分析，讨论疏散过程的不确定性或事故概率，评估疏散过程中人员伤亡的风险。因此，要将人群疏散的风险问题的概率进行量化研究，本节主要基于贝叶斯理论开发一种地铁疏散的概率风险评估方法。

7.3.1 贝叶斯方法介绍

贝叶斯学习的特点在于使用概率去表达各种形式的不确定性。应用概率规则实现学习和推理过程。随机变量通过贝叶斯学习可以得到概率分布，该分布表示人们对于不同可能性的信任程度。贝叶斯学派起始于两项工作。一项是贝叶斯理论，另一项是贝叶斯假设。贝叶斯理论将事件的先验概率和后验概率关联起来。假设有两个随机向量 x,θ，两个向量联合密度表达式为 $p(x,\theta)$，各自的边际密度表达式是 $p(x)$，$p(\theta)$。一般将前者 x 设为观测向量，后者 θ 设为未知参数向量，通过观测向量对未知参数向量进行估计。贝叶斯定理可以写成如下表达式，其中 $\pi(\theta)$ 是 θ 的先验分布[13]。

$$p(\theta|x) = \frac{\pi(\theta)p(x|\theta)}{p(x)} = \frac{\pi(\theta)p(x|\theta)}{\int \pi(\theta)p(x|\theta)d\theta} \qquad (7-18)$$

从上述表达式可以看出，贝叶斯定理综合了样本数据和先验信息对样本进行估计，而传统的参数估计方法比如最大似然估计方法，只是从样本数据获取信息。贝叶斯方法对未知参数向量进行估计的步骤如下：

（1）把未知的参数被当成是随机向量。这一点是与贝叶斯方法和过去参数估计法最大不同。

（2）结合以往对于参数 θ 的认知确定参数的先验分布，确定该参数的先验分布 $\pi(\theta)$，这一步是贝叶斯方法最容易引起争议的步骤，因此也受到了来自经典统计学派的攻击。

（3）将后验密度计算出来，从而对未知参数进行估计。

当进行到第二步骤，没有任何过往参数的信息进行参考以确定先验分布，贝叶斯理论提出可以假设先验分布为均匀分布。即参数在取值范围中取到各个值的可能性是均等的。假定被称为贝叶斯假设。假设在直觉上容易为人接受，但是当面对无信息先验分布尤其是未知参数没有边界时，便遇到了困难。经典贝叶斯方法将经典方法和贝叶斯方法结合起来，用经典方法获得边际密度 $p(x)$，然后利用下式得到先验分布 $\pi(\theta)$：

$$P(x) = \int_{-\infty}^{+\infty} \pi(\theta) p(x|\theta) \mathrm{d}\theta \qquad (7-19)$$

由于贝叶斯理论可以综合先验信息和后验信息，避免了只使用先验信息过于主观的缺点，又避免了只使用后验信息的噪声影响。因此贝叶斯理论适用于具备概率统计特性的知识发现与数据挖掘类问题，尤其是样本数据难以获取的领域。贝叶斯理论能够有效学习的关键是合理准确地确定先验分布。至今为止，先验分布只能依靠一些准则进行确定，还没有一套完整的可操作理论。很多情况下先验分布的合理性以及准确性很难评价，这些问题仍然需要后人进一步的研究。

7.3.2　安全疏散概率分析

鉴于人群疏散的风险分析，各种研究侧重于建立疏散模型，据此对疏散过程的不确定性或潜在事故概率进行了讨论[14,15]。然而，在这些模型中，行人的复杂行为和心理特征有些难以量化。一些研究人员已经将注意力集中在与人群撤离有关的风险问题的概率量化上。例如，褚冠全等人[16]提出了一种解决事件概率不确定性的方法，并利用ETA（事件树分析）分析了可能的火灾情景的概率分布。关于疏散安全风险评估的类似观点可以在孔等[17]的工作中看到。然而，这些评估方法在应对紧急地铁火灾疏散期间乘客心理和行为反应的影响方面存在一定的局限性。因此，考虑到不同的火灾情况的不确定性，我们还将行人行为的不确定性和复杂性与一些概率方法结合起来。

在概率方法方面，贝叶斯理论因其能够利用事件之间的相关性对概率数据进行建模而被广泛应用于评估建筑火灾中人员伤亡的风险。例如，Hanea 和 Ale[18]构建了一个贝叶斯网络，该网络考虑了消防员的行动，以分析建筑火灾中人员死亡风险的低概率高后果场景。基于另一种新的模拟模型，Sarshara 等人[19]利用动态贝叶斯网络（DBN）来预测拥塞，并处理场景相对于时间的非平稳性。同时，蒙特卡罗方法也可以在各种概率模型中看到，例如张等人[20]提出的火灾紧急情况下的人员疏散概率模型，该模型被集成到火灾风险分析模型 CUrisk 中。尽管这些研究在动态分析事故风险方面提供了一些新的见解，但他们没有将人们的心理和行为特征考虑到他们的模型中，这些特征实际上对风险评估非常重要。因此，本节将通过整合由地铁火灾问卷调查结果得出的与人类行为相关的风险因素，开发一种地铁疏散的概率风险评估方法，即基于贝叶斯与事件树的安全疏散概率分析。

7.3.2.1 调查问卷

问卷包括两个主要部分。第一部分是个人信息，包括性别、年龄、受教育程度以及是否经历或参加过消防演习疏散培训。另一部分是为熟悉或不熟悉地铁站的乘客设计的，通过假设的火灾情况反映他们的心理和行为反应。问题包括第一心理反应、第一反应行为、逃生出口的选择等问题。地铁乘客疏散心理和行为反应问卷见附录。

（1）乘客心理和行为反应的统计结果

返回有效问卷的 235 名乘客包括 103 名女性和 132 名男性。

①年龄调查的受访者包括五个不同的年龄范围，即 18 岁以下（3.8%）、19~30 岁（44.7%）、31~45 岁（26.8%）、46~60 岁（19%）和 60 岁以上（5%）。结果显示，年轻人是该地铁站的主要乘客，占整个样本的 91%。根据《公路通行能力手册》（HCM2000）（Reilly，1997），老年男性（≥65 岁）的群体比例影响整个步行速度。一旦老年男性比例上升到 20%，整个步行速度将从 1.2 米/秒下降到 1 米/秒，虽然现实中老年男性的比例不到 20%，但由于行动缓慢、反应迟钝，对群体速度有显著影响。

②教育背景具有大专以上文化程度的乘客意味着人群的高教育质量，占 74.9%。

③消防知识和技能 8.1% 的乘客经历过或参加过消防疏散演练，14.9% 的乘客参加过相关培训，68.9% 的乘客了解消防知识。

④携带行李与否 86.8% 的旅客携带行李。根据视频和观察，80% 以上的女性乘客携带小手提包或单肩包，大多数男性乘客不携带行李。

（2）主动和被动疏散的可能性

问卷的第二部分与乘客的心理和行为有关。乘客的疏散过程取决于他们对模拟真实火灾事故现场的问题的回答。不同选择的百分比表示不同的疏散过程。在表 7.1 中，96 人被认为是依靠他们的熟悉度和经验成功撤离，而 42 人被认为是首先失败，然后在外部帮助下成功撤离，即被动成功撤离。同样，对于不熟悉的人，预计分别有 16 个主动成功疏散的案例和 67 个被动成功疏散的案例。需要注意的是，在总共235名有效受访者中，有14名参与者无法从逻辑上回答问题6至8。换句话说，这14个样本不能归类为有效结果。在我们的假设中，它们被视为随机不确定性，因为假设被动逃逸发生在主动逃逸失败之后，并且这两种逃逸情况不可互换。因此：

①主动逃生成功的概率为 $96 \div 235 + 16 \div 235 = 112 \div 235 = 47.7\%$

②主动逃生失败概率为 $123 \div 235 = 52.3\%$

③被动逃生成功的概率为 $(42+67) \div (235-112) = 88.6\%$

④被动逃生失败的概率即为 $1 - 88.6\% = 11.4\%$

表7.1 6,7,8 三个问题的数据统计

问题	6	7(1)	7(2)	7(3)	7(4)	7(5)	数量
答案	A: 熟悉	A/B	C	D	B	A	96
		A/B	C	C	B	A	42
问题	6	8(1)	8(2)	8(3)	8(4)	8(5)	数量
答案	B: 不熟悉	A/B	C	D	B		16
		A/B	C	C	B	A	67

必须注意的是，在这项工作中，主动和被动逃生只发生在火灾的早期阶段，即排气系统尚未启动。因此，如果乘客未能进行被动逃生，将采用排气系统。

7.3.2.2 事件树模型

将事件树用来构建疏散场景。地铁火灾疏散事件树包括五个主要控制系统，其中报警系统，排气系统和紧急撤离路线是客观的外来因素，而主动逃生和被动逃生与人心理行为有关。由于人员的心理和行为反应在疏散过程中发挥重要作用，因此若要全面考虑疏散风险，必须分析事件树中的环境和人为因素。基于事件树，可能发生的14个场景如图7.12所示。

必须指出的是，对于个人来说，安全撤离意味着成功地从火场逃脱而不受火灾的伤害。对于整个人群来说，安全撤离在整体上意味着没有人身伤害，而不考虑个人是否受伤。在这个意义上说，整个撤离事故意味着有些乘客没有逃生成功，随后造成人员伤亡。在这个模型中，我们只关注整个撤离结果，而不是对单个乘客的火灾影响的细节分析。

如图7.12所示，在火灾发生后，报警系统、主动逃生、被动逃生、排烟系统、

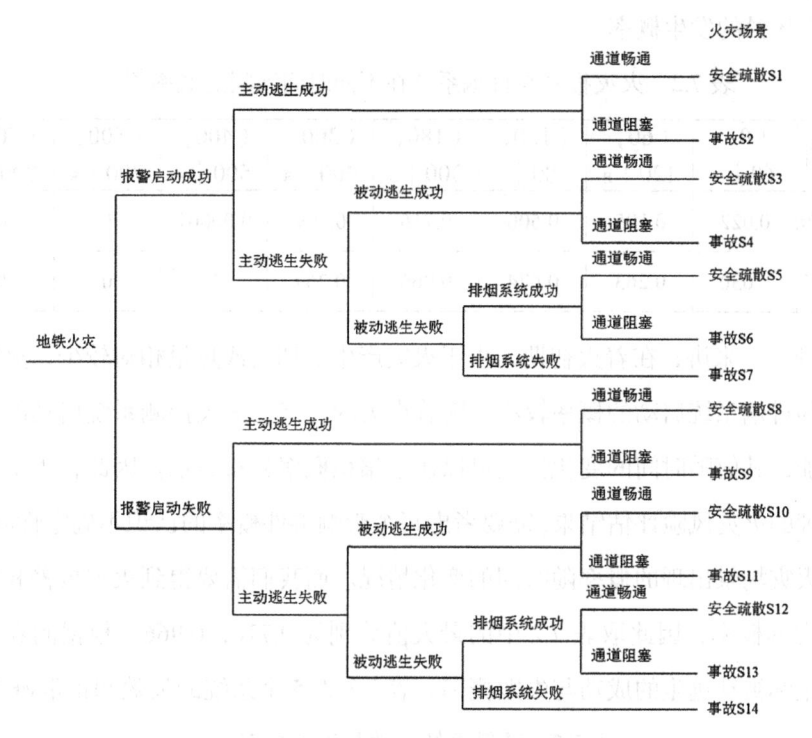

图 7.12 地铁火灾疏散事件树

通道畅通均能决定最终事故发生与否,在报警系统成功的情况下,大部分熟悉的和小部分不熟悉地铁站的乘客先凭借自己的经验和辨识能力,选择逃生路径,在通道畅通的情况下他们即能逃生成功。此时若通道畅通,则可以安全疏散,若通道堵塞,则可能发生事故,分别对应图中 S1 和 S2;若报警系统正常工作,而乘客主动逃生失败,但在工作人员的有效引导下,在通道畅通的情况下乘客仍能正常疏散。其他情况类似。

7.3.2.3 确定性方法计算的场景概率

通过事件树分析,可以得到乘客逃生和消防设施影响下可能发生的火灾场景。火灾场景的概率为乘客逃生概率和消防设施概率影响下的函数,即

$$P_{si} = f(P_1, \overline{P_1}, P_2, \overline{P_2}, P_3, \overline{P_3}, P_4, \overline{P_4}, P_5, \overline{P_5}) \quad (7-20)$$

式中,P_{si} 为场景 i 的发生概率;P_1 为报警启动成功的概率($\overline{P_1}$ 为报警启动失败的概率,下同);P_2 为乘客主动逃生成功的概率;P_3 为乘客被动逃生成功的概率;P_4 为排烟系统启动成功的概率;P_5 为通道畅通的概率。以场景 6 为例,其发生概率为 $P_{s6} = f(P_1, \overline{P_2}, \overline{P_3}, P_4, \overline{P_5})$。因此,如果这 5 个因素的概率已知,就能

得到每个场景的发生概率。

表 7.2 火灾报警与排烟系统在不同时间区间的概率[21]

影响事件	(0, 60]s	(60, 120]s	(120, 180]s	(180, 300]s	(300, 400]s	(400, 500]s	(500, 700]s	(700, 900]s
火灾报警	0.022	0.195	0.500	0.716	0.199	0.00001	0	0
排烟系统	0.030	0.263	0.674	0.966	0.269	0	0	0

从理论上来讲，在着火初期，由于火灾产生的烟气或热量相对较少，火灾报警系统和排烟系统启动的概率较小。随着火灾的发展，火灾探测系统启动的概率将会增加，其值随时间的变化情况可以通过累积概率分布表示。因此，为了得到更加合理的火灾风险评估结果，需要考虑每个影响事件概率的认识不确定性问题，以得到火灾场景出现的概率随时间的变化情况。而我们需要得到火灾报警和排烟系统正常的概率，因此取表 7.2 中的最大值分别为 0.716，0.966。根据问卷可知主动逃生和被动逃生的成功与失败概率。表 7.3 为 5 个系统的失效和正常概率。

表 7.3 疏散系统失效与正常概率

系统名称	失效概率	正常概率
C1 报警系统[21]	0.284	0.716
C2 主动逃生	0.523	0.477
C3 被动逃生	0.114	0.886
C4 排烟系统[21]	0.034	0.966
C5 通道畅通[22]	0.2	0.8

将疏散系统失效概率代入事件树的 14 个场景中，即可计算出 14 个终态场景发生的概率，如表 7.4 所示。

表 7.4 14 个场景终态事件发生概率

场景 S	报警系统正常	乘客正确辨识	有效地疏散引导	排烟系统正常	通道畅通	终态事件	发生概率
S1	是	是	—	—	是	安全疏散	0.108374
S2	是	是	—	—	否	事故	0.027094
S3	是	否	是	—	是	安全疏散	0.105279
S4	是	否	是	—	否	事故	0.02632
S5	是	否	否	是	是	安全疏散	0.000461

续表

场景 S	报警系统正常	乘客正确辨识	有效地疏散引导	排烟系统正常	通道畅通	终态事件	发生概率
S6	是	否	否	是	否	事故	0.000115
S7	是	否	否	否	—	事故	0.016357
S8	否	是	—	—	是	安全疏散	0.273226
S9	否	是	—	—	否	事故	0.068306
S10	否	否	是	—	是	安全疏散	0.265423
S11	否	否	是	—	否	事故	0.066356
S12	否	否	否	是	—	安全疏散	0.001161
S13	否	否	否	是	否	事故	0.00029
S14	否	否	否	否	—	事故	0.041238

7.3.2.4 用概率方法计算每个场景的出现概率

传统的事件树分析中,场景失效的概率是确定的值,但是由于风险因素的动态变化特征,场景失效的概率更倾向于服从某种确定的概率分布。因此采用概率密度函数能够更加准确地描述场景失效概率[23]。

考虑到蒙特卡洛方法的不确定性可能会影响风险评估模型的准确性,我们以场景 1 为例,分析不同迭代次数模拟之间的差异。如图 7.13 所示是通过蒙特

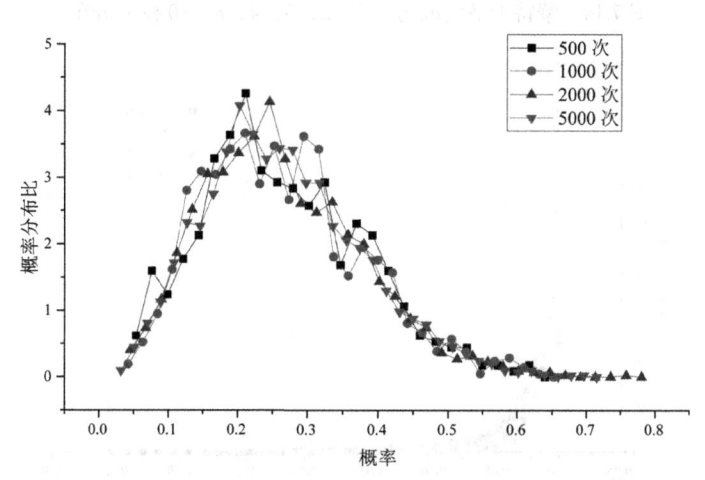

图 7.13 500 次,1000 次,2000 次,5000 次蒙特卡罗模拟的场景 1 的不确定性

卡洛模拟通过500，1000，2000和5000次迭代获得场景1的概率分布。发现四条曲线非常接近，但它们之间存在一定的偏差。500次迭代的平均值为0.2724，1000次迭代为0.2729，2000次迭代为0.2732，5000次迭代为0.2731。500次迭代仿真和1000次迭代仿真之间有较大的差异，而1000次和2000次迭代的结果之间存在较小差异。此外，1000次迭代的计算成本较低。所以我们在这个模型中选择1000次迭代作为蒙特卡洛模拟次数。

为了更清晰的观察14个场景的概率趋势及特性，我们将14个场景的蒙特卡洛模拟图分为三类，分别是图7.14，图7.15和图7.16。

从图7.14可以看到六条曲线，分别是场景1，2，3，4，8，10的概率分布。六个场景的概率密度函数具有相似的趋势。这些曲线呈现先升后降趋势，平均概

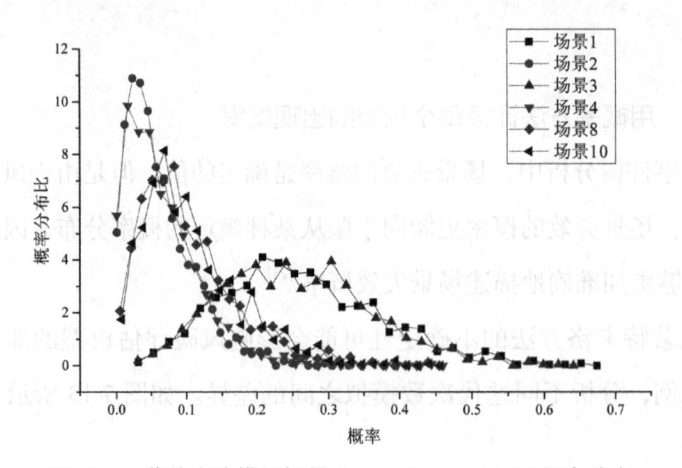

图7.14 蒙特卡洛模拟场景1，2，3，4，8，10概率分布

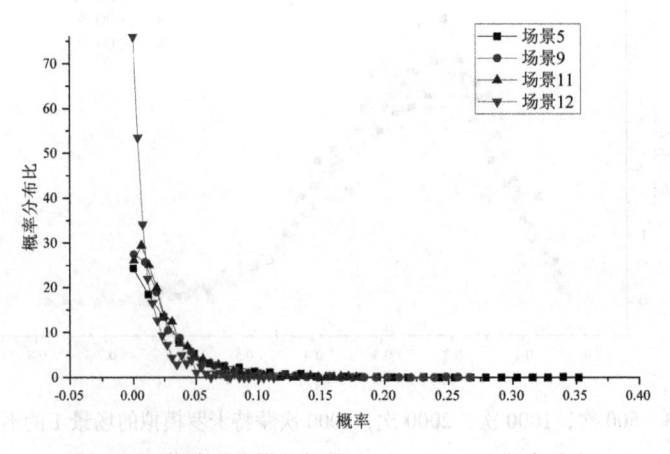

图7.15 蒙特卡洛模拟场景5，9，11，12概率分布

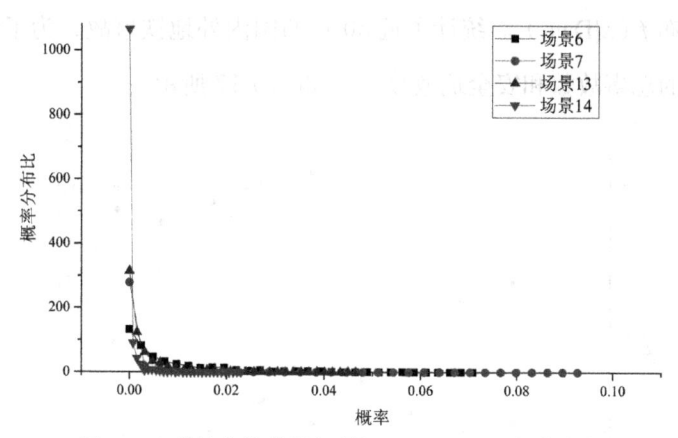

图 7.16 蒙特卡洛模拟场景 6，7，13，14 概率分布

率分别为 0.2733，0.0678，0.2669，0.0719，0.1082，0.1466。

图 7.15 和图 7.16 为场景 5，9，11，12 和场景 6，7，13，14 的概率分布。八种场景的概率密度函数具有相似的趋势。图 7.15 中的平均概率分别为 0.0327，0.0277，0.0266 和 0.0119。图 7.16 中的平均概率分别为 0.0087，0.0013，0.0035 和 0.0046。

由于 14 个场景的确定性概率是已知的，所以在表 7.5 中比较了确定性和概率方法的结果。

表 7.5 确定性方法和概率分布方法的概率

情景	S1	S2	S3	S4	S5	S6	S7
确定性方法	0.273226	0.068306	0.265423	0.066356	0.03299	0.008248	0.001451
概率分布	0.2733	0.0678	0.2669	0.0719	0.0327	8.78E−03	0.00127

情景	S8	S9	S10	S11	S12	S13	S14
确定性方法	0.108374	0.027094	0.105279	0.02632	0.013086	0.003271	0.000576
概率分布	0.1082	0.0277	0.1146	0.0266	0.0119	0.00349	4.62E−04

表 7.5 中的概率分布即为先验失效概率分布，从事件树中可以发现 S1，S3，S5，S8，S10，S12 终态场景为安全疏散，其概率之和为 0.8076；S2，S4，S6，S7，S9，S11，S13，S14 终态场景为事故，其概率之和为 0.208。

7.3.2.5 地铁安全疏散事故后验概率

依据贝叶斯理论，对安全疏散和事故的先验失效概率进行更新，得到其后验

失效概率分布 $f(x|\text{Data})$。统计了近 50 年的国内外地铁事故，为了便于分析，统计每 5 年的总事故数和安全疏散数[24]，如图 7.17 所示。

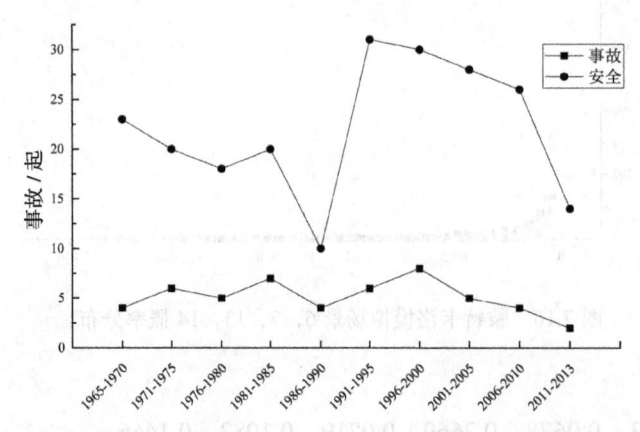

图 7.17　1965–2013 国内外地铁疏散成功与失败数

根据贝叶斯理论[25]，先验概率：

$$F(x) \propto x^{(a-1)}(1-x)^{(b-1)} \tag{7-21}$$

似然函数：

$$g(\text{Data}|x) \propto x^s(1-x)^f \tag{7-22}$$

那么可以得到：

$$f(x|\text{Data}) \propto f(x)g(\text{Data}|x) \propto x^{(a-1)}(1-x)^{(b-1)} x^s(1-x)^f \propto x^{(a+s-1)}(1-x)^{(b+f-1)} \tag{7-23}$$

即后验分布依旧是 Beta 分布，且分布参数 a' 和 b' 分别为 $a+s$，$b+f$。其中 a、b 为 Beta 分布参数，s、f 为伯努利分布参数，s 表示发生地铁火灾事故但无伤亡的次数累计；f 表示发生地铁火灾事故并存在伤亡的。因此，更新过后的 a、b 见表 7.6。

表 7.6　Beta 后验分布参数

时间	参数	
	a	b
1965–1970	31	6
1971–1975	51	12
1976–1980	69	17
1981–1985	89	24

续表

时间	参数	
	a	b
1986–1990	99	28
1991–1995	130	34
1996–2000	160	42
2001–2005	188	47
2006–2010	214	51
2011–2013	228	53

得到表 7.6 中的数据后，同样采用蒙特卡洛法进行仿真试验，并求取平均数作为其后验概率，本文选取疏散成功概率进行分析，如图 7.18 所示。

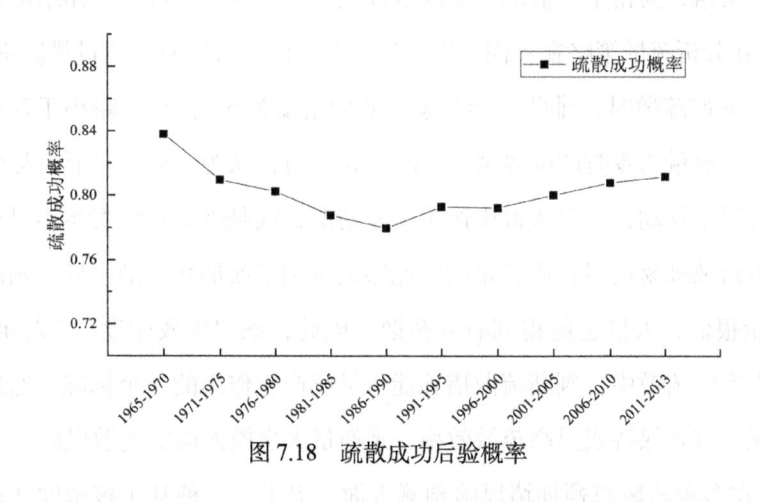

图 7.18 疏散成功后验概率

从图 7.18 中可以发现，疏散成功的概率呈现先减小后增大的趋势，原因可能是在初期，地铁线路极少，发生的事故也较少，然而在 1970—1985 年间，随着地下交通技术的发展，地铁线路增多，但是地铁安全技术尚未成熟，乘客安全意识不足，导致出现伤亡的概率较大，疏散成功的概率降低；1990 年后，随着人们的安全意识的提高和科技的进步，出现地铁事故后预警能力和救援力度加大使疏散成功的概率随之增加。这一趋势符合客观规律。

从图 7.18 可以看出，成功安全撤离的概率在早期阶段下降，然后增加，但概率值在 0.8 左右。这可以认为是安全阈值，即尽管安全技术随着时间的推移，仍然有 20% 的可能性在地铁安全撤离中受伤，所以如果考虑到 20% 的安全门槛，在设计地铁安全方面，事故风险可能控制在较低的水平。然而，如果考虑到图7.18 所示的情况，在安全疏散设计中要考虑到报警系统，防排烟系统等方面对疏散进程的影响，同时不能忽视对疏散人员的引导和行为控制。

7.4 本章小结

本章研究针对密集人群疏散过程中的风险量化开展研究，基于排队论理论、数据驱动技术以及贝叶斯理论等方法分析大规模人群疏散的安全风险问题，对疏散过程中的不确定性以及风险进行量化，形成不同密度人群疏散策略有效性、多源疏散瓶颈拥堵风险预测、基于概率分析的人群疏散风险评估等3种人群宏观风险管控规划策略，为密集人群的应急疏散提供理论和技术支持。具体结论如下：

（1）在分析疏散策略在不同密度人群情况下的有效性时，通过排队论模拟，获得大规模人群疏散时，排队运动状态失效的密度为 5 人 /m^2，略小于理论模型所获得的人群流量为零时的临界密度 5.6 人 /m^2。可以认为，密度大于 5 人 /m^2 时，人群已经几乎不移动，一旦人群中产生突发情况，或是外界环境发生不可预知的变化，人群疏散极易崩溃；而若是此时能够通过调整或加强疏散引导，则即使此时人群流量很低，人群也能得到有效疏散。因此，该"失效密度" 5 人 /m^2，可以认为是在实际疏散中，判断疏散措施能否继续产生作用的一个标准。通过判断疏散策略能否有效保持或提高疏散效率，来衡量大规模人群的疏散风险。

（2）在多源疏散瓶颈拥堵风险预测方面，提出了一种基于核密度估计的数据驱动方法来分析行人流拥堵的概率。在高峰时段使用南京新街口地铁站的样本数据，分析了非参数 KDE 相比于传统参数正态分布估计的优势，并讨论了 KDE 对窗宽选择的敏感性。结果表明，最佳窗宽在拟合度和平滑度之间达到平衡，在此最优窗宽下，KDE 的拟合优于 NDE。当行人从相对宽的通道走向较狭窄的楼梯时，通过全面考虑步行速度、人群密度和流量，利用所提出的方法计算楼梯拥堵的可能性。这种拥堵概率可以对瓶颈的拥挤状况进行更可靠的定量评估，关注行人流的实时数据而不是经验。此外，它可以避免仅仅涉及人群密度单一参数对拥挤的偏倚评估。

（3）在基于概率分析的人群疏散风险评估方面，在问卷调查的基础上，用事件树方法将硬件措施（报警系统，排烟系统，紧急疏散通道）和软件措施（乘客辨识，疏散引导人员）结合起来，将可能发生的 14 个火灾场景进行直观表现，同时将问卷以及文献得到的 5 个系统的成功和失效概率代入场景中，得到 14 个火灾场景确定性概率的概率分布。结合贝叶斯理论，用蒙特卡洛模拟出地铁事故的先验概率。基于贝叶斯理论的更新机制，在统计 1965—2013 年地铁事故和安全疏散的基础上，得到地铁火灾事故的动态失效概率，从而反映了地铁疏散成功概率随着时间变化呈现先增大后减小的趋势。这表明虽然大部分时间在地铁事故中，人们整体上可以安全撤离，但部分乘客仍有 20% 的可能性受伤甚至死亡。在此基础上，我们建议安全疏散设计的安全阈值为 20%。

参考文献

[1] 陆传赉. 排队论（第二版）[M]. 北京：北京邮电大学出版社，2009.

[2] Medhi J. *Stochastic models in queueing theory*. Academic Press, 2003.

[3] Boardman A E. *Cost-Benefit Analysis: Concepts and Practice (3rd edition)*. NJ: Prentice Hall, 2006.

[4] Kholshevnikov V V, Shields T J, Boyce K E, et al. Recent developments in pedestrian flow theory and research in Russia. *Fire Safety Journal*, 2008, 43(2): 108−118.

[5] Lo S M, Fang Z, Lin P, et al. An evacuation model: the SGEM package. *Fire Safety Journal*, 2004, 39(3), 169−190.

[6] Zeng Y, Zhang Z, Kusiak A, et al. Optimizing wastewater pumping system with data-driven models and a greedy electromagnetism-like algorithm. *Stochastic Environmental Research and Risk Assessment*, 2016, 30: 1263−1275.

[7] Mtibaa A, Harras K A, Alnuweiri H. Malicious attacks in mobile device clouds: A data driven risk assessment. *2014 23rd International Conference on Computer Communication and Networks*, 2014: 1−8.

[8] Markose S M. Systemic risk analytics: A data-driven multi-agent financial network (MAFN) approach. *Journal of Banking Regulation*, 2013, 14(3−4): 285−305.

[9] Wang J, Zhang L, Shi Q, et al. Modeling and simulating for congestion pedestrian evacuation with panic. *Physica A: Statistical Mechanics and its Applications*, 2015, 428: 396-409.

[10] Zuriguel I, Parisi D R, Hidalgo R C, et al. Clogging transition of many-particle systems flowing through bottlenecks. *Scientific Reports*, 2013, 4(1): 7324-7324.

[11] Zheng Z, Fujii H, Managi S. How does commuting behavior change due to incentives? An empirical study of the Beijing Subway System. *Transportation Research Part F: Traffic Psychology and Behaviour*, 2014, 24 : 17-26.

[12] Feng X H, Yan D, Wang C, et al. A preliminary research on the derivation of typical occupant behavior based on large-scale questionnaire surveys. *Energy and Buildings*, 2016, 117 : 332-340.

[13] 宫秀军. 贝叶斯学习理论及其应用研究 [D]. 中国科学院研究生院（计算技术研究所），2002.

[14] Capote J A, Alvear D, Abreu O, et al. A stochastic approach for simulating human behaviour during evacuation process in passenger trains. *Fire Technology*, 2012, 48:911-925.

[15] Liu Y, Wang W, Huang H Z, et al. A new simulation model for assessing aircraft emergency evacuation considering passenger physical characteristics. *Reliability Engineering & System Safety*, 2014, 121:187-197.

[16] Chu G, Wang J. Study on probability distribution of fire scenarios in risk assessment to emergency evacuation. *Reliability Engineering & System Safety*,2012,99:24-32.

[17] Kong D, Lu S, Ping P. A risk-based method of deriving design fires for evacuation safety in buildings. *Fire Technology*, 2016, 53:771-791.

[18] Hanea D, Ale B.Risk of human fatality in building fires: A decision tool using Bayesian networks. *Fire Safety Journal*, 2009, 44(5):704-710.

[19] Sarshar P, Radianti J, Granmo O et al. A dynamic bayesian network model for predicting congestion during a ship fire evacuation. *Proceedings of the World Congress on Engineering and Computer Science*, 2013,1: 23-25.

[20] Zhang X, Li X, Hadjisophocleous G. A probabilistic occupant evacuation model for fire emergencies using Monte Carlo methods. *Fire Safety Journal*, 2013, 58:15-24.

[21] Chu G, Sun J. Quantitative assessment of building fire risk to life safety. *Risk Analysis*, 2008, 28(3):615-25.

[22] 孙晓磊. 地铁车站火灾事故概率风险分析 [D]. 南开大学，2007.

[23] Camillo A, Guillaume E, Rogaume T, et al. Risk analysis of fire and evacuation events in the European railway transport network. *Fire Safety Journal*, 2013, 60: 25-36.

[24] 陈曼英. 基于模糊理论的地铁火灾风险评估及控制研究 [D]. 华侨大学，2013.

[25] Kalantarnia M, Khan F, Hawboldt K. Dynamic risk assessment using failure assessment and Bayesian theory. *Journal of Loss Prevention in the Process Industries*, 2009, 22(5):600-606.

本章附录

地铁乘客疏散心理行为问卷调查

	问题	选项
个人信息	1. 性别	A. 男　B. 女
	2. 年龄	A.18岁以下　B.19–30　C.31–45　D.46–60　E.60岁以上
	3. 受教育程度	A. 小学或以下　B. 中学　C. 大专　D. 本科及以上
	4. 是否经历过火灾疏散演习或参加过逃生培训？	A. 经历过火灾或者参加过疏散演习　B. 参加过逃生培训　C. 懂一点火灾知识　D. 以上均无
	5. 是否携带行李？	A. 是　B. 否
乘客心理行为反应	6. 您对新街口地铁站熟悉吗？	A. 是　B. 否
	若第6个问题选择A	
	7.1 如果发生火灾后您的第一行为反应是什么？	A. 告知其他人并迅速撤离　B. 调查火灾情形、尝试灭火　C. 原地等待　D. 其他
	7.2 如果火灾发生时你在站厅层，发生火灾后您会选择何种方式逃生？	A. 手扶电梯　B. 无障碍电梯　C. 楼梯
	7.3 您会如何选择出口	A. 选择最近的出口　B. 跟随人群一起逃生　C. 听从管理者的指挥　D. 疏散指示牌指向的出口
	7.4 如果您前面有一大群人堵塞通道，您会如何选择？	A. 一拥而上，逃命要紧　B. 寻找其他出口　C. 原地等待
	7.5 您的第一心理反应是什么？	A. 冷静　B. 紧张　C. 非常恐惧，慌乱　D. 从众
	若第6个问题选择B	
	8.1 如果发生火灾后您的第一行为反应是什么？	A. 告知其他人并迅速撤离　B. 调查火灾情形、尝试灭火　C. 原地等待　D. 其他
	8.2 如果火灾发生时你在站厅层，发生火灾后您会选择何种方式逃生？	A. 手扶电梯　B. 无障碍电梯　C. 楼梯
	8.3 您会如何选择出口	A. 选择最近的出口　B. 跟随人群一起逃生　C. 听从管理者的指挥　D. 疏散指示牌指向的出口
	8.4 如果您前面有一大群人堵塞通道，您会如何选择？	A. 一拥而上，逃命要紧　B. 寻找其他出口　C. 原地等待
	8.5 您的第一心理反应是什么？	A. 冷静　B. 紧张　C. 非常恐惧，慌乱　D. 从众

图书在版编目（CIP）数据

集聚性人群安全疏散与风险管理 / 王静虹，王妍著．
南京：南京大学出版社，2025.5. -- ISBN 978-7-305-28439-7

Ⅰ．D035.29
中国国家版本馆 CIP 数据核字第 2024658U8N 号

出版发行	南京大学出版社
社　　址	南京市汉口路22号　邮　编　210093

书　名　集聚性人群安全疏散与风险管理
　　　　　JIJUXING RENQUN ANQUAN SHUSAN YU FENGXIAN GUANLI
著　者　王静虹　王　妍
责任编辑　施　敏

照　排　南京新华丰制版有限公司
印　刷　江苏凤凰数码印务有限公司
开　本　787 mm×1092 mm　1/16　印张　24.25　字数　408千
版　次　2025年5月第1版　2025年5月第1次印刷
ISBN　978-7-305-28439-7
定　价　98.00元

网址：http://www.njupco.com
官方微博：http://weibo.com/njupco
微信服务号：njupress
销售咨询热线：（025）83594756

* 版权所有，侵权必究
* 凡购买南大版图书，如有印装质量问题，请与所购图书销售部门联系调换